Götz Friedrich · Musiktheater

Zur Anregung und zum
Vergleich für Deine eigenen
Traum-Inszenierungen!
Dein
Schnüffel

Weihnachten 1986

Götz Friedrich
Musiktheater
Ansichten · Einsichten

Propyläen

Herstellung: Erika Huß
Satz: Fotosatz Otto Gutfreund, Darmstadt
Offsetreproduktionen: Haußmann Reprotechnik, Darmstadt
Druck und buchbinderische Verarbeitung: Ebner, Ulm

© 1986 by Verlag Ullstein GmbH,
Frankfurt am Main · Berlin,
Propyläen Verlag

Printed in Germany 1986
ISBN 3 550 06411 X

INHALT

11   Vorwort

POSITIONSBESTIMMUNGEN

15   Das Singen auf der Bühne (1957)
27   Die Handlung als Kriterium (1962)
34   Sieben Forderungen an den Regisseur (1968)
38   Zeit für Oper: Musiktheater in Berlin, Musiktheater für Berlin (1981)
47   In dubio pro arte (1982)
55   Rückblick auf das Wagner-Gedenkjahr 1983 (1984)
64   Deus ex machina? (1985)
69   Sind Festspiele anachronistisch? (1985)

ANALYSEN UND REGIEKONZEPTE

75   »Die Heimkehr des Odysseus« von Claudio Monteverdi (1966)
79   Zur Aufführung der Werke von Georg Friedrich Händel (1986)
80   »Die Hochzeit des Figaro« von Wolfgang Amadeus Mozart: Eine sozusagen neue Art von Schauspiel (1968)
84   »Die Hochzeit des Figaro«: Jugendlichkeit oder Das Wagnis der Befreiung. Ein Dialog mit Hans Mayer (1978)
95   »Don Giovanni« von Wolfgang Amadeus Mozart: Ein aristokratischer Rebell (1973)
100 »Così fan tutte« von Wolfgang Amadeus Mozart: Ein Mikrokosmos (1962)
104 »Così fan tutte«: Spiel als Wahrheit (1975)
109 »Die Zauberflöte« von Wolfgang Amadeus Mozart: Die populäre Maskierung eines Mythos (1977)
117 »Fidelio« von Ludwig van Beethoven (1978)
119 Carl Maria von Weber (1985)
120 »Der Freischütz« von Carl Maria von Weber (1977)

125 »La damnation de Faust« von Hector Berlioz: Der verdammte Faust (1984)
128 »Les Troyens« von Hector Berlioz: Große Oper in Shakespearischem Stil (1982)
130 »Tannhäuser« von Richard Wagner. Gespräch mit Dr. Leo-Karl Gerhartz (1972)
136 »Tannhäuser«. Gespräch mit Walter Bronnenmeyer (1977)
138 »Lohengrin« von Richard Wagner: Das allertragischste Gedicht oder Die neue Irritation (1979)
147 »Die Meistersinger von Nürnberg« von Richard Wagner: Komödie und demokratisches Modell (1977)
151 »Der Ring des Nibelungen« von Richard Wagner: Welttheater als bürgerliches Parabelspiel (1976)
161 »Das Rheingold« von Richard Wagner: Von Anfang und Ende (1980)
165 »Die Walküre« von Richard Wagner: Der Fall Wotan oder Wotans Fall (1984)
169 »Der leibhaftige Siegfried«: Ein deutsches Trauma (1986)
176 »Parsifal« von Richard Wagner: Ein Mysterienspiel in Günther Ueckers szenischem Raum (1976)
179 »Parsifal«: Lauter geheimnisvolle Beziehungen (1982)
184 »Orpheus in der Unterwelt« von Jacques Offenbach: Musikalisches Welttheater – ironisch verfremdet (1983)
188 »Hoffmanns Erzählungen« von Jacques Offenbach: Phantastisch und trotzdem wahr (1958)
192 »Rigoletto« von Giuseppe Verdi: Skizze des szenisch-musikalischen Dramas (1963)
195 »Der Troubadour« von Giuseppe Verdi: »Obwohl es auf das Datum nicht ankommt« (1966)
199 »Die Macht des Schicksals« von Giuseppe Verdi: Grenzprobleme des Musiktheaters (1965)
212 »Die Macht des Schicksals«: Eine heillose Geschichte (1986)
215 »Aida« von Giuseppe Verdi: Narren und Nomaden in den Ruinen der Zeit (1982)
218 »Othello« von Giuseppe Verdi: Vom Lauf der Zeiten unberührt (1959)
224 »Falstaff« von Giuseppe Verdi: Die Fuge und der Narr (1985)
229 »Eugen Onegin« von Peter Tschaikowski: Die Oper als Lyrische Szenen (1976)
233 »Carmen« von Georges Bizet: Ein Archetypus des Menschlichen (1965)
236 »Salome« von Richard Strauss: Grenzfälle (1977)
240 »Elektra« von Richard Strauss. Gespräch mit Peter Dusek anläßlich der Verfilmung der Oper (1982)

263	»Ariadne auf Naxos« von Richard Strauss: Musiktheater? (1964)
267	»Der Rosenkavalier« von Richard Strauss: Ein halb imaginäres, halb reales Ganzes (1981)
269	»La Bohème« von Giacomo Puccini: Musiktheater – Schule der Phantasie. Gespräch mit Claus-Henning Eschrich (1974)
275	»Tosca« von Giacomo Puccini: Ein Weg nach Wagner und Verdi (1976)
279	»Don Quichotte« von Jules Massenet (1978)
284	»Pelléas und Mélisande« von Claude Debussy: Kein Land, keine Zeit (1984)
286	»Jenufa« von Leoš Janáček: Konzentrierter Realismus (1964)
294	»Aus einem Totenhaus« von Leoš Janáček. Notate aus Gesprächen mit Götz Friedrich (1978)
298	»Herzog Blaubarts Burg« von Béla Bartók und »Erwartung« von Arnold Schönberg: Dialoge mit dem Unbewußten (1985)
303	»Moses und Aron« von Arnold Schönberg: Ein Grenzfall des Musiktheaters (1973)
308	»Wozzeck« von Alban Berg: Permanenz der Aktualität (1981)
311	»Lulu« von Alban Berg: Du sollst Dir kein Bildnis machen (1982)
313	»Porgy and Bess« von George Gershwin. Zwanzig Notizen zu einer Aufführungskonzeption (1969)
320	»Porgy and Bess«: Von der »Neger«-Oper zur Volksoper (1970)
326	»Die Soldaten« von Bernd Alois Zimmermann (1976)
329	»Der letzte Schuß« von Siegfried Matthus (1967)
331	»Die Versuchung« von Josef Tal: Ein Lehrstück? (1976)
333	»Ein Engel kommt nach Babylon« von Rudolf Kelterborn (1977)
335	»Lou Salomé« von Giuseppe Sinopoli. Probennotate (1981)
341	»Un re in ascolto« von Luciano Berio: Erinnerungen an die Zukunft (1984)

INTERVIEWS

347	Gespräch mit Imre Fabian: »Berlin ist auch eine Chance« (1984)
354	Gespräch mit Imre Fabian: »Die Oper zeigt sich in den Medien von einer neuen Seite« (1985)

Zum Gedenken

361 Nachruf auf Walter Felsenstein:
Spiel mit der Realität (1975)
365 Zum fünfjährigen Todestag von Günther Rennert:
Traditionsgebundene Aktualität (1983)
368 Nachruf auf Oscar Fritz Schuh:
Ein universeller Theatermann (1984)

371 Verzeichnis der Erstveröffentlichungen

379 Biographisches in Stichworten

392 Quellennachweis der Abbildungen

Für Karan

Vorwort

Mit diesem Buch wird erstmals eine Sammlung von Aufsätzen und Vorträgen, ergänzt durch einige Interviews, vorgelegt, die bis ins Jahr 1957 zurückgehen. Die Auswahl reflektiert meine Arbeit fürs Musiktheater, die oft genug – schon von meiner Biographie her und bedingt durch die gestellten Aufgaben – in weitere gesellschaftliche Zusammenhänge und ästhetische Wechselwirkungen gestellt wurde. Richtig gelesen, könnte diese Sammlung außerdem einen sehr persönlichen Beitrag zu deutsch-deutscher Geschichte bilden, wie sie gerade meine Generation betrifft.

Editoriale Erwägungen haben an wenigen Stellen sowohl die Streichung von Wiederholungen als andererseits auch Ergänzungen veranlaßt, die jedoch nie den Originalcharakter der Beiträge antasten.

Zu danken habe ich allen Kollegen, Sängerinnen und Sängern, Dirigenten, Dramaturgen, Bühnen- und Kostümbildnern, die mir in gemeinsamer Arbeit die Probleme und die Schönheit unserer Tätigkeit bewußter gemacht haben. Zu danken habe ich besonders Erika Simchen, Anita Koschmann, Christa von Festenberg und Dolly Hauns – mehr sind es nicht, die seit fünfunddreißig Jahren in die Schreibmaschine brachten, was ich dachte und sagte. Und nicht zuletzt habe ich Alard von Rohr für seine Initiative zu diesem Buch und Wolfram Mitte zu danken, der sich mit ebenso großer Sorgfalt wie Einfühlung um die Druckfassung der Manuskripte kümmerte.

Was da geschrieben steht, meint das lebendige Musiktheater. Ich bin kein Schriftsteller, sondern Regisseur. Eine Bemerkung Emanuel Schikaneders aufgreifend, unterstreiche ich, daß alles für die Bühne geschrieben wurde. Dahin verweise ich meine Rezensenten.

Götz Friedrich

Berlin, im Mai 1986

POSITIONSBESTIMMUNGEN

Das Singen auf der Bühne
(1957)

Wo die herkömmliche Operndarbietung vorherrschend ist, können zwei extreme Publikumsreaktionen beobachtet werden. Die einen kehren sich von der Oper ab als dem Tummelplatz des Unnatürlichen, des Sinnwidrigen, der artistischen Eitelkeit; aus denselben Gründen, die nur anders genannt werden, bekennen sich wiederum andere zur Oper, zu ihrer Irrealität, ihrem Zauber, zum ausschließlichen Musikgenuß, auch zu ihrer Ausstattungsfülle.

Der Gesang, zentrale Äußerungsform auf der Musikbühne, gab und gibt sowohl für die Gegner der Oper als auch für ihre Parteigänger den Ausschlag: Die einen finden, die konventionelle Art des Operngesanges überschritte die Grenzen des im Theater ästhetisch Zumutbaren, die anderen sehen im sängerischen Wohllaut, auch wenn er der dramatischen Glaubwürdigkeit entbehrt, den Inbegriff ästhetischen Vergnügens. Die Spannung, wie ein bekannter Opernstar diesen oder jenen Ton »bringen« wird, stellt einen Hauptreiz der »kulinarischen« Opernkonsumtion dar. Zwischen diesen beiden extremen Lagern ist eine dritte Gruppe von Opernbesuchern zu erkennen: Es sind diejenigen, die – ähnlich den Erstgenannten – vom Gesamteindruck einer solchen Operndarbietung tief enttäuscht sind, dennoch nicht zu Opernfeinden werden, sondern stets von neuem auf die Momente im szenisch-musikalischen Vorgang warten, in denen es hervorragenden Sänger-Darstellern gelingt, unabhängig vom Übrigen, wenigstens für ihren Teil die Intentionen der Autoren zu verwirklichen, indem sie Menschen gestalten, deren Gesang aus einer glaubhaften dramatischen Emotion erwächst.

Solchen Persönlichkeiten wird gerechterweise höchste Anerkennung gezollt, wo immer sie auch auftreten. Nichtsdestoweniger ist zu erkennen, daß gerade sie die Ausnahmen der Regel bilden, die für die herkömmliche Operndarbietung kennzeichnend ist. Für viele Sänger, auch Dirigenten und Regisseure, mögen Schaljapins Worte zutreffen: »Wieviel Jahre und wieviel Spielzeiten sind in meinem Leben vergangen, wieviel Rollen habe ich gespielt. Dies waren meine Rollen. Mein Theater hat es jedoch niemals und nirgends gegeben. Ein wirkliches Theater und nicht nur individuelles Schaffen, sondern eine kollektive Tätigkeit, die eine volle Harmonie in allen Teilen verlangt.«

Das Musiktheater als die schöpferische Methode einer allseitig wahrheitsgemäßen, einheitlich szenisch-musikalischen Interpretation musikalischer Bühnenwerke umfaßt zahlreiche Bemühungen, die im Bereich der herkömmlichen Operndarbietung oder außerhalb von ihr bestanden und bestehen, den Gesang konsequent mit dem dramatischen Bühnenvorgang, wie ihn die Partitur vorschreibt, zu verknüpfen, einfach: theatergerecht zu musizieren. Wenn die Befolgung dramaturgischer Gesetzlichkeiten und die reale Menschengestaltung in der herkömmlichen Operndarbietung Ausnahmen waren, so werden sie im Musiktheater zur Regel.

Das Sprechtheater benutzt Musik und Gesang bisweilen als Beigabe bei der Darstellung eines dramatischen Geschehens oder einer Fabel. Die konventionelle Operndarbietung – im folgenden der Kürze halber mit »Oper« bezeichnet – benutzt in der Regel die Mittel des Theaters lediglich als Zutat, als etwas, das zum »reinen« Musikgenuß hinzugetan wird, ohne daß daraus besondere dramaturgisch-methodische Verpflichtungen erwüchsen.

Im Unterschied zum Sprechtheater, das dazu in der Regel keine Veranlassung hat, und zur Oper, die dazu in der Regel keine Veranlassung sieht, versucht das Musiktheater, die Funktionsgesetze von Musik und Theater miteinander zu verbinden. Was im Sprechtheater möglicherweise Beigabe und was in der Oper meistens Zutat ist, avanciert im Musiktheater zu gleichwertigen Polen, zwischen denen jene Spannung entsteht, die das musikalische Theatererlebnis gebiert, das, sofern es lückenlos und konsequent erzielt wird, das Musiktheater als eine eigene, unverwechselbare Gattung der darstellenden Künste ausweist.

Den Kern des musikalischen Theatererlebnisses bildet das Singen auf der Bühne. Das Singen als gesteigerten, unentbehrlichen, dramatisch überzeugenden Ausdruck zu entdecken und einzusetzen, ist die entscheidende Aufgabe im Musiktheater.

Somit kann gesagt werden: Das Musiktheater unterscheidet sich vom Sprechtheater durch die Tatsache, daß gesungen wird, und von der Oper durch die Fragestellung, warum gesungen wird. Die Nuancen des Wie folgen in der Praxis des Musiktheaters aus diesem Warum.

Deshalb findet man den Unterschied zwischen dem Singen, wie es das Musiktheater braucht, und dem gewöhnlichen Operngesang nicht in erster Linie im Tonlichen, in der Gesangstechnik oder im nur-musikalischen Bereich, sondern vor allem durch die Fragestellung, ob der gesangliche Ausdruck mit Notwendigkeit aus dem Vorgang erwächst. Der Operngesang beruht in der Regel auf der Konvention, die die herkömmliche Operndarbietung mit dem Publikum eingegangen ist und die besagt, daß »hier eben gesungen wird«. Der Gesang wird als eine in der Oper übliche und von vornherein nicht anzuzweifelnde Äußerung interpretiert und beklatscht, ohne daß eine ursächliche dramatische Beziehung verlangt wird. Falls Kompromisse zu dramaturgischen und theatermäßigen Gesetzlichkeiten erwogen werden, gibt die ausschließlich musikalische Wirkungsmöglichkeit den Ausschlag. Zweifellos kann eine solche Praxis Aufführungen schaffen, die eine hohe konzertmäßige Kultur besitzen und allein durch die musikalische Darbietung gewisse Inhalte der Partitur vermitteln. Es ist aber ebenso unbestreitbar, daß das vielfältige Leben, das in einer Partitur beschlossen liegt, und damit der Ideenreichtum eines Werkes nur in einer musikalischen Theater-Aufführung erkennbar werden kann.

Es gab und gibt natürlich ernsthafte Versuche, der Operndarbietung den nur-musikalischen Selbstzweck zu nehmen und sie dem glaubhaften menschlichen Vorgang, wie er den Autoren vorschwebte, anzunähern.

Zugunsten der Erschließung des Inhalts einer gesanglichen Äußerung wird bei vielen Aufführungen dem charakterisierenden Ausdruck besondere Aufmerksamkeit gewidmet. Solange sie sich aber nur darauf beschränkt, daß der Sänger X den Gesang von außen her »charakterisiert«, die Charakterisierung »hinzutut«, wird das Prinzip der bisherigen Operndarbietung nur scheinbar aufgegeben. Denn noch immer wird der Gesang von vornherein als etwas »Gegebenes« behandelt. Man kümmert sich wohl um die Art des Singens, aber kaum um den Anlaß.

Es ist auch zu beobachten, daß all die Bemühungen, den äußeren Rahmen der Operndarbietung zu modernisieren, den Gesang nicht im erforderlichen Maße in die Reformbestrebungen einbeziehen. Der dekorativen Entrümpelung der Opernbühne entspricht nicht immer eine geistige, denn sie müßte vom Gesang ausgehen. Es ist darum ein genauer Unterschied zu machen zwischen modischer und methodischer Erneuerung.

Auch die Forderungen, man solle singen und »dazu« spielen, oder man solle spielen und »dazu« singen, setzen den Hebel der Reform nicht am entscheidenden Punkt an. Indem sie den Gesang das Spiel oder das Spiel den Gesang begleiten lassen, behandeln auch sie ihn nach wie vor als etwas »Gegebenes« – wenn auch von verschiedenen Gesichtspunkten aus.

All dem gegenüber versucht das Musiktheater, wie Felsenstein es anstrebt, jedwede Trennung oder Zweigleisigkeit von Gesang und Aktion auszuschließen. Es sucht nicht nach dem Kompromiß zwischen Theater und Musik, sondern will die Identität herstellen, die bei der Schaffung eines bestimmten Werkes gemeint oder erhofft wurde.

Deshalb stützt sich das Musiktheater nicht auf die Konvention, daß »hier eben gesungen wird«. Es will immer wieder von neuem zeigen, warum musiziert, warum gesungen wird, und zwar nicht nur aus der Emotion des einzelnen heraus, sondern im Zusammenhang aller in einer Aufführung wirkenden Kräfte, also im Rahmen des Ensembles.

Von der Glaubwürdigkeit im Kleinen hängt die Wahrhaftigkeit des Ganzen ab. So intendiert die Frage, warum gesungen wird, die weiteren Fragen: Warum ein Komponist sein Werk geschrieben hat, warum wir es aufführen, warum wir überhaupt Theater spielen. Sich über das eine klar werden, heißt, auch über das andere Klarheit gewinnen.

Deshalb sieht sich der Sänger des Musiktheaters zunächst vor die Frage gestellt, warum er singt und warum er so und nicht anders singt. »Weil der Komponist das so geschrieben hat«, ist nur die halbe Antwort. Sie ist ganz gegeben, wenn herausgefunden worden ist, warum der Komponist das so und nicht anders geschrieben hat, also, wenn gesagt werden kann: »Weil dieser bestimmte Mensch in dieser bestimmten Situation sich nurmehr singend, und zwar so und nicht anders singend, äußern kann.«

Das heißt, daß sich der Sänger, einem Grundgesetz des Theaters gehorchend, in die Rolle verwandeln muß. Diese schöpferische Verwandlung ist daher ein entscheidender Probenvorgang im Musiktheater.

Gegenüber manchen im Sprechtheater möglichen und nützlichen Spielweisen muß das Musiktheater die Identifizierung des Sängers mit der darzustellenden Figur verlangen. Denn distanziert von der Rolle kann man nicht unmittelbar-dramatisch singen. Der Gesangsvorgang ist in den meisten Fällen ein gesteigerter emotionaler Prozeß. Welche anderen Emotionen aber sind brauchbarer als die, die inhaltlich der vorgeschriebenen Figur entsprechen? Verzichtet man auf Identifizierung, dann bleiben die Emotionen entweder »privat« – damit unverbindlich und für die Figur in den seltensten Fällen zutreffend – oder ganz aus – womit wieder jener Artistik und menschlich-dramatischen Fremdheit, die die herkömmliche Operndarbietung kennzeichnen, Vorschub geleistet würde.

Diese grundsätzliche Erkenntnis bestätigt jene seltenen Fälle, in denen sich eine Distanzierung auch auf dem Musiktheater als nötig oder möglich erweist, als Ausnahmen. Sie sind vorhanden, wenn die Darsteller nach der deutlichen Absicht des Autors aus dem Stück und aus ihren Figuren heraustreten, manchmal auch, wenn eine Figur durch ihre Singweise karikiert werden soll – besonders in Operetten – oder wenn vom Komponisten persiflierende Zitate verwendet werden.

Der Verwandlungsprozeß in die Rolle ist weder am Ausgangspunkt, dem »Ich« des Sängers, noch am Endpunkt, der darzustellenden Figur, zu beschneiden. Man kann sich weder die Rolle bequem anpassen und sie damit ins Private herabziehen noch sich und die eigenen Mittel von vornherein leugnen, quasi im luftleeren Raum schwebend, von vornherein die Figur »sein« wollen.

Felsenstein hält es deshalb für eine Bedingung des Probenprozesses, daß der Sänger seine eigenen Veranlagungen und Mittel kennt und überprüft. Denn er kann nicht mit anderen Mitteln als den eigenen in die darzustellende Figur wachsen und, in sie verwandelt, agieren, sprechen und singen. Wenn er bestimmte Mittel, deren Kombination für die Rollengestaltung nötig und günstig ist, noch nicht kennt, dann muß er die Möglichkeit haben, sie sich während des Probenprozesses anzueignen. Das bezieht sich ebenso auf die schauspielerische Technik wie auf die Handhabung der Gesangstechnik.

Es ist ja bekannt, daß auch noch heute in der Ausbildung der werdenden Sänger die Vermittlung der Grundgesetze der Darstellungskunst sträflich vernachlässigt wird. Oft auf sich gestellt und autodidaktisch, erwirbt sich der Sänger dann in der Opernpraxis bestimmte Fertigkeiten und Formeln. Im Rahmen der herkömmlichen Operndarbietungen geschieht es oft, daß sein Spiel allgemein oder zufällig bleibt, statt daß er eine psychologisch präzise, dramatisch treffsichere und mit dem gesanglichen Vorgang identische Darstellung erzielt.

Daß Gesang und Spiel oft nebeneinander herlaufen, liegt zum großen Teil ebenfalls in der bisher vorherrschenden Ausbildungsart der Sänger begründet. Sie behandelt so, wie es die Oper nicht anders verlangt, den Gesang weitgehend losgelöst von einem aus der Handlung bezogenen Zustand, sie widmet sich der Stimmbildung, ohne gleichzeitig zu lehren, wozu die Stimme auf der Bühne eingesetzt werden sollte.

Die Sänger, mit denen Felsenstein zusammenarbeitet, kommen aus den verschiedensten Gesangsschulen. Er tastet ihre Technik nicht an, solange sie ein zuverlässiges Mittel der Rollengestaltung ist. Vielmehr hält er es für notwendig, daß die Sänger über eine derart reife Gesangstechnik verfügen, daß beim Zuschauer nicht der Eindruck eines Kunstgesanges, sondern der eines natürlichen, gleichsam erstmaligen Gesanges entstehen kann.

Ausschlaggebend dabei ist der naive, aber um so einleuchtendere Gedanke, daß Figaro, Donna Anna, Florestan, Violetta, Othello oder Carmen »von Berufs wegen« ja keine Sänger sind. Sollen diese Figuren in der Bühnenrealität lebendig werden und zu menschlicher Gültigkeit gelangen, dann verbietet sich jeder Gesang, dessen einziges Merkmal technische Perfektion ist. Die Erfahrung zeigt allerdings, daß es meistens gesangstechnische Rücksichten sind, die die Bemühungen um die konsequente Verwandlung in die Rolle und um die vorbehaltlose Hingabe an den dramatischen Vorgang erschweren oder verhindern.

Wenn die Technik eines Sängers seine sprachliche und gesangliche Äußerung unnatürlich macht, dann kann er mit ihr im Musiktheater nicht arbeiten und muß sie korrigieren. Am ehesten gelangt er über die Arbeit am realen, der Handlung entspringenden Ausdruck zur Korrektur gesangstechnischer Befangenheiten. »Die menschliche Stimme ist zu vielem fähig, was die Gesangsschulen nicht lehren«, bemerkte Felsenstein auf einer Probe. Er betonte, daß alle solche Bemühungen aber nur dann sinnvoll und erfolgversprechend sind, wenn sie die Menschendarstellung auf der Musikbühne bezwecken und nicht mit der gesanglichen

Demonstration auf der einen oder selbstherrlichen Regie-Effekten auf der anderen Seite kokettieren.

Alle technischen Fragen eingerechnet, entspricht der Weg zum bühnengerechten Singen dem Weg der Identifizierung mit der darzustellenden Figur. Das eine geht im Musiktheater nicht ohne das andere. Es ist ein dialektischer Prozeß.

Diesen Weg führt Felsenstein die Sänger vor allem durch Handlungsaufgaben, die aus der Partitur herausgelesen, an der Gesamtdramaturgie des Werkes kontrolliert und mittels der Phantasie konkretisiert und verstärkt werden. Er fordert nicht, daß der Sänger von vornherein so »sein«, so fühlen und denken soll wie die Figur. Zufällige Einfühlungen und unverbindliche Gefühlsinvestitionen als Ersatz für die klare Erkenntnis der Absichten einer Figur und deren präzise Darstellung lehnt er ab. »Theater entsteht nicht aus Stimmungen, sondern durch Absichten.«

Auch verbietet er jede Art von »Verstellung«. Zu einer unwahren Darstellung führend, würde sie auch das Singen unwahr machen. »Sie ist das größte Gift des Theaters.« Nicht selten ergibt sie sich auch, wenn jemand gleich das »fertige Ergebnis« haben will. Felsenstein: »Die Generalprobe ist später. Jetzt kann man nur eins probieren: den Weg zum Ergebnis, den Weg zur Rolle.«

Der organische, schöpferische Verwandlungsprozeß ist vielschichtig und widerspruchsvoll. Felsenstein regt den Sänger an, verschiedene Spielarten einer Handlung auszuprobieren, bis die gefunden ist, die jeweils am sinnfälligsten erscheint und den Darsteller am sichersten – nicht immer am leichtesten! – an seine Figur heranführt und an die Notwendigkeit zu singen. Die Absichten der Figur, von Probe zu Probe konkreter und gesteigerter formuliert, werden zu denen des Darstellers, über die Identifizierung mit den Interessen der Figur erschließt sich ihm ihr »inneres Leben«, so verwandelt er sich in die Rolle.

Von sich ausgehend, darf man nicht innerhalb seiner selbst bleiben, sondern soll, sind die Absichten der Rolle klar, »aus sich herausgeraten«. Anfangs stets danach fragend: »Wie würden Sie sich in einer solchen oder ähnlichen Situation verhalten?«, ist Felsenstein im fortgeschrittenen Probenstadium bisweilen skeptisch, wenn seinen vertiefenden und verschärfenden Vorschlägen entgegengehalten wird: »Ich würde das aber so und so machen...« Er antwortete einmal: »Ein solcher Vergleich ist nur dann richtig, wenn Du das gleiche Interesse hast wie Deine Figur. Im Moment aber habe ich das Gefühl, daß Du andere Interessen verfolgst. Dann hilft dieser Vergleich nicht.«

Daß mit jeder Handlung, also auch mit Wort und Gesang, etwas gewollt, »gemeint«, dramatisch bezweckt wird, ist die unentbehrliche Forderung. Aber solange die Bemühung nur im Kopf des Darstellers sitzt, genügt sie nicht. Felsenstein verlangt, daß die Absichten der Figur zur physischen Realität des Sängers werden...

Der Charakter einer Figur wird vor allem daran erkannt, wie sie sich verhält. Während der Text eines Schauspiels meist nur aufzeigen kann, was eine Figur sagt, schreibt die Partitur in hohem Maße vor, wie sie es sagt. Es ist deshalb für die Oper verführerisch, das Wie formal zu reproduzieren. Um so mehr ist das Musiktheater verpflichtet, das Warum schöpferisch zu entdecken. Die Partitur muß also genauestens auf die in ihr verschlüsselten Vorgänge hin studiert werden. Dann aber, während der Aufführung, darf nicht der Eindruck entstehen, daß man etwas »Studiertes« wiederholt, abzieht. Die Sänger am Musiktheater sollten so singen, als sei nirgends geschrieben, daß und wie sie singen. Sie müssen, in die Rolle verwandelt und ihr gemäß, die Musik »neu komponieren«, wie sie auch, wenn es sich um gesprochenen Text handelt, den jeweiligen Wortausdruck aus der Situation heraus »neu finden«, »dichten« sollen. Diese Grundforderung läßt wiederum die Theaterverbundenheit der Methode Felsensteins erkennen und die Unterschiede, die zwischen Musiktheater und Oper bestehen.

Zu gewährleisten, daß sich ein solcher Schöpfungsprozeß in jeder Vorstellung neu vollzieht, ist ein besonderes Anliegen der Probenarbeit Felsensteins. »Bevor Du probierst, wie Du etwas machen oder singen willst, mußt Du probieren, warum Du es machst und warum Du singst. Finde den Zustand, der Dir und der Rolle gemäß ist. Er ist die zuverlässigste ›Technik‹ für alles andere.«

Felsenstein steht auf dem Standpunkt, daß ein einmal gefundener richtiger Ausdruck dann, wenn er lediglich aus dem Gedächtnis »wiederholt« wird, im Sinne des Theaters falsch ist. Er muß für den Moment gleichsam neu gefunden werden. Voraussetzung dafür ist, daß der bei einer gelungenen Produktion entdeckte und gefundene Zustand wieder erreicht wird.

Verzichtet man darauf, dann entstehen solche Aufführungen, in denen Text rezitiert und Gesang »aufgesagt« wird, Aufführungen, die die formale Reproduktion bevorzugen auf Kosten der »schöpferischen Neugeburt« des inhaltlichen Vorganges. Das Publikum wird zwar Zeuge dieses artistischen, oft bewundernswerten »Aufsagens«, nicht aber Zeuge eines bewegenden, ereignisreichen Geschehens auf der Bühne. Es darf einzelne Leistungen begutachten, wird aber nicht im erforderlichen Maße auf die Schicksale und ihre realen Bedingungen aufmerksam gemacht.

Der Sänger darf also nicht, wie es oft zu beobachten ist, einer durch das Studium bekannten Musik folgen und dem Gesang erst während der Äußerung den Ausdruck verleihen, sondern muß jedem Einsatz »voraussein«. Felsenstein weist darauf hin, daß sich in Wirklichkeit ja kaum ein Mensch »synchron« äußert, sondern das zu Äußernde vorher – wenn auch nur einen Moment vorher – gedacht hat, sofern er etwas beabsichtigt. Also muß auch auf der Bühne der Impuls, der zur Äußerung führt, wahrnehmbar sein. Dieses »Voraussein« ist Voraussetzung dafür, daß der Sänger die Musik quasi »neu komponiert« und sie nicht, wie in der Oper, als gegeben behandelt. »Man darf sich nicht von der Musik tragen lassen«, stellte eine Sängerin auf der Probe fest. »Tut man das, verhält man sich ihr gegenüber mehr oder weniger passiv.«

Eine solche Auffassung entspringt keinem willkürlichen »Einfall«, sondern entspricht den Absichten vieler Komponisten, die, wie aus zahlreichen Partituren ersichtlich, das »Voraussein« im Orchester deutlich angegeben haben.

Aus dieser Feststellung folgt, daß sich der Sänger am Musiktheater nicht nur mit seinem eigenen Gesangspart beschäftigen darf, sondern auch den Orchesterpart mitsingen, in der Konsequenz also das Spiel des Orchesters veranlassen und deshalb auch ihm »voraussein« muß. Er sollte sich so verhalten, daß der Eindruck entsteht, nicht er folge dem Orchester, sondern das Orchester begleite ihn. Der Orchesterpart ist für die Erkenntnis und Gestaltung eines Charakters mindestens ebenso wichtig wie die Gesangsstimme. Denn das Orchester beinhaltet sehr oft den »Untertext«, drückt etwas aus, was in der gesanglichen Äußerung nicht erkennbar ist, gibt den Grundrhythmus des Geschehens an. Diesen Grundrhythmus muß der Sänger als inneres Tempo besitzen.

»Die Gesangsstimme ist nur ein Teil der musikalischen Empfindungen und Äußerungen, die man nicht nur im Bereich der Stimmbänder, sondern im ganzen Körper, in seinem ganzen Sein erzeugen muß.«

Es ist das »totale Singen«, was Felsenstein verlangt, ein Singen im ganzen Körper, mit allen Organen, auch mit dem Kehlkopf und den Stimmbändern, aber nicht nur mit ihnen allein. Es muß den ganzen Menschen ergreifen, wenn sein Zustand im Gesang transparent werden soll. »Die Einheit von Psyche und Physis entspricht der Realität des Lebens. Eine Emotion ist nachweislich voll beanspruchend. Ich kann also auch auf der Bühne und besonders beim emotionalen Singen nicht auf die Vollständigkeit der inneren Beteiligung verzichten« (Felsenstein).

Das »totale Singen«, verstanden als echtes, bühnengerechtes Musizieren, betrifft, weiter gefaßt, nicht nur die Sänger, sondern auch den Dirigenten und das ganze Orchester. Das Musiktheater, wie Felsenstein es anstrebt, ist umfassend nicht erreicht, solange sich der Dirigent und jedes einzelne Orchestermitglied dem Bühnenvorgang nicht ebenso verpflichtet und verbunden fühlen wie der Sänger, solange sie noch etwas tun oder zu tun veranlaßt sind, wozu nicht das augenblickliche Bühnengeschehen auffordert, das sich natürlich »musikalisch« und musikalischen Erfordernissen gemäß abspielen muß.

»Auch der Zuschauer muß mitsingen«, möchte Felsenstein. Inwieweit sich das »totale Singen« auf ihn überträgt, hängt besonders vom »inneren Tempo« ab, das in den Sängern herrscht, das die ganze Aufführung beherrscht. Wie ist es zu erreichen?

Felsenstein empfiehlt in der Regel, den geringsten Notenwert, der im Orchesterpart einer Gesangsnummer vorkommt, als Metrum und Rhythmus des inneren Zustands anzunehmen. So wird verhindert, daß der Darsteller langsamer ist als die Musik, dem Ausdruck nachhinkt oder einen Einsatz innerlich – nicht äußerlich! – »verpaßt«.

Auch scheinbar rein musikalische Wirkungen sind von einem solchen Tempo abhängig. Ist es erzielt, dann wird die Neigung vermieden, sich auf einer gehaltenen Note »auszuruhen« und so innerlich – auch nur für den Bruchteil einer Sekunde – den Bühnenvorgang, der vom inneren Tempo bestimmt wird, zu unterbrechen. Es sollte zum Beispiel bei einer halben Note spürbar sein, ob sie sich jeweils, dem Mindestwert entsprechend, aus zwei Vierteln, vier Achteln oder – wie meistens – aus acht Sechzehnteln zusammensetzt. Denn lange Notenwerte oder ein langsames äußeres Tempo bedingen nicht von vornherein ein langsames inneres Tempo.

»Beim Singen ist es oft ähnlich wie beim Sprechen: Schnelles Sprechen ist durchaus nicht immer das Zeichen eines inneren Tempos, eher ist es umgekehrt; denn je dringender mein Anliegen ist und damit mein inneres Tempo, desto mehr lege ich Wert darauf, verstanden zu werden, was eine plastische Sprechweise verlangt, die bei aller möglichen Eile nie hastig-unverständlich sein wird«, bemerkte Felsenstein auf einer Probe. Das deutet an, wie seine metrisch-technischen Hinweise nur ein Teil der Erkenntnis sind, daß sich das gesteigerte Tempo aus dem gesteigerten Anliegen einer Figur ergibt. »Im Theater hört man immer wieder sagen: ›Kinder, Ihr müßt intensiv sein!‹ Das ist insofern unsinnig, als damit eine Geschäftigkeit und eine Bemühung angestrebt werden, die nicht auf einem klargestellten Inhalt basieren. Ein gemachtes Tempo würde entstehen statt eines zuständlichen, eine Erhitzung ohne zwingendes Motiv. Die Intensität ist überall dort, wo sie Ersatz des Inhaltes ist, der Tod jeden Ausdrucks.«

Die Einstellung zum Singen auf der Bühne ist gebunden an die dramaturgische Konsequenz, mit der man vorgeht. Es ist ein Unterschied, ob man sich mit einer »durchschnittlichen« Situation begnügt, aus der Musik entstehen kann, oder ob man die Situation so präzisiert, steigert und zuspitzt, daß die vom Komponisten geschriebene Musik entstehen muß . . .

Eine wichtige Frage für das Singen auf der Bühne ist die Beziehung zum Partner. Ihr widmet die Methode des Musiktheaters viel Sorgfalt, und zwar nicht nur darum, weil vermieden werden muß, daß, wie in der Oper oft zu beobachten, der Sänger den Dirigenten oder direkt das Publikum ansingt, sie quasi an die Stelle des Bühnenpartners treten läßt.

Die Beziehung zum Partner entscheidet darüber, ob das Singen eine dramatische Äußerung wird oder sängerischer Selbstzweck bleibt. Oft entsteht der Gesang aus der Absicht, auf den Partner in dieser oder jener Form einzuwirken, und wird in dieser Absicht durchgeführt. Daß das Musiktheater dabei auch in der

Szenographie zu völlig anderen Lösungen gelangt als die Praxis der bisherigen Operndarbietung, zeigt sich überall . . .

Wird der Partner nicht ausgelassen, dann kann auch der Gesang nicht »irgendwohin« gehen, sondern bekommt mit seinem Sinn auch die sinnliche Gegenständlichkeit. Dynamische und Phrasierungs-Nuancen werden oft »aus dem Partner« entstehen und nicht »ohne ihn« als Vorschriften »gehorsam« befolgt. Der Gesang wird dem Publikum als unmittelbare menschliche Äußerung verständlich, weil ihn ja auch der Partner als solche verstehen muß. »Der wirkliche oder fiktive Partner ist die Grundvoraussetzung der szenischen Inspiration. Dabei kann man sich nicht mit dem realen Partner begnügen. Man muß noch immer in ihn hineindichten, ihn auch selbst mittels der eigenen Phantasie zu der Figur verwandeln, die man braucht, um entsprechend handeln und singen zu können.« Diese Worte Felsensteins deuten die besonderen schöpferischen Notwendigkeiten bei der Herstellung der Partnerbeziehungen an.

Nun gibt es in den Partituren eine Vielzahl von Arien, bei denen sich der Partner, der mit dem Gesang gemeint ist, nicht auf der Bühne befindet (Arie des Radames: »Holde Aida«; Arie des Hans im 2. Akt der »Verkauften Braut«). Solche »monologischen Arien« erwachsen aus den verschiedensten Situationen, besitzen die verschiedensten Funktionen. Häufig liegt auch eine Partnerschaft nur mit sich selbst vor; man sieht sich in einer vergangenen Situation (Arie der Marie im 3. Akt der »Verkauften Braut«; Arie des Max: »Durch die Wälder, durch die Auen«), oder in einer zukünftigen (Baculus-Arie: »Fünftausend Taler«; Carmens Karten-Arie). Die bildliche »Vergegenwärtigung« spielt dabei immer eine besondere Rolle. Solche Arien dienen meist dem Zurechtfinden mit sich selbst, wie es ganz unmittelbar in Belmontes Arie »Ach wie ängstlich, ach wie feurig« geschieht. In vielen solchen Arien wechseln die Partner, wie es das Beispiel der Max-Arie oder die Arie des Florestan zeigen. Oft sieht der Betreffende auch Bilder, die an keine bestimmte Person gebunden sind.

So verschieden sie auch sind, sollen solche monologischen Arien, wie Felsenstein vorschlägt, in der Regel als »Duette« gesungen werden; er verlangt stets, daß beispielsweise in den erstgenannten Fällen das Bild des abwesenden Partners erzeugt und »zu ihm« oder »mit ihm« gesungen wird und daß in allen weiteren, hier nur angedeuteten Möglichkeiten die Vision als ein leibhaftiges Bild vor dem inneren Auge des Sängers steht. Dann ergibt sich ein »konkreter« und ereignisreicher Gesang, im Unterschied zu einem »allgemeinen«, nüchternen, fleißigen, akademischen. Wenn die Visionen allerdings verschwommen bleiben, dann ist auch der Gesangsausdruck verschwommen, nur »ungefähr« . . .

Welche Bedeutung Felsenstein dem fiktiven Partner für die gesteigerte Poesie des Ausdrucks beimißt, wird an einem Beispiel deutlich, wo der auf der Bühne befindliche Partner nicht genügt, sondern der andere, der eigentliche Partner in der Phantasie erzeugt werden muß: das Duett »Bei Männern, welche Liebe fühlen«, gesungen von Pamina und Papageno.

Wenn man sich nur nach dem vorangehenden Dialog richtet, dann entsteht das Duett lediglich als Erläuterung der Worte Paminas zu Papageno: »Geduld, Freund, der Himmel wird auch für dich sorgen; er wird dir eine Freundin schikken, ehe du dir's vermutest.« Paminas Partner wäre nur Papageno. So sieht man es oft auf der Opernbühne. Nun ist aber zu erkennen, daß das Duett seiner Stellung in der musikalischen Dramaturgie der »Zauberflöte« nach und auch von der Tonart her, Es-Dur, die Parallele, die Korrespondenz zu Taminos Bildnis-Arie bildet. Ganz offenbar hat Mozart dem Text viel tiefere Beziehungen aufgetan, als Schikaneder ursprünglich wohl annehmen konnte. Nicht unwichtig ist, daß Mozarts Partitureintragung gerade hier eine merkwürdige Unruhe zeigte, die auf manche Änderungen gegenüber ersten Absichten schließen läßt.

Sich nach der Aussage der Musik richtend, nahm Felsenstein im Dialog einige Umstellungen vor, die es nun gestatten, daß dieses Duett zunächst als Liebeslied zwischen Pamina und Tamino entsteht – und im weiteren Verlauf ein »Quartett« wird, denn auch Papageno singt mit dem Sehnsuchtsbild seines »Weibchens«.

Das Publikum »sieht« natürlich diese Visionen nicht unmittelbar. Es spürt aber die Verzauberung, die mit den Menschen auf der Bühne geschieht und aus der der Gesang aufsteigen kann als ein in der außergewöhnlichen Situation glaubhafter Ausdruck. Es kann von dem ereignisreichen menschlichen Vorgang nicht abgelenkt werden durch die Kenntnisnahme nach außen getragener sängerischer Effekte. Der Punkt kann erreicht werden, wo das Publikum gar nicht abgelenkt werden will, auch nicht durch den eigenen Szenenapplaus.

Vielfältig sind die Differenzierungen im Anlaß und in der Art des Singens auf der Bühne. Sie reichen vom Parlando über den gehobenen Deklamationsstil zur Kantilene als großer Affekt-Entladung. Sie werden in ganz besonderem Maße von der Vielfalt der Kompositionstechnik bestimmt und sind stets davon abhängig.

Der gesangliche Duktus Mozarts unterscheidet sich wesentlich von dem Janáčeks, der Verdis von dem Strawinskys, der Händels von dem Strauss', der Rossinis von dem Orffs. In allen Fällen jedoch, selbst in den extremsten, wird man gewiß finden, daß das Wie aus dem Warum zu beantworten ist, wobei in Dialog-Opern das Warum häufig leichter zu entdecken ist als in durchkomponierten. Die Entschlüsselung der Handlung aus den Partituren und die Entdeckung der Charaktere, wie sie unmißverständlich und unverwechselbar gerade durch die subjektiv geprägte Schreibweise eines Komponisten vorgezeichnet worden sind, gebiert und formt die Singweise. Nur in Verbindung mit der Verwandlung des Sängers in die vom Komponisten musikalisch beschriebene Figur kann am Ende das bühnengerechte Singen entstehen.

Jeder Sänger, jeder Dirigent, jeder Regisseur muß bei jeder neuen Aufgabe selbst und neu entdecken, warum und wie gesungen wird. Und jede Neuentdeckung wird das hier Angedeutete bestätigen, ergänzen, entwickeln – oder widerlegen. Gefundene Erkenntnisse sind nur so lange und so weit gültig, als sie die bestmögliche, weitestumfassende Verwirklichung eines musikalischen Bühnenwerkes fördern und seine Aussage zum lebendigen, unserer Zeitrealität entsprechenden Ereignis werden lassen.

Die Erkenntnisse über das Singen auf der Bühne entwickeln sich mit jedem Tag, auf jeder Probe. Sie werden an jedem Werk neu kontrolliert, und jedes neu entstehende Werk erbringt neue Erkenntnisse, Erfahrungen. Sofern es gelingt, das Singen auf der Bühne von einer geschmacklichen Gewohnheit zu einer jeweils neu begriffenen humanen Notwendigkeit zu machen, kann der Gesang jede andere auf der Bühne mögliche Äußerungsform in der Aussagekraft wie im ästhetischen Reiz übertreffen, kann das Musiktheater zu einer der höchsten Formen künstlerischer Wirklichkeit werden.

Die Handlung als Kriterium
(1962)

Es ist nicht zu leugnen, daß in letzter Zeit die Diskussionen um Oper und Musiktheater auf neue Art und neuer Ebene geführt werden. Das Stadium der Polemik »von Haus zu Haus« scheint weitgehend überwunden, somit auch die Neigung, Gegensätze zu konstruieren, wo Unterschiede festzustellen sind. Es entspricht dem gesellschaftlichen Auftrag unserer Kunst und unserer Liebe zu ihr, daß wir in stärkerem Maße als bisher gemeinsam und auf möglichst breiter Basis um die Erkenntnis und Verwirklichung dessen ringen, was wir als das Spezifische der Opernkunst bezeichnen. Freilich sollten Meinungsverschiedenheiten nicht verkittet werden. Das führt uns zurück und nicht vorwärts.

Das erste Forum der Komischen Oper hat die neue Stufe der Auseinandersetzung auch nach außen hin dokumentiert. Es hat zunächst zur ästhetischen Begriffsbestimmung beigetragen und daraus resultierende praktische Probleme formuliert.

Worüber wir uns einig sein sollten, ist kurz gefaßt: Oper beziehungsweise Musiktheater ist als Kunst eine spezifische Form der Erkenntnis und Aneignung der Wirklichkeit. Die in ihr wirkenden Gesetze sind andere als in der Wirklichkeit, aber ihr entnommen.

Die aus anderen Künsten – der Literatur, der Musik, dem Tanz und der bildenden Kunst – stammenden Gestaltungselemente – Wort, Ton, Bewegung und Bild – gehen in der Oper eine eigentümliche Verbindung ein. Verhalten sie sich harmonisch zueinander, dann werden sie in ihrem Eigenleben »aufgehoben« in der neuen Qualität, die wir »Oper« oder »Musiktheater« nennen.

So weit waren wir theoretisch gekommen. Offen schien nur die Frage zu bleiben, ob jene »Harmonie« der verschiedenen, miteinander und gegeneinander wirkenden Kunstelemente eine Sache des Zufalls, eine Fügung der Begabung, ein Moment der »Gnade« oder ähnliches sei. Hier wäre noch der kontrollierbare und verbindliche Maßstab, das Kriterium für diese Harmonie zu fixieren ...

Es soll jetzt nicht wiederholt werden, was aus den Arbeitserfahrungen der Komischen Oper bisher darüber gesagt und geschrieben worden ist. In unserem Kreis darf es als bekannt vorausgesetzt werden. Es kulminiert in der Forderung, daß stets gefragt werden müsse, warum gesungen wird. In der Absage an den kulinarischen, inhaltsleeren oder falschen »Ohrenschmaus« wird unter Beachtung der philosophischen Kategorie gesagt: Schön ist, was wahr ist.

Wie bei der »Harmonie«, erhebt sich aber auch hier nun die entscheidende Frage, ob und wodurch die Wahrheit erkennbar, bestimmbar und herstellbar ist. Denn auch das, was wir »wahren«, »glaubhaften« Zustand nennen, andere »echtes Gefühl«, bedarf eines ablesbaren Kriteriums, wenn Wahrheit oder Harmonie nicht metaphysische Begriffe bleiben sollen, mit denen wir je nach Probenzeit, Ansicht oder subjektivem Geschmack jonglieren können. Gibt es einen archimedischen Punkt, der uns da helfen kann und auf den wir uns stellen müssen?

Es wird vorgeschlagen, dafür in stärkerem Maße als bisher den Begriff der Handlung einzusetzen, zu diskutieren und mit ihm zu arbeiten. Handlung nicht als szenischen Trubel, äußere Bewegtheit oder Zappelei auf der Bühne begriffen, sondern als die körperlich gewordene, sinnlich-konkrete Fabel-Linie, als Einheit von Handlung und Gegenhandlung, als einzelne physische Handlung und schließlich, die Einzelhandlungen summierend, als durchgehende Handlung.

Freilich, mit diesem Handlungsbegriff operieren wir. Aber haben wir ihn wirklich schon zu dem schöpferischen Grundgesetz unserer Arbeit gemacht, das für die Schöpfer der Oper, deren Interpreten und unsere Rezensenten gleichermaßen verbindlich ist? Beziehen wir wirklich alle Bestandteile des Opernkunstwerkes und der Opernaufführung immer auf diesen Handlungsbegriff? Wenn wir uns einig sind, daß Oper als neue Qualität, die die anderen, an ihr teilhabenden Künste »aufhebt«, zur darstellenden Kunst gehört, dann müssen wir auch sagen, daß ihr entscheidendes Spezifikum nicht lediglich in der Einheit von Wort, Ton, Bewegung und Bild besteht, sondern darin, daß diese Einheit ihr Zentrum und ihr Leben findet in dem singenden Menschen auf der Bühne, der durch die Handlung und durch nichts anderes – Maske oder Kostüm helfen nur dazu – die Verkörperung der vorgezeichneten Rollenpartie schafft. Daß er gleichzeitig reproduziert und schöpferisch tätig ist, daß er mit keinen anderen Mitteln als den in der eigenen Physis beschlossenen gestaltet, das ist das Besondere, auch das besonders Schwierige unserer Kunst. Davon müssen wir ausgehen, wenn wir über das Kernproblem, das Singen auf der Bühne, sprechen wollen.

Wird der Begriff der Handlung als das schöpferische Grundgesetz des Musiktheaters akzeptiert, dann gewinnen wir zweierlei: das allgemeinverbindliche Arbeitsmittel auf dem Wege zur gültigen szenischen Verlebendigung einer Partitur und das zuverlässige Kontrollmittel, das darüber entscheidet, ob die betreffende Interpretation und ihre Darstellung richtig sind. Denn der Inhalt ist ja nur durch die Handlung zuverlässig ablesbar. Das setzt voraus, daß wir in jedem Moment die Partitur auf die Handlung, auf den menschlichen Vorgang hin entchiffrieren müssen. Dazu sind Können und Phantasie vonnöten.

Allerdings muß dabei eine Abgrenzung gegen zweierlei Art von Vulgarisierung vorgenommen werden:

erstens gegen die schon genannte Auffassung, Handlung erschöpfe sich in äußerer Bewegtheit. Vielmehr ist Handlung – besonders auf der Opernbühne – innere Bewegtheit, ein Gefühls-Willens-Prozeß, wie Stanislawski sagt. Der Motor jeder einzelnen Handlung ist die bestimmte Absicht der Figur, ihr individuelles und soziales Interesse oder auch der Versuch, mit Erlebtem fertig zu werden, es zu ordnen, um neu handeln zu können;

zweitens gegen die Auffassung, die unterschiedlichen Gesetze des Musik- und Sprechtheaters sollten durch den Handlungsbegriff nivelliert werden. Der innere Gehalt und der Charakter einer die Musik brauchenden Handlung haben eine grundsätzlich andere Qualität als eine Handlung im Sprechtheater, weil ja auch die Realisierungsmöglichkeiten durch die künstlerischen Mittel verschieden sind. Solche Handlungen müssen entdeckt und erfunden werden – von den Opernschöpfern wie von den Interpreten –, die Musik brauchen und Musik gestatten, die das Singen notwendig, aber auch möglich machen. Das beginnt bei der vom Komponisten gewählten dramaturgischen Ausgangssituation und den eingesetzten musikalischen Mitteln und endet beim Arrangement des Regisseurs. Es gibt menschliche Verhaltensweisen, die Musik und Singen ausschließen. Die besten Opernwerke der Vergangenheit und Gegenwart aber zeigen, daß es auch solche gibt, die ihre individuelle und säkulare Bedeutung erst und nur durch die Musik erlangen.

Die Arie der Tosca im 2. Akt ist ein treffendes Beispiel für die Bedeutung der Handlung im Musiktheater und für ihre besondere Qualität gegenüber Handlungen und Verhaltensweisen im Schauspiel. Das Eigentümliche ist, daß hier die Handlung geradezu stehenzubleiben scheint. Nichts geht äußerlich vor. Die Tosca und Scarpia sind allein im Raum. Die Alternative, sich Scarpia hinzugeben und damit Cavaradossis Leben zu retten, oder ihrer Liebe zu Cavaradossi treu zu bleiben, ihn damit aber dem Henker auszuliefern, ist unter den gegebenen Umständen ihres bisherigen Lebens unlösbar für sie. Eine ausweglose Situation. In Floria Tosca ist eine Welt zusammengebrochen. Sie findet keine Antwort. Die Handlung besteht nun darin, daß die Tosca nicht weiß, wie sie handeln soll, aber weiß, daß sie handeln muß. Während sie äußerlich wie gelähmt erscheint, zieht ihr Leben an ihr vorüber wie eine gedrängte Filmmontage. Die zarte, lyrische Schönheit ihrer Kantilene erscheint als der Abglanz des früheren, scheinbar ungefährdeten Lebens. Aber alles sieht sie nur, um eine Antwort zu finden, alles nimmt sie, um mit ihrem Gott zu rechten. Denn unter allem liegt die verzweifelte Frage: »Perchè, perchè, Signor, ah, perchè me ne rimuneri così?«, die sich am Schluß anklägerisch auftürmt und dann wieder zusammensinkt. Ihr Gott hat ihr keine Antwort gegeben. Sie weiß, daß ihr kein anderer Mensch helfen kann. Und sie spürt, daß sie es selbst tun muß, auf ungewohnt-entsetzliche Weise. So umschließt diese Arie einen gewaltigen inneren Prozeß. Sie hat kaum eine geringere existentielle Bedeutung als beispielsweise Florestans Arie. Durch die Arie ist die Tosca auf eine neue Handlungsposition gelangt. Sie hat sich als Mensch verwandelt.

Wie sehr Handlung und Musik eine echte Identität bilden können und im Idealfall auch bilden, zeigt Felsensteins großartige Analyse der Susanna-Arie, die er in einem Gespräch mit Siegfried Melchinger fixiert hat (»Musiktheater«, Bremen 1961, S. 34). Ich möchte darauf hinweisen, weil hier in aller Deutlichkeit gezeigt wird, daß es sich bei Handlung und Musik nicht um den Dualismus gleichrangiger Begriffspaare handelt, sondern daß für die Bühne geschriebene Musik Handlung ist und eine auf der Musikbühne stattfindende Handlung Musik werden muß. Diese Erkenntnis bestimmt sowohl Notwendigkeit wie Art des Singens und weist neuerlich auf die Bedeutung hin, die der Begriff der Handlung methodisch für das Musiktheater besitzt.

Die Handlung ist für den Sänger im Probenprozeß zunächst das Arbeitsmittel. Die aus der Partitur herausgelesenen oder vom Regisseur als Übung vorgeschlagenen Handlungen ausführend, nähert er sich in seiner Gesamtverfassung immer mehr dem Charakter und der Situation der Rollenpartie. Indem er diese Handlungen singend ausführt, nähert er sich zugleich mehr und mehr dem seiner Figur entsprechenden Singen. So werden Rollenverwandlung und sowohl partie- wie rollengerechtes Singen ein dialektischer Prozeß, an dessen Ende die Figur steht, die notwendig und glaubhaft singt. Aus dem Arbeitsmittel »Handlung« ist das Gestaltungselement geworden, das wiederum für den Zuschauer Orientierungs- und Erlebnismittel wird.

Bei dieser Methode offenbart eine Arie manchmal nicht nur den Charakter der Figur, sondern kann auch den stilistischen Charakter eines ganzen Stückes transparent werden lassen. Nehmen wir Ferrandos Arie »Der Odem der Liebe«. Sie gilt eigentlich als Prototyp der an die Rampe gebrachten, nur »schönen« Belcanto-Arie. Wir alle kennen Aufführungen, wo daraus sogar ein Prinzip gemacht wird, wenn nämlich der Vorhang zugeht, der Darsteller des Ferrando aus seiner Rolle tritt und die Arie konzertant kundgibt. Bekannt ist aber auch, in welche Situation Mozart Ferrando unmittelbar vor der Arie stellt, aus der heraus Ferrando die Arie »erfindet«. Beide Freunde glaubten, ihre Wette bereits gewonnen zu haben. Alfonso beruft sich jedoch auf die gesetzte Frist und fordert sie auf, weiterzuspielen. Guglielmo will aber erst einmal essen, weil er Hunger hat. Ferrando fängt das prosaisch-animalische Bedürfnis seines Freundes ironisch auf, doch in der ironisierenden Floskel entlädt sich sein Glück und sein tiefer Liebesoptimismus. Zunächst behält er noch Guglielmo als Partner, den er belehrt, daß man nicht Speise und Trank braucht, wenn man sich vom Odem der Liebe erquicken läßt. Guglielmo hört sich das eine Weile an, dann verläßt er ungeduldig, weil eben noch immer hungrig, den Raum. Das geschieht in unserer Aufführung bei der Fermate vor dem zweiten Teil der Arie. Ferrando bleibt allein. Was er für den Partner erfunden hatte und in eine ironische Form kleidete, wird nun unmittelbare, direkte Äußerung seines Liebesbekenntnisses zu Dorabella. Und hören wir nicht alle, welches Maß an Liebesentrücktheit und -verströmen Mozart am Schluß der Arie gemeint hat? Was geschieht, wenn wir die Arie handlungsmäßig so lesen? Der Darsteller des Ferrando findet gerade hier seinen unverwechselbaren Charakter, der ihn von Guglielmo unterscheidet und verhindert, daß beide als »siamesische Zwillinge« erscheinen. Indem er als Ferrando handelt, singt er auch als Ferrando. Auf diese Weise wird die besondere Art von Identifizierung mit der Rolle vorgenommen. Das Gedanklich-Ironische fällt von ihm ab und wird im zweiten Teil der Arie, ohne daß sich die Gesangsmelodie zunächst ändert – obwohl das Orchester anders spielt –, zur direkten Offenbarung des reinsten Liebesgefühls. In dieser Situation wird der Schritt vollzogen, den das ganze Werk vornimmt: vom Schein zum Sein, von der Ironie zum Ernst, vom Spiel zur Wahrheit.

Nun stellt sich jedoch unserer Absicht, das Singen als identischen Ausdruck der Handlung zu erfassen und durch die Ausführung von Handlungen zum wahren und damit schönen Singen zu gelangen, eine weitverbreitete Auffassung entgegen, die alles in Frage zu stellen scheint: der Satz, daß das Singen ja von vornherein »unnatürlich« sei. Auch das sollte Gegenstand unserer Diskussion werden. Denn immerhin ist dieses Wort vom »unnatürlichen« Singen ein entscheidender Aufhänger für all jene, die die Musikbühne, den Ort gesteigertmenschlicher Vorgänge, mißbrauchen wollen zum Podium gesangstechnischer Darbietungen. Wir würden den entscheidenden Qualitätsunterschied zwischen Wirklichkeit und Kunst negieren, wenn wir nicht energisch darauf bestehen würden, daß das Singen so sehr oder so wenig »künstlich« ist wie der Pinselstrich eines Malers, die Linie einer Skulptur oder der Reim eines Gedichtes. Auf einer unserer jüngsten Diskussionen wurde die für die Kunst geltende »Als-Ob«-Situation in den Vordergrund gerückt. Es wäre nun aber ein ästhetischer Fehlschluß, wenn wir innerhalb des Als-Ob-Lebens auf der Bühne noch ein zweites Als-Ob einsetzen würden, etwa derart: Das Singen ist ein künstlich-technischer Vorgang und beruht auf der Vereinbarung zwischen Bühne und Publikum, daß »hier eben gesungen wird«, wir singen also, als ob wir sprechen würden oder in diesem Moment eigentlich auch sprechen könnten. Demgegenüber müssen wir aber erkennen, daß es innerhalb des Als-Ob-Lebens auf der Musikbühne kein zweites Als-Ob geben darf. Denn dann würden die real wirkenden Kausal-Gesetze – innerhalb des Als-Ob muß alles stimmen, funktionieren, zueinander sich logisch verhalten – durchbrochen durch ein neues Als-Ob, und es würde eintreten, was wir als »künstlich« oder »falsch« oder manchmal auch als »formalistisch« bezeichnen. Dann würden wir auch das Singen, diese ursprünglich spontane, in ganz bestimmten Situationen notwendige Äußerungsform des Menschen, seiner elementaren Kraft und Schönheit berauben und es als Kunstmittel sterilisieren.

Es gibt in der Opernliteratur ein Beispiel, wo das Singen, das Singen-Müssen, als gesteigerte menschliche Äußerung nicht nur so realistisch als möglich eingesetzt, sondern dazu auch sozial und geradezu medizinisch begründet wird. Es ist Mimis Arie im 1. Akt von »La Bohème«. Wo kämen wir hin, wenn wir gerade hier das zweite Als-Ob in Kraft treten ließen? Mimi sänge, als ob sie sprechen würde. Wir würden fragen: Warum tut sie es dann nicht? Oder anders: Sie täte so, als ob sie singen würde? Dann wäre sie eine dumme Gans, die in hemmungslosem Ehrgeiz glaubt, der arme Dichter könne ihr zu einem Engagement an der Grande Opéra verhelfen. Wie anders aber, wenn wir ihr Singen innerhalb der Handlung als ausdrucksmäßige Notwendigkeit begreifen, als einen Äußerungswunsch, dem das gesprochene Wort nicht mehr genügt, der in Dimensionen der physischen Verwandlung und Vorstellung vorstößt, die nur Musik vermitteln kann. Wenn wir also ihre Arie als besonderen Höhepunkt ihrer Lebenslinie erkennen und sie als Handlungsvorgang begreifen.

Dazu muß die Darstellerin wissen: Mimi lebt allein in Paris. Sie ist – sozial gesehen – Halbproletarierin. Heute ist Weihnachtsabend. Vielleicht hat sie eben eine Absage von einem Kavalier erhalten. Als sie auf ihr Zimmer zurückgeht, hört sie lustige Stimmen. Sie lauscht. Die Tür fliegt auf, sie flieht. Dadurch erlischt ihre Kerze. Sie weiß, nur einer ist zurückgeblieben. Sie klopft und bittet um Feuer. Im Halbdunkel steht sie dem anderen gegenüber. Seine Augen spürt sie in sich hineinbrennen. Ihr schwinden die Sinne. Sie glaubt, aus glücklicher Verwirrung. Wir vermuten, weil sie krank ist. Eine echte »Musik«-Situation, für die aber Puccini noch kein Arioso benutzt. Der Mann will ihr eine Erfrischung reichen und sie hierbehalten. Doch sie fürchtet, er habe ihren Eintritt falsch verstehen können, und flieht mit ihrer Kerze schnell aus dem Raum. Draußen entdeckt sie, daß sie den Schlüssel drinnen verloren haben muß. Aber wird er ihr Wiederkommen nicht doppelt falsch bewerten müssen? Ihre Verwirrung wächst. Als auch seine Kerze erlischt, ist es dunkel. Sie fühlt seinen Körper neben sich. Als er nach ihrer Hand faßt und sie küßt, erfüllt sie eine nie gekannte Wärme. Der andere stellt sich vor als Dichter. Er scheint lustig, ein wenig keck, aber dahinter auch merkwürdig ernst. Sie hört ihn singen, hört es in sich singen. Es ist Musik in ihr, seine Musik. Und dann fragt er sie, wer sie sei.

Wie sie nun zaghaft, zugleich schlicht und ein wenig kokett beginnt, das ist ein Musterbeispiel psychologisch-musikalischer Charakterisierung, besonders deshalb so wertvoll, weil sie einem bis dahin auf der Opernbühne kaum bekannten

Menschentyp gilt. Als Mimi stockt: »Was soll ich von mir sagen?«, weiß sie nichts anderes, als von ihrer Arbeit, von ihrer Tätigkeit zu sprechen. Und während sie von ihrer Arbeit spricht, erschließt und offenbart sich ihr Wesen. Das ist von Puccini in höchstem Maße modern. Sie offenbart ihre Träume und ihre Glückssehnsucht, bis sie sich plötzlich dabei ertappt und verwirrt innehält. Sie flüchtet wieder zu Alltagsdingen: Die melodische Kantilene geht zurück ins Parlando. Dann zeigt sie ihm, wo sie wohnt: ganz oben, nahe der Sonne, über den Dächern von Paris. Und nun entfaltet sich im gesteigerten Arioso ihr ganzes Glücksfieber, die hemmungslose Sehnsuchtsgier eines herrlichen, aber kranken Menschen. Sie gipfelt in dem Bild von der Umarmung mit der Sonne, dem Kuß, den sie, verbrennend, mit der Sonne tauscht. Und dann fällt alles wieder zusammen. Sie kommt in die Realität zurück, ganz schlicht im Parlando verklingt, was sie sagte und sagend erlebte – deshalb ja sang sie.

Wir erkennen eine interessante Kausalität: Weil Mimi krank ist, ist ihre Sehnsucht so stark und fiebrig. Weil diese Sehnsucht so fiebrig ist, muß sie singen, wie sie singt. Sie brauchte nicht zu singen, wenn sie nicht Fieber hätte. Sie wäre nicht so krank, wenn sie, reich, nach Mallorca fahren und ihre Tbc ausheilen könnte. Aber das geht nicht. Rudolf sagt später: »Um sie am Leben zu erhalten, genügt nicht Lieb' allein.« So ist schließlich und zuletzt Mimis soziale Stellung Voraussetzung ihres Singens, weil sie Voraussetzung und Bedingung einer Glückssehnsucht ist, die so stark nur in einem todgeweihten Menschen ist. Davon kann nur noch die Musik sprechen...

Ich glaube, daß die Kausalkette zwischen animalisch-elementarem Ursprung, dramaturgisch-gesellschaftlicher Funktion und musikantischer Schönheit des Singens in der jüngeren Opernliteratur selten so zwingend deutlich wird wie in dieser Arie.

Entschließen wir uns, die Handlung als schöpferisches Grundgesetz unserer Kunst stärker als bisher zu akzeptieren, dann besitzen wir einen wichtigen Schlüssel für unsere Arbeit und ein verbindliches Kriterium. Allerdings nicht den Stein der Weisen oder etwas, das automatisch alle Probleme, die täglich vor uns stehen, löst. Erheben wir aber die Handlung zum methodischen Gesetz unserer Arbeit, dann wird das Singen auf der Bühne eher und stärker zu dem, was es der Natur nach in unserer Kunst ist: die das Menschliche bis in seine geheimsten Winkel durchforschende und bis zu seinen kühnsten Träumen offenbarende Äußerung, die ihresgleichen sonst nicht hat.

Sieben Forderungen an den Regisseur
(1968)

Heute und morgen sollte der Regisseur weder Diktator noch Arrangeur sein, sondern geistig-pädagogischer Organisator und Lenker der lebendigen Musikszene. Seine prinzipielle Aufgabe: auf der Grundlage des Wort- und Notentextes der Autoren, der Partitur und möglichst in Übereinstimmung mit dem Dirigenten die Menschen und Materialien auszuwählen, anzuleiten und hinzuführen zu jenem lebendigen Zusammenwirken, das wir Aufführung nennen – zu einer Aufführung, die durch die Aktivierung des hörenden Zuschauers die lebendige Funktion von Oper heute und hier beweist. Zwischen den Extremen beharrender Bequemlichkeit und publicity-süchtiger Waghalsigkeit, also zwischen pfleglicher Musealität und modernistischen Eskapaden, ist der Weg zu suchen, der Werktreue mit Zeitnähe verbindet, der Weg also zu einer Regie, die werkgerecht und zeitgemäß zugleich ist. Denn Werktreue ohne aktuelle Wirkungsfähigkeit scheint im Sinne der lebendigen Kunstfunktion von Oper ebenso wertlos zu sein wie modische oder politische Aktualisierung unter Verletzung des Originals.

Eine solche Aufgabenstellung steckt bereits ab, was an Opernregie lehr- und lernbar ist. Freilich wird eine solche Lehr- und Lernbarkeit oft in Zweifel gezogen – unter Hinweis auf den »geheimnisvollen« Prozeß der Imagination, aufgrund schlechter Ausbildungserfahrungen oder mit Berufung auf das »sich selbst bildende Genie« oder die originelle Begabung. Nun ist aber Opernregie keine mystische Garküche. Sie hat heutige gedankliche Konzeptionen mit heutigen technischen und finanziellen Normen zu verbinden. Der Magier, der um seine Kunst den Mantel des Geheimnisses schlägt, erscheint mir recht unzeitgemäß. Und was die Genies betrifft – so reich an ihnen sind wir nicht, als daß nicht aller Anlaß bestünde, die Begabungen besser auszuwählen und zu entwickeln, als es an den Bühnen wie an den Ausbildungsstätten – für Opernregie gibt es wenig genug! – gemeinhin geschieht.

Klipp und klar: Nicht Opernregie selbst ist lehr- und lernbar, sondern im Bereich der Opernregie ist Wesentliches zu lernen und zu lehren. Talente sind nicht aus der Retorte zu züchten; man muß sie finden und fördern. Und die Berufsaufgaben des Opernregisseurs werden um so klarer, je besser der Gegenstand seines

Berufes determiniert ist: das Musiktheater. Die Entwicklung einer Wissenschaft über Ästhetik und Methodik des Musiktheaters scheint mir die wesentlichste Voraussetzung für die Entwicklung von Opernregisseuren zu sein, die heutigen Ansprüchen genügen. Was ist vom Opernregisseur zu verlangen, was daran ist lehr- und lernbar?

Erstens: Die Erkenntnis, daß Musiktheater eine Kunstform ist, die auf spezifische Weise Wirkliches abbildet oder transformiert und die dabei in höchstem Maße Ratio und Sensus, Logik und Phantasie, Reales und Irreales verbindet, um auf eigene, unverwechselbare Art Modellentwürfe menschlicher Existenz zu geben – Modellentwürfe, die ihren Sinngehalt und ästhetischen Reiz jeweils neu zu offenbaren haben.

Zweitens: Die Einsicht in die historische Gebundenheit, ästhetisch-stilistische Gesetzmäßigkeit und weitere Entwicklungsfähigkeit aller das Kunstwerk »Opernaufführung« schaffenden Elemente: Musik, Literatur, szenische Darstellung, Tanz, bildende Kunst, Technik – dies alles unter besonderer Berücksichtigung modernster Verfahrensweisen und Materialien.

Drittens: Das Vermögen, eine Partitur analytisch-sensitiv zu lesen und zu entschlüsseln auf die szenische Verlebendigung hin, also im Hinblick auf alle Realisierungsnotwendigkeiten und -möglichkeiten, die wiederum im Umkreis heutigen Welttheaters gekannt oder auf der Basis von Kenntnissen experimentell entwickelt werden müssen.

Viertens: Die Imagination, aus zu Hörendem und zu Lesendem Bildhaft-Lebendiges zu fixieren und zu entwickeln, so daß die optische Bühnengestaltung tatsächlich der geistigen Optik des Werkes und seiner Inszenierung adäquat ist.

Fünftens: Die Fähigkeit, auf der Basis genauer dramaturgischer und stilistischer Analysen, auf der Basis der Kenntnisse verschiedener Spielweisen wie auch mittels der Einfühlung in die Figuren oder deren Umwelt das ganze Ensemble der Sänger-Darsteller den komplizierten, psychologische wie kunsttechnische Faktoren gleichermaßen berücksichtigenden Weg zu einer Darstellung zu führen, die im Singen gipfelt und die den dramaturgisch begründeten Bühnengesang ausweist als das wichtigste Mittel der Oper, das »Unerhörte« zu erschließen.

Sechstens: Die Überzeugungskraft, die Regiekonzeption nicht nur dem Sänger, sondern auch den Leitern eines Hauses wie vor allem dem gesamten technischen Personal gegenüber zu vertreten und durchzusetzen – im Idealfall das innere Engagement aller für die konkrete Aufgabe zu erreichen, im Notfall wenigstens die äußere Disziplin aller gegenüber dem künstlerischen Prozeß zu gewährleisten.

Siebentens: Die Übersicht über alle finanziellen, terminlichen und technischen Gegebenheiten, damit sie organisiert, entwickelt und ausgenutzt werden können zur bestmöglichen Einschmelzung von Technik und Ökonomie in die Kunst.

Diese Forderungen wären freilich zu spezifizieren und zu erweitern, nicht zuletzt um den Bereich des Handwerklichen. Wie sind Partnerbeziehungen herzustellen, die die Kontrollmöglichkeiten zum Dirigenten gestatten? Welche Bewandtnis hat es mit der sogenannten Auflockerung des Chores? Wie sind musikalische Erfordernisse im Arrangement zu berücksichtigen? Wie sind Endproben einzuteilen? Diese und unendlich viel mehr Fragen bezeichnen primitive handwerkliche Vorbedingungen, an denen eine Operninszenierung oft genug scheitert, ehe sie die Höhen des Besonderen erklimmen konnte. Solange in deutscher Sprache kein Werk über Geschichte und Methodik der Opernregie vorliegt – gerade hierzulande ein unbegreifliches Versäumnis! –, sollten vielleicht praktische Leitsätze helfen, über die, sobald sie publiziert sind, diskutiert werden könnte, die also »von unten her« eine wissenschaftliche Regiemethodik vorbereiten.

Unser Problem wird noch interessanter dadurch, daß heute verschiedene Berufsangehörige Opern inszenieren, daß die heutigen Opernregisseure aus unterschiedlichen Tätigkeiten kommen: Sänger, Schauspieler, Schauspielregisseure, Kapellmeister, Bühnenbildner, Dramaturgen, Komponisten, Ballettmeister; sie inszenieren Opern oder wurden Opernregisseure. Den Opernregisseur a priori gibt es selten. Das braucht man keineswegs zu bedauern, solange die, die inszenieren, die Grundforderungen ihrer Tätigkeit erfüllen. Man könnte die Vielzahl der Kanäle zur Opernregie sogar begrüßen, weil auf solche Weise die Aspekte und Akzente der Musikszene vielfältig und abwechslungsreich sein könnten.

Auch die Ausbildungsstätten, die es gibt oder die – hoffentlich! – in Zukunft geschaffen werden, sollten bei der Auswahl und Entwicklung der Studierenden die individuellen Voraussetzungen und Fähigkeiten sorgfältig berücksichtigen. Nicht Gleichschaltung, sondern Profilierung der verschiedenen künstlerischen Individualitäten muß Ausbildungsziel sein. Was zu lehren und zu lernen ist, ergibt sich aus den Grundforderungen an den Opernregisseur und wäre innerhalb eines Studiums aufzuteilen in einen theoretischen und in einen praktischen Komplex, die sich freilich immer durchdringen müssen, bis in der eigenen Tätigkeit Theorie und Praxis eins werden.

Die theoretische Ausbildung müßte umfassen: Geschichte, Philosophie, Psychologie, Soziologie; Musikgeschichte, Theatergeschichte, Kunstgeschichte, Dramaturgie – alles unter besonderer Berücksichtigung der noch nicht geschriebenen Geschichte der Opernregie und der für die Oper ungemein wichtigen Erkenntnisse der heutigen Naturwissenschaften.

Die praktische Ausbildung sollte umfassen: das Spielen eines oder mehrerer Instrumente, wenigstens Klavier bis zum einfachen Partiturabspiel; Einweihung in die Grundlagen der Gesangstechnik, wenn auch nicht unbedingt selbsttätig; körperliches Training unter besonderer Berücksichtigung von Fechten, Tanz und Pantomime; eigene darstellerische Übungen, beginnend mit »Etüden« bis zur Ausführung zumindest kleiner, wenn auch nicht unbedingt zu singender Rollen und Szenen; Erarbeitung eigener Werkanalysen und Regiekonzeptionen; Übung für die Schaffung eines Bühnenbildes und der Kostüme; Assistenz oder Hospitanz bei einer Studio-Aufführung oder an einer Musikbühne als Praktikum während der Studienzeit.

Im Idealfall sollte die Ausbildung abgeschlossen werden durch eine selbständige Inszenierung des Studierenden. Ob der weitere Berufsweg über die Assistenz an einem Theater geht oder bereits die selbständige Regieposition vorsieht, hängt von den jeweiligen Umständen ab.

Es wäre allerdings eine böse Folge der prinzipiell positiven Einrichtung eines Regiestudiums für das Musiktheater, wenn nur »Studierte« als Opernregisseure anerkannt und eingesetzt würden. Es ist anzunehmen und zu hoffen, daß »Nicht-Akademiker« ihren Teil dazu beitragen, das Musiktheater vor Akademismus zu bewahren und ihm neue Impulse, neue Akzente zu geben, die unmittelbar aus dem Leben oder aus anderen Zweigen der Kunst kommen – aus den Bereichen, mit denen die Kunstexistenz der Oper stets eng verknüpft ist.

Es scheint eine Menge, was zu lehren und zu lernen ist. Und es ist doch recht wenig im Verhältnis zu den eigentlichen Anforderungen, die an die Opernregie zu stellen sind. Nicht oder nur bedingt zu lernen und zu lehren sind: Musikalität in der Affinität zum Theater; eine Phantasie, die auf die Verbindung von Klanglichem und Bildlichem im Prozeß menschlicher Darstellung hinzielt; absolute Besessenheit gegenüber der Aufgabe, geteilt in persönliche Opferbereitschaft und Achtung gegenüber den Mitarbeitern; permanente Unzufriedenheit mit dem Erreichten, der Drang und das Bedürfnis, durch Lernen und Beobachten dem sich ständig entwickelnden Leben auch im Musiktheater auf der Spur zu bleiben und die Gestaltungsmöglichkeiten dieser Kunst stets zu überprüfen, zu entwickeln, zu erweitern. Ein Regisseur, der sich als »Angestellter« betrachtet, wird die Musikszene schnell entschärft haben. Und der, der ausschließlich an sein persönliches Geschäft denkt, wird viel dazu beitragen, Oper als kultivierteste Form des Show-Business zu installieren. Freilich hat die »unmögliche« Kunstgattung »Oper« unendlich viele Möglichkeiten. Die schönste: den Schritt des Menschlichen aus dem Bereich des Seienden in den Bereich des Möglichen ästhetisch zu vollziehen.

Was also zu lehren und zu lernen ist, sind nicht Lösungen, sondern Wege, nicht Rezepte, sondern Methoden. Im übrigen muß jeder von uns immer wieder neu finden, wie er die Hauptaufgabe erfüllt: dem Ganzen Lenker und Diener zu sein.

Zeit für Oper
Musiktheater in Berlin, Musiktheater für Berlin
(1981)

»Und mag mich niemand hören, sprech ich von der Liebe zu mir selbst.« So singt in seiner ersten Arie, aus dem Italienischen ins Deutsche übersetzt, Cherubino, diese oft mit Mozart identifizierte Figur, der Hans Werner Henzes Klavierphantasie gilt, mir zu Beginn meiner Berliner Intendanz gewidmet und soeben von Homero Francesch uraufgeführt. Ist dieser Satz Cherubinos nur kokettierendes Spiel, sich in einem Übermaß von Liebe – paradoxerweise – narzistisch in sich selbst zurückzuziehen, in den Elfenbeinturm ästhetisierender Sensibilität? Oder formuliert er auch Klage, eine Herausforderung, eine Drohung, die uns ängstigen müßte? Ein junger Mensch im Aufbruch, ein stürmisch-sensibel Suchender fürchtet, droht an, nicht mehr gehört zu werden. Geht uns eine solche persönliche Situation etwas an?

»Und mag mich niemand hören, sprech ich von der Liebe zu mir selbst.« Sollte dieser Satz gar – analog und parallel interpretiert – etwas mit der Oper, mit unserer gegenwärtigen Situation zu tun haben? Betrifft es mich, uns, das, was wir uns in Berlin, für Berlin in den nächsten Jahren vornehmen?

Wir sind aufgescheucht, alarmiert durch Nachrichten und Auflagen im Bereich der Subventionen für Musik, für Oper. Realisieren sie sich in dem Umfang, in dem sie angekündigt werden, dann könnte es sein, daß wir mit solchen Auflagen nicht nur eingedeckt, sondern zugedeckt werden, bis zur Gefahrengrenze, die unsere Hörbarkeit erstickt. Mag uns einmal niemand mehr hören?

Die Deutsche Oper Berlin eröffnet heute ihre einundzwanzigste Spielzeit. Sie tritt ins dritte Jahrzehnt ihres Bestehens. Das heißt, sie ist im Vergleich mit anderen führenden Opernhäusern in der Welt relativ jung. Darin besteht eine Chance.

Wenn wir in dieser Matinee zum Auftakt der neuen Intendanz Kompositionen von Krenek, Blacher und Henze spielen, dirigiert von unserem neuen Berliner Generalmusikdirektor Jesus Lopez Cobos, dann ist das durchaus programmatisch: Wir sehen unsere Opernarbeit in die spannungsreiche Kontinuität zwischen dem Einst und dem Jetzt gestellt – das Einst begriffen als Tradition, Überliefertes und zugleich als das, was noch nicht da ist, als das Utopische, dem wir uns immer wieder auszuliefern haben; und das Jetzt verstanden als das unverwechselbare Heute und Hier.

Hier und Heute ist uns Berlin.

Jeder der drei Komponisten, von denen wir heute morgen ein kleines Werk aufführen, ist dem Berliner Musiktheaterleben auf besondere Weise verbunden, verkörpert verschiedene Perioden der jüngeren Berliner Musikgeschichte und hat dazu beigetragen, diese Berliner Musikgeschichte zu einem unverwechselbaren Bestandteil internationaler Musikkultur zu machen.

Ernst Kreneks Wirken fällt eng zusammen mit dem erstaunlichen Projekt der Kroll-Oper Ende der zwanziger Jahre, dem trotz seiner kurzen Lebenszeit so prägnanten Versuch Klemperers und so vieler seiner Mitarbeiter wie Zemlinsky und Zweig, Oper aus der repräsentativen Unverbindlichkeit zu emanzipieren, sie zur Begegnungsstätte und zum Austragungsort zeitgenössischer Ideen und Gestaltungsformen zu machen. Stellvertretend möge Kreneks Komposition für diese zwanziger Jahre stehen, in denen in der deutschen Metropole herausragende Gestalten des fortschrittlichen Opernlebens wirkten, in denen Berlin zum Beispiel auch zur Realisierungsstätte der Neuen Wiener Schule wurde – die Uraufführung von Bergs »Wozzeck« ist nur ein Zeugnis dafür –, in denen das dynamische Opernleben Berlins in die vorderste Reihe des Weltinteresses rückte.

Mit Boris Blacher bekennen wir uns zur fortdauernden Präsenz einer Berliner Schule im engeren Sinne, einer Haltung, die Berlin trotz aller widersprüchlichen Entwicklungen auch im politischen Feld noch immer und weiterhin als Heimat, als Experimentierfeld für neue Entwürfe in der Oper ansieht – einer Haltung, die sich fortsetzt in den Schülern Blachers.

Und schließlich Hans Werner Henze, der mit seiner Klavierphantasie »Cherubino« die erste Uraufführung der neuen Saison beisteuert, nachdem er gerade in den ersten Jahren der Deutschen Oper wie in den Aufführungen ihrer unmittelbaren Vorgängerin, der Städtischen Oper in der Kantstraße, durch die zahlreichen Uraufführungen und Erstaufführungen im Bereich von Oper und Ballett das Profil des zeitgenössischen Musiktheaters maßgebend mitbestimmt und selbst ein eigenes Profil geschärft hat: ein musikalischer Weltbürger progressiven Zuschnitts, der in Berlin, diesem einmaligen Schnittpunkt nationaler und internationaler Berührungen und Interessen, eine Zeitlang ein künstlerisches Zuhause sah und auch wieder sehen sollte. Jedenfalls haben wir verabredet, uns für die nächsten Jahre die Uraufführung einer Oper vorzunehmen.

Wenn wir heute gemeinsam über die Erwartungen an das Musiktheater nachdenken, wie sie uns Peter Fischer-Appelt so herausfordernd eindrucksvoll vortrug, dann setzt ein Konzept für die Zukunft eine Analyse der Vergangenheit voraus, die Sichtung und Neubewertung von Traditionen des Musiktheaters in Berlin, aus denen wir reizvolle Perspektiven entwickeln können. Die Analyse ergibt ein Bild von Berlin, das sich bemerkenswert absetzt und unterscheidet von dem anderer Opernmetropolen in der Welt wie Wien, Mailand, London, Moskau, Paris, München oder auch Hamburg.

Bemerkenswert ist zunächst, daß die zu Anfang seiner Regierungszeit 1742 von Friedrich dem Großen zum Bau in Auftrag gegebene Linden-Oper als die spätere Staatsoper vor allem in den letzten hundert Jahren permanent und aufreizend flankiert wurde durch eine große Zahl von Opernspielstätten und Musiktheatermodellen, die sich nicht nur auf eine »Gegenoper« beschränkten oder lediglich als »Volksoper« einzuordnen wären, sondern in einem Wettstreit von höchstem Niveau mit Werken und Künstlern besten Zuschnitts über Jahrzehnte hinweg so etwas wie eine »konzertierte Aktion« des musikalischen Theaters vorstellten, das nicht nur dynamisch in die Stadt wirkte, sondern exemplarisch in die Welt ausstrahlte.

Hans Gregors Komische Oper bildete zu Beginn des Jahrhunderts einen in seiner Programmatik noch heute richtungweisenden Versuch, ein Musiktheater zu schaffen, das anstelle ornamentaler Repräsentation die geistig-existentielle Auseinandersetzung wollte.

1911/12 wurde, als Gregors Experiment geschäftlich gescheitert war, in bewußter Abgrenzung gegenüber der Hofoper Unter den Linden das Deutsche Opernhaus Charlottenburg gebaut, betrieben zunächst als Aktiengesellschaft: die Bürgeroper, mit allen Möglichkeiten eines demokratischen Verständnisses von Oper, aber ebenso mit der Gefahr, ein bißchen zum kleinbürgerlichen Familientheater zu schrumpfen. Ein Haus der Mitte, dem unter Bruno Walter, Leo Blech, Heinz Tietjen und später, zunächst bis 1933 unter Carl Ebert, aber doch entscheidende, auch international stilprägende Beiträge zum Musiktheater gelangen. Daß Furtwängler hier seine ersten Opernabende gab, unterstreicht den historischen Anspruch.

Zunächst nur als Dependance der Linden-Oper gedacht, erhob die Kroll-Oper unter Klemperer kühn ihren Anspruch, neue provozierende, demokratische Entwürfe ins Opernleben der Stadt einzubringen, die gleichzeitig dieses Institut für kurze Zeit an die Spitze der progressiven Opern in der Welt stellte. Die Schließung der Kroll-Oper und ihre spätere Nutzung als NS-Versammlungsstätte ist eines der dunkelsten Blätter der jüngeren Berliner Operngeschichte.

Nach dem Zweiten Weltkrieg unternahm Walter Felsenstein ein ähnlich verwegenes Experiment wie zuvor Gregor und die Kroll-Oper, um ein neues Selbstverständnis des Musiktheaters als Idee, Institution und Methode zu begründen und zu praktizieren. Fast dreißig Jahre, bis zu seinem Tod 1975 leitete er die Komische Oper an der Behrensstraße, sicher eine der längsten und zugleich die Opernlandschaft am meisten verändernden Intendanzen der Operngeschichte. Auch wer einzelnen Vorstellungen Felsensteins nicht folgen mochte, wird einräumen müssen, daß von dem Haus an der Behrensstraße eine neue Orientierung über die künstlerischen und gesellschaftlichen Zusammenhänge des Musiktheaters ausging, daß die Anstöße aus der Komischen Oper die Opernszene in der zweiten Jahrhunderthälfte ähnlich veränderten wie Wieland Wagners Ästhetik oder Brechts episches Theater.

Mit der später wieder von Carl Ebert geleiteten Städtischen Oper, der Staatsoper Unter den Linden und Felsensteins Komischer Oper war das Berliner Opernleben nach dem Krieg beispielgebend neu dynamisiert, bis die 1961 durch die Stadt und durch Deutschland gemauerte Grenze den Wettstreit einer solch exemplarischen und aufregenden »konzertierten Aktion« störte und zerlegte, in andere Bereiche verlagerte, neue Orientierungen und Motivierungen erforderte.

Als das neue Haus der Deutschen Oper an der Bismarckstraße am 24. September 1961 eröffnet wurde, war ihm nach den Augustereignissen des Jahres überraschend und zusätzlich eine Verpflichtung übertragen und eine historische Chance gegeben, die nun weit über die Aufgabenstellung in der Kantstraße hinausreichte: Im Schnittpunkt zwischen Ost und West, Nord und Süd Stimme dieser Stadt beziehungsweise ihres größeren, ihres demokratischen Teils zu sein, eine Stimme, die in der Welt vernommen und künstlerisch geachtet wird und vor allem den Berlinern selbst ein unentbehrliches, unverzichtbares Lebensbedürfnis ist, eine Begegnungsstätte mit anderen und mit sich selbst, mit Träumen, Erinnerungen, Ängsten und Hoffnungen. Eine Verpflichtung und eine Chance, die nach zwanzig Jahren nicht geringer geworden sind, eher akuter, dringender.

Bei Sichtung der für unsere Perspektive so unerläßlichen Tradition im Musiktheater Berlins läßt sich eine zweite bemerkenswerte Entdeckung machen. Die genannten Institute und Namen von Dirigenten, Regisseuren und Intendanten – sie müßten durch eine Vielzahl weiterer, vor allem von Sängern und Bühnenbildnern, ergänzt werden – weisen darauf hin, daß die Oper in Berlin – auch das ist ein Unterschied zu anderen Opernmetropolen in der Welt – in diesem Jahrhundert in Permanenz auf der Suche nach einer tieferen Sinngebung der Oper war, nach einem Selbstverständnis von Oper, das ihre künstlerischen und gesellschaftlichen Zusammenhänge gleichermaßen ins Spiel bringt.

Mit anderen Worten: Es gibt eine, wenn auch noch nicht zusammenhängend geschriebene, doch immer wieder praktizierte Berliner Dramaturgie des Musiktheaters, dessen hervorstechende Merkmale mir zu sein scheinen: Oper wird nicht nur und nicht eigentlich als unverbindlicher, luxuriöser Repräsentationsgegenstand begriffen, auch nicht ausschließlich und nur als »kostümiertes Konzert« geduldet, sie gilt auch ganz und gar nicht als töricht oder überflüssig, sondern in ihr wird ein Kunstgehalt gesucht, in dem sich musikalische und szenische Komponenten verbinden zu einem Musiktheater, das immer auch etwas anderes und immer auch mehr ist als Musik allein und als Theater ohne Musik.

Daß in Berlin die Überzeugung der unentbehrlichen Zusammengehörigkeit von profilierter szenischer Interpretation mit der musikalischen Wiedergabe eine besondere Ausprägung erfuhr, bezeugt nicht nur im äußerlichen Sinn die große Zahl von Regisseur-Intendanten, die oft jahrzehntelang das Berliner Opernleben bestimmten. Die Erwähnten sind zu ergänzen insbesondere durch Gustav Rudolf Sellner, den ersten Generalintendanten der Deutschen Oper Berlin. Zu erinnern ist aber auch an die Regiebeiträge eines Jürgen Fehling, eines Gustaf Gründgens, eines Heinz Hilpert oder Oscar Fritz Schuh. Dies alles als Berliner Dramaturgie verstanden, meint nicht Regietheater auf Kosten der Musik. Es meint Musiktheater als sinnvolle Beziehung und Durchdringung aller eine Aufführung mitschaffenden Teile und Formen, mit dem Trend zur akuten Gegenwart.

Und es meint, daß alle Mittel und Formen in kluger, sensibler Balance und mit wechselnder Funktion eingesetzt werden, im freien Spielraum der Phantasie strengstens künstlerischen Gesetzen gehorchend. Damit sich der eigentliche Sinn von Musiktheater erfüllt: Geschichten von Menschen zu erzählen, die uns etwas angehen und in denen auch immer etwas von der Geschichte der Menschheit enthalten ist, im Großen wie im Kleinen, selbst im amüsanten Detail. Geschichten, die uns unser Einzelsein, vielleicht auch unser Einsamsein bewußtmachen und die gleichzeitig aufgehen in das Gefühl der humanen Kontinuität, die sich in der gesellschaftlichen Gemeinsamkeit ebenso begreifen läßt wie in der Konfrontation, dem sonst Unaussprechbaren, dem Unbegreiflichen.

Im Unterschied zu jeder anderen Kunstform vollzieht das Musiktheater solche menschlichen Selbstbegegnungen durch die Öffnung einer neuen Dimension. Das, was gezeigt wird auf der Bühne, das, was gesagt wird, wird erweitert durch den von der Musik eingebrachten Ausdruck dessen, was durch Worte allein nicht, nicht mehr oder noch nicht oder eben nie zu sagen ist. Diese Dimension des durch das Sehbare, das Theatergemäße zwar Vordefinierten, sonst aber Unsagbaren und nur durch Musik Aussprechbaren ist der eigentliche Gegenstand von Musiktheater.

Und es scheint, daß die Menschen fast überall, wo es Oper gibt, gerade in den letzten Jahren diesen Gegenstand des Musiktheaters, diese Dimension wieder besonders benutzen wollen. Unübersehbar ist, daß die Nachfrage nach Oper auch unter jungen Menschen ungemein gewachsen ist. Und wenn der Satz Hegels zutrifft, daß jede Kunstgattung in periodischem Wechsel ihre Zeit hat, dann, so scheint es mir wenigstens, ist es jetzt Zeit für die Oper. Die Gründe dafür, daß das so ist, sind sicher zahlreich und vielfältig. Sie, meine Damen und Herren, sofern Sie unser Publikum bilden, wissen sie sicher am besten zu nennen. Aber lassen Sie mich versuchen, aus unserer Sicht zur Erklärung beizutragen.

Ich glaube, das neue, verstärkte Bedürfnis nach Oper hat viel zu tun mit dem

Defizit an Sensibilität, das die mechanisierte und kommerzialisierte Gesellschaft produziert, mit dem Wunsch nach humaner Aufmerksamkeit, der die um sich greifende zwischenmenschliche Entfremdung kompensieren soll, mit dem Bedürfnis nach selbstpraktizierter Phantasie, die die Oberflächenschicht der Konsumgesellschaft durchdringen möchte.

Aber daß nun gerade zu einem Zeitpunkt, an dem das allgemeine, das gesellschaftliche Bedürfnis nach Musiktheater besonders eklatant wird, den Opernetats nicht nur in Berlin starke Abstriche drohen, ist ein historisch-aktuelles Paradox. Natürlich kann sich die Oper nicht klammheimlich aus einer Finanzkrise des öffentlichen Haushalts heraustehlen. Aber war der starke Trend der letzten Jahre zur Oper vielleicht doch schon ein Symptom dafür, daß die ökonomische Krise auch als eine geistige, das gesellschaftliche Selbstverständnis betreffende, empfunden wird und daß gerade das Musiktheater als Modell gesucht und befragt wird, das Chaos und Ordnung, Angst und Hoffnung, Traum und Realität aufhebt in ein Spiel, das Antworten besonderer Art bereithält in solcher Zeit?

Das Programm der neuen Spielzeit der Deutschen Oper Berlin ist für ein Musiktheater, das sich solcherart als Modell der Humanität versteht, entworfen worden. Und ohne wiederholen zu wollen, was Sie, meine Damen und Herren, aus unseren Ankündigungen erfahren haben, darf ich, da es um die Positionsbestimmung für unsere nächste Zukunft geht, wenigstens dreizehn Punkte erläutern.

Erstens: Der »Auftakt« der ersten Wochen zeigt einige der besten Aufführungen der Deutschen Oper in zum Teil hochkarätiger Besetzung, mit Sängern auch, die bisher noch nie oder seit langem nicht an der Deutschen Oper gesungen haben. Die Reihe dieser Aufführungen unterstreicht unseren Willen zur Kontinuität ebenso, wie sie den Anspruch auf internationale Geltung dieses Hauses bestärkt. Gleichzeitig ordnet sich die »Gala« dieses Auftakts in die notwendige Attraktivität der Berliner Festwochen ein.

Zweitens: Das Konzertprogramm »Aus Preußen« spezialisiert sich im Wettbewerb mit so vielen anderen Veranstaltungen auf Musik, die fürs Theater geschrieben wurde oder von Komponisten stammt, die das Musiktheater Berlins wesentlich beeinflußt haben oder noch beeinflussen, wie im Fall von Siegfried Matthus, von dem eine Adaption seines Flötenkonzerts als Uraufführung erklingt. Kontrapunktisch singt Wolf Appel kritische Lieder zur Geschichte Preußens. Mit diesem Konzert wird auch ein variabler Bühnenbau von Günther Uecker erstmals vorgestellt, gedacht für weitere szenische Konzerte und für Veranstaltungen verschiedenster Art.

Drittens: Die erste Neuinszenierung gilt Janáčeks »Aus einem Totenhaus«. Es ist die zweite Berliner Aufführung des Werkes, das vor genau fünfzig Jahren, 1931, als letzte Neuproduktion der Kroll-Oper herauskam. Damals schrieb Hans Heinz Stuckenschmidt über das Werk: »Ein geniales Werk, das künftige Generationen neben die größten seiner Art, neben ›Don Giovanni‹, ›Fidelio‹, ›Wozzeck‹ stellen werden.« Die Entscheidung für dieses Werk ist zugleich eine Entscheidung für den Ensemble-Gedanken, der eine Grundlage unserer Arbeit bildet. Und sie ist vor allem ein Test an unsere Zuschauer, ob sie einem heutigen Musiktheaterkonzept auch folgen werden, wenn es zum Kern aktueller humaner, politischer Auseinandersetzungen vorstößt.

Viertens: Im Hebbel-Theater und gemeinsam mit den Berliner Festspielen geplant kommt eine Rarität heraus, die ganz in Beziehung zum Jahr der Preußen-Ausstellung steht: »Montezuma« von Graun, mit einem Libretto von Friedrich II., dem Großen. Diese Produktion ist aber nicht nur der Vergangenheit verpflichtet, sondern meldet auch unseren Anspruch auf eine zweite Spielstätte an, eine Experimentierbühne, ein kleines Haus der Deutschen Oper, das uns fehlt und das wir dringend brauchen.

Fünftens: Mozarts »Idomeneo« wird zweihundert Jahre nach der Uraufführung in München zum ersten Mal im Haus der Deutschen Oper einstudiert und komplettiert damit den Zyklus der bedeutenden Mozart-Werke, die zum festen, verpflichtenden Bestandteil des Repertoires der Deutschen Oper gehören.

Sechstens: Einem Vorhaben von Siegfried Palm gern folgend, bringe ich im Februar erstmals an der Deutschen Oper die komplettierte dreiaktige Fassung von Alban Bergs »Lulu« zusammen mit unserem Generalmusikdirektor Lopez Cobos heraus, damit einem Jahrhundertwerk der klassisch gewordenen Moderne seinen festen Platz im Repertoire zuweisend.

Siebentens: Mit der Neuinszenierung der »Aida«, ebenfalls noch von meinem Amtsvorgänger geplant, bekennen wir uns zu dem Gesamtwerk Verdis, der mit Mozart und Wagner zusammen das Triumvirat der geistigen Säulen und Initiatoren des Musiktheaters bildet, wie wir es bevorzugen.

Achtens: Webers »Euryanthe« unterstreicht den nationalen Inhalt des künstlerischen Auftrags der Deutschen Oper und verfolgt zugleich die Entwicklung einer erweiterten Form von konzertanten Aufführungen, die auch die optische Komponente berücksichtigen. Wieder wird sich Ueckers variabler Bühnenbau zu bewähren haben.

Neuntens: Schließlich stellen wir uns mit Glucks Reformwerk »Orpheus und Eurydike« in die Tradition der permanenten Erneuerung der Oper, wie sie einmal von Gluck ausging und unsere gegenwärtige kennzeichnet.

Zehntens: Dem Ballett, wesentlicher Bestandteil unseres Hauses und vor allem auch internationaler Anziehungspunkt, gilt gleich bei der ersten Premiere eine Uraufführung: »Die Nacht aus Blei« von Hans-Jürgen von Bose. Mit Forsythe und Spoerli arbeiten zwei junge aufstrebende Choreographen von internationalem Format zum ersten Mal in Berlin. Die zweite Premiere im Mai, »La Sylphide«, baut das klassische Repertoire weiter aus. Mit diesen beiden Premieren wird auch das Ballett eingespannt in unser Gesamtkonzept, das Bewährte mit dem Neuen zu verbinden, uns das Tradierte zu vergegenwärtigen und Zukunftsträchtiges auszuprobieren.

Elftens: Eine große Zahl von Wiederaufnahmen, musikalisch und szenisch neu einstudiert, vervollständigt unser Bemühen, das Repertoire frisch zu halten und Routine und Schlendrian soweit wie irgend möglich auszuschalten. Im »Fliegenden Holländer«, von Daniel Barenboim dirigiert, stellt sich Hildegard Behrens erstmals als Senta vor. Der lange nicht gespielte »Falstaff« erscheint wieder unter der Stabführung unseres Generalmusikdirektors. Das sind nur zwei Beispiele aus der großen Liste der Wiederaufnahmen.

Zwölftens: Eine große Zahl von Sonderveranstaltungen soll den unmittelbaren Dialog mit unserem Publikum fördern und unterstreichen, daß wir die Aufgaben der Zukunft am besten bewältigen im engen Miteinander der Opernmacher und der hörenden Zuschauer. Gespräche mit Komponisten, Filmveranstaltungen, Diskussionen mit dem Generalintendanten und seinen Mitarbeitern, Kammermusikveranstaltungen sind nur ein erster Teil unseres Angebots.

Dreizehntens: Wir wissen allerdings, daß die Novitäten und Sonderveranstaltungen nur der kleinere Teil dessen sind, was wir für das Wichtigste halten. Der Summe der täglichen Aufführungen, dem sogenannten Repertoire, soll unsere wesentliche Sorge gelten. Die Abendvorstellung wird der eigentliche Qualitätsmesser für das sein, was wir fertigbringen. Der wichtigste Dialog zwischen Oper und Publikum findet am Abend, mit den jährlich 318 Vorstellungen statt. Sie sollen so gut wie möglich sein. Und spannend.

Wenn nun die Deutsche Oper in ihr drittes Jahrzehnt tritt, dann heißt unser Programm: Musiktheater für die Berliner so zu spielen, daß das Musiktheater in Berlin seine Faszination über die Stadt hinaus steigert und dazu beiträgt, die internationale Aufmerksamkeit wachzuhalten, die diese Stadt West-Berlin braucht und verdient.

Angesichts der bereits angesprochenen und sich weiterhin abzeichnenden Finanzierungsabstriche ist es dringend erforderlich, daß unser Publikum allabendlich unter Beweis stellt, wie sehr es uns braucht, wie sehr es Oper will, wie sehr es die Deutsche Oper will, so auch den für die Verteilung der Haushaltsmittel Verantwortlichen zeigend, daß die Deutsche Oper Berlin ein unverzichtbarer und in nichts reduzierbarer Bestandteil des vitalen Lebensinteresses dieser Stadt ist. Dabei ist ganz klar, daß wir mit der Qualität, der inhaltlichen Stellung unserer Arbeit die Voraussetzung dafür zu liefern haben.

Oper, meine Damen und Herren, ist kein Geschenk einer Regierung. Oper ist in vierhundert Jahren erschaffen, entwickelt und von immer breiteren Bevölkerungsschichten auch durchgesetzt worden, damit sie Antworten gibt, die sonst niemand weiß. Tun wir in dieser Stadt gemeinsam alles, daß uns viele Menschen und immer mehr Menschen hören. Ich fragte anfangs, ob uns Cherubinos Klage und Drohung betreffen könnte. Hoffen wir, daß die Oper nicht in die paradoxe Situation gerät, ausgerechnet von der Liebe nur noch zu wenigen Menschen oder bloß noch für sich selbst oder gar nicht mehr sprechen zu können: von der Liebe zur Musik, von der Liebe zur Oper, die nichts anderes ist als die Liebe zum Menschen in seinen besseren Möglichkeiten.

IN DUBIO PRO ARTE
(1982)

Haben wir akute Anlässe, die vom Grundgesetz garantierte Freiheit der Kunst in Frage zu stellen? Mehren sich Zeichen und Vorgänge, die die künstlerische Freiheit beschränken, eingrenzen, zumindest manipulieren wollen? Droht der Freiheit der Kunst Gefahr? Wenn ja, wodurch, von wem?

In den dreiunddreißig Jahren nach Verabschiedung des Grundgesetzes haben wir immer wieder erlebt, daß der Umgang mit Rechtsgarantien und Freiheiten stets neu erlernt werden muß, gerade nach zwölf Jahren Nazi-Herrschaft ein ebenso komplizierter wie langwieriger Prozeß. Die Handhabung der Freiheit der Kunst ist ein untrüglicher Seismograph für die Fähigkeit und den Willen einer Gesellschaft zur Demokratie. Und je freier Kunst begriffen und ausgeübt wird, desto mutiger bekennt sich die Demokratie auch zu ihrer Belastbarkeit.

Indem das Grundgesetz die Freiheit der Kunst und die Freiheit der Wissenschaft postuliert, garantiert es zugleich den Schutz dieser Freiheiten. Das ist auf deutschem Boden in der historischen Entwicklung vom Kaiserreich über die Weimarer Republik und durch das nationalsozialistische Regime von ebenso großer Bedeutung wie für das aktuelle politisch-geographische Umfeld. Kunst muß geschützt werden gegenüber den Diktaturen verschiedenster Couleur, die sie degradieren wollen zur Illustration von parteipolitischen Thesen oder zu purer Staatspropaganda. Aber auch dort, wo ihre Freiheit prinzipiell garantiert ist, ist sie zu schützen vor Eingriffen der Bürokratie, gegenüber allzu simplen Vorstellungen von sozialer Akzeptanz, aber auch gegenüber ihrer eigenen Funktionslosigkeit, in die sie geraten würde, wenn der L'art-pour-l'art-Gedanke die herrschende Tendenz würde oder wenn – und das ist ohne Zweifel im Moment die absolut akuteste Gefahr – Kunst unter Sparzwängen reduziert würde zur Arabeske, zu einer Art zivilisatorischem Alibi.

Wenn der Berufsverband der Deutschen Volksbühnen-Vereine seinen kulturpolitischen Kongreß heute unter die Frage stellt: »Künstlerische Freiheit – für wen?«, dann nimmt er sich sein gutes Recht heraus: Es liegt nahe, das Thema besonders am Theater zu überprüfen. Die Brisanz der Themenstellung wird um so ersichtlicher, wenn wir uns vergegenwärtigen, daß es unter den Künsten keine gibt, die, um sich überhaupt ereignen zu können, so wie die Bühnenkunst das Publikum als mitschaffenden Partner braucht. Es gibt keine Kunst, die so wie das Theater offenkundig macht, daß Kunst beziehungsweise der ganze Bereich der darstellenden Künste ohne direkte, zeitlich kongruente Kommunikation Kunst nicht sein kann. Und somit gibt es im Bereich der Künste wohl keine Kunstart, die so direkt, so untrüglich Seismograph der gesellschaftlichen Zustände und der Erwartungen an Kunst ist wie das Theater. Gesellschaftlichkeit ist Voraussetzung und Bedingung von Theaterspielen.

Verhehlen wir uns aber nicht, daß dieser unbestreitbare Vorzug auch Nachteile in sich birgt, zum Beispiel, im Vergleich zu den sogenannten freien Künsten, die sich oft scheinbar autonomer und auch im guten Sinn unzuverlässiger gegenüber aktuellen Erwartungen, unabhängiger in jedem Fall aber von jährlichen Budget-Schwankungen entfalten und entwickeln können.

Gesellschaftlichkeit ist die Kunstnatur des Theaters. Deshalb haben gerade die Bühnenkunst und mit ihr die für die Bühne geschaffene Literatur seit Bestehen des Grundgesetzes immer wieder am deutlichsten ablesbar gemacht, wo die Freiheit der Kunst an Schranken stößt, die durch andere Grundrechte beziehungsweise die Rechte anderer gesetzt sind.

Es gibt aus der jüngsten Zeit einige alarmierende Vorfälle, die künstlerische Freiheit nachdrücklich zur Diskussion stellen. Spektakulär wurde vor allem der Essener Streit um die Rechte und Pflichten des Theaterleiters in der Relation zur Aufsichtspflicht der städtischen Behörde. »Soziale Akzeptanz« wurde zum Reizwort bei der Bemäntelung staatlicher Eingriffe. Daß bei den Ruhr-Festspielen das Programmheft zu Götz Loepelmanns »Von einem, der auszog, den Frieden zu suchen« kurzfristig zurückgezogen wurde, ist einer der letzten Fälle in der langen Reihe von Vorgängen, in denen Aufführungen begleitende Drucksachen in ihrem politischen Eifer Widerstand herausfordern unter Zitierung elementarer sittlicher Grenzen, »grober Anstößigkeit« und dergleichen. »Zensur findet nicht statt«, heißt es im Artikel 5, Absatz 1 des Grundgesetzes. Entscheidungen von Theatern oder deren Leitern, die Prinzipien der Freiheit von Kunst vor allem dort differenziert anzuwenden, wo die Belastbarkeit der Demokratie überstrapaziert erscheint, mit dem Begriff der Selbstzensur diffamiert, wie es beim Verzicht der Württembergischen Staatstheater auf die Aufführung der »Bambule« von Ulrike Meinhof geschah, stellt freilich die demokratische Verantwortung im Umgang mit den demokratischen Freiheiten in Frage. Die heutige Arbeit des Grips-Theaters in Berlin macht die damaligen Bestrebungen, dieses Jugendtheater im Umfeld der Baader-Meinhof-Auseinandersetzungen zu schließen, als Ausdruck einer zu großen Ängstlichkeit gegenüber der Belastbarkeit dieser Demokratie erkennbar.

Die Grenzfälle, in denen die Aussagen über die Freiheit der Kunst kollidieren mit anderen Rechten und Pflichten, beschäftigen seit Bestehen des Grundgesetzes die Gerichte bis hin zum Bundesverfassungsgericht. Einer der klassischen Fälle war und bleibt der »Mephisto«-Roman von Klaus Mann. Zeigt nicht aber gerade die Geschichte dieser Auseinandersetzungen – wie eigentlich die aller anderen, die vor Gericht ausgetragen wurden –, daß wir, um in der juristischen Sprache zu bleiben, im Sinn der Bewahrung und Entwicklung unseres demokratischen Kunstverständnisses auf dem Grundsatz beharren müssen: »In dubio pro arte – Im Zweifelsfall für die Kunst«, für ihr freies Selbstverständnis?

Das klingt zunächst wie ein juristisches Prinzip. Aber es weist gleichzeitig darauf hin, daß die Wahrung, Sicherung und Entwicklung demokratischer Freiheiten nicht der Jurisprudenz überlassen bleiben kann, sondern Angelegenheit der direkt zu beteiligenden Öffentlichkeit ist, Anlaß zur praktischen Ausübung und Erprobung von Demokratie, in Form also auch Ihrer Einsprüche, Proteste, Vorschläge, Entwürfe, meine Damen und Herren.

Im Vorfeld zur heutigen Konferenz sind wichtige Aussagen gemacht worden, die, soweit ich weiß, Ihnen vorliegen. Zu den bedenkenswertesten Stellungnahmen gehört die von Professor Hans Maier, dem bayerischen Kultusminister, weil sie einige der gegenwärtigen Meinungsdifferenzen am sorgenreichsten aufdeckt. Ich zitiere einen Passus:

»Die Kunstfreiheitsgarantie unserer Verfassungen ebenso wie die überlieferte Praxis der Kunstförderung gehen aus von der Autonomie der Kunst als einem eigenständigen Bereich, unabhängig von Meinung, Werbung und Politik. In der Praxis aber läßt sich die moderne Kunst, zumal die auf der Bühne, häufig von Meinung, Werbung, Information, im Einzelfall sogar von Agitation nicht säuberlich trennen... Nicht selten wird in diesem Bereich die verfassungsmäßig vorbehaltlos garantierte Kunstfreiheit zu kunstfremden Zwecken benutzt. Es geht hier um das Verhältnis von Kunst- und Meinungsfreiheit... Die Lösung kann meines Erachtens nur in folgender Richtung gefunden werden: Künstlerische Tätigkeit, die sich als Prozeß, Beitrag zur Meinungsbildung, ja als Politik versteht und die damit sozusagen den ›klassischen‹ Bereich der Kunst verläßt, muß von einer bestimmten Grenze an auch die inneren und äußeren Schranken der Meinungsfreiheit gegen sich gelten lassen. Wer also für sich einen sehr weiten Kunstbegriff in Anspruch nimmt, hat damit zu rechnen, auch mit seiner künstlerischen Tätigkeit an Grenzen zu stoßen, die ihm durch die Rechte der anderen gesetzt werden. Je mehr also die künstlerische Äußerung in den Hintergrund tritt und der Meinungsäußerung den Vortritt läßt, muß sich der Äußernde gefallen lassen, daß seine Meinung gewertet wird und daß aus dieser Wertung auch Konsequenzen gezogen werden.«

In Kenntnis dieser Thesen des bayerischen Kultusministers, unterstellte die Münchner AZ, Hans Maier plädiere für eine Kunst ohne Meinung, sähe ihre

Freiheit am ehesten durch Meinungslosigkeit gesichert. Dies ist sicher eine journalistische Zuspitzung, die sich, der regionalen Animosität entkleidet, der Diskussion jedoch ebenso empfiehlt wie die vom bayerischen Kultusminister vorgenommene Problematisierung des Verhältnisses von Kunst und Meinungsfreiheit. Künftige Konfliktfälle zeichnen sich schon ab. Da Ihre Konferenz in Nürnberg tagt, ist der gegebene Zusammenhang aber aufzugreifen, zu dem ich im Moment lediglich zu bedenken geben möchte, was möglicherweise die Bühnenkunst betrifft.

Eine Bühnenkunst, die sich zur Aufgabe gestellt hat, Altes und Neues gleichermaßen zugunsten heute zu machender Erfahrungen aufzuführen, muß fragen, ob es für ein Theater, das sich dem kreativen Individuum wie der interessierten Gesellschaft verpflichtet fühlt, je den »klassischen Bereich« der Kunst gegeben hat, der ohne Wirkung auf die Gesellschaft und ohne Frage nach ihrer Veränderbarkeit existiert hätte.

Die Deutschen haben zwei klassische Bühnenwerke, in denen die Thematik künstlerischer Freiheit und ihre Begrenzung Thema der Fabel geworden ist: »Tasso« und »Tannhäuser«. Es war doch sicher kein Zufall, daß Ende der sechziger und Anfang der siebziger Jahre gerade Aufführungen dieser Werke – von Peter Stein und im Bayreuther Festspielhaus – die Fragestellungen in der historischen Verfremdung aktuell in Bewegung gesetzt haben: Wie frei ist der schöpferische Künstler, und wie reguliert sich seine Verantwortung gegenüber der Gesellschaft? Beide Werke präzisieren die Dialektik der Fragestellung: Ist die bestehende Gesellschaft gemeint, oder geht es um eine Veränderung, um Entwicklung? Ist eine neue Gesellschaft ins Auge gefaßt, die Künstler wie Tasso und Tannhäuser möglicherweise anders beurteilen, als es die gerade bestehenden Normen tun?

Nehmen wir das Thema unserer Konferenz beim Wort. »Künstlerische Freiheit – für wen?« Die Fragestellung gibt dem Versuch der Beantwortung doppelte Richtung.

Zunächst und vor allem – und darüber sollte nicht der geringste Zweifel bestehen – gilt die Garantie, daß Kunst frei ist, dem Schaffen der Künstler, den Künstlern selbst. Die geistige, schöpferische Unabhängigkeit kann nicht reglementiert werden. Der Künstler hat in seinen Entwürfen und Werken Bilder, Vorgänge, Klänge zu schaffen, wie sie zunächst nur ihn interessieren, wie nur er selbst sie braucht – unabhängig davon, ob andere sie gleich brauchen oder ob sie sofort für andere interessant sind. Dieses wichtige Kriterium reguliert die Kommunikation. Der Schaffensprozeß und die Kommunikationsmöglichkeit stehen unter dem Schutz der Meinungsfreiheit. Diese Schutzgarantie gilt dem künstlerischen Werk ebenso wie der Phantasie, der Erfahrungs- und Erlebnisbereitschaft unserer Mitmenschen. Wir könnten auch ganz einfach von Respekt und Toleranz sprechen. Auf jeden Fall gibt es bei der Frage, inwieweit ein künstlerischer Schaffensprozeß brauchbar, verständlich ist, niemals eine Ad-hoc-Entscheidung. Vielmehr ist der Kommunikationsprozeß ein langer Lernprozeß, der tagtäglich zu leisten ist.

Dies weist schon in die zweite Richtung der Antwort auf unsere Frage, für wen künstlerische Freiheit ausgeübt wird. Ich glaube, es gibt nur ganz wenige Künstler – sie sind die Ausnahmen, die die Regel bestätigen –, die anzweifeln, daß ihr Wirken nichts mit der Gesellschaft zu tun hat, die meinen, daß es die Öffentlichkeit nichts anginge, was sie tun, daß das Publikum ihnen schnurz-piepe sei. Was ist der ernste Hintergrund einer solchen Haltung? Viele Künstler wehren sich gegen den vorschnellen und reglementierten Konsens, weil sie damit ja ihrer Verantwortung verlustig gingen, Entwürfe zu bilden, die das Gegenwärtige analysieren, vielleicht auch attackieren – eigentlich immer der Zukunft wegen, darum, daß der Mensch, dieses Leben, die Gesellschaft eine Zukunft habe. Unverständnis, Irritation, Provokation sind insofern fest programmiert. Ich wiederhole – und sage das als einer, der tief von der gesellschaftlichen Verpflichtung von Kunst und gegenüber der Kunst überzeugt ist: Verständlichkeit ad hoc ist kein Gradmesser für den Wert freier Kunst. Wer auf sofortige und immerwährende Übereinstimmung aus ist, sieht sich bald in der Gemeinschaft solcher, die fordern, die Kunst solle sich tagespolitischen Wünschen anpassen, sie solle mitmarschieren unter der jeweiligen Parole – was schließlich zu den beklemmenden Unterschriftsleistungen auf staatliches Verlangen führt, zu Lippenbekenntnissen, die die eigentliche Entartung der Kunst bedeuten.

Jeder von uns, meine Damen und Herren, wird eine Vielzahl von Beispielen und Fragen einbringen wollen, die die Problematik der freien Handhabung von Theaterkunst betreffen. Angesichts weiterer Problematisierung sollte aber unbestritten bleiben, daß die künstlerische Freiheit ihren Wert gerade aus der komplizierten Dialektik gewinnt, die in dem oft auch irrealen Spannungsverhältnis zwischen den geistig-kreativen Individuen und den verschiedenen Bedürfnissen der Gesellschaft besteht. Nur indem künstlerische Freiheit sich in doppelter Richtung – zum Künstler hin und zum Publikum, zur Gesellschaft hin – verwirklicht, ist sie unteilbar.

Diese Unteilbarkeit meint aber – und dies scheint mir schließlich der aktuellste Aspekt der gegenwärtigen Diskussion sein zu müssen –, daß die Künstler nicht nur eine Verantwortung gegenüber der Gesellschaft haben, sondern daß die Gesellschaft ihre Verantwortung gegenüber der Kunst stärker verwirklicht. Und zwar nicht eigentlich nur, was ihre freie Ausübung betrifft, sondern vor allem, was ihre Ausübung, ihre Existenz überhaupt garantiert. Diese Verantwortung hat sich in diesen Tagen darin zu erweisen, daß die Probleme, die angesichts der allgemeinen Sparmaßnahmen uns wie eine Lawine zu überrollen drohen, nicht den Moment-Entscheidungen von Politikern überlassen bleiben, sondern daß die Kunst-Finanzierung Thema der öffentlich-demokratischen Auseinandersetzung wird, zentraler Bestandteil unseres Demokratie-Verständnisses.

Vor kurzem fand in Berlin im Rahmen des Theatertreffens eine vehemente Diskussion statt, die dem Thema »Theatertod« – einige wollten es lieber »Theatermord« nennen – galt. Im Fall Bremen hat diese Art Bürgerinitiative durchaus genützt. Aber soll, muß es hinsichtlich unserer Bühnen zu außerparlamentarischen Aktionen und Initiativen kommen? Sind unsere gewählten Vertreter in den Landesparlamenten und Stadtkommunen nicht aufgerufen und nicht in der Lage, ihre Entscheidungen ohne Druck momentaner finanzieller Zwänge, nicht als Nerven-Kurzschluß zu treffen, sondern auch prognostisch im Sinn von Daseinsvorsorge, wie es die Kunst und wie es vor allem die Bühnenkunst ist?

Ich möchte hier die vielen Definitionen von Kunst und die Argumente, die für die Erhaltung, den Ausbau und die Entwicklung unserer Bühnenkunst sprechen, nicht wiederholen. Besonders herausfordernd klingt der Satz, Kunst sei Luxus. So gefährlich es auch scheint, ich finde, wir sollten gar nicht so sehr dagegen sein, uns Kunst und Kultur als Luxus zu leisten, vorausgesetzt, daß wir ihn begreifen als Ausdruck eines gesellschaftlichen Bedürfnisses, reicher zu werden an sensibler Erfahrung und humaner Phantasie. Luxus würde, so verstanden, zum sozialen Instrument, das dazu beiträgt, zunehmende Entfremdungen in unserem System zu überwinden, Erkenntnisse zu gewinnen, beizutragen zur humanen und auch nationalen Identität. Hat aber das nicht den gleichen Rang wie Gesundheitsfürsorge, wie der Ausbau von Krankenhäusern, Kinderspielstätten, Grünflächen? Ich finde es schon erschreckend, wenn Statistiker uns vorlegen, daß die Mittel, die die Länder und Städte für die Kultur ausgeben, im Gesamtdurchschnitt aller Bundesausgaben ein Prozent betragen. Und diese statistische Aufrechnung gedeiht zur Ironie, wenn wir uns erinnern, daß dies auch schon unter Kaiser Wilhelm II. nicht mehr war.

Inzwischen hat sich auf deutschem Boden seit fast fünfunddreißig Jahren die stabilste freiheitliche Demokratie durchgesetzt. Aber die Errungenschaften, für die auch die Volksbühnen-Bewegung gekämpft hat, sind in Gefahr. Das Theater, früher von den Fürsten-Mäzenen gegründet und unterhalten und später parallel dazu teilweise vom Bürgertum, auch als Gegenentwurf, weitergefördert, sollte – ein ursprünglicher Sinn der Volksbühne – von der Arbeiterbewegung vor allem den Minderbemittelten als Ausdruck und Mittel humanen Lebensanspruchs zugänglich gemacht werden. Seit Gründung der Bundesrepublik Deutschland ist auch darin eine neue historische Qualität erreicht worden, daß, ohne Diffamierung oder Ausschluß einzelner Klassen und Schichten, die bisher breiteste Basis gegeben wurde im Angebot für alle, Kultur für immer mehr Menschen erlebbar zu machen, sie zu ihrem Bedürfnis, Lebenselement werden zu lassen.

Diese Entwicklung, die ja niemandem in den Schoß gefallen ist, sondern historisch erstritten wurde, ist heute in der Gefahr zu stagnieren, sogar zurückgeworfen zu werden. Und dies weniger durch interpretatorische Willkürlichkeiten einzelner Regisseure – sie sind doch das Salz in der brodelnden Theatersuppe –, sondern durch die geschmacklich-gedankliche Muffigkeit mancher Besucherorganisationen, auch örtlicher Volksbühnenverbände, und die vielleicht daraus resultierenden Schreckreaktionen von Finanzpolitikern.

Natürlich kann in Zeiten finanzieller Zwänge, die nicht nur einzelne deutsche Städte betreffen, sondern Zeichen einer europäischen Krise sind, Kultur nicht grundsätzlich einem Spar-Tabu unterliegen. Aber ist die Not wirklich so schlimm, daß selbst die Ausgabe von einem Prozent reduziert werden muß? Die Kunst war und ist doch kein Auswuchs verlorengegangener Prosperität. Sie befand sich immer im finanzpolitischen Getto. Vor allem aber muß eines klar sein: Das Kultur-Budget ist keine Sparbüchse, in die man in mageren Jahren schnell einmal kräftig hineinlangen kann. Denn Kultur ist kein entbehrliches Extra, das Kommunen zu ihren freiwilligen Ausgaben rechnen dürfen und mit dem sie in finanziellen Zwangslagen schnell und unbedenklich umspringen können. Neben allem anderen ist Kultur vor allem auch ein Kontinuum, das als solches zu schützen und in seiner Entwicklung und Entfaltung zu fördern ist.

Wenn nun mit einemmal Inszenierungen gestrichen und Sparten abgebaut werden, weitere Schließtage in Kauf genommen und Spielpläne vordringlich nach Einnahme-Erwartungen gestaltet werden sollen, dann sind dies keine kleinen Korrekturen mehr, dann wird vielmehr die Struktur der Theater angegriffen und katastrophal geschädigt. Die Politiker müßten den auf Zeit von ihnen berufenen Fachleuten so viel Sachverstand zubilligen, daß diese ihnen sagen, wo die Korrektur zur Zerstörung gerät, wo Reduzierungen unersetzbaren Verlust bedeuten.

Ich wiederhole: Kultur ist, braucht Kontinuität. Auch ihre Entwicklung, oft neue Entwürfe durch Diskontinuität vorantreibend, bedarf der Kontinuität. Theater- und Opernhäuser sind in Jahren, in Jahrzehnten entwickelt und gewachsen. Chor, Orchester, die Solisten-Ensembles und die technische Crew bestehen meistens aus hervorragenden Spezialisten ihres Fachs. Man kann da nicht wegstreichen und noch blauäugig denken, das könne in drei, fünf oder zehn Jahren, falls es den Finanzen mal besser geht, schnell wieder aufgestockt werden. Was wir jetzt aufgeben müssen, verlieren wir auf lange. Ich denke auf immer. Eine schlimme, verkehrte Kulturrevolution mitten in Europa! Haben wir das nötig? Ist die ökonomische Not wirklich so groß?

Wenn bei den Finanzpolitikern Unsicherheiten in der Verteilung von Prioritäten angesichts der gegenwärtigen Restriktion bestehen, dann ist es unser aller Aufgabe, die Priorität von Kultur lautstark anzumelden und mit Überzeugung zu vertreten, und zwar ohne die dumme Unterscheidung zu machen zwischen etablierter und alternativer Kultur, klassischer und moderner Bühnenkunst. Wir haben Kultur auszuüben und zu verfechten als Ausdruck unseres Lebensinteresses, als Wunsch nach Erfahrungsbereicherung, als Notwendigkeit, Entfremdungen im Arbeitsprozeß und durch Ausschluß vom Arbeitsprozeß zu überwinden. So begriffen ist sie nicht Zierat der Zivilisation, sondern Lebensbestandteil, Ziel und Wertausdruck humaner Selbstverwirklichung.

Was die Theater betrifft, ist jeder aufgerufen, nicht nur fachmännisch zu diskutieren, sondern auch immer wieder mit den Füßen abzustimmen, also durch seinen Theaterbesuch klarzumachen, daß Schauspiel, Oper und Ballett von vielen und von immer mehr Menschen wirklich gebraucht werden. Auch so und gerade so ist zu beweisen, daß der wunderbare Kommunikationsprozeß im Theater ebenso zur Daseinsvorsorge gehört wie Wohnungsbau, Sportentwicklung und Gesundheitsfürsorge. Unsere Demokratie hat sich ein großes kulturelles Erbe immer wieder neu zu vergegenwärtigen. Auch insofern hat die Bundesrepublik Deutschland eine nationale Aufgabe zu erfüllen, die nicht nostalgisch verstanden werden kann, sondern mit unserer aller Gegenwart und Zukunft zu tun hat. Über die Grenzen hinweg haben wir die internationale Friedensfähigkeit und -bereitschaft unseres neuen demokratischen und nationalen Selbstbewußtseins auch und gerade durch die Kultur zu beweisen. Heutige Kulturfinanzierung ist Zukunftsinvestition für jeden einzelnen von uns und für unsere Nation. Ich glaube, nur diese Überzeugung sichert der Kunst ihren Platz. Und sie sichert den Künstlern und jedem, der ihrer Arbeit hilft, den ihnen zustehenden Arbeitsplatz.

In seinen Briefen über »Don Carlos« sagte Schiller, daß die schönsten Träume von Freiheit im Kerker geträumt werden. Das klingt historisch, aber es ist, wenn wir umherschauen nicht nur in deutschen Landen, von provozierender Aktualität. Vor allem unterstreicht es die Notwendigkeit, die Träume von Freiheit zu sichern und weiterzuführen, gerade im Bereich einer Freiheit, die verfassungsrechtlich zwar garantiert, aber in der Praxis immer wieder neu erstritten werden muß.

Unsere Kunst, voran Theater und Musik, hat die Chancen – nehmen wir alles in allem – erstaunlich wahrgenommen und zu einem hohen Standard geführt. Um so größer sind unsere Rechte und unsere Pflichten, sich gegen Gefährdungen zur Wehr zu setzen. Bei allen Auseinandersetzungen, den gegenwärtigen und den zukünftigen, gilt das Plädoyer: »In dubio pro arte – Im Zweifelsfall für die Kunst«, für eine Kunst, die sich nur an eins gebunden fühlt: die Freiheit, wie wir sie hoffentlich immer besser verstehen und praktizieren.

Rückblick auf das Wagner-Gedenkjahr 1983
(1984)

Das Orwellsche 1984 hat begonnen. Ehe dieses Jahr zu alt wird, ist es sicher reizvoll und aufschlußreich, zurückzublicken auf das Wagner-Jahr 1983, das Jahr, in dem sich sein Todesjahr zum hundertsten Mal und sein Geburtstag zum hundertsiebzigsten Mal jährte.

Im Rückblick auf die diversen Diskussionen, Aufführungen und Publikationen dieses Jahres stellt sich die Frage, welche neuen Erkenntnisse sind uns erwachsen, was bleibt uns Wagner, was kann uns Wagner werden? Mit anderen Worten: Gab es Ansätze, gab es Anzeichen, die, nachdem Wagner hundert Jahre tot ist, darauf hindeuten, daß unser Verhältnis zu ihm, daß die Wagner-Rezeption sich möglicherweise geändert hat? Gewinnen wir ein neues Wagner-Bild?

Für die Beantwortung solcher Fragen ist es nicht ohne Bedeutung, daß dieses Gedenkjahr 1983 zwei anderen großen Deutschen galt, zu deren Wirken und Nachlaß Wagner nicht häufig in Beziehung gesetzt wird: Martin Luther und Karl Marx. Da haben die Sterne den Deutschen nicht schlecht mitgespielt!

Der in Leipzig geborene Wagner war Protestant – Protestant besonderer Prägung sein Leben lang. Die Nachwirkungen, die Lebenshaltung des Protestantismus sind bei Wagner unübersehbar, auch und gerade, wenn er im »Lohengrin« und im »Parsifal« zu einem Gnaden- und Offenbarungsbegriff katholischer Prägung zu konvertieren schien. Der Drang dieses deutschen Protestanten, in Venedig zu sterben, entpuppt den Drang auch dieses Deutschen nach dem Süden, vielleicht als Sehnsucht, in der Weltstadt der Vergangenheit so etwas wie eine kosmopolitische Ökumene zu finden. Wenige Tage vor seinem Tod sang man im Familienkreis noch: »Stiefelchen muß sterben, war doch so jung, so jung. Ach, wenn der Stiefel wüßt', daß er bald sterben müßt'...«

Der Protestant Wagner ging auch insofern einen ähnlichen Weg wie Luther, als er nach früherer Rebellion mehr und mehr dazu neigte, weltliche Obrigkeit zu akzeptieren – wenngleich es bei beiden wohl immer darum ging, die eigentlichen revolutionären Ziele durchzusetzen unter Benutzung der realen Machtverhältnisse. Doch Wagner macht den wichtigen Unterschied als Bürger des 19. Jahrhunderts, daß er die Obrigkeit keinesfalls als von Gott gewollt ansah, sondern als

Verwaltung des Staates, als Sachwaltung sich immer stärker artikulierenden Volksinteresses. Aus dem Widerspruch zwischen demokratischem Ideal und machtpolitischer Realität entwickelt Luther seinen evangelischen Gottesbegriff, Wagner den höchstgesteigerten Anspruch des Künstlers auf Freiheit.

Karl Marx und seine Schriften, seine Wirkung begleiteten Wagner zeitlebens, ihn ebenso stützend wie irritierend. Ein Kronzeuge ist Alberich. Aber die Theorie des wissenschaftlichen Sozialismus erlitt durch die Reaktionen von Marx und Engels auf die Pariser Commune 1871 eine Resignation, die erst im marxistischen Utopismus gerettet werden konnte. Der resignierte Wagner rettet seine Utopie im »Parsifal« in dem rätselhaften Spruch: »Erlösung dem Erlöser . . .«.

Bakunin und Feuerbach waren ideologisch-philosophische Paten, die den jungen Wagner zum Revolutionär in Dresden machten und dann zu einem deutschen Emigranten über fünfzehn Jahre hinweg. Schließlich konvertierte er zu Schopenhauer und Nietzsche – wie wir wissen, immer mit persönlichsten Vorbehalten.

1871, die Gründung des Deutschen Reiches, wurde für Wagner ebenso ein Schicksalsjahr wie für viele andere, zum Beispiel für Karl Marx, dessen Distanzierung von der Pariser Commune sicher auch von den nationalen Ressentiments des proletarischen Internationalismus mitbestimmt war. Wagner komponierte den Kaisermarsch, der so erfolgreich wurde wie der Kaiserwalzer von Johann Strauß dem Jüngeren.

Bald aber legte Wagner in »Religion und Kunst« nieder, was er voraussah und fürchtete und was ihn sicher auch aufrührte, als er den »Ring« mit der »Götterdämmerung« zum Abschluß brachte:

»Dennoch muß es Bedenken erwecken, daß die fortschreitende Kriegskunst immer mehr, von den Triebfedern moralischer Kräfte ab, sich auf die Ausbildung mechanischer Kräfte hinwendet! Hier werden die rohesten Kräfte der niederen Naturgewalten in ein künstliches Spiel gesetzt, in welches, trotz aller Mathematik und Arithmetik, der blinde Wille, in seiner Weise einmal mit elementarischer Macht losbrechend, sich einmischen könnte. Bereits bieten uns die gepanzerten Monitors, gegen welche sich das stolze herrliche Segelschiff nicht mehr behaupten kann, einen gespenstisch grausenhaften Anblick: stumm ergebene Menschen, die aber gar nicht mehr wie Menschen aussehen, bedienen diese Ungeheuer, und selbst aus der entsetzlichen Heizkammer werden sie nicht mehr desertieren: aber wie in der Natur alles seinen zerstörenden Feind hat, so bildet auch die Kunst im Meere Torpedos und überall sonst Dynamitpatronen u. dgl. Man sollte glauben, dieses alles, mit Kunst, Wissenschaft, Tapferkeit und Ehrenpunkt, Leben und Habe, könnte einmal durch ein unberechenbares Versehen in die Luft fliegen.«

Unschwer können wir die damaligen technischen Bezeichnungen mit denen unserer Zeit austauschen. Hat Orwells »1984« nicht einen frappierenden Propheten?

Der als Rassist, als Antisemit, früher als Rebell und später als Renegat verdächtigte Wagner plötzlich ein Friedensstreiter neben Günter Grass oder in einer Reihe mit den Grünen? »Man sollte glauben, dieses alles . . . könnte einmal durch ein unberechenbares Versehen in die Luft fliegen.«

Wir haben uns einen Rückblick auf das Wagner-Jahr 1983 vorgenommen. Über die meines Erachtens aufschlußreichen Querverbindungen zu Luther und Marx wurde, soweit ich feststellen konnte, viel zu wenig debattiert und geschrieben. Wollen wir Deutschen uns immer weiter auseinanderdividieren? Jedenfalls haben wir die Chance, unsere Geschichte durch Luther, Marx und Wagner 1983 in ihrem konfliktreichen Zusammenhang besser zu begreifen, weitgehend verpaßt. Was Wagner betrifft, habe ich selber miterlebt:

Die Diskussion einer Tagung der Katholischen Akademie in Hamburg gipfelte in der Abwehr solcher Einwürfe wie jenem von Hellmuth Zelinsky, der verknappend, simplifizierend formulierte: Wagner sei der direkte Wegbereiter des Faschismus, Parsifal der erste SS-Mann, die Gralsritter seien die Architekten der KZ-Verbrennungsöfen. Aus der unendlich großen Fülle von Geschriebenem, das Wagner hinterließ, haben die Literarhistoriker es nicht allzu schwer, solche Thesen aufzustellen wie auch zu entkräften. Als wichtige Frage entpuppte sich schon bei dieser Diskussion: Wie verhält sich Wagners Werk zu seinen eigenen Schriften, wie verhält sich die inzwischen erfolgte Geschichte zu beiden?

Zwei Monate danach nahm ich an einem Kolloquium der Katholischen Akademie in München teil, das unter dem Thema stand: »Religion und Christentum im Werk Richard Wagners«. Die Rolle des Utopischen, des Transzendenten stand im Mittelpunkt. Bald aber stellte sich heraus, daß alle diese Fragen nicht vorrangig aus den Schriften Wagners, sondern aus seinem künstlerischen Werk zu beantworten seien.

In der Deutschen Oper Berlin veranstalteten wir im Umkreis des hundertsiebzigsten Geburtstages von Wagner eine Reihe von Vorträgen und Diskussionen unter dem Oberthema: »Was soll uns Wagner heute?« Die Referenten waren Hans Mayer, Peter Wapnewski, Elmar Budde und Carl Dahlhaus. Wolfgang Wagner sprach über die Geschichte und Perspektiven der Werkstatt Bayreuth. Sänger diskutierten über den Wagner-Gesang, Regisseure und Bühnenbildner stritten über die geistige Optik, über die szenische Realisierung der Werke Wagners. Eine Zusammenfassung der wichtigsten Beiträge wurde im Jahrbuch II der Deutschen Oper Berlin vorgelegt. Ich möchte das darin Gesagte, weil es nachzulesen ist, nicht wiederholen.

Das Erfrischendste in dieser Veranstaltungsreihe war die Podiumsdiskussion mit Berliner Schülern in Gegenwart der Schulsenatorin Dr. Hanna-Renate Laurien. Da fielen Formulierungen wie: »Ich finde die Musik Wagners supergeil.« »Da kann man doch die ganze New-wave-Musik wegschmeißen.« »Das ist Musik zum Abfahren.« Auf Video spielten wir den Walkürenritt aus dem Film »Apokalypse now« vor. Das Ergebnis der Diskussion gab interessante Hinweise für unsere eingangs gestellten Fragen: Was bleibt uns von Richard Wagner, was interessiert am meisten, was bestimmt das heutige Verhältnis zu ihm?

Es ist nicht der Philosoph, der vorrangig interessiert, obwohl natürlich gerade seine schriftlichen Auseinandersetzungen mit den widersprüchlichsten Einflüssen schon als Verarbeitungsspiegel unerhört aufschlußreich sind. Und ganz zweifellos gibt es unter seinen Schriften entscheidende Passagen, die zum Bestandteil einer Ästhetik des musikalischen Theaters gehören.

Es ist nicht der Politiker Wagner, dessen Wege und Irrtümer vor allem interessieren, wobei freilich der Weg vom Dresdner Revolutionär bis zum Freund eines unglücklichen Königs, bis zu dem politisch Resignierenden auf dem Grünen Hügel oder im Palazzo Vendramin die deutsche Misere des 19. Jahrhunderts hinlänglich charakterisiert und widerspiegelt.

Es ist auch nicht der Religionskritiker oder gar Religionsstifter, der heute noch vorrangig interessiert. Alle Versuche, den »Parsifal« als Kreation einer neuen, großen Ersatzreligion zu definieren, sind schließlich doch in der Sackgasse verlaufen.

Und alles – das Religiöse, das Politische, das Philosophische, aber auch das Nationale oder Nationalistische – verweist allein auf das Werk, auf den Theatermann und Musiker Wagner.

Mir scheint, das Jahr 1983 hat die Erkenntnis gebracht, daß interessant allein der Mann ist, der einem Aischylos und einem Shakespeare gleichzusetzen ist – als Seismograph einer Epoche, als Gestalter eines Jahrhunderts, das auf vielen Gebieten einen unerhörten »Sprung nach vorn« erbrachte. Und dessen Entwürfe, Widersprüche, Probleme, Halluzinationen am Ende des 20. Jahrhunderts noch immer nicht eingelöst sind. Die unerhört lebendige, ja aktuelle Nachwirkung Wagners liegt sicher auch darin, daß das 20. Jahrhundert das 19. Jahrhundert noch längst nicht verarbeitet hat. Allzu viele Fragen, die das 19. Jahrhundert kühn, unternehmend und revolutionär gestellt hat, sind hundert Jahre lang ungenügend politisch-human beantwortet worden, was um so mehr bestürzt, als die technologischen Entwicklungen dem menschlichen Geist ein schwindelerregendes Genie attestieren müßten.

Wagner warnt, provoziert, glaubt und zweifelt vor allem auf der Musikbühne, durch das Musiktheater, wie er es entworfen hat. Die Musikwissenschaftler sollen deuten, die Politologen mögen sich streiten, die Literarhistoriker werden immer wieder neue Aspekte finden. Allen aber muß klar sein:

Wagner findet auf der Bühne statt. Hier und nur hier wird erfahrbar, worin das

Besondere seiner Kunst besteht. Und hier nur kann sich vollziehen, was sein Werk so auszeichnet: Daß das Einst Jetzt wird, Augenblick, Gegenwart. Die Ungleichzeitigkeit des Gleichzeitigen wird Kunstgegenstand. Und das Einst des vermeintlichen Romantikers ist Vergangenheit und Zukunft zugleich, die Geschichte hebt sich auf in den Geschichten von Menschen – freilich immer Menschen besonderer Art: Outsidern, Kriminellen, Verruchten, Unglücklichen. Selten bot Wagner mit seinen Stoffen eine »Lösung« an. Weil er keine fand, war er für seine Figuren auf »Erlösung« aus. Das verweist seine Geschichten in die Linie zum Utopischen. Blochs mittlerweile so oft mißbrauchter Begriff vom Prinzip Hoffnung gibt Wagners Werken eine Gegenwärtigkeit, eine Aktualität, weil diese Hoffnung noch immer nicht eingelöst ist.

Nach allen Disputen finde ich es besonders wichtig, endlich zu begreifen, daß Wagner kein »geschlossenes« Werk hinterlassen hat. Diese Erkenntnis muß sich auf sein Lebenswerk genauso beziehen wie auf die einzelnen musikalischen Bühnenwerke. Er hat sie »offen« gelassen. Fast jedes Werk hat einen offenen Schluß. Der Begriff »Musikdrama« ist, sofern er als ästhetisch und philosophisch in sich abgeschlossene Form verstanden wird, längst irreführend geworden: »Tristan« nennt er »eine Handlung von 3 Akten«. Sein Testament »Parsifal« hinterließ er als »Bühnenweihfestspiel«. Die Suche nach der neuen Form, nach dem ungewöhnlichen Ausdruck, nach einer Antwort, die möglicherweise nicht die Kunst zu geben hat – sie bestimmt jedes seiner Werke. Er wirft sich und seine Figuren in den Nichtglauben, um neu glauben zu dürfen. Und da er Widersprüche nicht glättet und nivelliert, sondern auf Shakespearische Weise voll ausspielt, bietet auch jedes seiner Werke einen permanent neuen Ansatz für neue Fragestellungen, Neues in Frage stellend.

Den »offenen« Wagner aufzuspüren, das halte ich nach der Diskussion des Jahres 1983 für unsere wichtigste Aufgabe für die nächsten hundert Jahre – und eben nicht einen scheinbar »abgeschlossenen«, selbstüberzeugten Wagner in Varianten.

Wagner überläßt schon beim »Holländer« dem Interpreten die Wahl, ob er den Erlösungsschluß oder die tragische Katastrophe spielen will.

Wir wissen auch, wie oft er den »Tannhäuser«-Schluß geändert hat. »Ich bin der Welt noch einen Tannhäuser schuldig«, soll er vor seinem Tod gesagt haben. Schon in Dresden änderte, manipulierte er permanent. Reduziert spiegelt sich seine Suche nach dem rechten Ende allein in dem kleinen Wortunterschied zwischen »ward« und »ist« wider: »Der Gnade Heil ward/ist dem Büßer beschieden.« Da kommt der Interpretation, den Inszenierungen eine ausschlaggebende Rolle zu. Erscheinen die jungen Pilger wirklich mit dem grünenden Stab? Singen am Ende Ritter und Pilger vereint »Der Gnade Heil«? Kritisiert der Regisseur das möglicherweise durch ironisch-historisierende Ausstellung? Klar ist: Wagner wollte seinen Rebellen, diesem Künstler-Protestanten Tannhäuser am Ende doch Gnade gönnen. Am Ende heißt hier: auf der Schwelle zum Tod. Das scheint mir lutherisch zu sein. Wenigstens schlug meine Bayreuther »Tannhäuser«-Inszenierung von 1972 vor, daß die jungen Pilger als die Stimmen des Sterbenden zu vernehmen sind – seine Leistung zur Gnade –, daß nach Tannhäusers Tod alle anderen – »die Menschheit« – an die Toleranz appellieren.

Ganz anders »Lohengrin«, ganz anders dessen Schluß. Der Rebell ist hier nicht ein Mann, sondern eine Frau. Das bestimmt den Unterschied im Gestus beider Werke. Sensibilität, höchste Sublimierung ist der Grundtenor des »Lohengrin«, kontrapunktiert von den Militärklängen der geschichtlichen Vor- und Umwelt. Wagner nannte den »Lohengrin« das »allertragischste Gedicht« und beschrieb das Thema als »die Berührung einer übersinnlichen Erscheinung mit der menschlichen Natur und die Unmöglichkeit der Dauer desselben«. Diese Situation erkannte er 1851 als den Typus des eigentlich einzigen tragischen Zweifels, überhaupt der Tragik des Lebenselements der modernen Gegenwart. Gerade diesem Thema gibt er ein krasses Ende: »Weh« ist das Letzte, was die Leute singen. Lohengrin ist entschwunden, Elsa zusammengebrochen, Gottfried ganz sicher keine Lösung. Scheu, zaghaft am Ende nur noch einmal das Gralsmotiv. Ein Hinweis darauf, daß Wagner dieses Thema wieder aufnehmen will, muß?

Definitiv auf besondere Weise erscheint der Schluß von »Tristan und Isolde«. Aber Isoldes Liebestod öffnet durch die Musik, durch den Klang neue Dimensionen, die den Tod aufheben wollen und die Öffnung ins Unendliche vollziehen. Selbst da gibt sich Wagner nicht zufrieden. Eine heutige Aufführung hätte auch die Schocks stärker zu beachten, die Wagner mit diesem Stoff bereithält und spätestens am Ende des 1. und 2. Aktes lauthals ins Spiel bringt. Es ist der Tag, der jeweils die Nacht schockiert. Aber ist nicht schon die Sehnsucht nach der Nacht entsetzlicher Ausdruck der verkehrten, der sich verkehrenden Liebe? Darauf müßte angesichts der Aufführungen im Jahre 1983 verwiesen werden. Und darauf, daß Wagners Bezeichnung »Handlung in 3 Akten« für die Ästhetik und Praxis des Musiktheaters einen völlig neuen Handlungsbegriff vorformuliert, mit dem auch Schönberg korrespondiert, als er 1928 in Berlin über Oper sagte: »Man hat diese Art von Kunst, ich weiß nicht warum, die expressionistische genannt; sie hat keinesfalls mehr ausgedrückt, als in ihr war! Ich habe ihr auch einen Namen gegeben, aber er ist nicht populär geworden. Ich sagte: ›Es ist die Kunst der Darstellung der inneren Vorgänge.‹«

Dem vom Umfang her gewaltigsten Werk Richard Wagners, der »Ring«-Tetralogie, kommt ganz zweifellos zugute, wenn man auch dessen Werkstruktur als eine offene annimmt. Neben dem »Parsifal« ist kein anderes Werk Wagners der ideologischen Interpretation so ausgeliefert worden, statt der künstlerischen.

Freilich ist das Wort von Peter Heyworth beherzigenswert. Er meint, keine Ideologie mit dem »Ring« treiben zu wollen, darf nicht bedeuten, keine Idee zu verfolgen.

Es ist sicher ein eigentümliches Gesetz, daß nach verschiedenen sehr provokanten »Ring«-Darstellungen in den letzten zehn Jahren – Kassel (Melchinger), Leipzig (Herz), London (Friedrich), Bayreuth (Chéreau) – in dem Wagner-Jahr 1983 gerade in Bayreuth versucht wurde, das Märchenhafte dieses großen Welttheaterspiels neu ins Bewußtsein zu rücken. Das ist ein im Prinzip ebenso denkbarer Ansatz wie der Versuch, den »Ring« doch wieder einmal mehr zu beheimaten in der dunklen, nihilistischen Mythenwelt der nordischen »Edda«.

Nie sollte vergessen werden, daß die Mythologie für Wagner jeweils nur das Verfremdungsmittel war, Zustand, Verhaltensweise, Ängste und Hoffnungen seiner Epoche zu gestalten, was freilich nicht immer und nur allein dadurch deutlich zu machen ist, daß die Figuren in Kostümen der sechziger Jahre des vorigen Jahrhunderts auftreten.

Wichtig scheint mir zu erfahren, daß es sich hier um eine Trilogie mit einem Vorspiel handelt, um vier Werke einer ganz unterschiedlichen Haltung:

»Rheingold« – modernes Mysterienspiel
»Die Walküre« – das Musikdrama par excellence; Strindbergsche, Freudianische Psychologie
»Siegfried« – das schwarze Märchen
»Götterdämmerung« – Orwell, Grand Opéra als Menetekel der Zukunft, in der der Mensch sich der Natur, auch der menschlichen Natur total entfremdet hat und Hoffnungen (Siegfried) verdirbt.

Neue Ansätze beispielsweise hinsichtlich der Interpretation des Siegfried konnte ich 1983 nicht beobachten. Noch immer streitet man sich, ob er der blendende Nazi-Vorläufer war oder eben der anarchistische Enkel des aristokratischen Anarchisten Wotan, der »Summe der Intelligenz seines Jahrhunderts«. Ein inszenierungstechnisches Detail kann über die ganze Figur entscheiden: Wann greift Siegfried zum Schwert, um Mime zu erschlagen? Der Trauermarsch Siegfrieds ist wie der Abschied von alten Hoffnungen. Es ist eine Trauer um die verlorenen Illusionen der Epoche. Die Tetralogie könnte zu Ende sein. Aber der Weltenbrand steht noch aus. Und immer wieder stellt sich die Frage, ist es der Weltuntergang oder der Untergang dieser Welt, dieser Götter, dieser Gesellschaft. Der Keim zur Antwort liegt bereits in der 1. Szene des ganzen Zyklus: im Rhein. Ist der »Ring« der Anfang der Welt? Oder zeigen wir – wie es in dem abgebrochenen Hamburger Versuch 1981 geschah – den Anfang in einer versunkenen Welt? Wenn der »Ring« nach dem Untergang des Goldenen Zeitalters gesehen wird, ist das Ende ein neuer Anfang.

Solche Überlegungen und Interpretationshaltungen öffnen den »Ring« der immer wieder neuen Deutung, täuschen das Werk nicht als in sich geschlossenes Ganzes vor, lassen der Hoffnung den Raum, den die letzten Takte des Sieglinde-Motivs anklingen lassen. Und bei allem: Drängt sich nicht die Frage auf, ob Wagner im »Ring« das »Kapital« seines Altersgenossen Karl Marx aufgehoben haben könnte, auch mit all den Zweifeln von Marx, aufgehoben in die Kunst, die vielleicht doch die größere Perspektive hat als die jeweilige Politik?

Und dann das Ende »Parsifals«. Auf ihn hat sich 1983 der Vorwurf der faschistoiden Affinität Wagners konzentriert. Unterschiedliche Aufführungen gab es, von extremer Deutung, zum Beispiel die von Ruth Berghaus in Frankfurt am Main oder im Jahr zuvor die von Rolf Liebermann in Genf: »Parsifal« nach der Atombombe.

Auf der Suche nach der Wahrheit des »Parsifal« können Cosimas Notizen ein wenig helfen. Aber auch da findet sich kein Hinweis auf eine Erneuerung der Welt durch Feuer und Schwert, so wie es der junge Wagner in dem vorrevolutionären Dresden unter Bakunins Einfluß nicht ausschloß. Der tumbe Tor ist der andere Siegfried, auch der re-inkarnierte Nazarener. Sein Wissen wird durch Mitleiden gebildet. Er repräsentiert den Gegenentwurf, ist friedsam, friedenspendend. Es gibt Ansätze, zum Beispiel in meiner Bayreuther Inszenierung, die darauf hinweisen, daß Wagners Utopie sich gewandelt hat von der pompösen Herausforderung zur scheuen, zarten Frage an sich selbst und an die Zukunft. Was ist der Gral? Das sagt sich schließlich nicht.

Vergessen, scheint es, haben wir die einzige große Komödie, die Wagner geschrieben hat: »Die Meistersinger«. Ähnlich wie beim »Parsifal« haben sich lange Zeit auf dieses Werk die Mißverständnisse konzentriert. Es galt als Prototyp des nationalen Chauvinismus. Zwei Überlegungen sind dem entgegenzustellen: Das Werk wurde lange konzipiert und geschrieben, bevor Deutschland »von oben« geeinigt war. Und wie wenig man gerade in der Reichshauptstadt dieses angeblich chauvinistische Werk nach der Reichsgründung akzeptieren wollte, beweisen vernichtende Pressestimmen nach der Berliner Erstaufführung.

Die Schlußansprache des Sachs muß man sehr genau lesen:
> Zerging in Dunst
> Das heil'ge römsche Reich
> Uns bliebe gleich
> Die heil'ge deutsche Kunst.

Die Geschichte schreibt an den Werken mit, auch an denen von Richard Wagner. Wir haben den Zustand wieder erreicht, in dem es das Reich nicht mehr gibt. Das Land ist geteilt. Dulden wir, daß auch seine Kunst geteilt wird, unsere Sprache, Wagner, Luther, Marx?

Die »Meistersinger« scheinen mir viel eher ein Lehrstück über Demokratie zu sein. Sie lehren auch, wie gefährdet die Demokratie permanent ist und wie aggressiv der Frieden machen kann. Dafür steht der Schluß des 2. Aktes, die Prügelei während der Johannisnacht. Die »Meistersinger« legen wie kaum ein anderes Werk die Vermutung nahe, daß Wagner in einem Deutschland, das zunehmend an demokratischem Selbstverständnis gewinnt, als Demokrat diagnostiziert wird, dessen antisemitische Ausfälle und faschistoiden Entstellungen auf Dauer nicht verschütten dürfen, was sein Werk ausmacht.

Darüber, ob Wagner mit einer zunehmenden Veränderung unserer Denkzustände einem Bedeutungswechsel unterlegen ist, wurde 1983 zu wenig gesprochen. Das Erfreuliche aber ist, daß er nicht zu Tode diskutiert werden konnte. Er ist ein Zeitgenosse auch hundert Jahre nach seinem Tod, und wie mir scheint, ein schließlich sehr engagierter.

Seine Kunst bleibt eine Herausforderung an dieses geteilte Deutschland, bleibt auch eine Herausforderung, darüber nachzudenken, ob wir uns zufriedengeben, daß die Stationen seines Lebens Leipzig, Dresden, München, Bayreuth für dauernd auseinanderdividiert werden müssen. Dieser Gedanke wird uns zweifellos 1985 wieder bedrängen, wenn wir an Händel und an Bach denken und sie feiern.

Auf jeden Fall hat Wagner sein Gedenkjahr gut überlebt. Die Herausforderungen, die er stellt, sind nicht kleiner geworden, sondern größer und reizvoller. Diese komplizierte Gestalt und sein komplexes Werk haben dennoch ein Grundmotiv, das ihn uns zum Zeitgenossen und denen, die das wollen, zum Bundesgenossen macht: »Aus einer Welt des Hasses und des Haders schien die Liebe verschwunden zu sein: in keiner Gemeinschaft der Menschen zeigte sie sich deutlich mehr als Gesetzgeberin. Aus der öden Sorge für Gewinn und Besitz, der einzigen Anordnerin alles Weltverkehrs, sehnte sich das unertötbare Liebesverlangen des menschlichen Herzens endlich wiederum nach Stillung eines Bedürfnisses, das, je glühender und überschwenglicher, unter dem Drucke der Wirklichkeit zu befriedigen war.«

Freilich: Die Sprache klingt altmodisch, wie aus der »Gartenlaube« des Genies. Aber die Gedanken erweisen sich als sehr modern. Wagner hat sie in seiner Musik festgeschrieben und zugleich offen gelassen. Das ist unsere Chance, mit ihm, für die Zukunft.

DEUS EX MACHINA?
(1985)

Am Anfang war der Konflikt. So sollte der erste Satz der Geschichte des europäischen Theaters, wird sie einmal neu geschrieben, lauten. Als zum Vorsänger der griechischen Chorgesänge der Protagonist trat, konnte der Konflikt künstlerisch gestaltete Aktion werden. Das Drama erreichte in der griechischen Tragödie seine erste modellhafte Ausformung mit noch immer nicht wieder eingeholten Mustern des Welttheaters.

Als aber dann die staatsreligiös orientierte Dramaturgie den immer tiefer ausbrechenden Widersprüchen in Athen nicht mehr standhielt, führte Euripides den Deus ex machina ein. Über das Dach des Szenengebäudes im attischen Freilichttheater schwebte mittels eines Kran-Mechanismus ein Gott ein und führte die unlösbaren Konflikte der Menschengeschichten dem utopischen oder resignativen Ausgleich zu, der nur noch notdürftig das alte Glaubensgebäude zusammenhielt.

Was die Konflikte lösen sollte, brachte einen neuen Widerspruch, der von nun an die Geschichte des Theaters wesentlich mitbestimmen sollte, manchmal retardierend, oft aber auch vorantreibend: der Konflikt zwischen Theater und Technik, das widerstreitende Zusammenwirken von progressiven Inhalten und technischer Innovation.

Das hellenistische Theater, bar originärer Autoren und angewiesen auf die Adaptionen der attischen Tragiker, trumpfte mit Wundern der Theater-Maschinerie auf, deren Nachahmung manchem heutigen Bühnenmeister allerlei Kopfschmerzen bereiten würde. Bahnte sich damals schon im rezeptiven Theater ein Sieg der Technik über originelle, zeitgenössisch gestaltete Inhalte an?

Als im Mittelalter das europäische Theater noch einmal »erfunden« wurde, bemächtigten sich – nach anfänglich vergleichsweise »puristischen« Perioden, was die Ausstattung, die »Illusion« betrifft – sehr bald die Architekten und die Maler des Phänomens »Theater«. Der große Shakespeare erlebte, erduldete und akzeptierte gegen Ende seines Schaffens auch in England die Okkupation der Bühne durch die vornehmlich aus Italien stammenden Ausstattungs-Virtuosen, deren Kollegen auch in Spanien noch immer nachwirkende Muster eines visuell anspruchsvollen und technisch höchst komplizierten Welttheaters schufen. Und während die Autoren der Aufklärung die Optik des Theaters, durchaus »purifizierend«, wieder auf die konkreten und zeitgemäßen menschlichen Inhalte lenken wollten, läßt kein geringerer als Goethe im Vorspiel zum »Faust, Erster Teil« seinen Theaterdirektor empfehlen, »nicht Prospekte und nicht Maschinen« zu schonen.

An diesem wichtigen Schnittpunkt der Theatergeschichte ist durchaus ironische Distanz der prägnanten Theaterautoren gegenüber der Technik zu beobachten, ungeachtet etwa der Tatsache, daß gerade Goethe im »Faust, Zweiter Teil« ein Kompendium aller denkbaren szenischen Möglichkeiten programmierte. Kann dem gegenüber die Faszination der ersten Ballonflüge der Gebrüder Montgolfier, die sich in vielen damaligen Stücken niederschlug, nur dem Sensationsbedürfnis zugewiesen werden, wie es heute der Film »Star Wars« oder »E. T.« wahrnimmt? Mit Kino-Tricks, ohne daß der Film erfunden war, arbeitete Ende des 18. Jahrhunderts das Theater häufig, zum Beispiel wenn Schikaneder, der Autor der »Zauberflöte«, für ein Stück, das auf dem Mond spielte, den Portalausschnitt so kreisrund verkleidete, als sähe man durch ein Fernrohr auf den fernen Planeten. Der Reiz technischen Fortschritts wurde vom Theater also nicht nur funktionell genutzt, sondern oft auch zu seinem Thema gemacht.

Der Explosion des Theaters in das Romantische arbeiteten gegen Ende des 19. Jahrhunderts, freilich auf unterschiedlichste Weise, der Herzog von Meiningen, Gordon Craig und Adolphe Appia entgegen. Den entscheidenden Schritt ins moderne Theater vollzog allerdings die Physik, die Elektrizität. Vom Kerzenlicht zur Gasbeleuchtung – schon das war ein großer Sprung gewesen. Als aber Richard Wagner Ende des 2. Aktes der »Walküre« für den Götterstreit zwischen Wotan und Brünnhilde um Siegmunds Leben den Einsatz des Bogenlichts vorsah – »Ein von rechts her über die Kämpfer ausbrechender Schein blendet sie aber plötzlich...« –, war künstlerisch programmiert, daß das Theater der Zukunft die neuen technischen Erfindungen nicht nur akzeptiert, sondern auch braucht, sogar initiieren kann. Die Enkel Richard Wagners, Wieland und Wolfgang, haben durchaus in diesem Sinne weitergearbeitet, wenn sie im Bayreuther Festspielhaus vor allem auf dem Gebiet der Projektionstechnik wegweisende Experimente vornahmen.

Bertolt Brecht hatte in der ersten Hälfte des 20. Jahrhunderts ein »Theater des wissenschaftlichen Zeitalters« gefordert. Seither haben sich die technischen Neuerungen sprunghaft entwickelt. Hält das Theater solcher Entwicklung stand, kann es partizipieren, ist es möglicherweise auch so etwas wie ein Korrelat der sich gerade in jüngster Zeit überstürzenden Innovationen?

Hubpodien, Hydraulik, elektrisch betriebene und elektronisch gesteuerte Schnürböden sind inzwischen bei Theaterneubauten ebenso wie bei den renovierten alten Bühnen eingerichtet. Elektronik und Computerprogrammierungen lenken Beleuchtungsstellwerke, Tonstudios und bühnentechnische Abläufe. Hier und dort lassen Musiker schon Computer »komponieren«. EDV hilft den Verwaltungen bei den erforderlichen Rechnungsvorgängen bis hin zur besseren Übersicht und Lenkung des Kartenverkaufs. Die Video-Aufzeichnung kann Probenprozesse ebenso festhalten wie Aufführungen und ist inzwischen für den internen Theatergebrauch, vor allem im Hinblick auf Studienzwecke und Dokumentationen, unentbehrlich. Aber sie hat auch einen auf das Publikum gerichteten Aspekt, der dem Nutzen der Kunst, ihrer Funktion in unserem Zeitalter ganz neue und sicher nachhaltige Perspektiven eröffnet.

Das an den Bühnen hergestellte Produkt »Aufführung« wird – man mag das, speziell als Theaterdirektor, bedauern oder nicht – zweifellos immer teurer, wie alle Produkte in unserer durch Tarifverträge und Angebote der sich frei regulierenden Marktwirtschaft bestimmten Gesellschaft. Angesichts der Klagen, die hinsichtlich der hohen Kosten auch beim Theater in der Öffentlichkeit immer wieder erhoben werden, wäre zunächst zu fragen, ob die Medien ihre Aufgabe voll wahrnehmen, solche Produkte sehr viel mehr Menschen zugänglich zu machen als bloß denen, die den jeweiligen Zuschauerraum besuchen können. Die Frage spitzt sich dadurch zu, daß seit kurzem nun auch in unseren Landen das private Fernsehen mit den öffentlich-rechtlichen Anstalten in Konkurrenz getreten ist.

Die Technologie, die Industrie hält vielfache Angebote im Bereich der sich entwickelnden Video-Technik parat. Aber können sie auch ausreichend genutzt werden, wenn wir an die urheberrechtlichen Forderungen und die tarifgesetzlichen Ansprüche im Bühnenbereich denken?

Spektakuläre Aktionen starteten zum Beispiel die Mailänder Scala oder auch Rolf Liebermann, wenn hochkarätig besetzte Opernaufführungen in andere, größere Säle per Video übertragen wurden. Im kleineren Bereich registrieren vielfach zu spät gekommene Besucher dankbar, daß sie der Aufführung bis zum nächsten Einlaß am Bildschirm folgen können. Und ganz zweifellos tragen Fernsehübertragungen aus der Met, aus Bayreuth, Salzburg oder auch aus der Deutschen Oper Berlin dazu bei, Oper, Theater einfach erst einmal durch die Multiplikation der partizipierenden hörenden Zuschauer zu popularisieren.

Mir scheint jedoch, daß die aufgrund der technischen Vorgaben heutzutage einmalige Chance für eine Demokratisierung von Theater und Oper durch den Einsatz etwa der Video-Technik doch einiger grundsätzlich neuer Überlegungen bedarf.

Dafür bleibt noch immer und stets von neuem zu beantworten, was Kunst, Theater, Oper heute vermögen, sollen, dürfen, müssen.

Die seit Jahrhunderten vorgezeichnete und heute immer wieder gern zitierte elitäre Funktion von Kunst könnte aufgrund der gegenwärtigen Entwicklung durchaus durchbrochen werden zu einer Publizität hin, zu einer Popularität, die sich ja doch wirklich nicht nur auf den Unterhaltungssektor beschränken muß. Wir zählen noch fünfzehn Jahre bis zur Jahrtausendwende. Könnte es nicht sein, daß die Bewahrung und Rettung der Werke Shakespeares, Bachs, Schillers, Mozarts, Büchners, Verdis, Wagners, Gorkis, Alban Bergs und Bertolt Brechts – die Auswahl ist fast zufällig – ins nächste Jahrhundert nicht nur eine Angelegenheit für Nostalgiker ist?

Theater – und dies potenziert in der Oper – war seit eh und je der angestrebte Sieg der Phantasie über die Realität, wie sie war und ist. Es war oft genug der Entwurf für eine Welt, wie sie sein könnte oder sein müßte. Und immer war es vor allem ein Spiel, in dem jede Generation die Träume der Kindheit festhält und aus den Ängsten und Enttäuschungen des späteren Lebensweges die Utopie eines anderen, besseren Daseins gewinnt – in befreiendem Lachen oder in nachhaltender Erschütterung. Eine solche Schule der Phantasie, von Menschen gespielt für Menschen, scheint mir heute, da der technologische Fortschritt auch eine fortschreitende humane Entfremdung bedingt, unentbehrlicher denn je.

Der Staat – und ist dies nicht auch ein gutes Zeichen? – maßt sich hierzulande nicht an, alles zu tun und jeweils das allein seligmachende Wort zu sagen. Er wacht über die Freiheit der Kunst, wozu richtigerweise die Förderung von Kunst gehört. Dabei verfälscht der Begriff »Subventionierung« den Sinn solcher staatlichen Förderung. Richtigerweise sollten wir von »Finanzierung« einer Werterhaltung und -entwicklung sprechen, die auch dann allen im Gemeinwesen zugute kommt, wenn nicht alle daran teilhaben wollen.

In dieser Situation ist der Wirtschaft, der Industrie eine Funktion übertragen, die sich nicht im alten Begriff des Mäzenatentums erschöpfen kann. Die richtiger verstandene Aufgabe gegenüber der Förderung von Kunst hat einen soziologischen und einen poetischen Aspekt.

Der soziologische liegt auf der Hand und wird vielfach praktiziert: Der positive Umgang mit Kunst ist Angelegenheit der ganzen Gesellschaft, die sich überwiegend im Arbeitgeber-Arbeitnehmer-Verhältnis organisiert hat. Die zum Beispiel für die Förderung des Theaters gewonnene Unterstützung gilt nicht nur vielen, sondern kommt auch von vielen. Diesen politischen Vorgang sollten wir uns bewußter machen, weil in ihm nun auch der poetische Aspekt beschlossen liegt: Auf die Stimulierung der Phantasie – und das ist ja der Grundgestus des Theaters – sind die in computergesteuerte Arbeitsprozesse eingespannten Menschen ebenso angewiesen wie die neuen Entdecker, Erfinder und Abenteurer des Geists, die am besten wissen, daß nichts Bestand hat ohne humanen Bezug.

So gesehen, könnte der alte Konflikt Theater/Technik heute durchaus aufgehoben werden zu einer in den positiven Perspektiven kaum absehbaren Symbiose zwischen der Bühnenkunst und der neuen Technologie beziehungsweise der sie stützenden und vorantreibenden Wirtschaftsindustrie.

Die Laser-Technik, vor Jahren beispielsweise von Josef Svoboda an den Bühnen experimentell eingesetzt, versandete, weil die erforderlichen Anlagen jeden normalen Theater-Etat sprengten. Günther Schneider-Siemssen ringt um größere Realisierungsmöglichkeiten für die Holographie, die er bis jetzt nur im Salzburger Marionettentheater erproben konnte.

Worum es heute wohl vor allem geht, ist die Erkenntnis, daß die Bühnen am technologischen Fortschritt nicht nur partizipieren können und müssen, sondern daß sie sich als in vieler Hinsicht ideales Experimentierfeld direkt anbieten. Ein Theater, eine Bühne kann durchaus »Labor« eines bestimmten Forschungsprojektes sein. Da sollten die Ideen von uns Theaterleuten und die Notwendigkeiten bestimmter Entwicklungszweige der Technologie mutiger aufeinander zukommen. Auf jeden Fall liegt hier eine der Möglichkeiten für die richtig verstandene Förderung des Theaters durch die Industrie.

Im kleinen Rahmen kann die Bühne für technologische Innovationen ein ähnliches Experimentierfeld sein wie im größten Rahmen die Raumfahrt. Der Vorstoß in den Kosmos fordert ebenso wie die immer bessere Erkenntnis des Menschen geistige Abenteuerlust und Phantasie heraus. Dabei besteht das Theater wohltuend »altmodisch« darauf, daß der Mensch das Maß aller Dinge sei. Das ist ein kostbares Regulativ auch für die Beziehung zwischen Theater und Technik.

Der Computer als »Deus ex machina«? Die Alten, durchaus an die Unberechenbarkeit ihrer Götter gewohnt, meinten dennoch, Götter verdienten diesen Namen nur, wenn sie es gut mit den Menschen meinen.

SIND FESTSPIELE ANACHRONISTISCH?
(1985)

Festspiele, vornehmlich die etablierten, haben ihre eingeschworenen Fans und ihre notorischen Gegner. Unter den zahlreichen kleineren und größeren Festivals, die es heute in Europa gibt, stehen Bayreuth und Salzburg seit langem im Vordergrund des internationalen Interesses. Sie sind geradezu Wallfahrtsorte geworden, der Offenbarung tiefster Geheimnisse ebenso verpflichtet wie ausgeliefert dem Souvenir-Klimbim, dem Geschäft bis hin zu den Wagner-Büsten und den Mozart-Kugeln. Aber wurde eine solche Mesalliance zwischen Kunst und Markt, auch zwischen Religion und politischer Inanspruchnahme, dem Theater nicht bereits an der Wiege gesungen?

Als sich vor fast zweieinhalbtausend Jahren das Theater in Athen herausbildete zu Mustern, die bis auf den heutigen Tag faszinieren, geschah das aus Anlaß und im Rahmen von Festspielen, in denen Religion, Staat und Bürgerindividualität ihre erste Symbiose feierten. Das Fest, das Spektakel, der Agon – bis zur öffentlichen Finanzierung in Form von Preisen für die besten Aufführungen reichend – trieben das Theater zu höchster Blüte. Aber zur Garnierung der archetypischen Modelle frühen Welttheaters gehörte sicher auch all das, was, von den Theaterhistorikern meistens schamvoll verschwiegen, das Geschäft ausmachte: von der Verpflegung der Teilnehmer an den oft tagelangen Aufführungen bis zum Starkult um die Sieger beim Wettbewerb. Zum Nulltarif erfolgten derartige Zulieferungen und Dienstleistungen sicher nicht.

Als im Zentrum Europas nach fünfzehnhundert Jahren das Theater noch einmal »erfunden« wurde, erkennen wir bei den mittelalterlichen Mysterienspielen eine ähnliche Verschränkung von Religion, Kunst und Rummel im Umkreis des »Festes«. Und so war es gerade der Schritt aus der Kirche auf den Marktplatz, also in den »Markt« hinein, der das Theater emanzipierte. Die Spannung zwischen Sakralem und Profanem erwies sich als Motor der Entwicklung.

Im Laufe der Jahrhunderte gehörte es zu den gewiß nicht schlechtesten Ambitionen des sich wechselvoll formierenden Bürgertums, Theater, Oper in den Alltag zu integrieren, zum unentbehrlichen Bestandteil bürgerlich-zivilisatorischen Lebens zu machen. Dies ist und bleibt ein unveräußerlicher Gewinn, den das europäische Bürgertum, zeitweise durchaus im Bündnis mit den Fürsten, zur Erhaltung und Entwicklung der Kultur beitrug. Wird ein solcher Gewinn, historisch beispielgebend, durch die modernen Festspiele aufs Spiel gesetzt, die den Alltag übertreffen, ihn zu besonderen Höhepunkten konzentrieren sollen?

Ich bin von Berufs wegen Regisseur. Seit 1972 arbeite ich in Bayreuth. 1984 habe ich erstmals in Salzburg inszeniert. Aufgrund dieser Erfahrungen bekenne ich, daß man kaum je so frei – frei natürlich auch dem Kreuzfeuer des heftigsten Pro und Contra ausgesetzt – arbeiten kann wie bei Festspielen. Was meint das?

Für die Künstler gibt es zwischen Festspielen und Jahresalltag keinen negativen Gegensatz, sondern einen durchaus kreativen Widerspruch, gegenseitige Befruchtung, gewinnbringend in vielfacher Hinsicht. Festspiele können Maßstäbe für höchste Qualität setzen. Aber sie haben auch standzuhalten einer Befragung, die das Leben, die konkrete Zeit-Realität aufgeben. Die »Wallfahrtsorte« ersetzen also nicht unser tägliches permanentes künstlerisches Bemühen, sie können es aber widerspiegeln, steigern, auch krönen.

Bayreuth, auf deutschem Boden, hat sich allein der Fortwirkung Richard Wagners verpflichtet. Die Leitung der Festspiele liegt seit über hundert Jahren in den Händen der Familie Wagner. Gerade in jüngster Zeit will sich der Grüne Hügel auch immer wieder, wie in seinen Gründerjahren, als Werkstatt verstehen. Die sich seit Anfang der siebziger Jahre entwickelnden Jugendfestspiele ziehen den Kreis weiter und führen dem Festspielgedanken auch zeitgenössische Komponisten und alternative Spielformen zu.

Die Salzburger Festspiele, 1920 mit »Jedermann« erstmals durchgeführt, also fünfzig Jahre jünger als Bayreuth, markieren in der Geburtsstadt Mozarts den hohen Anspruch der gerade gegründeten Republik Österreich, einen wesentlichen Beitrag zu liefern für die Integration und Ausprägung europäischer Kultur. »Ganz Europa soll wissen, daß unsere Zukunft in der Kunst liegt, ganz besonders in der Musik«, heißt es schon 1917 im Gründungsaufruf. Von Max Reinhardt, Hugo von Hofmannsthal und Richard Strauss bis zu Ernst Haeussermann und Herbert von Karajan hat immer wieder ein Kollegium Maßstab setzender Künstler die bisher sechzigjährige Geschichte der Salzburger Festspiele geprägt.

Sie entwickelten sich vom Mozart-Fest zum universellen Festival Europas, Oper und Sprechtheater, Konzerte und Literatur, Aktivitäten der bildenden Kunst und die Ausbildung des Nachwuchses gleichermaßen umfassend und fördernd.

Daß sich die Salzburger Festspiele nach dem Zweiten Weltkrieg, in der zweiten österreichischen Republik, verstärkt zeitgenössischen Komponisten und Schriftstellern geöffnet haben, ist weit mehr als das Alibi eines oft genug der »kulinarischen« Exklusivität verdächtigten Festivals. Eine derartige »Öffnung«, in vielerlei Hinsicht möglich und erforderlich, ist unerläßlicher Bestandteil, ist eine Voraussetzung der Festspiele und ihrer Perspektiven.

Anachronistisch sind Festspiele, solange sie in modischer Verbrämung die Vergangenheit musealisieren, ohne die Gegenwart wirklich zur Kenntnis zu nehmen. Sobald sie aber in der Besinnung auf die Wurzeln des Theaters dieses unersetzbare Spielmodell unserer Existenz und unserer Phantasie in die Zukunft retten, sind sie nicht nur zeitgemäß, sondern unentbehrlich für uns und für die nächsten Generationen. Dabei wird der »Markt«, zur Spielkonvention gehörend, Kunst nicht ernsthaft irritieren können.

Schließlich bleibt Mozart, der Genius loci, der beste Pate, das A und O für die Aufgabe und für die Chancen der Salzburger Festspiele, Vergangenheit zu vergegenwärtigen und Utopien erlebbar zu machen als Feier der Kultur.

ANALYSEN UND REGIEKONZEPTE

»DIE HEIMKEHR DES ODYSSEUS«
von Claudio Monteverdi
(1966)

Die Begegnung des heutigen Musiktheaters mit einem Werk des ersten großen Meisters der Oper stellt bisherige methodische Überlegungen und Praktiken auf eine ernste Probe. Dabei enthüllt sich die Frage, inwieweit Monteverdi dem heutigen Zeitalter standhält, als Frage danach, wie das heutige Musiktheater seinem Werk gegenüber bestehen kann.

Bereits die Entscheidung, Monteverdis Musikdrama von der Heimkehr des Odysseus nicht unter Einsatz einer großen Opernszenerie, sondern im intimen Rahmen einer Kammerbühne aufzuführen, kennzeichnet die Haltung, die die heutige Aufführung und die für sie geschaffene Einrichtung gegenüber Monteverdis Werk einnimmt. Unter Verzicht auf vielerlei barockes Beiwerk, das aus dem überlieferten Manuskript abzulesen ist, sollte in der Fülle der Bilder und Ereignisse die menschliche Grundsituation aufgedeckt und zu einer klaren Fabellinie geführt werden, die die gedankliche Weite des Homerischen Menschheitsgedichts mit der für Monteverdi typischen Schlichtheit und Kraft des dramatisch-epischen Ausdrucks verbindet. Die Geschichte des nach langer Irrfahrt heimkehrenden Menschen wird, auf die Musikbühne gebracht, als Gleichnisfall verstanden – durch die Jahrhunderte geltend und doch jederzeit nach erneuerter Interpretation strebend.

Die Quellenlage, die aus der Frühzeit der Operngeschichte stammende Werkstruktur, die Dauer einer strichlosen Ausführung der überlieferten Partitur machen eine Revision, Auswahl und Konzentration des Werkmaterials für eine heutige Aufführung zweifellos erforderlich. Im Zusammenhang damit eine Präzisierung der Ausgangssituation der Oper und ihrer dramatischen Durchführung zu erreichen, schien wünschenswert, damit der Inhalt der Oper klarer hervortritt: die Geschichte, wie der Mensch aus der Ohnmacht gegenüber dem Schicksal zur Erkenntnis der Gesetze des Lebens wächst und sein Schicksal selbst gestaltet.

Die drei Spielebenen, die die Oper für diese Geschichte benutzt, machen die gedanklichen und stilistischen Aspekte des Werkes deutlich. Der Prolog zwischen dem Menschen und den Allegorien der Zeit, des Schicksals und der Liebe formuliert das Thema: Wo findet der Mensch Maß und Ziel seines Lebens? Für diese Urfrage erscheint eine der Quellen des auf uns gekommenen Theaters, das mittelalterliche Mysterienspiel, bestens geeignet. Die Götterdialoge machen das Schicksal des Odysseus als »Testfall« erkenntlich: Findet er heim und findet er Frieden in der Liebe seiner Frau, dann ist ein Schritt dazu getan, den Streit, der unter Menschen und Göttern tobt, zu überwinden. Die Optik des Barocktheaters wird hier auf das rein Ideenmäßige reduziert. Und schließlich die menschliche Ebene: Auf ihr vollziehen sich Handlungen und Entscheidungen im Sinne der Renaissance durchaus selbständig und nach eigenen Kausalgesetzen: Die Menschen sind nicht Marionetten der Götter, sondern im Bewußtsein der Bindung frei in ihrer Entscheidung, sich zu verderben oder sich Glück zu schaffen.

Die Funktion der drei Spielebenen steht in direkter Beziehung zu den drei Handlungsstufen der Heimkehr des Odysseus: dem äußeren Vollzug seiner Rückkehr in das Vaterland, dem Sieg über die Feinde, dem Glück Frieden schaffender Liebe.

Die szenisch-musikalische Durchführung dieser Gedanken erforderte gegenüber der überlieferten Handschrift verschiedene Umstellungen und Auslassungen. Athenes Aufruf »Flammen des Hasses« konnte nicht am Ende der Oper gelassen werden, sondern schien geeignet, die Gleichnishandlung zu exponieren. Die übrigen Götterdialoge blieben an ihrer alten Stelle. Einem Hinweis der Quellen folgend, steht die Arie der Penelope nicht vor der Ankunft des Odysseus, sondern folgt auf die Szene, in der das Treiben der Freier, eher als in der überlieferten Fassung, vorgestellt wird. Verschiedene vor dem Gehöft des Eumayos spielende Szenen wurden zusammengezogen. Nachdem Odysseus sein Haus betreten hat, ist die Fabelführung mit der überlieferten Handschrift identisch. Auf zwei Figuren wurde verzichtet: auf Hera, die der Athene bei ihrem Streitgespräch mit Zeus lediglich assistiert, und auf die Amme Eriklea, deren Figur und Funktion die Schlußphase der Heimkehr retardiert. Die Opferung des Najaden- und Sirenen-Chors, auch die Auslassung solcher Barockelemente wie die Versteinerung des Phaiaken oder Athenes Flugwerk entsprechen dem stilistischen Konzentrationsbedürfnis einer Kammerspielaufführung.

Ansatzpunkt der für diese Aufführung getroffenen Einrichtung war die von Robert Haas 1922 besorgte Ausgabe der Wiener Handschrift. Ohne den geringsten Bezug auf andere Fassungen wie die von Luigi Dallapiccola, Gian Francesco Malipiero oder Erich Kraack wurde auf der Grundlage des italienischen Originaltextes und unter häufiger Beziehung auf Homer eine deutschsprachige Fassung (Götz Friedrich, Klaus Schlegel, Lothar Weber, Martin Vogler) geschaffen, die bestrebt ist, die Motive der Handlung zu verdeutlichen und die Situation der Charaktere zu verschärfen, ohne den originalen Notentext anzutasten oder die Eigenart der Monteverdischen Phrasierung zu verlassen. Das wichtigste Bestreben: auch in der Übersetzung den dramatischen Gestus Monteverdis im Wort-Ton-Verhältnis wirksam werden zu lassen. Wo die Wiener Handschrift auf verlorengegangene Musikszenen hinweist — so zum Beispiel auf ein Ballett und auf eine Chorszene im 1. Palastbild –, wurden andere Originalkompositionen von Monteverdi eingefügt und frei textiert.

Ziel und Haltung der musikalischen Bearbeitung sind identisch mit dem Anliegen der dramaturgischen Einrichtung. Die Quellenlage und die Wandlungen der Aufführungspraxis innerhalb von mehr als dreihundert Jahren müssen jeden philologischen Rekonstruktionsversuch, der sich auf musikwissenschaftlichen Historizismus beschränkt, fragwürdig erscheinen lassen, wenn als Ziel anerkannt wird, Monteverdis Gegenwärtigkeit zu erweisen, ihn heute spielbar zu machen. Das freimütige Bekenntnis zu den Möglichkeiten und Bedingungen heutiger Interpretation ist auch bei der musikalischen Bearbeitung Bestandteil, eigentlich Voraussetzung unserer Achtung und Demut vor dem Werk Monteverdis.

Infolgedessen verleugnet Siegfried Matthus nicht das Temperament und die Individualität des heutigen Musikers, wenn er sich bemüht, die Strenge und Ausdruckseigenart des 17. Jahrhunderts auf die Möglichkeit heutiger Wiedergabe zu übertragen, wobei er keinerlei harmonische Veränderung oder gar Modernisierung zuläßt und auch kein eigenes musikalisches Material hinzutut. Mitarbeiter an dieser Fassung sind Gert Bahner und Volker Rohde. Indem der Basso continuo harmonisch ausgesetzt und die Begleitung der Stimmen zwölf Instrumentalisten übertragen wird, nähert sich diese musikalische Bearbeitung dem Original weit mehr als andere Einrichtungen, die in der jüngsten Zeit bekannt wurden. Die ursprüngliche Improvisationstechnik wird für heutige Bedingungen kompositorisch fixiert. Zu dieser kleinen Instrumentengruppe tritt für die Ausführung der musikalischen Zwischenspiele, Sinfoniae, ein größeres Orchester, das an anderer Stelle postiert ist und dazu dient, eine musikdramaturgische Eigenart der Partitur bloßzulegen: Die Bühnenhandlung wird durch diese Sinfoniae oft gerafft oder aufgehalten, sie bilden Resümee oder Exposition der Vorgänge; dadurch erhalten innere Situationen oft eine inhaltliche Transparenz oder Überhöhung, die die gegebenen szenischen Grenzen sprengen. Die Musik eröffnet somit dem Bühnengeschehen weitere Dimensionen – was nicht sichtbar ist, wird hörbar. Daß der Ort dieses zweiten Orchesters – der Rang im Zuschauerraum – zugleich als Olymp in den Götterszenen angenommen wird, entspricht den räumlichen Gegebenheiten dieser Aufführung. Ausgehend von der kleinen Spielfläche, auf der die Handlungen meist in gebotener Verknappung und Naivität dargeboten werden, erfaßt das Musizieren schließlich nach Art der alten Antiphonien den ganzen Raum des Theaters, in dem »Die Heimkehr des Odysseus« sich als »kleines Welttheater« ereignet. Die Geschichte vom Menschen, der sich aus der Ohnmacht gegenüber dem Schicksal befreit und in Erkenntnis der Gesetze des Lebens zum Meister seines Schicksals wird, sucht ihren alten, neuen Klang, sucht die heutige Sinngebung.

Und daß sich all dies an den Kammerspielen von Max Reinhardts »Deutschem Theater« vollzieht, ist von gezieltem Hintersinn.

Zur Aufführung der Werke von Georg Friedrich Händel
(1986)

Bei der Analyse der musikdramatischen Werke Händels, die sich auf Libretto und musikalischen Text zu stützen hat, darf dennoch die dritte Dimension nicht vergessen werden: die Aufführung selbst, die seinerzeit in einem strengen Netz von Konventionen verankert war. Der Konsens darüber, daß die Gegenwart nur durch die Historie zu porträtieren sei, geriet gerade damals ins Wanken. Doch Händel hielt unerschütterlich an der alten Form fest und brachte sie zu einer letzten Hochblüte. Nach dem Erfolg des Gegenwartsstücks seiner Konkurrenten, »Beggar's Opera«, zog er die Konsequenz und komponierte Oratorien für ein imaginäres Theater, seiner Musik die starr gewordene Szene entziehend und ihr bis dahin unerhörte Stoffe und Inhalte erschließend.

Das historische Gewand und die moderne Hör- und Sehgewohnheit sind die Hauptprobleme, mit denen verschiedene »Renaissancen« seit den zwanziger Jahren zu kämpfen hatten. »Modernisierung« ist dabei ebensowenig am Platz wie »Historisierung«; beide sind versteckte Mißtrauensanträge gegen Händel.

Nur wo es gelingt, die Dramaturgie der Werke sich selbst entfalten und erklären zu lassen anstatt sie als Konvention zu entschuldigen, ja zu denunzieren, hat Händel beim Opernpublikum seine Chance. Dabei kommt den Oratorien eine besondere Stellung zu, da der häufig differenzierter beschreibende Charakter ihrer Musik heutigem Empfinden für musikalisches Theater eher entsprechen könnte, als es bei manchen der früher entstandenen Opern möglich erscheint.

»DIE HOCHZEIT DES FIGARO«
von Wolfgang Amadeus Mozart

Eine sozusagen neue Art von Schauspiel
(1968)

Recht bescheiden bezeichnete Lorenzo da Ponte das Libretto zum »Figaro« als »Nachahmung« der Originalkomödie, als »Auszug«. Er spricht von mancherlei notwendigem Verzicht auf Personen und »viele witzige Aussprüche« und meint: »An ihre Stelle habe ich setzen müssen: Canzonetten, Arien, Chöre und andere Gedankengänge und Worte, die der Musik zugänglich sind.« Das ist nicht Handwerkelei, sondern ein ästhetisches Programm. Es geht in der Oper also um Situationen, die Musik nicht nur gestatten, sondern fordern, um Handlungen und Charaktere, die sich erst durch Musik und Gesang voll verwirklichen und inhaltlich mitteilen. Da Ponte konzentrierte die Vorlage. Dabei wurde das Wesentliche nicht geopfert, sondern herausgeschält. Ausgangssituation und Grundkonflikt stimmen ebenso wie das Ziel der Handlung mit Beaumarchais überein. Schon deshalb kann von einer »Zurücknahme« des revolutionären Anliegens durch die Oper nicht gesprochen werden. Der Verzicht auf zahlreiche politische und erotische Anspielungen Beaumarchais' kann zum Teil mit da Pontes Zensurrücksichten begründet werden, bekundet aber vor allem eine prinzipielle Einsicht in die Unterschiede der Wirkungsbereiche von Sprechbühne und Musiktheater. Das wichtigste Ausdrucksmittel des Franzosen, sein brillantes, aggressives Wortfeuerwerk, mußte reduziert werden zugunsten dessen, was Gegenstand der Musik ist: das mit Worten allein oder nicht mehr beziehungsweise noch nicht Sagbare, das sonst »Unaussprechliche«.

Folglich sind die Opernfiguren auch nicht Ideologieträger oder -verkünder. Das lockert ihre Bindung an konkrete Zeitumstände. Sie handeln aus persönlichem Interesse und ureigenem Antrieb – sozial begründet und zugleich mit einer kreatürlichen Unmittelbarkeit, die das Menschliche so tief und weit faßt, daß es von dauernder Wahrheit ist.

Vor allem handeln und singen Mozarts Figuren aus Liebe. Liebe treibt sie alle und lenkt ihre Verhaltensweisen – Liebe freilich in einer Vielfalt von Abstufungen, Schattierungen und Irrungen, wie sie erst wieder der modernen Psychoanalyse erfaßbar erscheint. Das damals wie heute Besondere besteht weiterhin darin, daß »Figaros Hochzeit« Liebe nicht als Mittel der Verdeckung oder Nivellierung sozialer Gegensätze begreift. Im Gegenteil: Gerade der vielfach auftretende Liebesanspruch der einzelnen ist es, was die latente soziale Konfliktsituation in Bewegung setzt und Kampf und Intrige bestimmt. Aber ist die feudale Anmaßung entlarvt und in die Schranken gewiesen, dann gibt Liebe auch dem Schluß seine humane Perspektive: Die bis dahin sozial »Ungleichen« sind gleichgestellt in ihrem natürlichen Recht, Liebe zu erfahren und zu schaffen.

»Sänger der Liebe« nannte Romain Rolland Mozart. Durch seinen Odem erfuhren die Schauspielfiguren eine bedeutsame Metamorphose. Mozarts Menschen wurzeln in der Zeit, aber erheben sich auch über sie. Sie sind keine historischen Figuren, sondern Modellfälle menschlicher Existenz, Individualisierungen von Grundsituationen.

Die landläufige Vorstellung vom Alter der Personen in »Figaros Hochzeit« beeinträchtigt mehr, als man gemeinhin denkt, den Vollzug der diesem Spiel eigenen Wahrheit. Meist führt man die Ehekrise zwischen Graf und Gräfin auf zu langes Zusammenleben zurück, erklärt Almavivas Seitensprünge als Zeichen des zweiten Frühlings. Sind Graf und Gräfin reiferen Alters, dann verbiegt sich durch den Altersunterschied zu dem Dienerpaar auch die eigentümlich erotische Vollzugsebene der sozialen Auseinandersetzung. Es ist leicht einzusehen, daß die eingebürgerte Altersfixierung dem Sturm und Drang den Atem nimmt und die Faszination des Erotischen einschränkt oder gar entstellt. Die dramaturgische Analyse fordert zur Verjüngung auf.

Figaro sagt (1, 8) zum Grafen: »Das Geschenk Ihrer Gnade fällt nun uns beiden als ersten zu.« Bei Beaumarchais erfahren wir, daß der Graf das Ius primae noctis als Hochzeitsgabe an Rosina abgeschafft hat. Folglich spielt sich dieser »tolle Tag« nicht allzu spät – ein bis drei Jahre – nach der Vermählung des Grafen ab. Sie mußte schon aus Standesrücksichten auf Rosinas Entführung folgen, die der Graf ja als jugendlicher Tausendsassa unternahm. In der Vorrede zur *»Folle journée«* bezeichnet Beaumarchais Almaviva ausdrücklich als »jungen Edelmann«. Bei der Entführung Rosinas war Figaro höchstens gleichaltrig. Außerdem steht sein Alter mit dem Marcellines im Zusammenhang. Sie darf wohl nicht über Mitte Vierzig sein, wenn sie dem Grafen rechtens als Ehedrohung gegen Figaro dienen und wenn sie für Susanne Anlaß und Objekt eifersüchtigen Zorns sein soll. Ihr Fehltritt wird ihr eher mit siebzehn als mit fünfundzwanzig Jahren passiert sein. So wäre Figaro noch nicht dreißig und der Graf kaum älter. Denn die beiden Antipoden sind wie ein Januskopf des Maskulinen, dem der achtundzwanzigjährige Mozart ureigene Erfahrungen verlieh.

Daraus folgt: Auch die Verbindung zwischen Figaro und Susanne ist keine bürgerliche Vernunftehe. Ihre Liebe ist frisch, jung, dynamisch, voll jugendlichen Anspruchs und auch voller noch unbekannter Gefährdungen. Die Gräfin verliert die Gloriole entsagungsreicher Hoheit. Ihr recht »heidnisches« Gebet an

Amor »O mi rendi i mio tesoro o mi lascia almen morir« ist keine Metapher, sondern ein überzeugender physiologischer Prozeß, aus dem die Aktivität erwächst, mit recht gewagten Mitteln ihren Mann zurückzugewinnen. Oder überhaupt erst ganz zu gewinnen? Die besonderen Spannungen ihrer jungen Ehe lassen sich bei ausreichender Lebensbeobachtung recht einleuchtend aus der Verschiedenheit in der Erziehung des weltoffenen Grafen und des isolierten Mündels Rosina erklären, aus dem Unterschied von Liebeserwartung und Liebesfertigkeit zwischen beiden und wohl auch aus der maßlosen, noch kaum verwirklichten Liebesfähigkeit der Gräfin. Jedenfalls bekommt dies der Graf im nächtlichen Garten seitens der als Susanne verkleideten Gräfin recht zwingend zu spüren. Sein »Perdono« am Schluß hat einen anderen Ton, als er ihn noch im ersten Finale anschlug. Und der Gräfin Antwort enthüllt den Sinn der Musik und der ganzen Oper viel eher, wenn nicht Resignation, sondern hoffende Erwartung darin klingt – die Erwartung und Bereitschaft, daß sich den Paaren Susanne-Figaro und Marcelline-Bartolo ein drittes zugesellt: Graf und Gräfin. Wenn ihre Ehe nicht gekittet werden muß, sondern neu, vielleicht überhaupt erst beginnen kann, dann erhält die Hochzeit des Rebellen Figaro einen besonders humanen Aspekt.

Ähnlich wie in »Così fan tutte« ist Jugend Voraussetzung und Siegel der Wahrheit in diesem ironischen Spiel. Mit der Verjüngung der Figuren verjüngt sich die Ausstrahlung der Oper. Die Weisheit geht sicher nicht verloren, sondern steigert sich, wenn sich das Werk eines Achtundzwanzigjährigen auch und besonders der Jugend mitteilt, die mit darüber entscheidet, welche Zukunft die Oper überhaupt als Kunstgattung hat.

Wohin sind Mozarts Menschen gestellt? Es gibt keinen Zweifel, daß die Handlung eigentlich im Schloß des Grafen Almaviva spielt, etwa zehn Jahre vor dem Sturm auf die Bastille. Aber ebenso wenig ist zu bezweifeln, daß – wo und wann auch immer »Figaros Hochzeit« aufgeführt wird – dieses Stück im Theater spielt: heute und hier. Diese lapidare Feststellung bezeichnet die Aufgabe, das Zeitlos-Zeitgemäße des »Figaro« auch optisch Gestalt werden zu lassen.

Für die Werksicht gewiß von Nutzen war der jahrzehntelange Streit, ob man mehr süddeutsch-österreichisches Rokoko oder spanischen Barock oder gar Wiener Klassizismus für die Architektur bevorzugen solle, ob man das spanische Kolorit zu betonen oder eine Art »kosmopolitische« Stilgebung anzustreben hätte. Von Nutzen deshalb, weil in diesen Bühnenbildfragen die Entscheidung enthalten ist, welche emotionelle und rationale Dynamik der »Tolle Tag« erhält. Die allmählich vorgenommene Distanzierung vom harmlos-verschnörkelten Rokoko war gewiß richtig, solange der Gestus einer Aufführung mit ihrer Optik als identisch betrachtet wurde. Die sich andererseits andeutende barocke Überfrachtung der Bühne wird fragwürdig, wenn sie den leichten Stil des schweren

Kampfes von Figaro und Susanne erdrückt. Man könnte auch sagen: Verspieltes Rokoko verharmlost die Partitur, schwerer Barock erwürgt sie, Klassizismus verkühlt sie. Aber was ist das Wesentliche?

Es ist Mozarts ganz eigenartige, nur Shakespeare vergleichbare Einstellung zur Welt und zum Theater. Während bei Beaumarchais des Grafen Almaviva Schloß als ein fast geographisch fixierbarer Teil der gesellschaftlichen Wirklichkeit, als ein Ausschnitt von ihr zu begreifen ist, hebt Mozart diese Wirklichkeit im Bereich der Bühne auf und schafft sie neu – realistisch und poetisch in einem. Beaumarchais' Absichten sind daran gebunden, daß er in der Tradition der Aristophanischen Parabase die Grenzen der Schaubühne immer wieder durchbricht, seine aggressiven Pfeile aus dem Spiegelbild der Wirklichkeit direkt in diese Wirklichkeit schießt, das Bewußtsein der politischen Gegenwart wachhält. In der Oper erscheint das Schloß »insularer«, ein Mikrokosmos. Es ist nicht nur Abbild der Wirklichkeit, vielmehr ihr Gleichnis, ihr Gegenentwurf: Modell der Welt – Welttheater, in dem sich Zeitgebundenes aufhebt mittels des musikalischen Spiels, das die Wahrheit wahrer vollzieht, als es selbst eine Dokumentation vermag.

Eine solche Sicht wird freilich durch die dekorative Totalimitation eines Schlosses illusionistisch entstellt. Der Ausgangspunkt einer realen Umwelt würde am besten nur so weit genützt, wie es dem Spielbarmachen der Wahrheit auf dem Theater dient. Dieses Theater basiert – nach Mozarts Dramaturgie – noch immer auf den Brettern der uralten Mimusbühne. Da agieren seine Menschen. Aber mit seiner Musik hebt er sie über sich selbst hinaus, führt sie durch den Gesang in Regionen, in denen zeitliche Bindungen sich auflösen. Das Modell »Wirklichkeit« realisiert sich im musikalischen Theater. Dort sind seine Menschen gestellt in die Spannung zwischen Erde und Himmel – nach Mozarts Willen: seit Anbeginn und in jeder psychologischen und gesellschaftlichen Situation.

»DIE HOCHZEIT DES FIGARO«

Jugendlichkeit oder Das Wagnis der Befreiung
Ein Dialog mit Hans Mayer
(1978)

Mayer: Und nun kommt der große Skandal. »Figaros Hochzeit«, das ist das Verbotene schlechthin, das Anrüchige; das ist Beaumarchais, und zwar weitgehend mit dem großen Monolog, den er an den Schluß des 4. Aktes stellt und den Mozart/da Ponte ja nicht gewählt haben und nicht wählen konnten. Wenn Figaro dem Grafen sagt und damit die bürgerliche Gleichheit postuliert: »Ja, warum sind Sie denn eigentlich etwas anderes, Herr Graf, als ich? – Vous vous êtes donné la peine de naître.« Sie haben sich die Mühe gemacht, geboren zu werden, als Graf nämlich. Man muß sich einmal vorstellen, was das bedeutete. Man muß sich übrigens auch vorstellen, was es bedeutete, wenn Marie Antoinette gegen das Verbot des Königs und gegen das Verbot der französischen Regierung unbedingt dieses Stück, das sie für eine Schäferszene hielt, im Trianon aufführen wollte. Das heißt: Sie spielte sozusagen die Revolution vor der Revolution.
Friedrich: Wie paßt das nun zu dem über Jahrhunderte vorherrschenden Bild des harmlosen, des naiven Mozart, den die Götter so liebten? Zum Zuckerbäckerbild: Mozart auf den Mozart-Kugeln von Salzburg? Wie paßt dieser Mut, diese Entscheidung des achtundzwanzigjährigen Mannes, der vorher lange nichts mehr geschrieben hatte für die Musikbühne, zu diesem überkommenen falschen Bild?
Mayer: Wie kommt er nun zu »Figaro«, und welches Konzept des »Figaro« würden Sie Ihrer Inszenierung zugrunde legen? Ist das vorweggenommener Bastille-Sturm, oder ist das eine neue Form einer Opera buffa?
Friedrich: Man muß sehr genau den Unterschied sehen zwischen Schauspiel und Musiktheater – schon die Tatsache, daß sie ganz andere Mittel einsetzen, einen Stoff anders behandeln, aus einem Stoff andere Akzente, andere Mitteilungen herausholen wollen, und zwar solche Informationen, die eben zu den Mitteln passen. Es gibt die sehr kluge Beschreibung da Pontes über seine Aufgabe, dieses Beaumarchais-Schauspiel zu einem Opernlibretto umzuarbeiten; sinngemäß sagte er: Wir konnten nicht all das, was sich über das Wort mitteilt, beibebehalten; ich mußte die Anlässe finden für Arien, für Ensembles. Das klingt nach Handwerkelei, und manche Skeptiker werfen da Ponte vor, daß er gerade mit dieser

»handwerklichen« oder sich auf die Mittel der Oper berufenden Haltung dem Beaumarchais die revolutionäre, die aggressive Schärfe weggenommen habe, denn der große Monolog Figaros im letzten Akt des »Tollen Tages« fehlt in der Oper ganz. Es fehlt die Gerichtsszene, eine Attacke gegen die Bestechlichkeit des Justizwesens der damaligen Zeit. Es fehlen viele dieser auf die Zeit gerichteten Spitzen, diese nahezu im Sinne des politischen Kabaretts gezielten Aussagen, die mit dem Verständnis des Publikums spielten. Aber manche dieser Dinge wären möglicherweise in Wien, für das diese Oper geschrieben wurde, ohnehin nicht verstanden worden, zumal Wien eine völlig andere politische Situation hatte.

Mayer: Ja, in Wien herrschte eine ganz andere politische Situation. In Frankreich, wo der Ämterkauf und die Korruption doch in einem ganz anderen Sinne durchgeführt wurden, wußte das französische Publikum natürlich genau, was damit gemeint war, wenn Figaro an einer Stelle sagt: »Man hat eine Stelle ausgeschrieben, bei der ein Finanzfachmann gebraucht wurde – ein Tänzer hat die Stelle bekommen –.« Aber der Gedanke, den Sie von da Ponte eben erwähnten, scheint mir doch interessant zu sein. Er war ja nicht so sehr bescheiden, sondern hat seine Situation richtig gesehen, wenn er sagte: »Ich muß durch die Möglichkeit, aus diesem Beaumarchaisschen Stoff zu schaffen, nicht nur der Musik Grundlagen geben, sondern auch die politische Brisanz des Werkes hineinbringen.« Das heißt: Die Verharmlosung, die, wie immer behauptet wird, bei Mozart und da Ponte gegenüber Beaumarchais begangen wurde, besteht gar nicht. Nehmen wir doch einmal, wenn wir den Vergleich mit Beaumarchais machen wollen, die Nummer 3 der Partitur, die Cavatine des Figaro »Se vuol ballare, Signor Contino« in F-Dur, das Allegretto. Wie inszenieren Sie das? Ich glaube, das ist die Schlüsselszene für die Deutung des Werkes.

Friedrich: Die Wahl des Tempos für dieses Allegretto entscheidet eigentlich über die ganze Aufführung, eine ganze Inszenierung. Das ist die Stelle, in der Mozart den sogenannten Revolutionär Figaro am eindeutigsten schildert. Nun gibt es in der Tradition von »Figaro«-Aufführungen zwei Extreme: einmal, daß das Allegretto in einem sehr schnellen Menuett-Tempo genommen wird, das meiner Ansicht nach einfach dafür spricht, daß man den ganzen Tag wie ein Spiel, wie einen Tanz ansehen möchte. Es sind aber auch extrem langsame Tempogebungen denkbar und praktiziert worden. Es geht dabei nicht um rein musikalische oder nur musikalische Fragen, nicht um Fragen des Geschmacks. In der Wahl dieses Tempos entscheidet sich das Bekenntnis zu der Realität und zu der Dynamik nicht nur der Figaro-Gestalt, sondern der ganzen Oper.

Mayer: Nun ist die Cavatine ja dreiteilig. Sie beginnt im Dreiviertel, sehr streng: »Se vuol ballare, Signor Contino.« Das Tempo wird zunächst durchgehalten. Dann geht es in ein Presto über, Zweiviertel. Da verkündet Figaro nun, wie er den Intrigen des Grafen mit Gegenintrigen, mit Kniffen, aber auch mit

Schmeicheleien begegnen will, um dann plötzlich in einem triumphalen C zu sagen: Damit werde ich mich am Ende dieses Prestos durchgesetzt haben. Und nun kommt das Tempo I, wieder staccato. Wenn er dann in das ursprüngliche Thema geht, ist es ja nicht eine Wiederholung, sondern eine Steigerung, ein Hohn: Dann wirst Du's sehen, lieber Graf, wenn Du unbedingt tanzen willst.

Friedrich: Oder es liegt in den Takten nach diesem Temperamentsausbruch, nach dieser Vorstellung eines Fights, den er führen will oder führen muß, die Selbstdisziplinierung, ein Sich-Zurückrufen in die Kontrolle des langsamen Menuett-Tempos. Das Merkwürdige ist – und da sind sich da Ponte und Mozart auf der einen Seite und Beaumarchais auf der anderen völlig einig –, daß Figaro nicht der Mann ist, der hier auf das Schloß gekommen ist, um Revolution zu machen, sondern im Gegenteil einer, der vom Leben genug gebeutelt worden ist und der jetzt einmal seinen Frieden schließen, Ruhe haben will und der glaubt, diese Ruhe in dem Schloß eines doch sehr aufgeklärten Grafen finden zu können. Dieser Graf scheint mir durchaus aufgeklärt zu sein, im Sinne eines Joseph II. Man schickt ja nicht aus Spanien einen der dümmsten und borniertesten Vertreter des Standes in das damals fortschrittlichste Land, nach England. Es gibt noch andere Hinweise, daß der Graf eigentlich ein sehr aufgeklärter, kluger und angenehmer Bursche ist. Es passiert ihm nur der Fehler, daß er sich in Susanne verliebt. Die Folgen der Affäre entlarven sein soziales Profil.

Mayer: Ich glaube, das ist richtig. Vor allem müssen wir noch einmal zu Beaumarchais zurückgehen, denn der »Barbier von Sevilla« ist ja zuerst von Beaumarchais geschrieben worden. Und als das Stück einen so großen Erfolg hatte als Bühnenstück in Frankreich, hat er den »Tollen Tag«, die Fortsetzung, geschrieben. Das heißt, wir müssen uns – auch von Mozart her gesehen – den Figaro, den wir in der ersten Szene der Oper mit Susanne vor uns sehen – wie er das große Bett ausmißt in dem Zimmer zwischen den Schlafzimmern des Grafen und der Gräfin –, als den Mann, das Faktotum, vorstellen, den wir aus dem »Barbier von Sevilla« kennen. Figaro ist nicht mehr so jung, wenn er auf Almavivas Schloß kommt. Susanne ist jünger. Daher auch die Sorgen des älteren Mannes um die mögliche Untreue der Frau – ein Gedanke, der bei Mozart im Zusammenhang mit Konstanze sicher auch in der Musik und in dem Stück einen Widerhall gefunden hat. Figaro will seine Ruhe haben; er ist nicht der Rebell, er will nicht die Bastille stürmen, und er ist im »Barbier von Sevilla« der Gewährsmann, das Faktotum, auch der Kuppler des Grafen Almaviva gewesen, und der hat ihn zum Dank für die treuen Dienste eben dann mit auf das Schloß genommen.

Friedrich: Und nun passiert das Aufregende: Plötzlich geht Figaro, also der ehemalige Rebell, so weit, soziale Unterschiede nicht mehr zu sehen und zu glauben, der Graf sei sein wirklicher Freund. Ein Irrtum! Und auf einmal fällt es ihm wie Schuppen von den Augen. Nur sollte er dieses Allegretto nicht beginnen, als habe er schon lange darauf gewartet, endlich mal wieder Revolution im Schloß zu machen – ganz im Gegenteil, er hat nichts geahnt, und er fragt sich: Will der Herr Graf den Tanz wirklich wagen mit mir? Dann will ich ihm zu einem Tanz aufspielen. Aber eigentlich sollte heute Hochzeit sein, und nun muß er, statt Hochzeit zu machen, kämpfen. Und nun fragt er sich: Mit welchen Mitteln kämpfe ich? Indem Mozart die Menuett-Form wählt, gibt er an und gibt Figaro zu, daß er das Parkett des Schlosses als Vollzugsebene des Kampfes anerkennt.

Mayer: Das Menuett ist ja der höfische Tanz. Figaro geht auf das Parkett des Schlosses.

Friedrich: Er glaubt, kämpfen zu müssen, aber wählt das falsche Mittel. Er geht auf das Feld seines Gegners und wählt die Methoden seines Gegners. Er will das Mittel der Intrige wählen, der Intrige, die damals die Mechanik der Feudalpolitik bestimmte. Im Presto fällt ihm ein, was er alles machen will, und diszipliniert sich dann wieder, bevor er zu stürmisch wird, in das Menuett zurück.

Mayer: Sie wollen es nicht als Hohn sehen?

Friedrich: Nein. Jetzt als Wiederkehr hat die Drohung eine viel stärkere Gewißheit als am Anfang, wo noch etwas Suchendes in diesem Tempo lag. Aber es ist merkwürdig hier schon enthalten, daß er auf die Nase purzeln wird. Er wird auf diesem Parkett, auf dem er nun kämpfen will, ohne die Machtmittel zu haben, die der Graf hat, jämmerlich ausrutschen. Und wenn die Frauen nicht wären – ein späteres Thema –, dann wäre dieser »tolle Tag« sicher sehr trist ausgegangen.

Mayer: Völlig richtig und überzeugend. Das kann man an einem einfachen Beispiel zeigen: Wenn Beaumarchais und da Ponte nicht die Geschichte parat hätten, daß Figaro in der höchsten Not als das uneheliche Kind der Marcelline und des Bartolo entdeckt wird, wäre er verloren. Dann würde der Graf natürlich gegen ihn urteilen, und dann würde Figaro Susanne nicht heiraten können.

Friedrich: Diese Cavatine beschreibt den Charakter, die Haltung eines Charakters, und gleichzeitig gibt sie sehr genau Auskunft über eine menschliche Haltung in bestimmten Situationen, wie immer bei Mozart in einer zugleich archetypischen und sozial ganz korrekten Weise der Übereinstimmung. Was meine ich damit? Es wird gezeigt, daß niemand gern kämpft oder Revolution macht, es sei dann, er wird dazu gezwungen. Mozart hat das Angebot, dem Hofmarschall des Salzburger Erzbischofs »in den Arsch zu treten«, ja auch nicht gern gemacht, sondern erst, nachdem er sich dort so degradierend behandelt fühlte, daß er seine Trennung von Salzburg vollzog, eine große Unsicherheit eintauschte für den feudalen Angestelltendienst. Das Wagnis der Befreiung, das Wagnis, Bürger zu werden! Davon erzählt auch diese Arie; der Hintergrund zu dieser Arie ist das eigene Erleben Mozarts.

Mayer: Ja, gut. Aber dann ist da der Abschluß des 1. Aktes, die Nummer 9 in

C-Dur, bei der Mozart eine Tonart wählt, in der nicht unbeschwert und heiter, sondern sehr scharf, auch sehr zynisch, ironisch gesprochen werden soll. (Es ist kein Zufall, daß eine Oper wie »Così fan tutte« weitgehend aus C-Dur kommt). Das ist nun nicht eine Cavatine, dies »Non più andrai«, Figaro zu Cherubino, das ist eine Arie. Da hat er eine außerordentlich hämische, selbstherrliche Art. Cherubino ist ja doch wohl ein kleines Junkerlein, nicht bürgerlich. Und da haben wir einen ganz anderen Figaro in dieser großen Arie. Es ist der reine Hohn, wenn das große Nachspiel kommt, das nun einen triumphalen Militärmarsch bringt, und die Situation zeigt den Plebejer Figaro, der den kleinen Junker verspottet, indem er sagt: »Nun, Du kleiner Adonis, Du wirst nicht mehr die Herzen erobern«. Jetzt kommt der Ernst des Lebens, und dieses Leben ist ein miserables Leben, ein Militärleben!

Friedrich: Figaro muß, nachdem er unmittelbar vorher erfahren hat, daß der Graf die Hochzeit aufschieben will, ein Werkzeug im Schloß behalten, und während dieser Arie festigt sich in Figaros sehr schnellem Gehirn der Gedanke, daß er diesen Jungen noch brauchen wird. Er muß ihn so enervieren, muß die Möglichkeit, daß dieser Cherubino tatsächlich weggingc, zerstören, weil er ihn als Mittel seiner Intrige für ganz bestimmte Dinge vorgesehen hat. Er schlägt sarkastische Töne an, in denen er das schildert, was nach dem Willen der damaligen Erziehung Höhepunkt für einen Adelsjüngling sein sollte, nämlich in den Krieg zu gehen und für das Vaterland zu sterben. Aber Figaro weiß genau, daß das – damals wie heute und zu allen Zeiten – nur leeres Geklingel ist; und so leer, wenn auch rabiat klingt zum Teil diese Musik, also sie intoniert rabiat, triumphal, aber ironisch-triumphal . . .

Mayer: Die Parodie eines Militärmarsches. Wie inszenieren Sie diese drei Figuren: Susanne, Cherubino, Figaro am Schluß dieses 1. Aktes? Mir ist das aus besonderen Gründen wichtig, ich erzähl's gleich.

Friedrich: Ich mag nicht, wenn Susanne dabei immer lächelnd zuschaut. Im Gegenteil, sie ist sehr betroffen und findet das alles etwas übertrieben, etwas zu grob und martialisch, zumal sie ja weiß – und das ist der zweite Grund für Figaros Gewaltsamkeit –, daß er sich gleichzeitig an diesem manchmal von ihm gefürchteten kleinen Nebenbuhler rächen will. Wo der alles rumgeschwirrt ist, dieser kleine Cherubino, unter welchen Röcken der sich versteckt hat, das weiß so genau niemand in diesem ganzen Schloß. Wenn Figaro nun die Möglichkeit hat, diesen Jungen für seine Pläne kaputtzumachen, dann nutzt er die Möglichkeit, sich zu rächen und gleichzeitig einem Nachwuchs-Aristokraten die Leviten zu lesen, weil – und das ist das Schlimme für Figaro – er den Grafen noch nicht fassen kann. Susanne mag das gar nicht und versucht, ihn zu hindern. Cherubino bricht am Schluß dieser Arie zusammen, hält sich die Ohren zu und will das alles nicht mehr hören. Mit dem letzten Gesangston reißt Figaro dieses völlig ratlose, hilflose Kind hoch, das kurz vor seiner Einberufung steht und offenbar nur kaputtgeschossen werden soll, reißt es hoch und will es zwingen zu marschieren. Der Junge – unter diesem entsetzlichen magischen Druck von Militärmusik – macht tatsächlich sechs Schritte, bis er entdeckt, daß er schon ein Sklave dieser Militärmusik geworden ist, wegläuft und alles, was da noch liegt, die Blumen, umrennt und zertritt. Figaro deutet an: Susanne, sei nicht böse, sei nicht traurig, ich mußte das machen; dann läuft er Cherubino hinterher, um ihn in seine Rolle beim Intrigenspiel einzuweisen. Das ist das Einzigartige bei Mozart, daß die genaue Fabelsituation, die genaue soziale Orientierung seiner Figuren ihm dennoch immer Raum läßt, ja ihm gerade erst Anlaß gibt, alle diese Figuren in ihrer menschlichen Situation zu sehen, die das Soziale nicht aufhebt, aber die das Soziale als das nicht allein Vordergründige und einzige erkennbar macht.

Mayer: Jetzt muß ich was erzählen: Ich habe als Fünfzehnjähriger noch in Berlin an der Königlich-Preußischen Hofoper, die inzwischen Staatsoper geworden war, 1922 den »Figaro« gesehen. Den Schluß des 1. Aktes spielte man folgendermaßen: Da war ein sehr guter Baß, der zur Dresdner Staatsoper gehörte, Ludwig Ermold; die alten Dresdner kennen ihn, ein hervorragender Baß-Buffo, übrigens auch einer der ersten, die den Ochs von Lerchenau gesungen haben. Der stand nun als Figaro in der Berliner Hofoper an der Rampe und schmetterte ins Publikum hinein dieses »Non più andrai«. Manchmal drehte er sich um, und dann entdeckte er, wie hinter seinem Rücken Susanne und Cherubino neckisch herumknutschten. Eine vollkommen sinnlose, unsinnige Situation, die aber offenbar geheiligt war durch Jahrzehnte einer Hoftheater-Tradition. Genau das habe ich später nur noch ein einziges Mal erlebt, nämlich im Bolschoi-Theater in Moskau. Da machte man nicht etwa auf Marseillaise und Trikolore, sondern da spielte man noch kaiserliches Hoftheater, im Jahre 1956. Nun aber der 2. Akt, die Cavatine der Gräfin. Wer ist die Gräfin?

Friedrich: Sie sagten vorhin, die Frage des Alters der Figuren im »Figaro« sei so interessant. Ich glaube, das zu fixieren, ist eine wesentliche Voraussetzung dafür, wie man das Stück liest, wie man es versteht. Das Verhältnis zwischen Graf und Gräfin, ihre Ehe und deren Krise, ist in der Tradition sehr oft auf das verflixte siebente Jahr reduziert oder sehr oft damit erklärt worden, daß die beiden zu lang verheiratet sind und sich nichts mehr zu sagen haben. Es ist aber ganz anders. Figaro sagt im Rezitativ, wenn er im 1. Akt zum Grafen kommt: Wir sind die ersten, die in die Gnade kommen sollen, daß der Graf das Privilegium des Ius primae noctis nicht ausüben will. Wir erfahren an anderer Stelle, daß der Graf dieses Privileg abgeschafft hat, weil ihn seine junge Frau darum gebeten hat; als Hochzeitsgeschenk an die Gräfin hat er es abgeschafft; sie können also gar nicht so lange verheiratet sein. Wenn wir dann Beaumarchais noch zu Rate ziehen, erfahren wir, daß er in seinen Bemerkungen an die Schauspieler, die den »Tollen

Tag« spielten, ausdrücklich darauf hinweist, daß er im Grafen einen sehr jungen Edelmann sieht. Das bedeutet, daß zwischen Graf und Gräfin eine ganz andere Beziehung oder Nichtbeziehung herrscht, als man gemeinhin annimmt. Sie sind wirklich erst kurze Zeit verheiratet. Der Graf hatte als junger aristokratischer Lebemann völlig andere Erfahrungen und Praktiken, Liebe oder das, was er dafür hielt, auszuüben, während dieses eingesperrte Mündel nur eine große Erwartung an die Liebe mitbrachte in diese Ehe.

Mayer: An wen ist die Arie am Beginn des 2. Aktes gerichtet? In dem deutschen Text heißt es: »Hör mein Flehen, o Gott der Liebe.« Der Gott der Liebe kommt aber gar nicht im Italienischen vor.

Friedrich: »Amore.« Die Italiener haben's ja leicht, die sagen »amore« und meinen den Gott Amor und, Gott sei Dank, auch die Liebe selbst, für die ist das dasselbe, während wir, um das zu übersetzen, erst einen Gott erschaffen müssen. Die Gräfin wendet sich pur an die Liebe, aus der die deutschen Übersetzer den »Gott der Liebe« gemacht haben.

Mayer: Wie ist das zu verstehen: »O mi lascia almen morir« – oder laß mich sterben? Wie ernst ist das gemeint?

Friedrich: Es gibt Inszenierungen, die zeigen, wie die Gräfin, entsagungsvoll am Fenster sitzend, ein Buch aufschlägt und möglicherweise ihre Worte als ein Gedicht liest und lesend darüber singt. Solche Lösungen gibt es, als ob es ein Gedicht aus dieser Zeit sei, das sie jetzt noch komponiert. Nein, man sollte es nicht als Metapher begreifen, wenn sie sagt: Gib mir meinen Gatten wieder, gib ihn mir zurück, meinen Schatz, oder laß mich sterben. Diese Unbedingtheit der Gräfin, die sie später auch wieder beweist, diese Unbedingtheit des jungen Mädchens sollte man nicht wegnehmen, sondern durchaus klarmachen: Sie glaubt, wenn sie ihren Mann nicht lieben kann, dann ist das für sie der Tod.

Mayer: Also müssen Sie sie auch ganz jung besetzen.

Friedrich: Ja, das habe ich, Gott sei Dank, bisher immer tun können. Und die junge Besetzung ist ein Faible von mir, weil ich glaube, daß die Jugend, die Jugendlichkeit der Figuren in den Mozart-Opern eine Voraussetzung für die menschliche Wahrheit und für die dramaturgische Glaubhaftigkeit der Situationen ist, die uns Mozart vorstellt... Nein, diese Gräfin – es ist nicht ausgeschlossen, daß sie tatsächlich sterben will. Und diese Sehnsucht, entweder glücklich zu sein, aber absolut glücklich zu sein, oder zu sterben, das ist die Situation eines jungen Mädchens, das noch keine wirkliche Erfahrung gemacht hat. Dann wird die Gräfin von Susanne in eine Aktion eingespannt. Zum ersten Mal darf und muß die Gräfin handeln in dieser Oper. Und im Laufe dieser Emanzipation, die sie vom Beginn des 2. Aktes bis zum Finale des letzten Aktes durchmacht, entfaltet sich das Bild einer Frau, vor der der Graf am Schluß betroffen, sie wie zum ersten Mal begreifend, niederkniet.

Mayer: Da ist doch eine merkwürdige Parallelentwicklung. Figaro wird mit der Cavatine eingeführt, von der wir ausführlich sprachen. Von dort kommt er dann zu der großen Arie in C-Dur »Non più andrai«. Später hat er die berühmte Arie vom betrogenen Ehemann. Die Gräfin hat ebenfalls zwei große Szenen. Sie hat auch eine Entwicklung von einer Cavatine zu der großen Arie. Aber ist es nicht einfach eine etwas konventionelle Arie, in dieser zweiten großen Darstellung im 3. Akt, in der sich die Gräfin nicht wirklich identifiziert?

Friedrich: Aus dem von Tränen zerwühlten Bett, in dem ich diese Cavatine am Beginn des 2. Aktes singen lasse, hat sich das Mädchen zunächst emanzipiert in die Rolle der Gräfin. Sie singt diese Arie in der großen Halle.

Mayer: Aber sie hat ein großes Rezitativ vorher.

Friedrich: Hat das Rezitativ vorher, in dem sie nachdenkt und ihren Plan findet. Doch diese Arie spricht auch von ihrer Aktivität, davon, daß sie inzwischen bereit ist, für ihr Glück zu kämpfen.

Mayer: Auch diese Arie ist, wie »Non più andrai«, wieder ein C-Dur-Stück. Sie sehen das doch nicht als eine Glanzarie an, sondern als eine Entwicklung der Figur.

Friedrich: Ich glaube, daß die Nähe zur konventionellen großen Arienform darin liegt, daß der Gräfin plötzlich bewußt wird, daß sie, um ihren Gatten zurückzugewinnen, der Dienerin Hilfe braucht. Das ist eine sehr interessante Wendung. Man glaubt doch sehr oft, daß das Verhältnis der beiden jungen Frauen ein nahezu freundschaftliches ist. In diesem Moment aber, wo sie ihre Hilflosigkeit noch einmal einsehen, wo sie verstehen muß, daß sie nur mit Susannes Hilfe ihren Mann zurückgewinnen kann, entsteht das Bewußtsein auch ihrer sozialen Situation. Mozart hat gerade dafür die Form der großen Arie gewählt. Aber interessant ist nun der Übergang vom Andante zum Allegro dieser Arie. Das Andante spricht noch von Resignation: Alle Träume, die Liebe, die ich in meinem Herzen fühle, die Hoffnung scheinen entschwunden zu sein, alles, was er mir gelobt hat, ist Lüge. Und dann setzt Mozart diese Fermate auf ihr F und eine neue Fermate vor »se almen la mia costanza«. In dieser Fermate findet der entscheidende Umschwung zur Aktivität statt, und in dieser Aktivität kommt sie auch zu den Koloraturen des Schlusses. Wie immer bei Mozart werden Koloraturen dann gesungen, wenn jemand außer sich gerät. Wenn jemand singt, ist er ohnehin sehr oft außer sich, und dieses Außer-sich-Sein hier ist das Musikbild, die Musikspiegelung ihrer Glückserwartung, deren Erfüllung sie nun unter allen Umständen herbeiführen will. Wenn wir nur in den Opernaufführungen nicht immer viel prüder wären, als es Mozart selbst in seinem Leben gewesen ist! Darum sollte die Gräfin, wenn sie im Garten im Kleide Susannes auf ihren Gatten trifft, dann auch tatsächlich so spielen, wie sie sich Susannes Umgang mit ihrem Manne vorstellt. Da geht ein solches bisher eng und frustriert aufgewachsenes

Kind wie die Gräfin so an den eigenen Mann heran, daß der sich am Schluß überrascht fragt: Was, das soll meine Frau gewesen sein?
Mayer: Hier gibt es auch eine Parallelsituation. Figaro, als er glaubt, die Gräfin im Garten vor sich zu haben – in Wirklichkeit ist es Susanne –, hat eine solche Vorstellung schon von der Gräfin gehabt, daß die Art, wie diese verkleidete Susanne sich ihm gegenüber benimmt, ihn dazu führt, sie wirklich für die Gräfin zu halten. Wie drückt sich der Graf musikalisch aus, wie muß man ihn auf die Bühne bringen?
Friedrich: Wie wir sagten: zunächst doch jung, klug, sehr weltgewandt, ein Mann, der der Susanne zuzeiten tatsächlich gefährlich werden könnte, ein Mann überdies, der mit Figaro fast gleichaltrig sein könnte. Ich mag die Idee, auch wenn sie etwas närrisch klingt, daß Figaro und Graf nicht älter sein sollten, als Mozart selber zu der Zeit war, als er den »Figaro« schrieb, also nicht über dreißig. Figaro und Almaviva sind so etwas wie der Januskopf des Männlichen, der eine ist der Bürger mit plebejischem Ambiente, und der andere ist der Adlige mit durchaus liberalem Ambiente.
Mayer: Dann hätten Sie auch später den Januskopf Tamino und Papageno.
Friedrich: Ja, durchaus. Und das ist etwas, das wir bei Mozart noch hervorheben müßten: Das Doppelspiel zweier Kontrastfiguren ist ein Mittel der Analyse, Menschliches, in diesem Fall Männliches, präziser und dialektischer zu definieren. Wir können Figaro nicht ohne den Grafen und den Grafen nicht ohne Figaro verstehen.
Mayer: Und Giovanni nicht ohne Leporello.
Friedrich: Die große Arie des Grafen im 3. Akt, dort, wo er sich nun vom Figaro hinters Licht geführt glaubt, wird gerade durch Figaro ausgelöst. Daß er sich von einem Diener, einem »Sklaven« an der Nase herumgeführt glaubt, daß er aus dieser Situation zu dem Aufschwung einer Arienform kommt, die das große Format der Opera seria wiedererkennen läßt, das ist plötzlich der musikalische Ausdruck einer Figur, die eben nur vorübergehend so tun wollte und so tun konnte, als gäbe es nicht die vermutlich gottgesetzten Grenzen zwischen den Ständen. Er trat für Liberalisierung der festgeschriebenen Schranken ein und meinte in Wirklichkeit doch nur die Fraternisierung mit den Damen der Umgebung. Daß er sich in seinem Jagdtrieb nun ausgerechnet in die Braut seines vertrauten Figaro mit Haut und Haar verknallt, zeigt, wie dumm auch der Klügste werden kann, wenn Sex ihn packt. Das macht den Grafen zur echten Komödienfigur.
Mayer: Und sie meinen, jetzt kommt er, jetzt entdeckt er seine eigene Situation auch als eine soziale Situation der Differenz. Es gefällt mir sehr, was Sie sagen. Und wenn ich hier die Partitur anschaue: Es ist ja merkwürdig, daß nach dem Rezitativ, wo diese riesige wütende Abwärtsbewegung kommt, die in die Arie

hineinführt, in D-Dur, daß Mozart die Bezeichnung »Allegro maestoso« wählte. Ein majestätisches Allegro.

Friedrich: Er besinnt sich auf seine Position, und ohne den geringsten Humor versagt er sich jetzt, daß irgendeiner seiner Untergebenen ein Spiel mit ihm treiben sollte.

Mayer: »Felice un servo« – ein Sklave, ein Knecht, ein Vasall, ja. »Un servo mio« – einer meiner Leute; der soll ein Glück haben, das ich nicht habe?

Friedrich: Ihr sollt mich nicht verlachen. Die Angst, verlacht zu werden – das ist von da Ponte und Mozart eine wunderbare Verbeugung vor der Kraft, der Kunst der Komödie. Sie decken auf, wie gerade die Herren eine verteufelte Angst vor der Komödie haben, vor der Tatsache, ausgelacht zu werden.

Mayer: »Per ridere di mia infelicità« – sich lustig zu machen über mein Unglück.

Friedrich: Es wäre sehr reizvoll, die Cavatine des Figaro und die Arie des Grafen gegeneinander zu stellen, als Fight zweier Männer, die für Mozart nur zwei Seiten einer Grundexistenz sind.

Mayer: Und nun der Schluß. Betrachten wir den entscheidenden, merkwürdigen Übergang dieses »Contessa perdono«, das auch so hilflos ins Deutsche übersetzt wurde mit »O Engel, verzeih mir«, während der da Pontesche Text ja »Gräfin, Verzeihung« sagt. Jetzt spricht der Aristokrat zur Aristokratin; nicht »O Engel«, das ist ein bürgerlich-biedermeierlicher Ausdruck, denn hier spricht ein Aristokrat des Ancien régime, der seine Frau nicht »mio tesoro« nennt, sondern Contessa, womit alles gesagt ist. Wie ist diese Situation nun zu verstehen? Welchen Übergang hat der Graf von der D-Dur-Arie bis zu diesem wunderbaren G-Dur-Aufschwung genommen?

Friedrich: Er ist entsetzlich blamiert im letzten Akt, so wie Figaro in seiner großen Buffo-Arie im letzten Akt derart in die Enge getrieben ist, daß er nur noch auf die Frauen schimpfen kann. Übrigens der Punkt, wo man da Ponte und Mozart am meisten vorgeworfen hat, sie hätten Beaumarchais zurückgenommen; an dieser Stelle steht im »Tollen Tag« der berühmte Figaro-Monolog, bei Mozart und da Ponte aber wird scheinbar nichts anderes ausgespielt als die Buffo-Situation Figaros. Doch ich glaube, nach Jahren auch des absurden Theaters, nachdem sich unsere Augen und Nerven in der Tatsache geschult haben, daß gerade das Komische, das Buffoneske ein Ausdruck von entsetzlichen Verrücktheiten sein kann, von Absurditäten, hinter denen aber die Wahrheiten verborgen sind und aufgerissen werden durch das Paradoxe, durch das Komische – nach dieser Erfahrung müßten wir erkennen, daß gerade dieser Sprung Figaros über die Reflexion seiner Vergangenheit hinweg in die völlig absurde Anklage gegen die Frauen ein Mittel von Mozart und da Ponte ist, das auch die Enge, die Torheit Figaros im Verhältnis zu den Frauen zeigt. Diese Frauen haben eben nun auch dem Grafen arg zugesetzt. Seine Frau allerdings im Kostüm der Susanne. Wenn der Graf am Schluß entdeckt: Das war meine Frau, die ich in den Armen hielt, und nicht Susanne, dann sollte man seinen Kniefall nicht nur als die noble, edle Einsicht ansehen, daß er schuldig geworden ist.

Mayer: Da ist in dem Pavillon etwas passiert zwischen dem Grafen und der scheinbaren Susanne, also der Gräfin.

Friedrich: Ja, und auch vorher auf der Szene – wenn die Darsteller es wollen, und das Publikum es duldet – passiert hoffentlich manches zwischen ihnen, was dem Grafen, wenn er die Gräfin später um Verzeihung bittet, recht gibt in der Erwartung, daß die Ehe jetzt erst tatsächlich beginnt. Ich glaube, das ist nun wieder ein Zeichen seiner Intelligenz. Mozart hat ja im Grunde nie dumme Leute auf die Bühne gebracht. Mozarts Kritik an Figuren ist nie eine Denunziation.

Mayer: Er »entlarvt« nicht.

Friedrich: Er übt Kritik, er analysiert, um das Menschliche in allen seinen Abhängigkeiten und Grenzen begreifbar zu machen. Und so begreift ihn, den Grafen, auch die Gräfin, wenn sie sagt: Wie kann ich denn zürnen, wie kann ich Dir nicht vergeben. Mein Herz spricht für Dich. Auch so etwas bewirkte der Streit um Figaros Hochzeit. Und die Ironie ist, wenn wir Mozart recht hören, wohl kein Hindernis, zu glauben und zu lieben. Bei ihm ist sie Bedingung solcherart Utopie.

»DON GIOVANNI«
von Wolfgang Amadeus Mozart

Ein aristokratischer Rebell
(1973)

Anders als viele große Gestalten, die gleich Don Juan durch die Zeiten gehen und von den verschiedenen Künsten gebildet, beschrieben und abgewandelt wurden, anders als etwa Orpheus, Don Quichotte und Faust tritt Don Juan gleich und zuerst »auf der Bühne« ins Menschheitsbewußtsein: durch Tirso de Molinas »El burlador de Sevilla y convidado de piedra« (1630). Zwar meint man, in zwei spanischen Granden – Don Juan Tenorio und Don Juan de Tassis, Graf von Villamediana – historische Vorbilder der Bühnengestalt erblicken zu können; auch singen spanische Romanzen von einem Don Juan. Dennoch gilt, daß Don Juan nicht als eine historisch nachweisbare Figur zu verstehen ist und daß er auch nicht in anderer, beispielsweise romanhafter Form künstlerisch vorgeprägt wurde. Aus dem Dunkel menschlichen Bewußtseins kommt er auf die Bühne, um sich zu inkarnieren, ehe er ins Dunkel zurücksinkt, neue Metamorphosen vorbereitend. Vorübergehend wird ein Phantom Gestalt, Legende Wirklichkeit, Totalität Einzelperson. Auch und besonders durch die Erfindung der Don-Juan-Gestalt hat das Theater seine ureigene Schöpferkraft erwiesen. Damit wird bekräftigt, daß das Theater eine autochthone Kunst ist und nicht zur Illustration von Geschichte, Literatur oder Philosophie degradiert werden sollte. Und endlich weisen die Wandlungen der Figur seit Tirso de Molina darauf hin, daß sich das Schöpferische der Bühnenkunst nicht statisch, sondern prozeßhaft abspielt. Inkarnation und Metamorphose bedingen einander.

Mit der Zeit wurden die zwei im Titel des Schauspiels von Tirso de Molina bereits enthaltenen motivischen Linien – die amoralische, revoltierende Hemmungslosigkeit des hybriden Triebmenschen und die Re-Integration der Moral durch die Statue – immer stärker und beziehungsreicher ausgebildet. Die spezifische Fähigkeit der Theaterkunst bestätigt sich: Reales und Irreales, Mögliches und Unmögliches im Spiel miteinander zu verbinden und durch diese Verbindung wahrscheinlich zu machen. Diese Fähigkeit steigert sich, als Musik, die sich vertiefenden Polaritäten des Stoffes nutzend, hinzutrat und neue Aspekte, neue Dimensionen offenbarte. Mimus und Mythos finden durch Musik zu neuer, spannungsreicher Einheit. Das musikalische macht das Reale transzendent und das Irreale bestimmbar. Das sonst oder anders »Unsagbare«, das »Unsägliche« wird durch Musik benannt. Doch was sie benennt, was sie konkretisiert und kommentiert, weitet sie gleichzeitig wieder aus und hebt es in die Sphäre gültiger Wahrheit. Diese Entwicklung gipfelt in Mozarts Werk.

Sein »Don Giovanni« eröffnet der Gestalt Aspekte und Dimensionen, die seither nicht nur Musiker und Theaterleute beunruhigen, sondern auch Philosophen und Wissenschaftler zu immer neuen Auseinandersetzungen veranlaßt haben. So trat eine eigenartige Verkehrung ein: Die ursprünglich theatralische, das heißt auch naive Existenzform Don Giovannis verschwand hinter der philosophischen Problematik so weit, daß manche Bühneninterpretation mehr als Illustration einer philosophischen These erschien denn als szenisch-musikalische Inkarnation großer menschlicher Einsichten. Don Giovanni ist kein »Ideenträger« im Sinne idealistischen Theaters. Er ist eine musikalische Bühnenfigur, deren exemplarische Faszination die Fragwürdigkeit ideologischer Schemata provozierend aufdecken könnte. Das Theatralische seiner Existenz wäre somit die vielleicht wichtigste Voraussetzung seiner Gestaltung auf der heutigen Musikbühne. Solch eine »Re-Theatralisierung« könnte anhand des tatsächlichen musikalisch-dramaturgischen Materials die traditionellen Vorstellungen überprüfen und die Figur beispielsweise von romantisch-idealisierender Verklärung befreien. Die großen philosophischen Denkmodelle von Kierkegaard bis Ortega y Gasset sind zu benutzen, sofern wir erkennen, daß sie die Realisierung der Figur fördern, aber nicht ersetzen können. Zunächst und vor allem ist sie im Vollzugsraum der Musikszene zu begreifen. Denn nur hier werden die aus dem Wirken der Figur gewonnenen Aussagen wahr, weil sie nur hier überprüfbar sind und leben.

Es entspricht der theatralischen Technik und zugleich der Struktur der Giovanni-Gestalt, daß dieser Don Giovanni nicht aus sich selbst zu begreifen ist, sondern daß sich sein Charakterbild vor allem aus den Beziehungen entwickelt, die zwischen ihm und seiner Personen-Umwelt bestehen. Die Identität zwischen seinem Charakter und den Mitteln, durch die er auf der Bühne realisiert wird, ist verblüffend: Der durch Kommunikation zur Selbstverwirklichung strebende Trieb Giovannis entspricht dem methodischen Grundprinzip jedweden Theaterspielens: der Partnerschaft. Die erotische Verabsolutierung und hybride Verkehrung dieses Triebes intensiviert und pervertiert zugleich die Partnerbeziehungen, ehe Giovanni auf den außerirdischen Partner trifft: die Statue, den Tod.

Als Don Juan durch Tirso de Molina das Welttheater betrat, antwortete er auf Isabellas Frage, wer er sei: »Ein namenloser Mensch.« Das Dunkle, die Nacht, die Anonymität blieb auch später die Sphäre, in der sich Don Juan zu verwirklichen suchte – im Kontrast zu seiner eigentlichen aristokratischen Existenz, aus ihr heraustrebend. Auch bei Mozart weiß zunächst niemand in Sevilla – mit Ausnahme Leporellos – von der »Anti-Existenz« des angesehenen jungen Gran-

Mit Walter Felsenstein 1958

Auf der Probe zu »Porgy and Bess«. Komische Oper Berlin 1970

Mit Dr. Jesus Lopez Cobos und Placido Domingo (Cavaradossi) auf der »Tosca«-Probe. Bayerische Staatsoper München 1976. – Mit Wolfgang Wagner in Bayreuth 1979

Mit Sir Georg Solti und Peter Brook bei den Dreharbeiten zu »Falstaff« von Giuseppe Verdi. Unitel 1979.
Sonntagsgespräch mit dem Publikum. Deutsche Oper Berlin 1982

Antrittsrede als Generalintendant der Deutschen Oper Berlin am 17. August 1981

Auszeichnung mit dem schwedischen Orden »Litteris et artibus« durch Prinzessin Christina von Schweden im Schloßtheater Drottningholm am 18. August 1982. – Beim Antrittsbesuch von Bundespräsident Dr. Richard von Weizsäcker mit dem Regierenden Bürgermeister von Berlin, Eberhard Diepgen, in der Deutschen Oper Berlin im Juli 1984

Mit Karan Armstrong auf der »Wozzeck«-Probe. Amsterdam 1983. – Mit Dr. Jesus Lopez Cobos auf den »Ring«-Proben. Deutsche Oper Berlin 1984

Auf der Probe zu »La forza del destino«. Bayerische Staatsoper München 1986

den, den Anna und Ottavio nach der Katastrophe aufsuchen, um gerade von ihm, dem offenbar verehrten Freund, Rat und Hilfe zu holen. Indem sich die psychologische Identität Giovannis spaltet, wird auch seine aristokratische Existenz fragwürdig. Es scheint, als sei Giovanni nur in dem Maße begreifbar, wie ihn die Menschen begreifen wollen und können, die ihm begegnen.

Die seltsame psychologische Anonymität unterstreicht Mozart auf ungewöhnliche Weise. Ganz im Gegensatz zu anderen Opernfiguren, die in Arien Gelegenheit erhalten, ihr charakteristisches Wesen, ihre seelische Struktur zu entschlüsseln, äußert sich Giovanni nie monologisch-selbstanalytisch, sondern meistens dialogisch-zweckentsprechend. Er inkarniert sich, indem er sich dem Partner anpaßt, sich ihm gegenüber verwandelt. Selbst wenn man in seinem »Finch'han dal vino« nicht nur eine Anweisung an Leporello erblickt, sondern eine fieberhafte Programmierung der Lust, so ist sie wohl kaum den großen Charakterbildern gleichzusetzen, die Mozart in den Arien seiner anderen Opernfiguren entworfen hat. Bei der Überlistung der Bauern (Nummer 17) ironisiert Mozart geradezu die sonst übliche Technik der ariosen Charakterdarstellung, wenn er Giovanni »mit verstellter Stimme« als Leporello singen läßt. Die dritte Solonummer Giovannis schließlich, die Canzonetta Nummer 16, soll erst in Prag auf Wunsch des Interpreten der Uraufführung entstanden sein: eine andere Form der Ironisierung, daß Giovanni zwar mit eigener Stimme, aber im Habitus seines Dieners wirbt.

Diese überaus beziehungsvolle, listige Technik Mozarts findet ihre Entsprechung in dem Sextett Nummer 19, außer dem 1. und 2. Finale die umfangreichste Ensemblenummer. Die auf verschiedene Art von Giovanni Betroffenen finden nachts zusammen – am einzigen Spielort der Oper, der die sechs vereint, ohne daß ihn Giovanni vorher oder nachher beträte. Und dennoch ist er auf unüberhörbare Weise gegenwärtig – nicht sichtbar, nicht tatsächlich, sondern in der für die Kunstgattung spezifischen Gestalt des Klangs. Doch diese Klanggestalt ist eben nicht subjektiv dargestellt, sondern erscheint objektiviert. Sie wird von den anderen gebildet, aus ihrer Angst, ihrer Empörung und aus der Faszination, die sie auf jeweils ganz individuelle Weise mit Giovanni verbindet.

Deutlich fordert dieses Sextett die Methode, Giovannis Gestalt vor allem durch seine Partner, jedenfalls aber immer in Beziehung zu ihnen zu erfassen und zu realisieren, als Konsequenz aus Mozarts eigentümlicher Musikdramaturgie. Das Bild Giovannis wird um so totaler in allen seinen Metamorphosen modelliert, je genauer seine Mit- und Gegenspieler charakterisiert sind. Die Polarität, die sowohl zwischen Giovanni und jedem seiner Partner als auch unter ihnen selbst besteht, ist ebenso kunstvoll wie aufschlußreich.

Gewöhnlich werden gegenüber der entscheidenden, seit der Romantik aber oft verabsolutierten Polarität zwischen Anna und Giovanni die anderen Polaritäten degradiert, verharmlost. Im Falle Ottavios betrifft das nicht nur die Tenor-

Figur selbst, sondern vor allem auch Anna, Giovanni und die Glaubhaftigkeit der Fabelführung. Gerade die Diskrepanz zwischen der tatsächlich-gesellschaftlichen und der mythisch-kriminellen Existenz Giovannis spiegelt sich im glaubhaften Verhalten Ottavios wider, der zunächst Annas Beschuldigung unmöglich glauben kann, dann aufgrund von Indizien – Beweise sind nicht zu erlangen – zu der moralischen Überzeugung von der verbrecherischen Schuld des einst so geachteten Freundes gelangt und schließlich nicht aus Feigheit ein Duell ausschließt, sondern die irdische Deklassierung vollenden will, indem er den Granden der Justiz überantwortet.

Zugunsten einer gegenwärtigen Bühnengestaltung, die gerade die Spannungen zwischen der gesellschaftlichen, kreatürlichen und mythischen Erscheinungsform Giovannis aufdeckt, ist auch der Polarität Zerline/Giovanni mehr Aufmerksamkeit zu widmen. Sicher nicht zufällig äußert sich ihr gegenüber Giovanni zum einzigen Mal in der Oper singend-verführerisch. Begehrt er das Bauernmädchen nach der Konfrontation mit Anna und nach der Tötung des Komturs als Retterin, als augenblickliche Ablenkung oder als »Ersatz« für Anna? Jedenfalls scheitert er kläglich – nicht inkognito, sondern mit Stand und Namen. Gerade das, was Zerlines Widerstand am ehesten zu betäuben schien, organisiert ihn nun um so stärker. Wäre es gar der Unterschied des Standes, der Klassen? Im sonst oft so belustigenden Buffa-Bezirk enthüllt sich einer der tragischsten Züge des Mannes und Adligen Giovanni.

In dem Maße, in dem er den Boden seiner zwielichtigen aristokratischen Existenz wanken fühlt, strebt Giovanni auch »namentlich« nach Kommunikation mit einer anderen sozialen Ebene. Die Einladung der Bauern aufs Schloß, freilich die Verführung Zerlines beabsichtigend, ist dennoch im konkreten gesellschaftlichen Umkreis überaus ungewöhnlich, allen Regeln widersprechend. Will Giovanni – wenn auch nur flüchtig, spekulativ und hybrid – die Schranken der sozialen Bindung durchbrechen? Wäre vielleicht seine Deklassierung, die Rebellion gegen die Normen der Gesellschaft, eine wichtige Voraussetzung für eine Bewertung, die ihn ebenso verurteilt wie verteidigt und aus dieser Dialektik die Faszination heutiger Gestaltung bezieht? Im Umkreis zechender und die Einrichtung des Schlosses sicher nicht »sachkundig« behandelnder Bauern – für sie ist dieses Fest ja ein unverhofftes »Utopia« – stimmt Giovanni, wenn die vornehmen Masken erscheinen, die Parole an: »Viva la libertà!« Der Spannung zwischen zynischer Provokation und Revolte der Sinne gibt Mozart durch das Maestoso einen Anklang von feierlicher Utopie, um sie bald wieder ironisch zu kontrastieren. Schließlich wird aus der Fraternisierung mit den Bauern eine Verfolgungsjagd auf Leben und Tod. Nur mit List vermag Giovanni ihren Knüppeln zu entgehen, wohl wissend, wie wenig ihm in solcher Situation sein adliger Stand helfen kann.

Die Methode, die Partner-Polaritäten als entscheidende Bedingung für die musiktheatralische Inkarnation der Don-Giovanni-Gestalt zu realisieren, entschlüsselt gerade an dem Punkt, an dem Giovanni die Bindung an die irdischen Partner verläßt und die scheinbar absurde Partnerschaft mit der Statue provoziert, den vielleicht wichtigsten Zug seines Wesens: die Maßlosigkeit seines Kommunikationsstrebens, die eine übergroße Sehnsucht schließlich pervertiert und die – hybrid oder verzweifelt, neugierig oder überdrüssig – endlich den Tod als Partner braucht, weil sie in ihm die Kulmination aller Metamorphosen erblickt. Folgerichtig entwickelt Mozart in Giovannis Dialog mit der Statue eine musikalische Ausdruckshöhe, die jede vorstellbare ariose Selbstdarstellung weit hinter sich läßt und übertrifft. Daß er auf die freche Herausforderung der Statue und auf unbeugsamen Stolz schließlich die kreatürliche Todesangst folgen läßt, distanziert seine Giovanni-Figur von jedweder Idealisierung und beschreibt sie endgültig als Inkarnation alles Menschlichen, oder genauer: alles Männlichen.

Je jünger wir die Figur Giovannis fassen – neben vielen anderen Argumenten spricht dafür die Tatsache, daß Mozart, der die Partien den Sängern »gern auf den Leib« schrieb, in Prag auf den erst zweiundzwanzigjährigen Luigi Bassi stieß –, desto provozierender, anomaler und zugleich exemplarischer erscheint das Ende Giovannis, das mit seinem Auftritt in der Oper beginnt. Und je weniger Umbaupausen die Attacca-Ausführung der Partitur aufhalten oder verhindern, desto atemberaubender wird dieses Ende Giovannis darstellbar als großer Amoklauf eines aristokratischen Anarchisten. Und je enger wir die kurze Zeitspanne der realen Begebenheiten fassen – man könnte dreißig Stunden und weniger annehmen –, desto weiter wird die Zeitlosigkeit des Themas, wie Mozart es gestaltete, bewußt werden und vielleicht doch in Staunen versetzen.

»COSÌ FAN TUTTE«

von Wolfgang Amadeus Mozart

Ein Mikrokosmos
(1962)

Folgende historische Fakten, die Entstehung von »Così fan tutte« betreffend und beeinflussend, sind bei einer Regiekonzeption zu berücksichtigen.

Erstens: »Così fan tutte« entstand in dem Jahr, in dem das Volk von Paris die Bastille stürmte und in dem mit der beginnenden Französischen Revolution jene Ideen zur »materiellen Gewalt« wurden, von denen sich auch Mozart in seinem Leben und Werk bestimmen ließ.

Zweitens: Mozart, als »k. k. Hofkompositor« in Wien seit Jahren ohne Opernauftrag geblieben – sieht man vom »Schauspieldirektor« ab; »Die Hochzeit des Figaro« war ohne »Scrittura«, »Don Giovanni« für Prag entstanden –, erhielt endlich im Herbst einen Auftrag zu einem in der Hofoper aufzuführenden Werk. Dafür ausschlaggebend war die Wiederaufnahme des »Figaro« in das Wiener Repertoire im August 1789, nachdem dieses Werk seit 1786 nicht mehr in Wien gespielt worden war. Mozart lud Joseph Haydn und den Kaufmann Puchberg für den 31. Dezember 1789 in seine Wohnung »zu einer kleinen Opernprobe« für »Così fan tutte« ein, ebenso ins Theater zu einer Probe mit Orchester am 21. Januar 1790. Am 26. Januar 1790 fand die Uraufführung statt.

Drittens: Das in Aussicht gestellte Honorar von zweihundert Dukaten – das Doppelte des üblichen Honorars – mußte Mozart besonders anspornen, zumal er sich in einer schweren ökonomischen Bedrängnis befand. Ein Bild der Not dieser Jahre vermitteln die erschütternden, bis zur Selbstentwürdigung bittenden Briefe Mozarts an den Kaufmann Puchberg. In solcher Notsituation, zu der offenbar eheliche Sorgen um das Verhalten und die Treue Konstanzes kamen, entstand »Così fan tutte«.

Viertens: Das Libretto schrieb Lorenzo da Ponte, diesmal nicht nach einer literarischen Vorlage, sondern angeblich angeregt duch einen ähnlich gelagerten Fall, der innerhalb der Wiener Gesellschaft Aufsehen erregt hatte. Da Ponte konzentrierte das Geschehen auf sechs handelnde Figuren, wobei er stilistische Anleihen bei der Commedia dell'arte machte – besonders deutlich bei Despina und ihren Verkleidungen als Arzt und Notar. Nichtsdestoweniger hat »Così fan tutte« als »Gegenwartsstück« zu gelten und als ganz eigenschöpferisches Produkt da Pontes, der somit zum dritten Mal Mozart eine Opernvorlage lieferte. Die aus der langjährigen Zusammenarbeit gewonnenen beiderseitigen Erfahrungen lassen keine Spekulation über einen Gegensatz zwischen Librettisten und Komponisten, zwischen Text und Musik zu – wie ihn zum Beispiel Wagner sehen wollte, ganz im Unterschied zu dem richtigen Urteil E. T. A. Hoffmanns in den »Serapionsbrüdern«. Eine andere Frage ist die, inwieweit durch Mozarts Musik dem Text eine weitaus tiefere Bedeutung gegeben worden ist. Zweifellos hat Mozart den Buffo-Charakter, den das Libretto atmet, verwandelt und erhoben in die Sphäre einer Comédie humaine. Daraus ergeben sich ganz besondere Spannungselemente zwischen Text und Musik, die »Doppelbödigkeit« des Stückes betonend, niemals aber ein Gegensatz.

Dieses äußerlich so »harmlose« Werk ist also in einer Zeit historischer Konfliktentladung entstanden. Da Mozart kein »Elfenbeinturm-Künstler« war, müßten sich auch im inhaltlichen Geschehen von »Così fan tutte« Ansichten der Zeit und Auseinandersetzungen mit der Zeit widerspiegeln. Im scheinbar konventionellen Rahmen werden unkonventionellste Dinge abgehandelt; es findet sich ein »Libertinismus«, vom animalischen Urtrieb des Menschen – Eros – aus gesehen, den die Konvention allerdings »frivol« nannte und der gerade deshalb nicht nur antifeudalistisch, sondern bereits wieder antibürgerlich aufzufassen ist. Ähnlich wie beim »Figaro« ist der Vorwurf der »Frivolität« nichts anderes als ein Nichtverstehen oder Nichtverstehenwollen seitens der gesellschaftlich beharrenden Kräfte. Der Libertinismus von »Così fan tutte« eröffnet Dimensionen der Liebeskraft und des Liebesgeheimnisses, die weit über die von der damaligen Gesellschaft geprägten Moralbegriffe hinausgehen, sie fast attackieren, und die grundsätzlich, wie alle Mozart-Opern, um die Liebesbestimmung des Menschen kreisen.

Zwischen »Don Giovanni« und »Zauberflöte« stehend, kann »Così fan tutte« in keiner Beziehung als »Nebenwerk« Mozarts gelten. Die Situation, in der sich Mozart selbst zur Entstehungszeit befand, muß ihn zur höchsten Aktivierung seiner schöpferischen Kräfte veranlaßt haben. Die Schaffensperiode – wahrscheinlich drei bis vier Monate – ist nicht kürzer oder länger als sonst im Durchschnitt bei Mozarts Opern. Es gibt keinerlei Grund anzunehmen, daß er da Pontes Vorlage als Ausgangspunkt und als dramaturgisches Gerüst nicht akzeptiert habe. Schließlich war beider Zusammenarbeit beim »Figaro« und »Don Giovanni« erprobt. Vielmehr spricht die zweimalige Einladung an Haydn und Puchberg dafür, daß sich Mozart voll und ganz zu seinem Werk bekannte. Dazu kommt, daß »Così fan tutte« die letzte in italienischer Sprache geschriebene Oper Mozarts war und in ihr ein gewisser Abschied, ein gewisses Resümee von seinen »italienischen« Opern zu sehen ist, besonders in der musikalischen Diffizilität, in der Kunst der Ensemblesätze und der Transparenz des Orchesterklangs.

Zum Ideengehalt: Kein »Nebenwerk« also, nimmt »Così fan tutte« nichtsdestoweniger eine Sonderstellung innerhalb der Opern Mozarts insofern ein, als es hier nicht wie bei der »Entführung«, beim »Figaro«, beim »Don Giovanni« und später bei der »Zauberflöte« eine direkt formulierbare, revolutionäre oder ethisch-programmatische Aussage gibt. Was Mozart mit »Così fan tutte« gesagt und gestaltet hat, muß unter dem Aspekt eines bestimmenden Zuges seines Wesens, seiner künstlerischen Persönlichkeit gesehen werden: unter dem Aspekt der Ironie.

Es ist nicht die Ironie der italienischen Buffonisten, keine satirisch-menschenfeindliche, sondern es ist eine zutiefst humanistische, weise, hintersinnige, vielleicht auch etwas melancholische Ironie. Sie umfaßt: Freude am Spiel, »Durchleuchtung« des Menschen, Lachen unter Tränen, das Ernsteste heiter nehmen, unter dem Spaß dennoch die Gefahr sehen, Resignation und zugleich Glauben an den Menschen, Fragen stellen und in Frage stellen. Er zeigt ja die Welt nicht, wie sie sein soll, sondern wie sie ist. Damit fragt er, warum sie so ist – und dieser Frage ist immanent die weitere, wie sie zu ändern ist. In »Così fan tutte« scheint der dreiunddreißigjährige Mozart so alt wie der Weise zu sein, der den »Falstaff« schrieb, und so jung wie die vier halben Kinder, die er die Wechselfälle der Liebe durchleben läßt. Daß er mit heißem Herzen glaubt, hindert ihn nicht, wie ein Altgewordener alles zu wissen; daß er weise geworden ist, hindert ihn nicht, wie ein Kind zu glauben.

»Così fan tutte« ist die Oper mit den zwei Gesichtern: Im Spiel offenbart sie einen gefährlichen Ernst. Die bedrohliche Gefahr schlägt aber nicht um in die Katastrophe, sondern wird aufgefangen von einer weisen Heiterkeit. Die Tragik ist nahe der Komik. Selbst die spaßigste Situation entbehrt nicht der tragischen Transparenz. Alles an diesem »tollen Tag« dreht sich um Liebe. Alle sechs Figuren werden mit ihr auf unterschiedliche Weise konfrontiert und erfahren so auf eigene Art »Die Schule der Liebenden«, wie der Untertitel besagt.

Dieser Untertitel ist für die Konzeption zunächst verbindlicher als der im Sinne der Buffa provokatorische Haupttitel »Così fan tutte«. Da es unvorstellbar erscheint, daß ein Mozart seine Oper gegen die Frauen geschrieben hat, kann der Titel gewiß nur unter dem Blickpunkt der Ironie gewertet und in seiner Hintergründigkeit verstanden werden: Was tun alle Frauen? – Warum tun es alle Frauen so? – Tun es nur die Frauen so? Mozart, der gerade in der »Così«-Zeit alle Höllenqualen eines Ehegatten durchlitt, hat offenbar »Così fan tutte« als Katharsis seiner Ängste und Sorgen benutzt und als Künstler-Philosoph erkannt und gestaltet, daß die Urbestimmung des Weibes Liebe ist und daß dieser kreatürlich-göttliche Urtrieb sich moralischen Messungen wie Treue und Standhaftigkeit entzieht – zumindest so lange, wie die feudalistisch-bürgerliche Gesellschaft mit diesen Begriffen letztlich nur die Frau »kuschen«, an die Kette legen, in ihrer eigentlichen Rechtlosigkeit halten will. Die Treue der Frau ist, solange sie nicht die gleichen Rechte wie der Mann hat, nur eine Sklavenkette, die ihr die Zeitmoral, die die Moral von Männern ist, anlegt. Liebes-Libertinismus ist ein Mittel auf dem Wege zur geschlechtlichen und gesellschaftlichen Emanzipation der Frau. Über diesen – von der Geschichte in zahllosen Beispielen belegten – Gedankengang scheint mir die Philosophie dieses Werkes zugänglich zu werden. Hier klingt auch die gesellschaftliche Utopie an, die in allen Werken Mozarts mitsingt: Ist eine Welt der Freiheit, der Harmonie in den Beziehungen zwischen den Menschen und speziell hinsichtlich der Rechte und Pflichten der Geschlechter erreicht, so können so fragwürdige Begriffe wie Treue und so weiter wieder ihren fraglosen Sinn, ihren Inhalt erhalten. Konkreter: Indem Treue in Frage gestellt wird, wird die Gesellschaft in Frage gestellt, die mit solchen Moralbegriffen die Frau dem Manne untertan machen will, und es wird nach einer Welt der Harmonie gefragt, wo sich der Urtrieb des Menschen, Eros, vor allem verkörpert in und von der Frau, erfüllen kann – nicht eingeengt durch Moral, sondern frei durch die freie Entscheidung von Mann und Weib, die in ihrer Freiheit und Gleichheit »an die Gottheit« reichen.

Zu diesem Ideengehalt kommt bei »Cosí fan tutte« eine besondere Lebensmaxime, wie sie in dem Schlußgesang aller formuliert ist: »Glücklich ist der Mensch, der alles von der guten Seite nimmt und der sich bei den Geschehnissen und den Wechselfällen des Lebens von der Vernunft leiten läßt. Was andere zum Weinen zu bringen pflegt, sei für ihn ein Grund zum Lachen. So wird er inmitten der Stürme der Welt schöne Ruhe finden.«

So gesehen, scheint mir »Cosí fan tutte« ganz »echter« Mozart – freilich in einem kleineren Stoff- und Problemkreis, in einem scheinbar harmloseren Gewande. Ein »Mikrokosmos«, der aber tiefe Fragen über das Leben und über die Beziehungen der Menschen untereinander stellt. Ein »Sommertagstraum«, an dem Liebe der Motor ist und an dem Dinge durchlebt werden, die sonst ein ganzes Menschenleben umfassen.

»COSÌ FAN TUTTE«

Spiel als Wahrheit
(1975)

Zwischen »Don Giovanni« und »Zauberflöte« entstanden, nimmt sich »Così fan tutte« neben diesen großen Dokumentationen schöpferischen Menschengeistes aus wie ein geheimnisvoll irisierendes Kleinod. Die Musikwelt hat längst begriffen, daß diese Oper nicht als Nebenwerk Mozarts gelten kann, als gelegentlicher Ausflug in die Welt der Buffa. Vielmehr erscheint sie als ebenso notwendiges wie leichtgefügtes Kettenglied zwischen dem »Dramma giocoso« von 1787 und der »Großen Oper der Humanitas« von 1791 – ein Kettenglied, das auf besondere Weise die Musikbühne zum puren musizierenden Theater aktiviert, wo Spiel unmittelbar Wahrheit wird und Wahrheit sich nur im Spiel offenbart. Behandelt werden Fragen, die die damalige Zeit wie die heutige bewegen: Fragen der Liebe, der Treue, der Zuverlässigkeit oder Relativität aller zwischengeschlechtlichen Beziehungen. Es sind auch Fragen aus Mozarts innerstem Erleben. Nachdem der anarchische spanische Grande Don Giovanni dem Untergang anheimfiel, testete Mozart mit seinem Librettisten da Ponte an eigentlich ganz alltäglichen Durchschnittsmenschen, was ihnen Eros vermag. Vielleicht mußten Fiordiligi und Guglielmo, Dorabella und Ferrando von dem »Philosophen« Don Alfonso durch das Fegefeuer aller Fragen in Mozarts Brust geschickt werden, ehe Pamina und Tamino von Sarastro in seinen Menschheitsbund aufgenommen und Eros und Humanitas als utopische Einheit besungen werden konnten.

Dabei sollte alles anfangs nur ein Riesenspaß werden: für Kaiser Joseph II., der angeblich den Anstoß gab, eine Kolumne aus der Wiener Gesellschaft zur Vorlage einer Oper von da Ponte und Mozart zu machen – heute besorgt so etwas höchstens das Fernsehen –, und für die zu Operngestalten avancierten Männer, die mit dem Einsatz von hundert Zechinen um weibliche Treue wetten. Binnen einer Frist von vierundzwanzig Stunden wollen der Theaterliebhaber Don Alfonso und die mit ihm befreundeten jungen Offiziere Fernando und Guglielmo einander und sich selber beweisen, daß die beiden Bräute ihren Liebhabern treu sind beziehungsweise eben nicht. Den Beginn der Wette besingen beide Parteien optimistisch. Noch ermessen die zwei Jungen nicht den Pferdefuß, der darin besteht, daß sie unter Alfonsos Regie gleichzeitig selbst als Testfiguren agieren werden, freilich in exotischer Verkleidung. Am Ende sind ihre Gesichter um den schmerzlichen Zug reicher, der auch die Maske des Pierrot so peinigend zeichnet.

Denn bald schon und immer wieder schlägt der Spaß in Bitternis um, gerät das Spiel in beunruhigende Dimensionen. Ist es denn noch Spaß, wenn zwei junge Mädchen, die sich am Morgen eines sommerlichen Tages entschließen, alle Rücksichten ihres Standes und ihrer Erziehung abzuwerfen und sich ihren Geliebten bedenkenlos hinzugeben, im Moment höchster Glückserwartung erfahren, daß eben jene Geliebten ins Feld, in den Krieg müssen? Wird solcher Spaß wirklich gerechtfertigt oder seine Bitternis gemildert dadurch, daß diese Einberufung, diese Trennung nur Täuschung ist, Test, Bestandteil einer Wette, die in Weinlaune geschlossen wurde?

In ebenso belustigender wie bestürzender Folgerichtigkeit zeigt die musikalische Handlung von nun an: Was den Männern Spaß bedeutet, ist den Frauen von Anfang an ernst. Und wenn die Frauen Spaß an der Sache finden, wird es für die Männer ernst.

Zwiegesichtigkeit, doppelte Wahrheit durchzieht das ganze Spiel. Das Unbehagen, das man im 19. Jahrhundert gegenüber »Così fan tutte« empfand, erscheint uns nur zu einleuchtend. Denn im scheinbar konventionellen Rahmen, unter Zuhilfenahme des alten Theaterfundus und aufgesetzter Buffonesken werden die unkonventionellsten Dinge abgehandelt, die auch unbequeme Wahrheiten ans Licht dieses »Sommertagtraums« bringen. Denn das Spiel, das Don Alfonso inszeniert, stellt nahezu alle Grundbegriffe der Moral in Frage, wie sie eine vorwiegend von Männern bestimmte feudale und bürgerliche Gesellschaft bis in die heutige Zeit geprägt hat. Ausgerechnet aus dem Munde der recht plebejischen Zofe Despina kommen Töne und Texte, die gewiß nicht nur Anhängerinnen der Women's-lib-Bewegung aufhorchen lassen: »Die Männer lieben uns nur zu ihrem Vergnügen. Wenn sie uns hatten, werfen sie uns weg, ohne Mitleid. Zahlen wir, Mädchen, ihnen mit gleicher Münze heim. Lieben wir zum Zeitvertreib, aus Spaß!«

Der sittlichen Entrüstung über solche und zahlreiche andere Frivolitäten entsprach lange Zeit auch die ästhetische Ratlosigkeit gegenüber dieser Oper. Wie konnte Mozart seine Musik nur an solche scheinbaren Belanglosigkeiten verschwenden? Kein Geringerer als Richard Wagner befand denn auch, daß aufgrund der miserablen Textvorlage diese Opernkomposition Mozarts notwendigerweise seine schwächste geworden sei. Auch andere verurteilten das Libretto als dilettantische Konstruktion. Und daß Gefühle – zuverlässigstes Arsenal der romantischen Oper und des psychologischen Theaters – in »Così fan tutte« verfremdet, verkehrt und paralysiert werden, führte bis zum heutigen Tag zu erheblichen Irritationen. Denn für viele ist das Musiktheater Anlaß, Gefühle darzustellen und zu genießen, weniger aber, sie zu analysieren und gerade an solcher Analyse Vergnügen zu finden.

Unter solchem Aspekt entpuppt sich uns diese »Schule für Liebende« auch als eine »Schule der Gefühle«. Die Begebenheit, die da Ponte entgegen seiner sonstigen Praxis ohne Anlehnung an ein literarisches Vorbild aufschrieb und im recht abenteuerlichen Alltag verwurzelte, gab Mozart immer wieder und auf vielfache Weise die Möglichkeit, echte Empfindungen neben vorgetäuschte zu stellen, das Wahre und das Gespielte einander gegenüberzusetzen und sich überschneiden, überlagern zu lassen, bis es später ineinander übergeht. Mittels solcher musikalischer Analyse von menschlichen Haltungen hat er das Modell eines Musiktheaters geschaffen, das den Spaß vor allem aus der analytischen Technik bezieht und durch Einsichten in die musikszenischen Strukturen zu besseren menschlichen Einsichten gelangt. Nahezu jede Musiknummer offenbart mit dem Doppelspiel zwischen Echtem und Täuschung, zwischen rationellem Spaß und emotionellem Affekt auch deren hintergründige Doppeldeutung: ironische Brechung in vielen Varianten.

Als sich die beiden Offiziere von ihren Mädchen verabschieden, um angeblich ins Feld zu rücken, klingt ihr »Addio« so echt wie das ihrer weinenden Bräute; gerade diese Ambivalenz gesungener Gefühle aber ist es, was Alfonso vor Lachen fast umbringt (Quintett 9). Aber dann weiß er sich gut zu verstellen, wenn er im Terzettino 10 den Mädchen bei ihrer Bitte an die Naturelemente sekundiert, den Geliebten glückliche Heimkehr zu bescheren. Mozart macht mit der kontrapunktischen Führung seiner Stimmen stets die Doppelbödigkeit der Situation akustisch durchschaubar. Wenn er dem Schmerzausbruch Dorabellas in ihrer Eumeniden-Arie 11 einen leicht parodierenden Gestus gibt, sollte das nicht dazu verführen, daß die Sängerin die Gefühle dieses jungen Mädchens karikiert. Der Wert oder Unwert von Gefühlen wird allein durch die Diskrepanz zwischen Anlaß und Ausmaß schmerzlichen Ausbruchs abgehandelt. Ähnlich ist es mit Fiordiligis Bekenntnis felsenfester Treue (Arie 14). Indem Mozart auch hier die große Arienform parodistisch einsetzt, hält er um so mehr die Frage nach dem adäquaten Ausdruck der wahren Gefühle dieser jungen Mädchen wach, die er zweifellos sehr gern hat. Folgerichtig geraten die Mädchen im 2. Akt in eine weitaus subtilere Form des gesanglichen Ausdrucks und verführen auch ihre exotischen Verführer dazu. So wird die Musik Medium der Metamorphose: Die Verführer im exotischen Gewand werden durch das erotische Spiel Verführte, die sich im eigenen Netz fangen. Im Duett 23 erinnert sich Guglielmo noch einmal kurz des »armen« Ferrando, bevor er sich so in die Umarmung mit Dorabella verliert, daß sich die Grenzen zwischen Test und neuem Erlebnis aufheben. Die Unterschiede zwischen bewußtem Spiel und sensibilisiertem Unterbewußtsein scheinen schließlich ganz aufgehoben, als Ferrando Fiordiligi gewinnt. Niemand von uns weiß, ob er nicht wirklich sterben möchte, wenn sie ihn nicht erhört. Je konsequenter die beiden Mädchen schließlich den Ton dieser Oper angeben und sich zu ihrer neuen Liebe bekennen, desto irritierter, böser, dümmer reagieren die Männer. Daß Mozart aber auch zwischen ihnen Unterschiede sieht, zeigt sich, als bei der »orientalischen Hochzeit« Ferrando in den Kanon der Mädchen einstimmt, die durch den Wein Vergessen alles Bisherigen besingen, Guglielmo aber sarkastisch die Stimmung kontrapunktiert. Je näher Don Alfonso die vier jungen Menschen an die Aufdeckung und Entlarvung des Spiels heranführt, desto häufiger stockt der Szene und der Musik der Atem: Eine Vielzahl von Fermatenpausen werden bestimmendes musikdramaturgisches Element im 2. Finale. Wie kann auch ein solches Spiel aus- und aufgehen?

Eine heutige Aufführung hat einige Vorkehrungen zu treffen angesichts der Einschätzung Alfred Einsteins, die Geschichte sei »logisch und lustig«. Die Wahrscheinlichkeit dieses Spiels gründet sich am ehesten auf die Glaubhaftigkeit des Vorgangs, besonders im Verhalten der Mädchen. Außer daß sie »aus Ferrara« stammen, erfahren wir wenig über sie, nichts über Eltern und dergleichen. Ihr Sommerhaus mit Garten ist ein seltsam »leerer Raum« – wie prädestiniert für den exklusiven Test, den Alfonso vorhat. Ist es denn so ganz und gar absurd, wie sie sich an diesem Tag verhalten? Die Wette der Männer – man mag zu ihr stehen, wie man will – versetzt die Mädchen in die Situation, des Gegenstands ihres Liebesbegehrens unerwartet und plötzlich gerade in dem Moment beraubt zu werden, da sich ihre Liebessehnsucht erfüllen sollte und mußte. Sie fühlen sich in ein Nichts, in ein Vakuum gestürzt. Auch ihre Schmerzensausbrüche bringen keinen Lustersatz. Zunächst wüten sie gegen die Fremden, die werbend auf den Plan treten. Aber dann wird – gelenkt von Alfonsos und Despinas Psychotechnik – aus Haß Mitleid, aus Mitleid Neugier, aus Neugier Interesse, aus Interesse Verliebtsein. Erliegen sie wirklich? Oder finden sie zu einem neuen Selbstgefühl, mit dem sie mutig oder leichtsinnig – auch dies, wie man will – alle bisherigen Konventionen hinter sich werfen? Müssen sie etwa ihren Verlobten untreu werden, um sich selbst treu zu sein?

Daß solch ein Umschwung und solche Veränderung an nur einem Tag möglich sei, erscheint vielen am unlogischsten. Aber sicher ist gerade die zeitliche Komprimierung ein wichtiger Bestandteil der Wahrscheinlichkeit, die diese Geschichte als Fabel auf der Bühne für sich beanspruchen muß. Die vielleicht wichtigste Voraussetzung für ihre Glaubwürdigkeit jedoch ist die Jugend der beiden sich auswechselnden Paare. Sie macht die Lektionen dieser »Schule für Liebende« über Spaß und Bitternis hinaus schließlich doch wieder versöhnlich.

Aber ist es nicht absurd, daß die Mädchen ihre verkleideten Liebhaber nicht erkennen? Auch hier wird das Absurde logisch: Wer kommt denn, außer Alfonso, auf die Idee, daß Männer, die vorgeben, in den Krieg zu ziehen, in Wirklichkeit als Exoten zu Hause einen Treuetest durchführen? Noch nicht einmal der doch mit allen Wassern gewaschenen Despina fährt so etwas durch ihren hellen Sinn. Und so bleibt gerade sie, die am aggressivsten die bestehende Männermoral attackierte, am Ende die am deftigsten Düpierte. Gegen sie kann sich der Zorn der irritierten Männer am ehesten und am heftigsten richten. Weil vielleicht auch die Autoren ihre Parolen zu kühn finden?

»Lustig«, wie Einstein meint, ist die Geschichte freilich nur so lange, wie mit den auch moralischen Requisiten herkömmlichen Theaters die Polaritäten komisch, paradox gegeneinander wirken. Und sie wird es erst wieder, wenn Mozart alle ausbrechenden drohenden Gefahren mit seiner weisen Ironie auffängt. Es ist nicht diejenige der italienischen Buffonisten, keine auf die Dauer sarkastisch-misanthropische. Indem sie sich zu menschlicher Schwäche und Begrenztheit ebenso bekennt wie zur Chance neuer, großer Gefühle selbst in scheinbar engem Umkreis, schafft sie den Ausgleich zwischen dämonischer Unruhe einerseits und dem Spaß als Inkarnation des erotisch inspirierten Mimus andererseits. Mozarts humane Ironie lehrt in »Così fan tutte«: naive Freude am Spiel, Durchleuchtung des Allzumenschlichen, Lachen unter Tränen, das Ernsteste heiter nehmen und im Spaß die Gefahr dennoch nicht verkennen.

So schafft Mozart in »Così fan tutte« das seltene Modell eines Musiktheaters, in dem Wahrheit nur durch das Spiel selbst entsteht, nicht durch Anleihen an Wirklichkeiten außerhalb dieses Stückes, dieses Theaters. Nie wird der Kreis der »Spielenden« durchbrochen. Und wo zu den sechs Solisten laut Libretto andere gebraucht werden, sind es Komödianten, Angehörige dieser autochthonen Welt »Theater«, die verkleidet mitspielen – als Soldaten oder als orientalisches Gefolge, wie Alfonso es braucht, natürlich nur für Geld. Alfonsos ganzer Gewinn aus der Wette geht drauf, um die Komödianten zu bezahlen, auf deren Hinterbühne, nachts, das Spiel begann. So schützt der Umkreis der Komödie auch die beunruhigendsten Wahrheiten davor, Tragisches zu bewirken. Komödie ist alles, Spiel, pures musikalisches Theater: Comédie humaine...

Daß Mozart mit dem Titel »Così fan tutte« einverstanden blieb, pointiert die frechste Irritation, die er uns hinterließ. Gegen die negative Provokation dieses Titels dürfen wir getrost anspielen.

»DIE ZAUBERFLÖTE«
von Wolfgang Amadeus Mozart

Die populäre Maskierung eines Mythos
(1977)

Das legendäre Entstehungsbild

Seit »Die Zauberflöte« unter Mozarts musikalischer Leitung am 30. September 1791 zum ersten Mal über die Bretter von Emanuel Schikaneders »Freihaustheater auf der Wieden« ging, ist über kaum ein musikalisches Bühnenwerk so viel geschrieben und gestritten worden wie über dieses. Zwar hat man sich nur in den seltensten Fällen der Tatsache verschlossen, daß »Die Zauberflöte« damals und später ein »Wunder in Teutschland« bewirkte, wie es 1794 »Das Journal des Luxus und der Moden« ausdrückte, wo es dann weiter heißt: »Nie hat ein dramatisches Produkt bey irgendeiner Nation ein allgemeineres Glück gemacht als Mozarts unsterbliches Werk ›Die Zauberflöte‹.« Aber merkwürdig genug ist, wie bald sich die Stimmen mehrten, die ein hochnäsiges Verdikt über den Mann aussprachen, der den Anstoß zur »Zauberflöte« gab, das Libretto verfaßte und die Inszenierung besorgte: Emanuel Schikaneder. Viele Musikwissenschaftler des 19. Jahrhunderts bestritten seine Autorschaft und disqualifizierten ihn auch als Theatermann. Was war die Folge der »Austreibung« Schikaneders für die Aufführungspraxis? Der spannungsreiche Zusammenhang zwischen Szene und Musik wurde zerrissen, die Musik, losgelöst von Text und Vorgang interpretiert, der Anteil des Wiener Volkstheaters geleugnet und somit negiert, was uns heute wieder als wichtiger Schlüssel dient: die populäre Maskierung des Mythos. Daß mit der Disqualifikation Schikaneders auch Mozart zu einem Komponisten degradiert wurde, der sich kaum um das scherte, was er komponierte, wäre eine weitere, freilich sich selbst widerlegende Schlußfolgerung aus einer Entstehungslegende, die in den Köpfen vieler auch heute noch etwa so aussieht:

Im März 1791 kam der Schmierendirektor Schikaneder – sein Theater war eine Bretterbude – zu Mozart gelaufen und bat den Komponisten, ihn durch die Musik zu einem völlig unsinnigen Textbuch vor dem Ruin zu retten. Nachdem sich Mozart anfänglich geweigert hatte – er hätte ja noch nie eine »Zauberoper« komponiert –, gab er den Bitten Schikaneders dann doch nach, nicht zuletzt aus der ihm eigenen natürlichen Gutmütigkeit. Nur mühsam schritt die Arbeit voran, so daß Schikaneder Mozart in das »Zauberflöten-Häuserl«, das heute in Salzburg steht, einsperrte und ihn mit Champagner und den Damen seines Ensembles animierte. Als im Juni Marinellis Theater in der Leopoldstadt die musikalische Zauberposse »Kaspar, der Fagottist« brachte, der dieselbe Quelle zugrunde lag, die für das Textbuch der »Zauberflöte« benutzt worden war, stülpte Schikaneder plötzlich den Plan seiner Oper um. Der hochgebildete, bei Schikaneder vorübergehend als Chorherr beschäftigte Karl Ludwig Giesecke schrieb den neuen Teil des Textbuches, so daß endlich ein unheilbarer Bruch in das Ganze gekommen ist – so weit, so falsch.

Von dieser Version der Entstehungsgeschichte kann Satz für Satz richtiggestellt werden, was vor allem den Arbeiten der Wiener Theaterwissenschaftler Egon Komorzynski, Otto Rommel und O. E. Deutsch zu verdanken ist. Sie haben mit der Erforschung des Phänomens des Alt-Wiener Volkstheaters auch Schikaneders theatergeschichtliche Rolle aufgedeckt und nachgewiesen, daß er – übertragen auf die Landschaft Süddeutschlands und Österreichs – durchaus als Pendant und Mitstreiter solcher Bühnenreformatoren wie Konrad Ekhof, Friedrich Ludwig Schröder und August Iffland gelten kann. Sein »Freihaustheater« war keine »Bruchbude«, sondern in Konkurrenz zu den Theatern in der Leopoldstadt und in der Josephstadt eine vitale Experimentierbühne, die neben ihren beachtlichen Bühnenaufführungen auch durch »musikalische Akademien«, Konzerte, von sich reden machte und in deren Nachfolgetheater, dem Theater an der Wien, 1805 Beethovens »Fidelio« uraufgeführt wurde, der auch auf Schikaneders Anregung hin und durch finanzielle Unterstützung zustande kam, die er Beethoven und Treitschke während der Arbeit gewährte.

Wer war dieser Mann, der in der »Zauberflöte« die Krönung all seiner Bemühungen um die »teutsche Oper« sah, was ihn schon früh mit Mozart verbunden hatte?

Emanuel Schikaneder – Aufklärer und Phantast

1751 in Straubing geboren, wurde Schikaneder nach einer Gymnasial-Ausbildung Lyrant, fahrender Sänger, und trat dann als Schauspieler der Truppe des Andreas Schopf bei. Mit siebenundzwanzig Jahren wurde er Prinzipal der ehemals Moserschen Gesellschaft. Von da an durchzog er die Städte Süddeutschlands und Österreichs, spielte 1780/81 in Salzburg, wo er dem fünf Jahre jüngeren Mozart begegnete, der oft Schikaneders Aufführungen besuchte, dessen Freigiebigkeit hinsichtlich der Platzbeschaffung lobte und sich eng mit ihm befreundete. Schikaneder war als »Directeur« seiner Truppe zugleich Schauspieler, Sänger, Regisseur und Stückeschreiber. Ein vielbegehrter Hamlet-Darsteller, nahm er neben den gerade neu entdeckten Shakespeare-Dramen jeweils unmittelbar nach deren Uraufführung die Stücke des Sturm und Drang, Lessings – er selbst spielte den Odoardo – und Schillers in seinen Spielplan auf.

Alle zeitgenössischen Prinzipale übertraf er jedoch in seiner schöpferischen Sorge um das deutschsprachige Singspiel, um eine nationale Musikbühne. Das mag Kaiser Joseph II. bewogen haben, ihn 1784 nach Wien einzuladen, um »in dem dem allerhöchsten Hofe gehörigen Theater nächsten dem Kärnterthor Aufführungen von deutschen Singspielen zu veranstalten«.

Diese Einladung ist um so bemerkenswerter, als ja nach Mozarts »Entführung aus dem Serail« (1782) das deutschsprachige Singspiel in Wien von den Italienern an der Hofoper wieder verdrängt worden war und der Kaiser zu hoffen schien, daß ihm Schikaneder zu neuem Durchbruch verhelfe. Eine neue Verbindung mit Mozart ergab sich dann im Zusammenhang mit der »Hochzeit des Figaro«. Schikaneder war 1785/86 Sänger am »Nationaltheater«, als eine deutsche Übersetzung der Komödie des Beaumarchais eingereicht und von der kaiserlichen Zensur verboten worden war. Einige Wissenschaftler nehmen an, daß neben einem Johann Rautenstrauch auch Schikaneder als Übersetzer in Frage kommt. Jedenfalls scheint der Gedanke nicht abwegig, daß die »Nähe« Schikaneders mitbestimmend für Mozarts Entschluß wurde, die »Nozze di Figaro« zu komponieren.

Nach weiteren Wanderjahren konnte Schikaneder schließlich 1789 ein vorher vom Kaiser gegebenes »Privilegium« zur Gründung eines eigenen Theaters nutzen und die Direktion des »Freihaustheaters auf der Wieden« übernehmen. Damit intensivierte sich die Begegnung des süddeutschen Theatermanns mit der reichen Wiener Theatertradition, die ein neues Kapitel Wiener und deutschsprachiger Theatergeschichte eröffnen sollte und deren schönstes Ergebnis die »Zauberflöte« wurde – eine Begegnung, die auch die Sprechbühne bis hin zu Raimund und Nestroy beeinflußte und die noch in der »Frau ohne Schatten« nachklingt.

Schikaneders Sorge um die »teutsche Oper«, sein der zeitgenössischen Literatur aufgeschlossener Geist, seine Liebe zur Musik, aber auch sein kühn planendes Unternehmertum und sein sich zwischen barockem Pathos und volkstümlichem, bisweilen spekulativem und auch ganz plattem Komödiantentum bewegendes Temperament bestimmten Spielplan und Spielweise seines neuen Theaters.

Nachweislich kein Freund von Puritanismus, unternahm er es, das Gedankengut der Aufklärung mit dem Zauber und der Poesie des »großen und kleinen Himmelslichts« zu versöhnen und so die Bühnenkunst zu einer ganz spezifischen Verbindung von neuem Zeitgeist und barockem Welttheater zu steigern. Phantastisch waren seine Visionen, an denen er schließlich zerbrach. Er verschwendete sich und seine Mittel nach der 1801 erfolgten Gründung des Theaters an der

Wien mehr und mehr, mußte die Direktion mit anderen teilen und sie dann endgültig abgeben. Auch der letzte Versuch einer Direktion in Budapest scheiterte. Er fiel in Wahnsinn und starb 1812 einsam und völlig verarmt »an einer Nervenschwäche«, wie der Totenschein besagt. Er wurde in einem Massengrab beerdigt, wie einundzwanzig Jahre zuvor Mozart. Mitglieder des Theaters an der Wien führten zu Ehren ihres früheren Direktors in der Pfarrkirche zum Heiligen Joseph ob der Laimgrube das Requiem von Mozart auf.

Dieser ungewöhnliche Theatermann hatte früh erkannt, daß Wert und Wirksamkeit von Stückeschreibern nicht nur nach der »literarischen Qualität« zu beurteilen seien. Seinen 1792 erschienenen »Sämtlichen theatralischen Werken« stellte er die Bemerkung voraus: »Ich schreibe nicht für die Leser, ich schreibe für die Bühne. Dahin verweise ich meine Rezensenten.« Das gilt in besonderem Maße wohl auch für die »Zauberflöte«. Und es war kein Geringerer als Goethe, der zu Eckermann bemerkte, daß mehr Bildung dazu gehöre, den Wert dieses Opernbuches anzuerkennen, als ihn zu leugnen.

Die Quellen: Erziehungsroman und Märchen

Inzwischen hat die Forschung manches Licht in die konkreten Umstände der Entstehung der »Zauberflöte« gebracht. Aber vieles ist noch in geheimnisvolles Dunkel gehüllt. Denn Mozart hatte außer seiner Frau niemanden, dem er – wie früher seinem Vater – hätte brieflich berichten können, und erst als Konstanze im Juni 1791 in Baden bei Wien zur Kur weilte, war Anlaß gegeben zu schriftlicher Erwähnung der Arbeit an der »Zauberflöte«. Aus den übrigen Lebens- und Schaffensdaten Mozarts und Schikaneders ergibt sich die Gewißheit, daß Schikaneders Angebot an Mozart schon Ende 1790 erfolgte. Nicht er war damals vor dem »Ruin« zu »retten«, sondern Mozart befand sich in bitterster Not und erfuhr nach dem Tode des verehrten Joseph II. im Zusammenhang mit der Kaiserkrönung Leopolds II. die empfindlichste Zurücksetzung seitens des Hofes. Außer dem letzten Klavierkonzert B-Dur (KV 595) gibt es aus dieser Zeit nur einige Gelegenheitskompositionen und die »drei deutschen Lieder«, die ebenso wie mehrere für Mitglieder des Schikaneder-Theaters geschriebene Konzertarien auf die Nähe der »Zauberflöten«-Arbeit hinweisen.

In Wirklichkeit sah es also doch wohl so aus, daß zu einem Zeitpunkt, als sich Mozart in einer verzweifelten materiellen und schöpferischen Lage befand, Schikaneder dem Freund aus früheren Jahren den Vorschlag machte, endlich das gemeinsame, schon in Salzburg besprochene Anliegen zu verwirklichen: die »teutsche Oper«. In den Besitz eines festen Theaters gelangt, gab Schikaneder dem vielfach zurückgesetzten und vereinsamten Mozart die Möglichkeit zur vollen und kontrastreichen Entfaltung seiner kompositorischen Gedanken, die sein humanes Vermächtnis bilden sollten, niedergelegt im lebendigen Umkreis des Volkstheaters.

Wir haben Schikaneders Libretto als eine vielfältige Montage von Anregungen und Einflüssen zu begreifen, wie sie damals im Wiener Volkstheater lebendig waren. Aus einer Fülle des verwerteten Materials kristallisieren sich jedoch zwei Quellen heraus, die den ästhetischen Aspekt des Sujets besonders prägten und die humane Perspektive bestimmten.

Erstens: das Märchen »Lulu oder Die Zauberflöte« von Liebeskind im dritten Band der von Christoph Martin Wieland herausgegebenen Märchensammlung »Dschinnistan«; zweitens: der französische, von Matthias Claudius 1777 ins Deutsche übertragene Roman »Sethos, histoire ou vie tirée des monuments anecdotes de l'ancienne Egypte, Traduite d'un manuscrit Grec (par Terrasson)«.

Beide Quellen spiegeln, so unterschiedlich ihre Herkunft auch ist, die von der Aufklärung inspirierte Neubegegnung mit vor- und außerchristlichen Lebenshaltungen wider. Wichtiger noch als der Okkultismus der pseudo-ägyptischen Sethos-Vorlage war der in ihr enthaltene Gestus des Erziehungsromans: die von Prüfungen begleitete Wanderung durch innere und äußere Welten mit dem Ziel der Selbstfindung. Das wiederum korrespondiert auf frappierende Weise mit unterschwellig im »Dschinnistan« enthaltenen Glaubensauffassungen des lamaistischen Buddhismus, speziell mit der Idee, die Umarmung der Gottheiten vollzöge sich in deren Vereinigung von männlichem und weiblichem Prinzip: »Mann und Weib und Weib und Mann reichen an die Gottheit an.« All dies floß – freilich mehr unbewußt – in das Sujet ein und verband sich mit der Zauber- und Maschinenkomödie des Wiener Volkstheaters sowie uralten Märchenvorstellungen des europäischen wie außereuropäischen Bereiches. Der Vogelmensch Papageno zum Beispiel reicht zurück bis Aristophanes und erinnert zugleich an indianische Archetypen, so wie er ebenso Hanswurst, Kasperl des Volkstheaters ist und bleibt. Aus dem Sethos-Roman wurde außer ritueller Symbolik – Isis und Osiris – die damals aktuellste Affinität entwickelt: die zum Gedankengut der Freimaurer, die in Wien gerade nach dem Tode Josephs II. und im Zusammenhang mit der Französischen Revolution strengen Verfolgungen ausgesetzt waren. Zweifellos lag gerade hier einer der auch politisch akutesten Bezugspunkte zur Zeit – für Mozart mehr noch als für Schikaneder.

Angesichts der Vielfalt des verwerteten Materials ist es besonders überraschend, daß das Libretto dem Sujet eine durchaus eigenständige Handlungsführung gibt und eine Idee programmiert, die im Vergleich mit anderen Opernstoffen als neu anzusehen ist. Für Tamino sind nicht – wie bei dem Prinzen des Sethos-Romans oder den früheren Libretti der Barockoper – staatspolitische oder abstrakt humanistische Erwägungen ausschlaggebend, sondern allein das innere

Bedürfnis nach Erkenntnis, nach Wahrheit. »Tamino will seinen nächtlichen Schleier von sich reißen«, läßt Schikaneder Sarastro sagen. Aber was das Wichtigste ist: Die Suche nach der eigenen Identität wird durch Liebe ausgelöst und gilt der Liebe. Und am Schluß der Oper wird nicht wie im Sethos-Roman der Verzicht auf die individuelle Liebe propagiert, sondern gerade ihre Verbindung mit dem größeren Begriff der Menschenliebe gepriesen. Die Aufnahme Taminos und Paminas in den vormals exklusiven Männerbund postuliert eine Utopie, in der Eros und Humanitas eins geworden sind und die alles Bisherige aufheben und ändern wird.

Die »idée« in Mozarts Musik

Es liegt auf der Hand, wie sehr dieser übergeordnete Sinn des Librettos und seine Handlungsführung Mozarts Lebensanschauung entgegenkamen. Er verlieh den manchmal schemenhaften Gedanken und Figuren des Librettos das, was zuvor in »Così fan tutte« Ferrando als »un aura d'amore«, den Odem der Liebe besungen hatte. Was Mozarts Genie eigentlich wirklich schuf: Beseelung durch Liebe. Sein musikdramaturgischer Verstand ordnete die verschwommenen Konturen, indem er für die drei vorherrschenden Personen- und Lebenskreise unterschiedliche Stile benutzte und neu entwickelte: Für das »nächtliche Reich« zitiert er die Opera seria, im Gegensatz dazu besinnt er sich für Sarastro und seinen Bund auf Glucksche Traditionen, geht zurück zu Bach und wählt zum Beispiel für »In diesen heil'gen Hallen« melodienreiche schlichte Harmonik. Für Papagenos Welt variiert er den Volksliedton. Und für Tamino und Pamina entwickelt er eine sehr wandlungsfähige Tonsprache, entsprechend den Wandlungen, die beide durchschreiten. Die unmittelbare Individualisierung, die Mozart auf den verschiedenen Ebenen vollzog, verlieh allen Vorgängen und Figuren eine lebendige Gültigkeit, die noch immer am ehesten mit dem Begriff umfassender Vermenschlichung zu bestimmen wäre. Wissend um größte Kompliziertheit, strebt Mozart in der »Zauberflöte« zu höchster Einfachheit. Und diese Einfachheit verleiht der Reife den unaufhörlichen Reiz der Jugend.

Immer wieder stellt uns die »Zauberflöte« die drei alten Fragen, die von der Kindheit bis ins Alter reichen: Wer bin ich? Woher komme ich? Wohin gehe ich? Für die Antwort ist die Szene zwischen dem Sprecher und Tamino besonders aufschlußreich. Hier läge, behaupteten Musikwissenschaftler des 19. Jahrhunderts, der »unheilbare Bruch« in der Handlung: Der vermeintlich böse Zauberer erschiene nun als guter Priester. Schuld an dieser Änderung – wir erinnern uns – sei die Konkurrenz mit »Kaspar, der Fagottist« gewesen. Mozart, der vier Tage nach der ersten Aufführung den »Kaspar« in der Leopoldstadt besuchte, schrieb am 12. Juni 1791: »Ich ging dann, um mich aufzuheitern, in die neue Oper zum Kasperl der Fagottist, die so viel Lärm macht – aber gar nichts daran ist.« Nichts schreibt Mozart von entsetzten Reklamationen Schikaneders, die gewiß spätestens am Premierentag eingesetzt hätten. Und fast ist es schade, daß die Wissenschaft die Unhaltbarkeit der Bruch-Theorie bewiesen hat. Denn auch wenn die Konkurrenz Schikaneders ursprüngliches Sujet umgekehrt haben sollte, dann entstand gerade daraus einer der wichtigsten Drehpunkte der ganzen »Zauberflöte«: Für Tamino bricht die Welt seines bisherigen Glaubens zusammen. Er gelangt an die Grenze, wo er aus Unwissen neues Wissen begehrt – ganz aufklärerisch. »O, ew'ge Nacht, wann wirst du schwinden, wann wird das Licht mein Auge finden?« Kant definiert 1784: »Aufklärung ist der Ausgang des Menschen aus seiner selbst verschuldeten Unmündigkeit.«

Für diese bedeutsame »Nahtstelle« erfand Mozart eine seiner größten und wohl auch revolutionierendsten Musikszenen. Mit der musikalischen Ausformung des deutschsprachigen Duktus schuf Mozart zugleich einen geistigen Gestus, der gerade in dieser Szene die Keimzelle der neugewonnenen »teutschen Oper« erkennen läßt und wie eine Vorahnung von Wagners »unendlicher Melodie« erscheint sowie von allem, was bis Alban Berg komponiert wurde.

Spaß und Mysterium: eine imaginäre Reise

Im Juli 1791 war die Oper zu einem großen Teil fertiggestellt. Da erhielt Mozart den Auftrag von einem ihm Unbekannten, ein Requiem zu komponieren. Seine überreizten Nerven und sein durch Krankheit geschwächter Körper trieben ihn immer mehr in die Vorstellung hinein, er komponiere die Totenmesse für sich selbst. Das geheimnisvolle Dunkel erhellt grell die existentielle Not, Mythos zu erfüllen: Ein fünfunddreißigjährig zum Tode Verurteilter schreibt gleichzeitig an seinem Requiem und dem Werk, das von der unaufhaltsamen Regeneration des Lebens kündet und Jungsein besingt, das Angst und Schrecken befreit zu Glauben und Heiterkeit.

Mozarts Arbeit an der »Zauberflöte« und am Requiem wurde noch einmal durch die Reise nach Prag unterbrochen, wo er im Auftrag der böhmischen Stände in achtzehn Tagen die Festoper »La clemenza di Tito« nach einem alten Text Metastasios schrieb. Sie wurde am 6. September anläßlich der Krönung Leopolds II. zum böhmischen König aufgeführt, vom Hof aber kühl aufgenommen. Nach seiner Rückkehr nach Wien hat Mozart den Chor »O Isis und Osiris«, die zweite Papageno-Arie und das zweite Finale komponiert. Am 28. September, zwei Tage vor der Premiere, schrieb er die Ouvertüre und den Priestermarsch. Als am 30. September 1791 die Rufe dieser Ouvertüre ertönten, ahnte – wie meist bei solchen Gelegenheiten – sicher keiner, daß sich eine Sternstunde des Übereinklangs von Oper und Menschentum ankündigte. Mozart besuchte, auch als er nicht mehr dirigierte, oft die Aufführungen im »Freihaustheater« und berichtete stolz in seinen letzten Briefen an seine Frau von dem großen Publikumserfolg. Und einmal ging er noch, das Glöckchenspiel selbst zu bedienen, »weil ich heute so einen Trieb fühlte, es selbst zu spielen«. Er freute sich kindisch, Schikaneder, der den Papageno gab, zu irritieren und aus der Rolle zu bringen: »Alles lachte dann – ich glaube, daß viele durch diesen Spaß das erste Mal erfuhren, daß er das Instrument nicht selbst schlägt.« Sieben Wochen danach starb Wolfgang Amadeus Mozart.

»FIDELIO«
von Ludwig van Beethoven
(1978)

»Fidelio«: Dokumentation und Parabel. Unsere Bühne: Raum voller Ängste, voll von Gewalt. Eine Umwelt, die Historisches berichtet und gleichzeitig Aktuelles bannt: eine Un-Welt, in der Menschen wie Gegenstände sinnentleert scheinen. Alle sind Gefangene in diesen Wohnungen des Todes: die »freien« Aufseher ähnlich den Eingekerkerten. Dennoch: Hoffnung ist nicht ganz gewichen; Auflehnung gegen Unterdrückung, Glücksanspruch einzelner regen sich zaghaft, bis eine Geschichte alles in Bewegung bringt, die abenteuerlich ist, romantisch, fast unglaublich: »Fidelio«. An diese abenteuerliche Geschichte bindet Beethoven seine große Botschaft, die zurückzunehmen wir auch und gerade 1978 keinen Anlaß haben. Es ist die Botschaft der Freiheit, erworben und erkämpft durch Mut, Treue, Liebe. Altmodische bürgerliche Tugenden?

Die Idylle der ersten Szenen erweist sich bald als gefährdet, verkehrt. Der scheinbare Singspielcharakter garantiert nicht Gemütlichkeit, sondern alarmiert in solcher Umgebung. Das Wunderbare und Grauenhafte werden kanonartig verwoben (Quartett). Leonore/Fidelio muß damit rechnen, daß ihr Ziel, ihren Mann zu finden und zu befreien, das Glück, die Gefühle einer Marzelline schockartig verletzt.

Der Aufseher in solchem Gefängnis, Rocco, durchläuft eine widersprüchliche Entwicklung. Ein scheinbar Charakterloser wird zum großen Charakter. Er bietet die Alternative an, die eigentlich allezeit für den Durchschnittsbürger besteht: in Angst, Korruption, Feigheit zu verharren oder durch Zivilcourage und persönliche Tapferkeit sich und anderen zu helfen, den Druck der Angst abzuwerfen.

Die menschlichen Entscheidungen darzustellen, die von der mutigen Unternehmung Leonores, dieser antiheroischen Heldin, in Bewegung gesetzt werden, bedarf es der originalen Prosatexte. Wir haben keinen Dichter gebeten, uns einen neuen Dialog zu schreiben, wir haben nicht Anthologien durchgesehen, um zwischen die Musiknummern schöne, beziehungsreiche oder wichtige Gedichte einzustreuen und von anderen rezitieren zu lassen, sondern wir haben das Stück, so wie es uns nach zwei Fassungen schließlich von Beethoven hinterlassen wurde, ganz beim Wort genommen. Wir haben die Dialoge ernst genommen, sie lediglich gekürzt. Wir haben den Text aber prinzipiell unverändert gelassen, nur an zwei Stellen, in der Kerkerszene, aus dem Text der Urfassung, der »Ur-Leonore«, etwas eingefügt: Textpassagen, die besonders dem Duett »O namenlose Freude« eine verschärfte menschliche Ausgangssituation geben.

Die dritte Leonoren-Ouvertüre zwischen Kerker und Schlußbild zu spielen, ist im Umkreis solcher Überlegungen durchaus konsequent. Bei offener Szene begonnen, kann sie begriffen werden als »psychologische Rückblende«, aus der Hoffnung gewonnen wird, den Alptraum der Ängste hinter sich zu lassen und vorzustoßen in die Konkretisierung des Traumes allgemeiner Befreiung.

So mischen und überlagern sich im Schlußbild Teile der bisherigen Schauplätze auch im Bühnenbild. Daß »das Böse« bestraft würde, daß Gattenliebe ein Hebel wäre zur Beförderung allgemeiner Menschenliebe, daß alle heraustreten könnten aus der Nacht ins Licht – das ist eine Utopie, von der wir oft nur träumen können, die hier aber theatralisch Wirklichkeit wird. Am ehesten vermag noch immer die Musik Beethovens der Hoffnung Klanggestalt zu verleihen, und sei es nur für wenige Augenblicke.

Carl Maria von Weber
(1985)

Weber, der Romantiker der deutschen Musikbühne par excellence, nennt Eutin, das Weimar des Nordens, seine Vaterstadt. Seine Mutter stammt aus Bayern, sein Vater, Onkel von Konstanze Mozart, wurde in der Nähe von Freiburg im Breisgau geboren. Wo also liegt die Heimat des Waldmädchens Silvana, des Erbförsters Kuno, des Elfenkönigs Oberon? Wo finden wir diesen deutschen Wald, der zum Markenzeichen der deutschen Romantik geworden ist? Im hügeligen Schwarzwald, im sich über breite Täler ergießenden Bayerischen Wald, im von Mooren durchsetzten Gehölz Norddeutschlands oder im Böhmischen Wald, dessen Klüfte den Schauplatz für das erste Finale des »Freischütz« abgeben?

Von Hans Pfitzner stammt der Ausspruch, daß der Wald die eigentliche Hauptperson im »Freischütz« sei. Diese Aussage gilt es gerade heute ebenso wie zahlreiche andere hinsichtlich der Wirkung und Nachwirkung Carl Maria von Webers neu zu überprüfen und zu interpretieren.

Wer nun aber heute »Freischütz« und »Oberon« entromantisieren möchte, sei gewarnt: Die Fehlschluß-Kette Romantik-Freischütz-Deutscher Wald hat dazu geführt, daß ehrlich um das Werk bemühte Bearbeiter des »Oberon« aus dem Feengarten des ersten Bildes einen »Deutschen Wald« machten. Ist es da ein Wunder, daß das letzte Werk Webers bis heute so wenig Erfolg hat? Es geht um die Vermeidung verniedlichender Klischees. Wir sind dringend interessiert an den wirklichen Dimensionen deutscher Romantik, die den Gefährdungen des Individuums und den Düsternissen gemeinsamen Schicksals ebenso nachspürt, wie sie auf dem Glauben beharrt, es gäbe den Weg »durch Nacht zum Licht«. Ein solch musikgewordenes Gedankenerbe können wir nicht preisgeben.

1986 wird des zweihundertsten Geburtstags Webers gedacht. Anlaß und Anregung für hoffentlich viele Bühnen, neben dem »Freischütz« da und dort vielleicht »Silvana«, »Abu Hassan«, »Oberon« oder gar die vielgeschmähte »Euryanthe« neu zu interpretieren. Im Osten und Westen unseres Landes sollten wir die für unsere Musikkultur nicht unwichtige Chance wahrnehmen, uns Carl Maria von Weber als den bedeutendsten Komponisten und Erneuerer des Musiktheaters zwischen Mozart und Wagner zu vergegenwärtigen.

»DER FREISCHÜTZ«

von Carl Maria von Weber

(1977)

Vor vielen Jahren las ich in einem Programmheft eine kurze Synopsis des »Freischütz«. Ihr Autor war nicht angegeben. Präzis und lakonisch, wie sie geschrieben war, glaubte ich, sie stammte von einem Dramaturgen aus der Brecht-Schule: »Ein alter fürstlicher Jäger will seinem braven Jägerburschen Max seine Tochter (Agathe) und Dienst geben, und der Fürst ist es zufrieden; doch besteht ein altes Gesetz, daß jeder einen schweren Probeschuß ausführen muß. Ein anderer, boshafter, liederlicher Jägerbursche Kaspar hat auch ein Auge auf das Mädel, ist aber dem Teufel halb und halb ergeben. Max, sonst ein trefflicher Schütze, fehlt in der letzten Zeit vor dem Probeschuß alles, ist in Verzweiflung darüber und wird endlich von Kaspar dahin verführt, sogenannte Freikugeln zu gießen, wovon sechs unfehlbar treffen, dafür aber die siebente dem Teufel gehört. Diese soll das arme Mädel treffen, dadurch Max zur Verzweiflung und Selbstmord geleitet werden usw. Der Himmel beschließt es aber anders, beim Probeschuß fällt zwar Agathe, aber auch Kaspar, und zwar letzterer wirklich als Opfer des Satans, erstere nur aus Schrecken – geschützt durch die geweihten Rosen des Brautkranzes, die ihr der ahnungsvolle Eremit am Morgen gab. Das Ganze schließt freudig.«

Können Sie sich vorstellen, wie perplex ich war, als ich schließlich erfuhr, daß Weber selbst diese Synopsis geschrieben hatte? In ihrer Mischung aus kluger Naivität, verborgenem hohem Anspruch und romantischer Ironie ist sie mir ein wichtiger Schlüssel geworden, den vielfachen Widersprüchen dieser Oper ein wenig besser auf die Spur zu kommen.

Das heftige Für und Wider, das nach der Berliner Uraufführung 1821 um den »Freischütz« entbrannte, ist bis heute nicht besänftigt. Richard Wagner beschrieb in seinem bekannten Aufsatz »Der Freischütz« die infizierende Wirkung der volkstümlichen Melodien Webers auf Groß und Klein, Hoch und Niedrig. »Hits«, wie sie bis heute kaum ein Musical in solcher Fülle geliefert hat. Aber schon immer gab es Leute, die die Identität von Kunst und Popularität suspekt fanden. Der Komponist Spohr warf Weber die Gabe vor, »für den großen Haufen zu schreiben«. E. T. A. Hoffmann manifestierte, »daß seit Mozart nichts Bedeutenderes für die deutsche Oper geschrieben ist, als Beethovens ›Fidelio‹ und dieser ›Freischütz‹«. Aber zugleich wandte er sich scharf gegen den Inhalt der Oper und geißelte die mangelhafte »Zeichnung und Physiognomie der Rollen«. Hector Berlioz schließlich urteilte: »Schwerlich wird sich in der alten oder in der neuen Schule eine unter allen Gesichtspunkten so vollkommene Partitur finden lassen wie die des ›Freischütz‹ – von Beginn der Ouvertüre bis zum letzten Akkord des Schlußchores kann ich keinen einzigen Takt finden, dessen Weglassung oder Verbesserung mir wünschenswert erschiene.«

Von Weber kennen wir keine Distanzierung von seinem Libretto. Vor Aufnahme der Komposition hatte er seiner Braut geschrieben: »Das Sujet ist vortrefflich, schauerlich und interessant.« Doch seit hundertfünfzig Jahren empfinden das manche ganz anders als der Komponist. Ich kenne Aufführungen, in denen das Publikum das, was ihren Vorfahren lieb und teuer war, lauthals verlachte oder aus denen viele flohen, für die Oper identisch mit Unsinn ist. Und ich kenne keine Aufführung, die rundum beglückt hätte. Aber wie sollte sich eine solch harmonierende Beglückung auch einstellen, wo doch der »Freischütz«, genau besehen, Produkt und künstlerisches Dokument einer Misere ist? Nicht nur einer typisch deutschen Misere, aber wohl einer, für die Deutschland besonders prädestiniert war und gegenüber deren Wahrheitsgehalt sich gerade deshalb die Deutschen besonders unempfänglich erwiesen.

Das Dilemma beschreibt Weber selbst sehr genau: »In dem ›Freischütz‹ liegen zwei Hauptelemente, die auf den ersten Blick zu erkennen sind: Jägerleben und das Walten dämonischer Mächte, die Samiel personifiziert. Ich hatte also bei der Komposition der Oper zunächst für jedes dieser beiden Elemente die bezeichnendsten Ton- und Klangfarben zu suchen: Diese Ton- und Klangfarben bemühte ich mich festzuhalten und nicht bloß da anzubringen, wo der Dichter das eine oder das andere der beiden Elemente angedeutet hatte.«

Es liegt sicher nicht nur an der Unverbindlichkeit, in die die Kunstgattung Oper so oft gedrängt wurde, sondern im menschlichen Wesen begründet, daß die meisten Aufführungen und deren Publikum »das Walten dämonischer Mächte« verdrängen wollten. So gewannen die biedermeierlichen Züge des Werkes Oberhand, Natur wurde einseitig romantisiert und das Jägerleben beherrschender Faktor. Die so interessante Dialektik, die Weber entworfen hat, wurde negiert, statt dessen eine »heile Welt« vorgegaukelt, in der schließlich der Eremit nur noch die Rolle eines harmlosen Weihnachtsmannes ausführte.

Weber war sich von Anfang an der Gefahr solcher Verharmlosung bewußt, die durch seine Begabung, Volksliedergut aufzuarbeiten, für manche Ohren noch unterstützt wurde. Sehr deutlich hielt er dem entgegen: »Die wichtigste Stelle für mich waren die Worte des Max: ›Mich umgarnen finstere Mächte‹, denn sie deuten mir an, welcher Hauptcharakter der Oper zu geben sei. An diese ›finsteren Mächte‹ mußte ich den Hörer so oft als möglich zu Klang und Melodie erinnern. Sehr oft bot mir der Text Gelegenheit dazu, sehr oft deutete ich da, wo der Dichter nicht unmittelbar vorgezeichnet hatte, durch Klänge und Figuren an, daß dämonische Mächte ihr Spiel treiben.«

Es zeigt sich schon aus diesen Bemerkungen Webers, wie genau er die Grundabsicht seines Librettisten aufgenommen hat, der ursprünglich Weber den Stoff angetragen hatte mit folgenden Worten: »Ich drehe das ganze Spiel um! Nichts Modernes: Wir leben nach dem Dreißigjährigen Kriege, tief im böhmischen Waldgebirg!« Auch wenn der biedere Johann Friedrich Kind diesen bestürzenden Zeitaspekt während seiner »Dichtung« bisweilen aus dem Auge verloren hat, schrieb er doch eigenhändig über sein Libretto die Zeitangabe: »Kurz nach Beendigung des Dreißigjährigen Krieges.«

So unglaublich es klingen mag, man weiß inzwischen, daß dieser Krieg mit allen Folgeerscheinungen wie Hungersnot und Seuchen den Kontinent mehr Tote gekostet hat als der Zweite Weltkrieg, daß seine Grausamkeit, das einzelne Individuum, die einzelne Kreatur betreffend, kaum überholt wurde von den späteren, raffinierteren Erfahrungen der Menschenvernichtung. Was aber hat das mit Weber zu tun? »Wenn Sie die Partitur durchgehen, werden Sie kaum ein Stück finden, in welchem jene düstere Hauptfarbe nicht merkbar wäre. Sie werden sich überzeugen, daß die Bilder des Unheimlichen die bei weitem vorherrschenden sind, daß sie den Hauptcharakter der Oper geben.«

Faßt man nun diesen Hauptcharakter der Oper wieder schärfer ins heutige Auge, verlieren die zahlreichen Ungereimtheiten wie das herabfallende Försterbild, die Samiel-Erscheinung, die Totenkrone und die verirrte Kugel, die am Ende Kaspar trifft, ihren lächerlichen Beigeschmack. Die engere Beziehung zwischen Webers kompositorischen Absichten und der Zeitangabe sind sowohl historischer wie psychologischer Raum; den »Bildern des Unheimlichen« verleiht der »dunkle, düstere Klang«, um den sich Weber bemühte, die reale Entsprechung, bevor er in die Sphäre des Unterbewußten tritt.

In solcher romantischen Haltung steht Weber unmittelbar neben dem Maler Caspar David Friedrich. Auch zu ihm hat man jüngst erst in Deutschland eine neue, genauere Beziehung gewonnen. Auch ihm gegenüber wurde die biedermeierliche, verharmlosende Vorstellung von der Romantik revidiert, wie sie das Bürgertum jahrzehntelang programmiert hatte, alle Ängste, sozialen Spannungen, äußere und innere Finsternis eliminierend.

Die Entstehungszeit des »Freischütz« war ebensowenig die »heile Welt« wie die Zeit, in der die Handlung spielen sollte. Man lebte auch 1820, kurz nach Beendigung eines langen Krieges, der mit der Französischen Revolution begann und der nach dem Wiener Kongreß 1815 in einem restaurativen Frieden verkrustete, unter Nachkriegserscheinungen. Beide Zeitebenen – Entstehungszeit und

Zeit der Handlung – überlagern sich mit einer dritten: der Aufführungszeit, der Gegenwart des Spielvorgangs. Für alle drei Zeiten gilt, falls wir nicht vergeßlich sind: Man lebt nach einer gerade überstandenen Katastrophe. Die finsteren Mächte sind ins Unsichtbare gedrängt. Das Chaos wirkt nach in jeder der Hauptfiguren. Das Unheimliche hat vor allem den psychischen Raum okkupiert. Noch ist die Natur selbst verletzt, bevor sie sich regenerieren kann. Die Wunden, in die Psyche der Menschen geschlagen, heilen viel langsamer – oder nie. Verwirrung ist da, Verunsicherung, Gespaltensein. Die Angst grassiert noch oder schon wieder. Absurdes passiert allenthalben, schürt Aberglauben. Das Unheimliche zu überwinden, »durch Nacht zum Licht« zu gelangen, prägt den Gestus der Oper im Raum der äußeren und inneren Handlungen.

Eine solche Lesart schärft die Situation in der Oper und profiliert die Figuren in der Beziehung zwischen Sinn und Hintersinn. Die Fabel: Max, der »beste Schütze weit und breit«, trifft nichts mehr, seit der Tag heranrückt, an dem er durch einen Probeschuß seine geliebte Agathe und gleichzeitig die Stellung des fürstlichen Erbförsters erringen soll. Er ist dem Erfolgszwang nicht gewachsen. Selbst beim Bauern-Scheibenschießen, an dem er teilnimmt, obwohl es weit unter der Würde eines fürstlichen Jägers liegt, patzt er. »Es ist freilich arg, wenn der Bauer einmal über den Jäger kommt!« Im Viktoria-Jubel der Bauern und in dem Spott, den sie über den Jäger ausgießen, der in ihren Augen einem Soldaten gleicht, befreien sich in Kriegsnot angesammelte Komplexe, äußert sich ein neues Selbst- und Wertgefühl. Das Ahnenbild, das im halbzerfallenen, vielleicht durch Krieg teilweise zerstörten Forsthaus herabfällt und die Braut verletzt, steigert Agathes düstere Vorahnungen. Schockerlebnisse verleihen Zufällen schicksalhafte Bedeutung. Die beiden Mädchen im »Spukhaus« versuchen, damit auf verschiedene Weise fertig zu werden. Tief hat sich in Agathe die Scheu vor dem Probeschuß festgesetzt. Glücks- und Todeserwartung überlagern sich.

Prompt enthält auch die Schachtel, die Ännchen öffnet, statt des Brautkranzes eine Totenkrone. Die »finsteren Mächte« haben vor allem auch den erotischen Bereich verletzt beziehungsweise irritiert. Ännchens Erzählung von Nero, dem Kettenhund, ist einer ihrer mutigen Versuche, Angst zu bannen: in Gleichnissen, die lustig scheinen, in denen aber bittere Erfahrungen stecken. Die Schatten der Vergangenheit greifen immer wieder in die Gegenwart. In ihr, dem neugewonnenen Frieden, findet Kaspar sich nicht zurecht. Als Landsknecht hat er den Krieg mitgemacht, war »beim Magdeburger Tanz« dabei. Im Unterbewußtsein verfolgt ihn Schuld, er fühlt sich als Verdammter. Der »lustige Krieg« des Jägerdaseins kann ihm elementare Erlebnisse nicht ersetzen. Sein anarchistischer Wahn schafft sich in Samiel die Autorität, ohne die der ehemalige Soldat nicht zu leben vermag: das Phantom Tillys, Wallensteins – oder anderer Generäle. Max, der Avancierende, soll in diese Welt der verlorenen Illusionen gezerrt werden,

Bruder in der Verdammnis sein. So wird die Wolfsschlucht zum Hexensabbat innerer Ängste und maskuliner Selbstbehauptungs-Schizophrenie. Als Kaspar tot und das Vergehen des Max offenbart ist, muß der Fürst Ottokar, der nach der Mode der Zeit absolutistischen Anspruch vertritt und in den Wirrnissen der Nachkriegszeit um Aufklärung bemüht ist, die harte Strafe der Verbannung aussprechen. Gegen solchen Richtspruch erhebt der Eremit Protest. Er fordert dazu auf, nach den Ursachen jeder Schuld zu forschen und daraus humanere Maßstäbe der Beurteilung zu entwickeln. Vor allem soll niemals mehr von einer Kugel Menschenglück entschieden werden. Im kleinen Gleichnis – dem Probeschuß – verdammt er alle Weiterungen: Gewalt jeder Art, alle Gewalttätigkeit auch durch veraltete Bräuche. Doch anstelle verfrühten Jubels und vorschneller Scheinharmonie fordert dieser seltsame »Outsider« auf zu innerer Konzentration, zur Besinnung als Voraussetzung dafür, alte und neue Ängste zu bannen, ehe er in die selbstgewählte Einsamkeit zurückgeht.

Um den »Freischütz« in solcher Spannung zwischen Sinn und Hintersinn szenisch zu interpretieren, ist es meines Erachtens nicht erforderlich, Änderungen in der Partitur oder Dramaturgie vorzunehmen, abgesehen von Kürzungen im gesprochenen Text. Verschiedene Regisseure haben gerade in letzter Zeit Manipulationen mit dem Werk vorgenommen, die vorübergehend reizvoll erscheinen; meist aber zerstören sie das seltsame Gewebe zwischen Naivität und Irrationalität, das den »Freischütz« durchwirkt. Selbst Walter Felsenstein verzichtete auf eine szenische Realisierung seiner faszinierenden Idee, Samiel vom Eremiten darstellen zu lassen – gewissermaßen als Abschreckungstherapie der Nachkriegsbevölkerung.

Historie, Märchen, Spiel, die Aktualität des Unterbewußten – all das umfaßt und vermittelt Webers »Freischütz«. Die Schwächen des Werkes sind nicht hinwegzudiskutieren und hinwegzuinszenieren. Aber auch und gerade durch sie ist und bleibt der »Freischütz« eines der empfindlichsten Zeugnisse menschlicher Kultur auf dem langen Weg des Bemühens, aus den makabren Bereichen jedweden Aberglaubens, aus den Zwängen des inneren oder äußeren Chaos in die Dimension »Freiheit« zu treten. »Das Ganze schließt freudig!« befand Weber. Warum schließlich nicht?

»LA DAMNATION DE FAUST«
von Hector Berlioz

Der verdammte Faust
(1984)

Auch Schönbergs »Moses und Aron« schien sich lange der szenischen Präsentation zu widersetzen. »Du sollst Dir kein Bildnis machen.« Dieses biblische Gesetz scheint – übertragen auf die Bühne – immer wieder auch für eine Reihe von Komponisten Gebot gewesen zu sein, eine frühzeitige Vereinnahme durch das Theater zu scheuen, obwohl sie eine optisch-szenische Verwirklichung suchten und brauchten.

Berlioz nannte seine »Faust«-Komposition zunächst »Opéra de concert«, danach «Légende« und setzte später hinzu »dramatique«. Die Uraufführung 1846 an der Pariser Opéra Comique erfolgte in oratorischer Form. Vierundzwanzig Jahre nach dem Tod von Berlioz wagte sich Raoul Gunsbourg in Monte-Carlo an die erste Inszenierung.

Erinnern wir uns: Tschaikowsky schrieb »Eugen Onegin« als »Lyrische Szenen«. Wagner bezeichnete »Tristan« als »Handlung in drei Akten« und erfand für »Parsifal« den Begriff »Bühnenweihfestspiel«. Strauss nannte »Feuersnot« ein »Singgedicht« und »Daphne« eine »Bukolische Tragödie«, Charpentier »Louise« einen »Musikroman« und Busoni seinen »Dr. Faust« eine »Dichtung für Musik«.

Mit solchen Werkbezeichnungen prononcierten Komponisten die ungewöhnlichen Erwartungen an ein partiell noch nicht existierendes Musiktheater, wie sie andererseits mit solchen Begriffen auch der Offenheit des Musiktheaters Ausdruck gaben, die lineare Fabel-Musik-Dramaturgie zu verlassen und so eine weitgefächerte Ästhetik des Musiktheaters neu zu befragen, zu schaffen.

Der ästhetische Grenzfall der Faust-Komposition von Berlioz basiert auf einer existentiellen Grenzsituation. »La damnation de Faust« ist so etwas wie eine französisch-deutsche Schicksalsbegegnung. Als Heine in Paris Heimat nahm, machte Berlioz seine Winterreise 1845/46 durch Deutschland und angrenzende Länder. »Als ich in meinem alten deutschen Postwagen dahinrollte, versuchte ich, zu meiner Musik die nötigen Verse zu machen«, berichtet er in seinen Memoiren. In freier Montage gegenüber Goethe tauschte er die Schauplätze aus und begegnete seinem Faust in der »ungarischen Ebene« wie in »Norddeutschland«, in »Auerbachs Keller in Leipzig« wie am »Ufer der Elbe«, bevor er ihn in die Hölle stürzt und den Himmel singen läßt.

Wer in Berlioz' Werk eine Goethe-Vertonung sucht, der wird nicht fündig. Wenig froh machte Berlioz die erste Begegnung der Berliner 1847 mit seinem Werk: »Deutsche Kritiker griffen mich heftig an wegen der Änderungen, die ich in meinem Libretto am Text und am Plan des Goetheschen ›Faust‹ vorgenommen hatte – als ob es keinen anderen ›Faust‹ gäbe als den von Goethe, und als ob man überdies eine solche Dichtung in ihrem ganzen Umfang und ohne die Szenen-Folge zu verändern in Musik umsetzen könnte.« Bitter ergänzt er an anderer Stelle: »Patriotismus! Fetischismus! Kretinismus!« Und in seinem Vorwort zur Partitur besteht er darauf: »Die Legende vom Dr. Faust eignet sich zu verschiedenartigster Behandlung; sie gehört dem Volk an, war lange vor Goethe dramatisch bearbeitet worden.«

Staunen macht der frühe Zeitpunkt der ersten Auseinandersetzung des jungen Franzosen mit Goethes Werk. Schon 1829 komponierte der Sechsundzwanzigjährige nach der französischen Übersetzung von Gérard de Nerval acht Szenen aus »Faust«. Das war die Zeit, als Goethe am zweiten Teil der Tragödie arbeitete. Es war gerade auch das Jahr, in dem »Faust, Erster Teil« überhaupt zum ersten Mal auf der Bühne erschien, in Braunschweig. Die kühne »Faust«-Adaption Berlioz' hat ein Signal auch für das Stoffverständnis späterer Zeiten gesetzt. Bei ihm wird Faust nicht erlöst und nicht gerettet. Sein Faust ist verdammt. Damit greift Berlioz Interpretationen vor Goethe wieder auf und öffnet zugleich durch die Verfremdung klassischer Idealität den Weg für Versuche über Faust wie denen von Hanns Eisler und Wolfgang Rihm.

»Fausts Verdammung« müßte – wir wissen es wohl – die Übersetzung des Titels richtig heißen. Aber die Verwendung des eingebürgerten Begriffs »Verdammnis« erlaubt sich auch von der tragischen Fatalität her, in die Berlioz' romantische Sehnsucht mündet – einer Fatalität, die Berlioz seiner Figur von Anfang an gibt.

Sein Faust lebt allein, von der Welt abgeschlossen in seinen Träumen, mit seinem Wissen. Was er erschaffen hat, läßt ihn den Tod herbeisehnen. Mephistopheles reißt ihn zurück ins Leben. Die Stationen, durch die er seinen Faust führt, sind Zerrbilder der klassischen Erfahrungsbildung, sind wie eine Lektion über die Vergeblichkeit, das »normale« Leben noch einmal heimzusuchen, nachdem das Genie es übertreffen wollte. Wenn wir das weiterdenken, entdecken wir plötzlich im romantischen Genie wieder die Projektion des Wissenschaftlers, des Erfinders, der, nur wenn er abschwört wie Galilei, seine Gans bekommt und der, wenn er es nicht tut wie viele bis auf den heutigen Tag, in Verbannung lebt, isoliert wird, einsam endet. Weil er Himmelswege erforschte, beansprucht ihn die Hölle. Aber er versagt sich ihr wie der Erde. Ein wahrhaft verdammter Faust.

Berlioz' Sinngebung ergibt die dramatische Affinität der »Légende«. Erst aus dem szenischen Kontext wachsen die Assoziationen, die in der Komposition angelegt sind. Nur drei Beispiele: Die brillanten Klänge des ungarischen Marsches leitet Berlioz mit einem Rezitativ Fausts ein, den er sagen läßt: »Jedes Herz schaudert vor dem Siegesgesang. Das meine bleibt kalt, gefühllos für den Ruhm.« Die Aufgabe für die Szene wird eminent: die Musik zu kontrapunktieren. Verfremdung also umgekehrter Art. – Die diabolische Funktion des Mephistopheles gipfelt in der Beschwörung des Bildes der Marguerite. In idealisierter, künstlicher Umgebung läßt er Faust Marguerite erträumen. Bevor er ihr aber in Wirklichkeit begegnen kann, zerstört, demoliert Mephistopheles das weibliche Ideal. Im »Menuett der Irrlichter« wird Marguerite derangiert. Der verjüngte Faust trifft auf sein gealtertes Gretchen. In solcher Verkehrung verschlüsselt sich der selbstquälerische Zweifel, seine Ideale auch wirklich erfüllt finden zu können. Die Biographie Berlioz' bietet dafür hinreichend Material. – Unsere Aufführung findet Faust am Ende so einsam wie am Anfang. Der Versuch, ins Leben zurückzukehren, ist gescheitert. Faust versagt sich jeder Gemeinschaft, selbst der mit der Hölle. Die Einsamkeit ist sein Fluch und sein Gewinn. So hört er die Stimmen, die von der Aufnahme Marguerites in den Himmel singen. Man gönne dem Verdammten diese Phantasie.

»Die Legende vom Faust eignet sich zu verschiedenartigster Behandlung.« »La damnation de Faust« fragt nach den Möglichkeiten und Grenzen, die das Musiktheater solchen Stoffgestaltungen gegenüber hat. So bildet der moderne Archetypus vom verdammten Faust einen Grenzfall auch für die heutige Musikbühne.

»LES TROYENS«

von Hector Berlioz

Grosse Oper in Shakespearischem Stil
(1982)

Jede Aufführung der Oper »Les Troyens« beansprucht und verdient besondere Aufmerksamkeit. Selten genug gespielt, ist dieses groß angelegte Werk noch immer eine spezielle Herausforderung an Interpreten und Publikum – wie eigentlich das gesamte Œuvre von Hector Berlioz.

Berlioz gehört zu den aufrührerischen Genies, die Kunst und Literatur des 19. Jahrhunderts bewegten. Er, der Wagner als »offensichtlich verrückt« bezeichnete, galt seinen Zeitgenossen wegen seiner kühnen und in der Orchestrierung alle bisherigen Maße sprengenden Kompositionen selbst als nicht minder wahnwitzig. Die Karikaturisten seiner Zeit zeigten ihn oft genug an der Spitze seines Riesenorchesters, das mit Kanonen bestückt war. Dabei war er ein brillanter Schriftsteller, dessen Memoiren zu den wichtigsten und bissigsten Dokumenten des Musiklebens im 19. Jahrhundert gehören.

Inspiriert von Franz Liszt, entwickelte er den Typus der Symphonischen Dichtung zu Großformat. Am ehesten auf diesem Weg schien ihm inhaltliche Aussage ohne Bindung an die Gegebenheiten der Bühne möglich. »La symphonie fantastique« wurde das bekannteste Werk dieser Stilhaltung. Für die szenisch-musikalische Zwischenform von »Fausts Verdammnis« prägte er den Begriff »Opéra de concert«. Ausnahmefälle waren auch seine Opern. »Benvenuto Cellini« paßt sich den Normen der Opéra comique ebensowenig an wie »Les Troyens« dem damals gängigen Muster der Grand Opéra.

Als sich Berlioz, oft in Deutschland reisend und komponierend, 1856 in Weimar aufhielt, festigte sich im Zusammensein mit der Fürstin Wittgenstein der Plan, nach Vergils »Aeneis« ein außerordentliches Werk zu schaffen. »Vergil zu sprechen und auf meine Idee von einer großen Oper in Shakespearischem Stil, deren Gegenstand das zweite und vierte Buch der ›Aeneis‹ sein sollte. Ich fügte hinzu, daß ich zu gut wüßte, wieviel Schmerzen und Ärger mir ein solches Unternehmen notwendig bereiten würde, als daß ich jemals dazu kommen könnte, den Versuch zu wagen. ›Gewiß‹, antwortete die Prinzessin, ›muß aus Ihrer Leidenschaft für Shakespeare, vereint mit einer solchen Liebe zur Antike, etwas Großartiges und Neues entspringen.‹«

Als das Werk fertiggestellt war, versperrten sich ihm die Bühnen. Berlioz erlebte lediglich 1863 eine Aufführung der letzten drei Akte, gespielt unter dem Titel »Die Trojaner in Karthago«. Die ersten beiden Akte, genannt »Der Fall von Troja«, wurden erst 1879, zehn Jahre nach Berlioz' Tod, konzertant in Paris aufgeführt. Die erste vollständige Aufführung des Werkes an zwei Abenden besorgte 1890 Felix Mottl in Karlsruhe. Und an einem Abend wurden die gekürzten »Trojaner« erst 1913 in Stuttgart gegeben. Es verging fast ein halbes Jahrhundert, bis das Werk eine neue Renaissance erlebte, ausgehend von London und Glasgow.

Die Hamburgische Staatsoper hat für die erste Aufführung des Werkes in der Hansestadt große Energien aufgeboten, der defekten Opernmaschinerie zum Trotz. Die Inszenierung versagt sich die dekorative Opulenz der Grand Opéra und sucht in den Bühnenbildern und Kostümen von Ekkehard Grübler eher den von Berlioz anvisierten Shakespearischen Stil, gleichzeitig den von Berlioz hochgeschätzten Reformbewegungen Glucks nachstrebend und die Grundelemente des antiken Theaters frei für die heutige Bühne benutzend. Unsere Absicht: Vergangenes, scheinbar noch Fremdes uns zu vergegenwärtigen. Anstelle des erkrankten Christoph von Dohnányi dirigiert Sylvain Cambreling die Aufführung, die die Extreme und die oft grellen Kontraste Berlioz' herausstellen will und seine Lyrik zu oft fiebriger Emotionalität steigert.

Zwei Sängerdarstellerinnen von unkonventionellem Profil – Karan Armstrong als Kassandra und Hanna Schwarz als Dido – geben beiden Teilen des Werkes den individuell menschlichen Angelpunkt und verkörpern auf unterschiedliche Weise weiblichen Protest in einer Geschichte, die von Männern gemacht und geschrieben wurde. Kassandra, auf deren Warnungen niemand hört, besiegelt den Untergang Trojas, indem sie mit einer Schar Troerinnen in den Freitod geht, um sich so dem Zugriff der Feinde zu entziehen. Dido hat einen fast utopischen Friedensstaat begründet. Doch als dieser von Feinden bedroht wird, müssen die Waffen der Trojaner helfen, die Aeneas – gesungen von dem in dieser Partie oft bewährten Guy Chauvet – nach Rom führen will. Die Begegnung zwischen Dido und Aeneas ist der vergebliche Versuch, den Frieden in Liebe festzuhalten. Als Aeneas, der Heimatlose auf der Suche nach neuer Heimat, weiterziehen muß, gibt sich Dido den Tod. – Wie charakterisiert doch Berlioz selbstbewußt seine Oper? »Sie scheint mir von imponierender Größe und extremer Vielfalt der Stimmungen zu sein.«

Der Weg der »Trojaner« wird von Hamburg nach Berlin führen, wo die Aufführung, in sicher weiter zu entwickelnder Form, 1989 herausgebracht werden soll – ein neuer Anlaß zur Auseinandersetzung mit diesem ebenso großartigen wie widersprüchlichen Werk europäischer Kultur.

»TANNHÄUSER«

von Richard Wagner

Gespräch mit Dr. Leo-Karl Gerhartz
(1972)

Gerhartz: Was war das auslösende Moment für Ihre »Tannhäuser«-Inszenierung in Bayreuth: die Einladung, hier zu arbeiten, oder ein besonderes Engagement für dieses Werk Wagners?

Friedrich: Es war zunächst und ganz simpel nichts anderes als die Einladung von Wolfgang Wagner an mich. Daß es natürlich die Einladung für einen »Tannhäuser« war, ist für mich persönlich ganz besonders beglückend, weil ich als Opernregisseur noch nie Wagner inszeniert habe. In dieser Situation ist für mich der »Tannhäuser« einer der interessantesten Wege zu diesem ganzen, komplizierten Phänomen Wagner, deshalb, weil der »Tannhäuser« den frühen und den späten Wagner in sich hat. Und ich glaube, das Wichtigste ist, zu erkennen, daß »Tannhäuser« ein Werk des jungen Richard Wagner ist. Wenn man das erkennt, muß man gleichzeitig vollziehen, daß in diesem Jugendwerk schon Projektionen, Programmierungen, Vorwegnahmen einer späteren Entwicklung enthalten sind.

Gerhartz: Damit sind wir schon bei dem Konzept, nach dem ich Sie fragen möchte. Natürlich ist es immer recht schwierig für einen Regisseur, für jeden künstlerisch Tätigen, in wenigen Worten sagen zu sollen, worum es ihm bei der Inszenierung gegangen ist.

Friedrich: Weiß Gott, dann bräuchte man ja nur fünf Minuten zu erzählen und nicht zu inszenieren.

Gerhartz: Darf ich Sie dennoch fragen, worum es Ihnen bei Ihrer Regie-Arbeit zentral gegangen ist? Mir scheint, ist das richtig, daß für Sie, sagen wir einmal, die religiös-philosophischen Aspekte ein wenig im Hintergrund geblieben sind zugunsten der gesellschaftlich-politischen Momente?

Friedrich: Wenn Sie das finden, Herr Gerhartz, kann ich daran nichts ändern. Ich bin überhaupt nicht gegen die religiösen und philosophischen Aspekte, die das Werk beinhaltet. Im Gegenteil. Ich finde sie immens und groß und voller Geheimnisse. Nur begreifen wir diese Geheimnisse doch wohl eher, wenn wir die Phänomene auf die gesellschaftlichen Situationen beziehen, aus denen heraus sie erwachsen oder an die sie gebunden sind. Ohne das kann ich keine Inszenierung von einem Stück machen, dessen Hauptthema mir zu sein scheint: die Position des Künstlers in oder gegenüber einer bestimmten, hier ja historisch konkret zu erfassenden Gesellschaft; ohne das kann ich nicht eine Oper inszenieren, deren Thema es ist, herauszufinden, wie der Künstler sich auf der einen Seite befreien kann von Normen, die er als etabliert nicht mehr anerkennt, aber gleichzeitig als Künstler weiß, daß er nicht arbeiten, nicht schaffen kann, ohne Kommunikation, das heißt ohne Bindung, also auch ohne neue Bindung. Aber Bindung an was, Bindung an wen? An etwas, was bereits existiert, oder an etwas, was noch kommt? Eigentlich die biographische Frage des ganzen Lebens und Schaffens Wagners, aber auch eine existentielle Grundfrage meines Erachtens von Künstlern damals und heute.

Gerhartz: Mit anderen Worten: Wenn ich Sie richtig verstehe, geht es Ihnen darum, das Künstlerische, das Religiöse und das Philosophische zu binden an konkrete gesellschaftliche Verhältnisse und sie nicht einfach nur abstrakt vorzustellen. Es gab vor einigen Jahren von Peter Stein eine interessante »Tasso«-Inszenierung, und »Tasso« ist ja immer wieder mit »Tannhäuser« verglichen worden. Sehen Sie zwischen der »Tasso«-Inszenierung Steins und Ihrem »Tannhäuser« Parallelen?

Friedrich: Ich kenne Steins »Tasso«-Inszenierung nicht, ich habe nur gelesen, daß er über den »Tasso« auch geschrieben hat, es sei der Künstler, der zur Anpassung nicht fähig ist. Und tatsächlich gibt es Fabelelemente im »Tannhäuser«, die auch dieses Thema – Anpassungsmöglichkeit des Künstlers oder permanente Befreiungssehnsucht – behandeln. Aber sie tun das nicht ausschließlich und im Sinne dieses Einfabelelements. Vor allen Dingen konzentriert sich dieses Problem auf das Ende des 1. Aktes und ist, wenn man will, das Thema des ganzen 2. Aktes; aber das Stück besteht aus drei ganzen vollen Akten.

Gerhartz: Tatsächlich wird der Aspekt im zweiten Teil des 1. Aktes in der Wiederindienstnahme von Tannhäuser durch den Landgrafen, die in Ihrer Inszenierung in etwa als eine politische Interessenentscheidung erscheint, besonders deutlich: Tannhäuser wird gebraucht als Künstler, man will ihn wieder in die Gesellschaft integrieren, aus der er dann im 2. Akt abermals ausbricht. Können Sie vielleicht ein wenig über die konkrete Realisierung dieser beiden Szenen sagen: die Rückkehr von Tannhäuser vom Venusberg in die Gesellschaft und dann seine Ausstoßung aus dieser Gesellschaft im 2. Akt?

Friedrich: Ja, sehr gern, aber wenn Sie gestatten, darf ich ein wenig ausholen. Wir sehen ja in dieser »Tannhäuser«-Inszenierung 1972 in Bayreuth Tannhäuser nicht erst, wie in der Regel, im Venusberg, sondern wir erleben ihn gleich zu Beginn, bald nachdem der Vorhang aufgegangen ist. Und bei uns geht der Vorhang ja nicht sichtbar auf, sondern im Dunkeln, vor dem ersten Ton des Vorspiels. Wenn dann die Musik erklingt, hellt sich die Bühne langsam auf, und auf diese große leere Bühne kommt ein Mensch, ein Mensch, der offenbar vor etwas flieht oder der gegen etwas angehen will, der in einer Situation ist, die er nicht mehr ertragen kann, die voller Fragen für ihn ist, und aus dieser Situation sehnt er sich in andere Bezirke. So erzählen wir, wie Tannhäuser in den Venusberg gerät, der ja keine reale Geographie ist, sondern eine ganz andere Realitätsqualität hat als beispielsweise die Wartburg-Welt – in den Venusberg, das Bacchanal, was im Grunde nur das Sinnbild von Träumen und Traumata eines Künstlers ist. Wir erzählen nicht nur, wie er aus dem Venusberg herauskommt, sondern wir wollen erklären, daß dieser Venusberg nichts anderes ist als die Phantasie, die Phantasmagorie oder die Konzentration von Erfahrungen und Sehnsüchten dieses schöpferisch-kreativen Menschen an einem bestimmten Punkt seines Lebens. Er durchmißt dieses Bacchanal in den verschiedensten Stationen, wie Richard Wagner sie sehr dramatisch und auch sehr konsequent dramaturgisch vorschreibt, und katapultiert sich dann wieder in die Welt hinaus, aber interessanterweise mit der Absicht, nicht in die Wartburg zurückzukehren, sondern in der Welt alles auf sich zu nehmen, und sei es auf Tod und Untergang. Und dort, zurückgekehrt in die Welt, hört er den Hirtenknaben. Das ist seine erste Wiederbegegnung mit der Welt. Das nächste sind die Pilger, die vorbeiziehen nach Rom. Es sind alles Alternativen, die ihm neu abverlangt werden; und er ist der Welt zurückgegeben und sieht diese Welt in ihren Schönheiten wie in ihren Widersprüchen. In diesem Moment ertönen Jagdhörner, und es kommen Menschen, die er jetzt eigentlich am wenigsten erwartet hat: Es kommen seine alten Freunde, es kommt sein Dienstherr auf die Bühne, und er ist allen ausgeliefert. Sie fragen ihn als erstes, und das ist sehr interessant: »Nahst du uns als Freund oder als Feind?« Er muß also von ihnen nicht in Frieden gegangen sein, er muß von ihnen gegangen sein in einer Haltung, die der Landgraf vornehm als »Hochmut« bezeichnet. Was das bedeutet, ist leicht erkennbar. Das einzige Anliegen aber, das Tannhäuser hat, ist: »Seid mir versöhnt und laßt mich weiterziehn.« Er will nicht zu ihnen, er will neue Erfahrungen sammeln in einer Welt, die er nicht kennt, die wir auch nicht kennen. Und da setzt das ein, was Sie eben genannt haben: das Bemühen, der Wunsch, der Versuch all der Anwesenden, des Landgrafen und der Minnesänger, Tannhäuser wieder einzubeziehen in die Wartburg-Welt, in den neu bevorstehenden Sängerwettstreit, den großen Tannhäuser der Gesellschaft wieder vorweisen zu können. Aber ich finde das nichts Negatives; und wenn Sie von einem politischen Interesse sprechen, sollte man solche Begriffe nie a priori negativ interpretieren. Es ist vorstellbar und erlaubt – und es ist von diesen Minnesängern und dem Landgrafen in ihrem Denkverhalten ja durchaus positiv gemeint –, diesen Mann nun wieder einzubeziehen und mit ihm dem bevorstehenden Fest einen besonderen Stempel zu verleihen. Die Freiheit und die Weite des Wettstreites, der in diesen Hallen stattfindet, wo, wie der Chor dann singt, »Nur Kunst und Frieden herrscht«, das wird ja durch die Wiederkehr oder würde durch die Wiederkehr eines Tannhäuser auf eine überraschende Weise aufgewertet. Auch Tannhäuser wäre es sicher in seinem persönlichen Leben nur zu wünschen, wenn er dort wieder gut lebt und wenn ihm eines wiedergegeben oder erstmals gegeben würde, nämlich die Elisabeth, seine große Liebe, vor der er aus Gründen, die wir uns nur zusammenreimen können, geflohen ist. So ist die Re-Integration Tannhäusers in die Wartburg-Welt a priori nichts Böses, nichts negativ zu Interpretierendes, sondern sie ist von der Haltung des Landgrafen und der Sänger eine durchaus ihnen zuzutrauende und zuzubilligende positive Absicht.

Gerhartz: Vielleicht nach dieser plastischen Schilderung des 1. Aktes noch ein paar Worte zu dem weiteren Verlauf dann im 2. Akt, dort, wo die Integration, der Versuch des wieder friedlichen Miteinanderlebens, scheitert.

Friedrich: Er muß scheitern, weil Tannhäuser nicht der Protestler ist, nicht der Rebell um des anarchistischen Protestes willen. Er ist nur der Wahrheitsfanatiker und der, der es nicht ertragen kann, wenn Formeln und veraltete oder sterile Normen gesetzt werden für die Suche nach dem, was er als Wahrheit begreift. Der Landgraf stellt als Thema des Sängerwettstreites: »Der Liebe wahrstes Wesen sollt Ihr mir ergründen.« Tannhäuser ahnt nicht, daß eigentlich geplant war, so wie es auch in vielen »Tannhäuser«-Aufführungen stattfindet, daß einer nach dem anderen wohlgeordnet seine Meinung sagt, sondern er begreift den Wettstreit, sehr naiv zunächst, als Meinungsstreit. Er muß viel später erst, mehr verblüfft als gewollt, feststellen, daß, wenn er von der lebendigen Liebe, von der Liebe des Genusses und der lebenserzeugenden Liebe spricht, die anderen das Schwert zücken, daß diese Gesellschaft, die sich für Kunst und Frieden versammelt hat, in dem Moment, wo ein falsches Wort ertönt oder ein Wort, das ihr nicht passen kann oder passen mag, die Schwerter zieht. Der Landgraf beschwört alle: »Zurück die Schwerter«, Wolfram beschwört den Frieden der Halle, doch da dreht Tannhäuser durch. Seine letzte Strophe, die er singt, das sogenannte Preisliedthema noch einmal an die Venus – das ist so etwas wie eine Marseillaise in einer solchen Gesellschaft; da attackiert er nun wirklich und ganz bewußt das Tabu und liefert sich damit den Schwertern dieser Gesellschaft aus, die plötzlich aus einer friedlichen in eine sehr kämpferische umschlägt.

Gerhartz: Die Rolle der Elisabeth und Venus wird in Ihrer Inszenierung von einer Person, von Gwyneth Jones, interpretiert. Wäre es nicht auch denkbar gewesen, die zwei Extreme des Weiblichen in zwei Personen als theatralische Sichtbarmachung ein und derselben Sache zu zeigen? Weshalb haben Sie sich für die eine Darstellerin entschieden?

Friedrich: Es gibt sehr viele Überlegungen und sehr viele Aspekte, die zu dieser Entscheidung geführt haben. Man könnte ganz einfach sagen, wenn man eine Darstellerin wie Gwyneth Jones hat, liegt es auf der Hand, wenn eine so großartige Sänger-Darstellerin beides machen kann, aber das wäre ein praktischer, ein praktizistischer Gesichtspunkt. Für das Wichtigste halte ich im Moment, daß wir beim »Tannhäuser« verstehen, daß es nicht um die einfachen Gegensatzpaarungen Elisabeth/Venus oder Wartburg-Welt/Venusberg oder himmlische/irdische Liebe oder um alle diese Dualitätspaarungen geht, in die wir so oft den »Tannhäuser« gespannt sehen. Es geht doch wohl darum, zu erkennen, daß die Ebenen, die Sphären und die Phänomene, in die die Konfliktsituation »Tannhäuser« gestellt ist, sehr viel vielfältiger sind, daß sie sich überlappen, sich überkreuzen und daß eine solche einfache Antithese Venus – Elisabeth für mich und für viele von uns zu schnell dieses ideologische Schema hier Venusberg, dort Wartburg-Welt, hier Schwarz, dort Weiß unterstreichen würde. Ich halte den »Tannhäuser« für ein viel zu interessantes, viel zu aufgefächertes, viel zu dialektisches Kunstwerk, um im Moment imstande zu sein, vorschnelle Dualismen wieder zu integrieren, wieder einzuführen in dieses Werk.

Gerhartz: Herr Friedrich, nach so vielen Worten zu Ihrer Inszenierung vielleicht ein wenig weg vom »Tannhäuser« und ein paar allgemeinere Fragen zu Ihrer Arbeit hier in Bayreuth. Sie kommen aus Ost-Berlin, sind Oberspielleiter an der Komischen Oper. Der gesellschaftlich-politische Hintergrund dort ist sicher sehr von dem verschieden, was die Tradition von Bayreuth ausmacht und bestimmt. Bei Ihnen in Ost-Berlin will man doch, soviel ich sehe, auch die Theaterarbeit als rationale Tätigkeit in der Gesellschaft und für die ganze Gesellschaft verstehen. Kultisches hat dort keinen Platz. Meine Frage wäre deshalb: Hatten Sie oder haben Sie als ein sozialistischer Künstler Schwierigkeiten mit den kultischen Traditionen in Bayreuth? War für Sie Bayreuth eine Kultstätte oder eine Arbeitsstätte?

Friedrich: Bayreuth ist, wenn ich Wieland Wagner richtig verstanden habe, in seinen Bestrebungen, in seinen Bemühungen, ... und wenn ich richtig verstanden habe, was Wolfgang Wagner nach Wielands Tode weiter will: Bayreuth ist für mich keine Kultstätte, für viele andere ist sie es, für mich ist sie eine Werkstatt. Bayreuth ist eine der wenigen Werkstätten einer neuen Opernpflege, des neuen Versuches mit Opern – eine ähnliche Werkstatt, wie es die Komische Oper in Berlin in der DDR ist. Und wenn es in der DDR keine kultische Opernpflege, wie Sie sagen, gibt, dann gibt es aber doch eine sehr kulturvolle Opernpflege, und ich würde sehr glücklich sein, wenn wir gemeinsam das Wort »kultisch« austauschen könnten mit dem Wort »kulturvoll« oder »kulturell«, wie Sie auch wollen.

Gerhartz: Ja, ich hatte jetzt »kultisch« auch durchaus negativ verstanden, als eine Tradition, die es von Kreisen des Publikums in Bayreuth ohne Frage immer noch gibt, gegen die aber viele Künstler in Bayreuth immer wieder zu Felde gezogen sind, von Wieland Wagner angefangen. Sie haben Bayreuth immer gerühmt als Werkstatt, als eine Stadt, wo man viel konzentrierter arbeiten kann als in allen anderen westlichen Theatern. Sie kennen viele andere westliche Theater, Sie kennen auch Ihre Heimatbühne in der DDR, und ich glaube, dort können Sie noch ausführlicher, noch konzentrierter arbeiten als hier in Bayreuth. Wie sehen Sie die Arbeitsmöglichkeiten in Bayreuth, gerade im Verhältnis zu den Erfahrungen bei Ihnen zu Hause?

Friedrich: Die Komische Oper ist ein Theater mit einem, glaube ich, sehr guten Ensemble, mit einem Stammensemble, zu dem in Einzelfällen berühmte, besondere Gäste kommen. Aber diese Gäste werden in das Ensemble integriert. Die Probenzeiten sind nicht so lang, wie es die Legenden oft besagen. Aber immerhin können wir zwei oder drei Monate an einer Inszenierung arbeiten.

Gerhartz: Wie lange haben Sie hier am »Tannhäuser« gearbeitet?

Friedrich: Hier haben wir am »Tannhäuser«, wenn Sie den langen Abstand zwischen der Hauptprobe mit Orchester und Premiere berechnen, dreieinhalb bis vier Wochen gearbeitet. Ich meine nicht, daß es zu viel ist, ich meine auch nicht, daß es zu wenig ist; es ist mit den Sängern, mit dem Sängerensemble, das ich für »Tannhäuser« bekommen habe, eine schöne, eine richtige, eine notwendige Zeit, weil sich zeigt, wenn Sänger-Darsteller zu einer bestimmten Aufgabe sich zusammenfinden und wenn sie nur dieses tun und nicht durch Repertoire oder andere Reisen abgelenkt werden, daß man dann in drei oder vier Wochen sehr viel mehr gemeinschaftlich schaffen kann als anderswo bisweilen in zwei oder drei Monaten. Die Qualität und die Offenheit dieser Sänger-Darsteller, Stars oder eines Nachwuchses, der, wie ich meine, sehr bald auch ein Star genannt werden kann, die sind für mich nach meinen Erfahrungen, die ich an vielen Bühnen gemacht habe, überraschend und beglückend. Ich darf sagen, daß das, was in der Premiere »Tannhäuser« stattfinden wird, nicht die von einem Regisseur pressierte oder dressierte Konzeption sein wird; ich darf sagen, und das ist die Absicht, wenn man Regie führt: Es ist die zu einer gemeinschaftlichen Meinung gewordene Konzeption, die in der Zusammenarbeit mit allen sich verändert und entwickelt hat, so daß ich, um auf Ihre Anfangsfrage zurückzukommen, nun eigentlich gar nicht mehr von meiner Konzeption sprechen könnte, sondern von dem, was wir gemeinsam mit diesem »Tannhäuser« hier und heute wollen.

»TANNHÄUSER«

Gespräch mit Walter Bronnenmeyer

(1977)

Bronnenmeyer: Herr Friedrich, ihre »Tannhäuser«-Inszenierung hat drei Jahre geruht. Sie haben in der Zwischenzeit viel Wagner inszeniert, den »Parsifal« in Stuttgart, den »Ring« in London. Hat sich das auf die Wiederaufnahme in der Form ausgewirkt, daß Sie Änderungen für notwendig halten?
Friedrich: Ich sehe im »Tannhäuser« keine Notwendigkeit, etwas zu ändern. Ich könnte höchstens einen neuen »Tannhäuser« machen, wüßte aber nicht wie. Auch habe ich das Werk absichtlich seit 1972 nicht mehr inszeniert, und nach der Pause von drei Jahren gibt es keinen Anlaß, am Grundkonzept etwas zu ändern.
Bronnenmeyer: Wer Ihre Arbeitsweise kennt, kann sich schwer vorstellen, daß Sie sich mit einer Reprise zufriedengeben.
Friedrich: Das ist das Problem. Es soll keine Reprise sein, und doch soll das Konzept beibehalten werden. Natürlich verlangen neue Darsteller Korrekturen, wie im Fall von Eva Marton, die alternierend die Venus und Elisabeth singt. Wir werden mit dem Licht präziser und wollen mit der Farbe die Fabel vertiefen. Ich bin aber auch neugierig, wie dieser »Tannhäuser« 1977, nachdem in Bayreuth einiges geschehen ist und ich viel Wagner inszeniert habe, einer neuen Vergegenwärtigung standhält. Die Optik, mit dem Bühnenbild von Jürgen Rose, hat nichts Modisches, was nach fünf Jahren passé wäre.
Bronnenmeyer: Bedeutet Vertiefung in der szenischen Interpretation zugleich Vertiefung Ihrer Auffassung?
Friedrich: Meine Aufregung bei der neuerlichen Begegnung mit dem Werk steigt von Probe zu Probe, und ich empfinde den »Tannhäuser« als eines der reichsten, widersprüchlichsten, kompliziertesten Werke der Weltliteratur. Insofern hat sich mein Verhältnis zum Werk vertieft, wie Sie sagen. Und da wollen wir vor allem den immanenten Vormärz-Schwung erhalten, aber auch die Bekkettsche Verlorenheit des 3. Aktes noch stärker akzentuieren, denn die Suche des Künstlers nach Kommunikation muß stets von neuem erschüttern.
Bronnenmeyer: Dabei kann Ihnen auch die musikalische Interpretation zu Hilfe kommen.
Friedrich: Ich muß sagen, da Colin Davis zum Team gestoßen ist, gibt es gleich

einen großen neuen Impuls, und die für mich immer schöne Zusammenarbeit in London wird hoffentlich auch hier ihre Früchte tragen. Wenn ich an meinem Konzept festhalte, sage ich damit nicht, der »Tannhäuser« sei fertig. Gerade der Schluß beschäftigt mich immer wieder. Er hat nicht die Fassung von 1973, sondern die von 1974 mit den Kerzenlemuren, die an Tannhäuser vorbeiziehen.

Bronnenmeyer: Wir sprachen früher schon von der dreifachen Dramaturgie des Schlusses. Könnten Sie diese Ihre Auffassung noch einmal präzisieren?

Friedrich: Da ist einmal der reale Klang: Elisabeth ist gestorben. Dann der irreale Klang: Die jungen Pilger verheißen das Wunder, und das Wunder ist das Sterben selbst. Und drittens der Schluß-Männerchor in seiner akuten und akustischen Präsenz: weder Arbeiter noch heilige Engelchen, sondern der Menschenchor, oder sagen wir's schöner: der Menschen Chor. Die Frage der Kostümierung dieses Chors ist nach wie vor eines der schrecklichsten Probleme: Denn wie sieht eine Menschheit aus, die Wagners »Einst« verkörpert?

Bronnenmeyer: Sie empfinden erneut Unruhe bei der Arbeit am »Tannhäuser«. Das bedeutet doch auch, daß sie neue Unruhe ins Werk bringen?

Friedrich: Jedes Opernwerk muß als Kunst sichtbar gemacht werden. Ohne innere Unruhe, ohne Erschütterung wäre es keine Kunst.

Bronnenmeyer: Zu einem anderen Thema, Herr Friedrich: Welche Wagner-Inszenierungen stehen Ihnen in nächster Zeit bevor?

Friedrich: Anschließend an die Bayreuther Festspiele kommen die »Meistersinger« in Stockholm mit Leif Roar als Sachs und Eliasson als Stolzing. 1979 inszeniere ich den »Tristan« in Stuttgart als Fortsetzung meiner Zusammenarbeit mit Günther Uecker. Dazwischen liegt die Wiederaufnahme des »Tristan« beim Holland-Festival, und dann kommt auch die Wiederaufnahme des Londoner »Ring«, und das ist natürlich ein fortschreitender Arbeitsprozeß.

Bronnenmeyer: Welche Wagnerschen Werke, einmal abgesehen von den Jugendopern, haben Sie noch nicht inszeniert?

Friedrich: »Lohengrin« und »Holländer«. Wobei ich sagen muß, der »Holländer« interessiert mich im Moment weniger, da mache ich lieber gleich eine italienische Oper. Für mich ist der innere Abstand zwischen »Holländer« und »Lohengrin« weit größer als der rein zeitliche.

»LOHENGRIN«

von Richard Wagner

Das allertragischste Gedicht oder Die neue Irritation
(1979)

»Lohengrin« bezeichnet einen Grenzfall in vielfacher Hinsicht. Er beendet die Reihe der »romantischen Opern« Wagners, ist Gipfel der Gattung und zugleich Abschied von ihr. Komponiert bis unmittelbar vor Ausbruch der Märzrevolution 1848 und uraufgeführt 1850 in Weimar von Franz Liszt, als Wagner Emigrant war, überschneidet sich »Lohengrin« wie kein anderes Werk mit der Sehnsucht der bürgerlichen Revolution und deren Scheitern, mündend in die deutsche Misere. Wagners Fabelbeschreibung, 1846 Hermann Franck mitgeteilt, gewinnt in solchem Umkreis prinzipielle Bedeutung: »Die Berührung einer übersinnlichen Erscheinung mit der menschlichen Natur und Möglichkeit der Dauer derselben.« Als habe der Gang der geschichtlichen Ereignisse und damit Wagners eigene Lebenssituation die Vergeblichkeit dieser Kollision pointiert, erkennt Wagner 1851 den »Lohengrin« »als den Typus des eigentlich einzigen tragischen Stoffes, überhaupt der Tragik des Lebenselementes der modernen Gegenwart«.

Das bezeichnet die Position einer heutigen Inszenierung, gibt ihr auf, der »Tragik des Lebenselementes« auch unserer augenblicklichen »modernen Gegenwart« nachzuspüren. Dazu ist Konkretisierung vonnöten. Aber Konkretisierung welcher Art? Der Versuch, diese Frage inszenierungspraktisch zu beantworten, legt nahe, »Lohengrin« auch als Grenzfall für das Realismus-Verständnis im neuen Neu-Bayreuth und für dessen Stilprinzipien zu erkennen.

Historie verblaßt

Konkretisierung wird vielerorts vorrangig als augenfällige historische Illusionierung verstanden, unterstützt durch dekorative Zitate, dynamisiert durch bewegte Chorarrangements oder attraktiviert durch komödiantischen Esprit. Gerade »Lohengrin« aber gebietet solchen Praktiken gegenüber Vorsicht.

In welche Welt, in welchen Raum tritt der Schwanenritter? Er ist herbeigerufen von einem Menschen, der in Not ist. Und er kommt nicht als Erlöser, sondern als Streiter für die ungerecht bedrängte menschliche Natur, als Retter einer Frau, die in ihrer Umwelt einsam wurde, hilflos, gläubig.

Was diese Umwelt sei, ist nach den Usancen der romantischen Oper beschrieben: ein im Feudalzwist zerstrittenes Brabant, zu dem König Heinrich mit seinen Rittern und Soldaten kam, um den einheitlichen Reichsgedanken durchzusetzen und einen Heerbann für den Verteidigungskampf gegen die Ungarn anzuwerben. Das alles ist dramatisch klar dargelegt und musikalisch kräftig ausgedrückt. Aber lassen wir uns von Wagner nicht aufs historische Glatteis führen! Die Schlacht bei Haithabu gegen die Dänen – das Verdienst, auf das Telramund pocht – fand erst nach der Schlacht gegen die Ungarn statt, und was viel bezeichnender ist: Die Sagen vom Gral entstanden erst viel später, verdichteten sich im Gefolge der Kreuzzüge, waren spirituelle Transposition einer in der historischen Realität gescheiterten Ritterschaft. Solche scheinbare Unachtsamkeit gegenüber historischen Daten sollte uns aber nicht verwirren, wenn man verstanden hat, daß Wagner Geschichte immer nur als Parabel für die »moderne Gegenwart« verstanden hat, auch und besonders im »Lohengrin«, bevor er sie dann im »Ring« kühn über Epochen hinweg montagehaft durcheinanderwirft.

Aber auch ins 19. Jahrhundert transponiert, erhellt das Historische, kulminierend in König Heinrichs Reichsidee und dem Brabanter Partikularstreit, die spezifisch tragische Bedeutung: Es verblaßt, nachdem die Revolution von 1848 die Chance vertan hat, auf demokratische Weise, als Revolution – hier gleich, ob von unten oder von oben –, ein einheitliches deutsches Reich zu begründen, das wenigstens die nächsten hundert Jahre mit ihrem am Schluß pervertierten Nationalpathos überstanden hätte. Daß das Historische verblaßt ist, sollte eine heutige »Lohengrin«-Aufführung aufgreifen und nutzen. Denn es wäre ja nur fadenscheiniger Realismus, den Brabanter Zwist theatralisch effektvoll hochzuspielen, was logischerweise zur Folge hätte, den alten Reichsgedanken in Gestalt König Heinrichs positiv aufzuwerten. Sentenzen über des Reiches Feind – »Aus seinem öden Ost daher soll er sich nimmer wagen mehr« – sollte man wirklich besser verblassen lassen, obwohl es schmerzlich ist, wenn dadurch auch verblaßt: »Ob Ost ob West? Das gelte allen gleich!« Was König Heinrich vertritt, ist weder zu feiern noch zu kritisieren. Es ist historisch geworden und bleibt dramaturgischer Tatbestand.

Der wirklich schmerzliche Realitätsbezug liegt anderswo. Ihn gilt es zu konkretisieren, für ihn das rechte Bild zu finden. Es ist die aktuelle gesellschaftliche Situation, die sich bis heute als »moderne Gegenwart« erhalten hat. Wagner beschreibt sie so: »Aus einer Welt des Hasses und Haders schien die Liebe verschwunden zu sein: In keiner Gemeinschaft der Menschen zeigte sie sich deutlich mehr als Gesetzgeberin. Aus der öden Sorge für Gewinn und Besitz, der einzigen Anordnerin alles Weltverkehrs, sehnte sich das unertötbare Liebesverlangen des menschlichen Herzens endlich wiederum nach Stillung eines Bedürfnisses, das, je blühender und überschwenglicher es unter dem Drucke der Wirklichkeit sich steigerte, um so weniger in ihr zu befriedigen war. Den Quell wie die Ausmündung dieses unbegreiflichen Liebesdranges setzte die verzückte Einbildungskraft daher außerhalb der wirklichen Welt und gab ihm, aus Verlangen nach einer tröstenden sinnlichen Vorstellung dieses Übersinnlichen, eine wunderbare Gestalt.« Diese bittere Diagnose definiert die gesellschaftliche Realität. Sie bildet den Raum für die Isolation Elsas und die Erscheinung des Wunders. Was hier als »Tragik des Lebenselementes« zu konkretisieren ist, geht aus dem Satz von 1872 hervor, wie ihn Cosima aufschrieb: »Er kommt von dorther, wo sie hinstrebt, über die Begegnung aber müssen die Herzen brechen.«

Die Wirklichkeit als Kunstraum

Ich war mir mit Günther Uecker von Anfang an darüber einig, daß die räumliche Spannung zwischen Elsa, die das Wunder gleichsam gebärt, und der Schwanenerscheinung so weit sein sollte wie im Bayreuther Festspielhaus nur möglich. Auf der Hinterbühne war »das Wunder« verborgen. Eine mit Nägeln beschlagene große Platte verschließt diese Dimension wie einen Zauberschrein, der sich nur zweimal öffnet: bei der Ankunft und beim Verschwinden Lohengrins. Der Lichtweg, von hinten das Wunder nach vorn zu Elsa leitend, glühte aus der beherrschenden Spielfläche auf, die, aus echtem Blei, sich wie ein riesiger Schild – Symbol der patriarchalisch-militanten Ordnung – auf alles gelegt hat, auch alte Holzbohlen zerbrechend, die auf der Vorbühne zerstört, verkohlt nach vorn ragen – Rudimente einer alten Welt, Platz Ortruds und anfangs auch Zufluchtsort der ausgestoßenen, verstörten Elsa, Ebene schließlich des Unterbewußten.

Lange rangen wir um Definition des Historischen. Illusionierendes Dekor verbat sich Uecker. Aber auch die Möglichkeit, Romantisches oder Frühgotisches nur ruinös und verfremdet, wie in Glashüllen verpackt, als sei es vor dem Verfall zu schützen, bewußt museal der Spielfläche zur Seite zu stellen, verwarfen wir. Für die Erfindung der sechs Treppentürme, die rechts und links auf die Spielfläche stoßen, war die Funktion der Chöre ausschlaggebend, die in einer weiteren Hinsicht den »Grenzfall« der romantischen Oper »Lohengrin« markiert.

Deutlich sind im Werk die dramatischen Passagen, in denen der Chor als Handlungsträger agiert, abgesetzt gegenüber den epischen Kommentaren, mit denen die Individualhandlung chorisch begleitet, analysiert, bewertet wird. Wir fanden, daß durchgehende Statuarik den Erfordernissen der Partitur ebensowenig entspricht wie der eventuelle Versuch, permanent »realistisch« Volksszenen wogen zu lassen. In Erinnerung an die attische Tragödie mußte die Funktion der

Chöre sowohl episch als auch dramatisch ausgewiesen werden. Dafür dienten die Treppentürme als ordnender Faktor: Sie bildeten sowohl die festen Plätze für die Gruppen der Sachsen/Thüringer und der Brabanter, regulierten aber auch Auftritte und Abgänge. Nicht zuletzt waren sie eine wichtige Voraussetzung für die klangliche Realisierung der Doppelchörigkeit, der Antiphonien.

In dem sehr bewußten Wechsel zwischen Kommentar-Funktion und aktiv handelnder Rolle des Chores weist der »Lohengrin« auf einen Grenzfall des Musiktheaters hin: auf Schönbergs »Moses und Aron«. Der zwischen Aron und Moses aufgespaltene Disput um die Gottes-Idee mit dem Volk verlangt einen Darstellungsstil, der die Fragwürdigkeit alles Theatralischen permanent wachhält. Nicht unähnlich scheint es beim »Lohengrin« zu sein. Die Fabel realisiert sich gerade im permanenten Nebeneinander und Ineinander von oratorischen, dramatischen, lyrischen und schließlich das Bildliche sublimierenden Elementen: Entwurf eines letzten, vergeblichen Mysterienspiels, in dem sich Naivität und bedeutungsvolle Kompliziertheit ständig überkreuzen.

Sparsam hat Uecker die anderen optischen Elemente ausgesucht, die zu einer solch konzentrierten Erzählweise zwischen archaischer Einfachheit und poetischer Parabel notwendig erschienen: Zum Grundbau trat im 2. Akt der Balkon für Elsa hinzu, eine metallene Wand, die vor dem Chor »In Früh'n versammelt uns der Ruf« aufgeht, und vier Säulen, die den Eingang zum Münster bezeichnen. Das Brautgemach, »Liebeskathedrale« aus hängenden Stäben, wird beherrscht von einem über die Bettstatt gebreiteten Teppich aus weißen Schwanenfedern – Signal der irdischen Befragung der Grals-Idee, ehe er sich im letzten Bild zerrissen, grau, wie beschmutzt darbietet.

Eine solche Grenzüberschreitung der geistigen Optik zum Symbol hängt mit der Erscheinung des Gralsritters und mit dem Schwan zusammen, hängt davon ab.

Elsa als humane Schlüsselfigur

Die Imagination des »Wunders«, das »aus Glanz und Wonne« kommt, wird immer an den Menschen gebunden sein müssen, der das Wunder herbeizitiert, und es wird nicht nur bestimmt durch sein Kommen, sondern vor allem durch die Bitternis des Verschwindens. »Die Trennung, die Idee der Trennung erschien mir vom Anfange her... als das Eigentümliche, besonders Bezeichnende«, befand Wagner schon 1846, und für den menschlichen Bezugspunkt gilt, was er Jahre später notierte: »Das ganze Interesse des Lohengrin beruht auf einem alle Geheimnisse der Seele berührenden inneren Vorgange im Herzen Elsas.«

Elsa ist der humane Schlüssel für das Phänomen Lohengrin. Ihre Situation und ihre Entwicklung, ihre Sehnsucht und ihre Selbstzweifel definieren das Wunder und seine Gültigkeit. Mit ihr überschreiten wir die Grenze zwischen der Wirklichkeit und dem Übersinnlichen, mit ihr werden wir zurückgeworfen in die Vereinsamung, Verzweiflung, Ratlosigkeit.

Es ist nicht einfach »Elsas Traum«. Zwar erscheint sie auf unserer Bühne bereits am Ende des Vorspiels, als habe ein Mensch stellvertretend für alle, die sensibel und in Not sind, die Bereitschaft und das Bedürfnis, das »Unerhörte« zu vernehmen, die klangliche Botschaft einer Gnadenmöglichkeit. Als die Handlung aber einsetzt, ist das gar kein Traum, es ist handgreifliche Haupt- und Staatsaktion, für Elsa eher Alptraum. Telramunds Anklage diffamiert Elsa als »traumselig«. Spätestens jetzt wird die Nachbarschaft ihrer Figur zu dem ebenfalls oft als »krank« bezeichneten Tannhäuser offenbar, einem »Outsider« ähnlich wie sie. Beide treffen wir an in einer Situation der Einsamkeit. Beide bezahlen den Versuch ihrer Selbstverwirklichung schließlich mit ihrem Glück. Aber der Unterschied zwischen beiden Figuren bestimmt auch den gegensätzlichen Gestus beider »romantischen Opern«. Tannhäusers Weg der Selbstverwirklichung ist rebellisches, maskulines Aufbegehren, suchende Unrast bis in den Tod. Die Aufführung in Bayreuth 1972 stellte das Provokante heraus. Elsa hingegen finden wir in einer Art »innerer Emigration«. Einsamkeit bestimmt ihre Situation auch im Verlaufe der Oper, zerbrechliche, gefährdete Sensibilität prägt ihr Handeln, das sich in der permanenten Überschneidung von sehnsüchtigem Traum und hellem Wachsein realisiert. Sie will lieben und geliebt werden. Ihr Weg der Selbstverwirklichung ist ein zutiefst feminier Erfahrungsprozeß, der keusche Zärtlichkeit und Wahrheitsanspruch bis zur Selbstzerstörung umschließt: die Passion eines Menschen, der das Wunder in die »Welt des Hasses und des Haders« zitierte und – »gelt es auch mein Leben!« – die Unvereinbarkeit von Wunder und Realität durch Liebe büßt. Dieser Gestus heißt nicht Provokation. Er erzeugt Irritation durch Sensibilisierung des Humanen.

Die tragische Bedeutung des Helden

An der Figur des Lohengrin hat wie bei vielen anderen Wagner-Charakteren – Wotan oder Hans Sachs – die Geschichte weiter mitgeschrieben. Die Licht-Erscheinung des reinen Heros war anfangs zweifellos als Gleichnis gedacht für die erhoffte Vereinigung des errettenden Ideals mit dem Volk, das ist Elsa. Nach dem Scheitern der Revolution, als sich Wagners gesellschaftliches Interesse stärker in die künstlerische Problematik verlagerte, wurde ihm Lohengrin etwas anderes: »überhaupt Mensch, nicht Gott, das heißt absoluter Künstler«. Aber die Irritation, die von der Figur ausging und ausgeht, das Unbehagen, das sie manchmal später verbreitete, ehe auch sie national-chauvinistisch okkupiert wurde, empfand Wagner im Laufe seines Lebens immer stärker. Elsa wurde ihm immer nachdrücklicher zum Korrelat all der Vieldeutigkeiten, die an die Gestalt Lohengrins gebunden sind. Noch 1880 sagte er laut Cosima: »Die liebend gläubige Elsa müßte sterben, denn die lebende muß ihn fragen. Und alle szenische Pracht und alle Herrlichkeit der Musik scheint sich nur aufzubauen, um den einzigen Wert dieses Herzens in das Licht zu setzen.«

Wagner selbst führt das Plädoyer für Elsa. Er erlaubt ihr nicht nur, die verbotene Frage schließlich doch zu stellen, sondern sieht, daß die Frage »um des notwendigen Wesens der Liebe willen« gestellt werden mußte. Das würde nun aber heißen, daß nicht Elsa vor dem Wunder versagt, das sich danach unbehelligt und unlädiert in den Status quo ante – Glanz und Wonne – zurückziehen könnte, sondern es hieße, daß das Wunder, hier genauer die Grals-Mentalität versagt vor kreatürlich-liebender Befragung. Keiner hat das deutlicher gesagt als Wagner. »Dieses Weib, das in ihrer Berührung gerade mit Lohengrin untergehen mußte, um auch diesen der Vernichtung preiszugeben...dieses herrliche Weib, vor dem Lohengrin noch entschwinden mußte, weil er es aus seiner besonderen Natur nicht verstehen konnte – ich hatte es jetzt entdeckt: und der verlorene Pfeil, den ich nach dem geahnten, noch nicht aber gewußten, edlen Funde abschoß, um mit Sicherheit dem wahrhaft Weiblichen auf die Spur zu kommen, das mir und aller Welt die Erlösung bringen soll, nachdem der männliche Egoismus, selbst in seiner edelsten Gestaltung, sich selbstvernichtend vor ihm gebrochen hat.«

Elsa individualisiert und durchleidet den Grenzfall Lohengrin total, mit allen Sehnsüchten, allen Ängsten, allen Träumen und den vielfachen Toden der Liebe. Sie muß ihm die Frage stellen, um seine menschliche Werthaftigkeit, begriffen als Leidensfähigkeit, herauszufinden: »O, wüßte ich auch Dich in Not!«

Damit aber reißt sie die wirkliche Tragik der Lohengrin-Figur auf, macht sie kenntlich für sich und für uns und gibt ihm die Möglichkeit, aus dem Mißverständnis halbgöttlicher Unverbindlichkeit herauszutreten in den Bereich des Menschlichen. Denn »Vermenschlichung« ist das Abenteuer, in das sich der junge Gralsritter, als er Elsa erblickt, stürzen möchte: humaner Deserteur auf Zeit. Und der Anspruch auf Vermenschlichung ist es auch, vor dem das Wunder versagt oder dem es sich versagt, ehe es »vernichtet in seine Einsamkeit zurückkehrt« (Wagner).

Die bittere, schmerzliche Dimension dieser Geschichte wird bei »Lohengrin«-Aufführungen oft zu gering eingeschätzt. Wenn die Bayreuther Aufführung 1979 diese Dimension besonders hervorkehrt, geschieht das durchaus in der Vermutung, daß damit Mißverständnisse auftauchen, gegen die sich Wagner schon 1850 gewandt hat: »Es ward meiner Empfindung klar, daß ein wesentlicher Grund zum Mißverständnis der tragischen Bedeutung meines Helden in der Annahme gelegen hatte, Lohengrin steige aus einem glänzenden Reich leidenlos erworbener, kalter Herrlichkeit herab, und um dieser Herrlichkeit und Nichtverletzung eines natürlichen Gesetzes willen, das ihn willenlos an jene Herrlichkeit bände, kehre er dem Konflikte der irdischen Leidenschaften den Rücken, um sich seiner Gottheit zu erfreuen.« Durchaus erkennend, daß die Lohengrin-Partie die Umkehrung von »Glanz und Wonne« in Schmerz, Einsamkeit und Trauer nicht a priori so deutlich hergibt, wie es Wagner offenbar haben wollte, appelliert er im Interesse der »tragischen Bedeutung« an die Interpreten, sie sollten »das Wichtigste im Auge haben. Das ist die große Schlußszene des letzten Aktes. ... Im Anfange dieser Szene und bei der Anklage Elsas sei er furchtbar und vernichtend streng wie ein strafender Gott. Nach seiner Erzählung und seiner Kundgebung von den Worten an: ›Ach, Elsa, was hast Du mir angetan‹, breche aber alle seine göttliche Strenge in dem allermenschlichsten Schmerz zusammen. Die ungeheuerste, herzzermalmendste, schmerzlichste Leidenschaft bis zu seinem Scheiden muß den ganzen erschütternden Gehalt des Schlusses der Oper ausmachen.«

Das bezeichnet die Konkretisierung, die unsere Aufführung meint. Ihr Drehpunkt ist die Konzentration auf die Verbindung zwischen Elsa, die das Leid nicht nur der Menschheit, sondern auch und besonders Lohengrins auf sich nimmt, und dem Gralsritter, der die andauernde Spaltung des Liebesbegriffes in Heilsbotschaft und konkrete menschliche Haltung tragisch erfährt. Mit anderen Worten: Er, der Elsa aus Not errettete, wird von ihr, die sich damit neue Not schafft, erlöst – erlöst in die Leidensfähigkeit. Freudsche Analysen vorwegnehmend, spricht Wagner vom Vermögen eines »unbewußten Bewußtseins«, das in der Verbindung zwischen Elsa und Lohengrin wirkt und Angelpunkt unserer Interpretation ist: »In Elsa ersah ich von Anfang herein den von mir ersehnten Gegensatz Lohengrins – natürlich jedoch nicht den diesem Wesen fern abliegenden, absoluten Gegensatz, sondern vielmehr das andere Teil seines eigenen Wesens –, den Gegensatz, der in seiner Natur überhaupt mitenthalten, und nur die notwendig von ihm zu ersehnende Ergänzung seines männlichen, besonderen Wesens ist. Elsa ist das Unbewußte, Unwillkürliche, in welchem das bewußte, willkürliche Wesen Lohengrins sich zu erlösen sehnt; dieses Verlangen ist aber selbst wiederum das unbewußt Notwendige, Unwillkürliche im Lohengrin, durch das er dem Wesen Elsas sich verwandt fühlt.«

Ortrud und Telramund

Bei solcher Konzentration auf die Elsa-Lohengrin-Problematik verlieren Ortrud und Telramund nicht an Bedeutung, sondern gewinnen Profil. Telramund ist der notwendige, handgreifliche, irdische Typus des Helden, durch den erst die andere Qualität des Helden Lohengrin recht deutlich wird. Daß der kampferprobte, redliche Recke Telramund in den Armen Ortruds zu einem Baby wird, ihr nicht eigentlich hörig, mehr mutterabhängig, gehört zu den Überlegungen unserer Regie, auch hier die psychoanalytischen Intentionen der Wagnerschen Personenerfindungen stärker zu vermitteln. Ortrud ist von der Gesinnung her viel mehr Schwester Elsas, als sie es selbst begreift oder wahrhaben will. Auch sie ist ein Opfer des »männlichen Egoismus«, der sich patriarchalisch ordnenden Welt. Nur wehrt sie sich im Gegensatz zu Elsa dagegen mit fast terroristischen Mitteln: eine »politische Frau«. Das Unbehagen, das Wagner mit dieser Formulierung gegenüber seiner ganz frei erfundenen Ortrud bekundete, bewerten wir heute sicher differenzierter. Deshalb auch der Anschein einer feministischen Zärtlichkeit, die sich im Duett mit Elsa zu Beginn des 2. Aktes einstellt. »Sie ist eine Reaktionärin«, findet Wagner. Aber das war, genau besehen, auch Antigone. Auch an Ortruds Figur hat die geschichtliche Erfahrung mitgeschrieben. Sie vermittelt durchaus aufklärerische Denkanstöße (Finale 1. Akt), wenn sie sich nicht einfach mit der Wundererscheinung zufriedengibt. Den Widerspruch zwischen dem, was Wagner »reaktionär« nennt, und einer Haltung, die aufklärerisch in die Gegenwart weist, macht der Musiker Wagner um so eklatanter, wenn er ihr in den Szenen zu Beginn des 2. Aktes eine Charakteristik zubilligt, die kompositorisch die Grenzüberschreitung von der romantischen Oper zum Musikdrama markiert.

Ohne zu vieles Nebenher-Motivieren

Die musikdramatische Profilierung Ortruds und Telramunds ist die Voraussetzung dafür, im darstellerisch-gesanglichen Gestus zwischen Elsa und Lohengrin einen Darstellungsstil zu entwickeln, der die moderne Essenz der »romantischen Oper« vergegenwärtigt: »lyrische Szenen«. Der Gang der geschichtlichen Ereignisse hat es mit sich gebracht, daß, wie wir sagten, der Reichsgedanke und der Partikularstreit als künstlerisches Thema »zurückzunehmen« sind. Um so akuter aber ist die Thematik des Individuums, das sich bedrängt sieht, aber die bittere Erfahrung macht, daß Wunder manchmal eher zerstören als retten. Und daß die Zärtlichkeit, der Glaube, die Sensibilität, die von Elsa ausgehen und auf den Gralsritter übertragen werden, am Ende in bitteres Wehgeschrei münden, wie wir es aus der antiken Tragödie kennen, macht die humane Aktualität dieser »allertragischsten Geschichte« aus.

Daß Gottfried eine Lösung der tragischen Situation sein könnte, wird heute niemand mehr im Ernst annehmen wollen. Er kann höchstens die Irritation steigern, in die uns »Lohengrin« entläßt. Daß diese Irritation sich auch auf die stilistischen Mittel erstrecken würde, die wir für diesen Grenzfall des Musiktheaters wählten, stand außer Zweifel. Was Wagner hinsichtlich der Gestaltungsprinzipien vorschwebte, erscheint – in die Gegenwart übertragen – durchaus als Anforderung, die Erfahrungen im Umgang mit seinen Werken nicht einfach fortzuführen, sondern jeweils neu zu überprüfen, auch und gerade am »Lohengrin«: »Eben dies scheint mir der große Vorzug des vereinigten Ausdruckes des Gedichtes und der musikalischen Komposition zu sein, daß die Menschen, die sich durch ihn aussprechen, in einer gewissen plastischen Unzerflossenheit und Ganzheit sich geben können, die durch zu vieles Nebenher-Motivieren notwendig nur geschwächt werden kann. (Gott weiß, ob ich mich richtig ausdrücke!)«

»DIE MEISTERSINGER VON NÜRNBERG«

von Richard Wagner

Komödie und demokratisches Modell
(1977)

Immer noch und immer wieder sind die Werke Wagners von jahrzehntelangem Mißbrauch und Mißverständnis zu befreien, nicht nur im Bereich Bayreuths, sondern überall in der Welt, wo wir Wagner spielen, sein Werk vergegenwärtigend, um etwas einzufangen von der Spanne zwischen Vergangenem und Utopischem.

Selbst Wagners hellste, heiterste Schöpfung, »Die Meistersinger«, wurde oft genug mit chauvinistischem Pomp überzogen, so daß Hans Sachsens Eintreten für die »heil'ge deutsche Kunst« innerhalb und außerhalb der deutschen Grenzen bisweilen peinlich wirkte, manchmal bis zur Unerträglichkeit. Viele haben offenbar vergessen, daß Wagner schon 1851 angab: »Sachs verteidigt da die Meistersingerschaft mit Humor.« Und bis heute wird oft das introvertierte Piano sorgenvoller Resignation in der Schlußansprache übersehen, besonders bei der Stelle: »Was deutsch und echt wüßt' keiner mehr, lebt's nicht in deutscher Meister Ehr'.«

»Die Meistersinger« wurden und blieben Wagners einzige »Große komische Oper« und weisen nicht nur deshalb verblüffende Parallelen zu dem »Falstaff« seines großen Antipoden Verdi auf. Den komödienhaften Aspekten fühlt sich die Stockholmer Neuinszenierung 1977 denn auch besonders verpflichtet, und es sind Elemente der Shakespeare-Bühne, von denen sich die szenische Optik anregen ließ.

Auf jeden Fall kein historischer Naturalismus, aber auch nicht abstrakte Stilisation. Das Nürnberg der »Meistersinger« ist zu einem gewissen Teil historische Realität, das 16. Jahrhundert ist nicht zu leugnen. Aber zugleich ist dies Theater-Nürnberg für das 19. Jahrhundert Modell einer demokratischen Polis, wo der Ritter Stolzing zum Bürger wird – wichtiges Memento vor der deutschen Reichsgründung 1871 – und wo das Volk auf der Festwiese mit seiner Stimme den Kunststreit entscheidet, zu progressiver Entwicklung beiträgt. Und nach allen geschichtlichen Erfahrungen, die uns NS-Reichsparteitag, Kriegskatastrophe und neuerliche Aufspaltung Deutschlands leidvoll gebracht haben, wurde nun heute dies »Meistersinger«-Nürnberg in fast erschreckender

Aktualität zu einer utopischen Parabel eines Gemeinwesens, in dem Demokratie und Kultur einander bedingen.

Wagner sah in den »Meistersingern« zur Zeit seiner ersten Entwürfe ein beziehungsvolles Satyrspiel, das sich seinem »Sängerkrieg auf der Wartburg«, »Tannhäuser«, anschließen sollte, wie im antiken Theater auf die Tragödie das Satyrspiel folgte. In den »Meistersingern« wie im »Tannhäuser« eigentlich dasselbe Thema: die Beziehung zwischen Kunst und Leben und die Möglichkeiten der wechselseitigen Veränderung durch gesellschaftliche und kulturelle Faktoren, dargestellt und abgehandelt an der konfliktreichen Position des schöpferischen Menschen in oder gegenüber der Gesellschaft.

Doch im »Tannhäuser« streiten Ritter. Die Meistersinger sind Bürger. Macht das den Schritt von der Tragödie zur Komödie? Elisabeth und Tannhäuser sterben einsam und verzweifelt, der himmlischen Gnade überlassen. Die demokratische, laute Öffentlichkeit des Volksfestes auf der Wiese fängt die Katastrophe auf, die sich in tragischen Tendenzen – Beckmesser, Eva, Stolzing und Sachs – ankündigt, und sorgt für einen ziemlich guten Ausgang der diversen Konflikte.

Freilich hat das »komische Spiel« (Wagner) der »Meistersinger« am seltensten etwas mit Behaglichkeit zu tun. Wagner spart nicht mit satirischer Schärfe, wenn er die Erstarrung der Meistersinger-Zunft und ihre bürgerliche Enge geißelt. Die Prügelszene zeigt ähnlich wie der Park von Windsor im »Falstaff«, welche Aggressionen in scheinbar friedsamen Bürgern schlummern und wie gefährlich und verletzbar sie ausbrechen können. Affinität zum Tragischen haben fast alle Hauptfiguren: Stolzing gab die Burg seiner Väter auf. Ein Heimatloser, wird er von den Bürgern der unabhängigen und freien Reichsstadt Nürnberg angefeindet, zumindest mit Skepsis betrachtet. Mit Eva will er in ein ungewisses Dasein fliehen. Erst Sachsens Weitsicht und des Volkes Stimme sichern dem künstlerischen Genius Walthers den Platz in diesem Gemeinwesen und seiner Liebe das Glück mit Eva. So wird auch die Gefahr abgewandt, Eva könnte – etwa der Elisabeth im »Tannhäuser« gleich – als Spielball patriarchalischer Interessen deren tragisches Opfer werden. Schwankend zwischen ihrer tiefen Neigung zu Sachs und der raschen Liebe zu dem jüngeren Walther von Stolzing, trägt dieses gescheite Bürgerkind auch selbst viel zum »guten Ausgang« bei.

Dem scheint Beckmesser am fernsten zu stehen. Das tragische Ambiente des Komischen wirkt in ihm besonders stark. Man weiß um Wagners subjektive Aversion gegen Kritiker wie Eduard Hanslick. Aber hat er sie nicht in fast selbstkritischer Disziplin bei Beckmesser bewunderungswürdig objektiviert zu einer der beklemmendsten Charakterstudien der ganzen Opernliteratur? Dies Nürnberg hielt sich als Stadtschreiber sicher keinen Trottel. Alle erkennen den hohen Kunstverstand des Merkers an. Doch schon das Amt selbst macht die Fragwürdigkeit jedweder »Tabulatur« eklatant. Regeln sind – nicht nur in der Kunst –

unerläßlich. Aber wie lange und wie weit gelten sie? Und wer entscheidet, ob sie gerade noch gelten oder durch andere oder auch durch gar keine zu ersetzen sind? Diese Problematik verkörpert Beckmesser. Er verzerrt die Konfliktsituation jedoch selbst durch seine privaten Interessen: Rivalität in der Werbung um Eva und wohl Pogners Geld. Sachsens Lehrbube David – die erfrischendste Gestalt der ganzen »Meistersinger«-Komödie – prügelt ihm in der Johannisnacht die Intelligenz aus dem Leib, bis Beckmesser zum Dieb und schließlich zum Narren wird. Ihn trifft das Lachen der Komödie, das ebenso grausam wie heilend sein kann, in den »Meistersingern« jedenfalls den Wahn korrigierend – und nicht nur den von Beckmesser.

Der Wahn durchwirkt, wie Wagner Hans Sachs sinnieren läßt, das Leben des Menschen in Vergangenheit und Gegenwart. Er schärft auch die komischen und tragischen Elemente dieser Oper und sorgt für deren Balance. Aber etabliert Wagner damit wirklich den Schopenhauerschen Weltpessimismus? Gerade die Entwicklung des Sachs-Monologs beweist es anders: Solange sich der alte Wahn – Sachs findet für ihn keinen anderen Namen – nicht ausmerzen läßt, will er ihn selbst zu einem »edlen Werk« fein lenken. Was nichts anderes bedeutet als gerade die Absage an eine metaphysisch-pessimistische Philosophie zugunsten der verändernden humanen Praxis im Alltag, einfach eines kleinen Schrittes in Richtung auf reale Freiheit.

Und diese personifiziert Sachs ganz und gar, ebenso faszinierend wie oft befremdlich, mit einem charaktervollen Reichtum und zugleich in einer männlichen Schlichtheit, die ihresgleichen in der Opernliteratur sucht. »Schuhmacher und Poet« dazu – das ist sein Stolz und auch sein Komplex. Von Beckmesser wird er als »Gassenhauer«-Texter gescholten, vom Volk mit seinem Reformationslied »Wach auf« geehrt. Ein Eigenbrötler durchaus, ein Einzelgänger, ein derber und listiger Handwerker ebenso wie ein empfindsamer Träumer und vor allem ein scheu Liebender, nie jedenfalls pomphafter Repräsentant. Und eine Besonderheit bei Wagner auf jeden Fall: Ein Charakter, der künstlerischen und humanen Fanatismus mit großer persönlicher Bescheidenheit paart. Seine Idee, die »neue Weise« des jungen Sänger-Dichters mit Hilfe des Volkes durchzusetzen, bezahlt Sachs mit zahlreichen Enttäuschungen und dem Verzicht auf eigenes Glück in Gestalt von Eva. Die Resignation, wie sie Wagner selbst so oft bei der Niederschrift der »Meistersinger« befiel und mit der er seinen Sachs versah, ist Komponente und wohl auch Voraussetzung des weiten Humors, den Sachs über die ganze Oper verbreitet und ihr den Komödiencharakter sichert. In der kritischsten Phase seiner persönlichen Existenz – Schusterstube – weigert er sich, zwischen Eva und Stolzing die Rolle des König Marke zu spielen. Weise Disziplin und menschliche Güte sind die Bedingungen und Äußerungen solchen Humors, nicht etwa biedermeierliche Behäbigkeit. Dieser Hans Sachs hat große Visionen.

Aber er verfügt auch über die Einsicht, daß sie selten mit heroischen Idealtypen zu realisieren sind, sondern eben mit den Menschen, die ihn umgeben – in ihren Schwächen und mit ihren Möglichkeiten, die von Fall zu Fall zu erweitern sind. »Sachs und Walther«, schrieb Wagner 1867, »sind meine Ärzte gewesen; nun fühle ich mich auch wieder stark für Wotan und Siegfried.«

Mit den so völlig unmythologischen »Meistersingern« rang Wagner nichtsdestoweniger um eine neue Art Mythos: die Integration von Kunst und Volk, von Kultur und Demokratie. Eine Utopie? Jedenfalls ist inzwischen jedwede chauvinistische Inanspruchnahme »versungen und vertan«. Wagners »Meistersinger«-Konzept basiert ja doch auf der Annahme, ein einiges Deutschland sei auf demokratische Weise zu schaffen und nicht auf den Speerspitzen eines Krieges, wie es 1871 geschah. Dies Deutsche Reich wie auch das sogenannte Dritte zergingen in Dunst. Nürnberg liegt schon längst nicht mehr in eines deutschen Staates Mitte. Der Gang der Geschichte bereitete den »Meistersingern« und speziell ihrem Finale eine besondere Art von Katharsis. Die Scheuklappen engerer, auf Deutschland beschränkter »Geschichtsillustration« sind abgefallen. Die «Meistersinger« präsentieren sich als unbegrenzte humane Komödie, als vitalstes Musiktheater – ein unausschöpflicher Schatz an Spaß und weisen Einsichten.

Die Paradoxie kulminiert am Ende, wo der Opernkomponist Wagner zugunsten eines großen Final-Effekts dem Theatermann Wagner fast ein Bein stellte: Laut bejubelt das Volk, was Hans Sachs eben mit Humor und stiller Sorge vortrug. So vorschnell dem Scheine nach verstanden, dünkt sich jeder Mahner einsam. Wenn solche Kontrapunktik bewußt wird, macht sie den vernünftigen Gehalt der Utopie, für die Wagners demokratisches Nürnberg-Modell noch immer steht, nur um so klarer, heute vielleicht mit neuer Aktualität.

»DER RING DES NIBELUNGEN«
von Richard Wagner

Welttheater als bürgerliches Parabelspiel
(1976)

Die »Ring«-Neuinszenierung an der Covent Garden Opera London brachte im September 1974 »Rheingold« und »Walküre« heraus, ein Jahr später »Siegfried« und sieht die Komplettierung des Zyklus mit der »Götterdämmerung« für September 1976 vor. Die ersten konzeptionellen Gespräche zwischen Colin Davis und dem Regisseur fanden 1971 statt. Ende 1972/Anfang 1973 nahm das Team mit Josef Svoboda für die Szene und Ingrid Rosell für Kostüme und Masken die Arbeit auf. Das noch immer in der Entwicklung begriffene Konzept sagt und beabsichtigt folgende Hauptpunkte:

Der »Ring« ist Wagners umfangreichstes Werk, gleichzeitig Produkt und Dokument einer Epoche wie etwa die »Orestie« des Aischylos oder die Königsdramen Shakespeares. Gedichtet und komponiert in fast drei Jahrzehnten des 19. Jahrhunderts, verwertet der Zyklus zugleich Erfahrungen vorangegangener Zeiten und entwirft Träume, Warnungen und Utopien, die der Zukunft gelten. So genügt es uns nicht, in Nostalgie das 19. Jahrhundert stilistisch-museal zu beschwören oder die gesellschaftlichen Widersprüche des Kapitalismus allein und ausschließlich zum Gegenstand sozialkritischer Abbildung zu machen. Als in der Zweithälfte des 19. Jahrhunderts unternommener Versuch, für die Musikbühne die »Summe der Intelligenz der Zeit« zu ziehen, ist der »Ring« eines der wichtigsten Kunstdokumente der ganzen bürgerlichen Epoche. Gleichzeitig verarbeitet er vor-bürgerliche Erinnerungen und antizipiert nicht selten nach-bürgerliche Denkbilder.

Bei der Fülle der eingebrachten und aufgrund der langen Entstehungsperiode sich häufig widersprechenden philosophischen, religiösen, metaphysischen, politischen und ökonomischen Denksysteme und Interpretationsmöglichkeiten ist das legitimste Korrelat die Einsicht, daß der »Ring« fürs Theater, für eine – künftige? – Musikbühne konzipiert wurde. Das heißt: Verarbeitung, Zitierung oder Denunzierung von Ideologiestrukturen reichen für eine lebendige Aufführung nicht aus. Sie gehören vor allem in den Bereich der Vorarbeit, dienen der Analyse und der Selbstverständigung. Erreicht werden sollte eine autochthone theatralische Kreation, die alles Gewußte, Befragte und Erdachte sinnenhaft benennt und ins Spiel bringt, zu Spiel macht. Dabei sollte der Spaß an Wagners Theatervisionen ein wichtiges Stimulans sein, werkgerecht auch neue szenische Bilder und Kombinationen zu erfinden.

Wir begreifen die Welt, die der »Ring« meint, als Theater. Der Kampf um den »Ring«, um das Gold, ist ein großes Machtspiel. Wie sich herausstellt, ein Spiel, das die Mächtigen zu Fall bringt. Und so wird Theater wieder »die Welt«: Welttheater; genauer: Welttheater als »bürgerliches Parabelspiel«. Die Mythologie ist nicht der Gegenstand der Darstellung, sondern verfremdetes oder zu verfremdendes Material für die Gestaltung der »Ring«-Thematik.

So wird uns der im »Ring« gegebene Ausschnitt aus der Geschichte der Menschheit am ehesten erfaßbar als sich überlagernde Ausschnitte und Kulminationspunkte der Geschichte des Theaters. Und weil der »Ring« vom Machtspiel erzählt in Begriffsnormen der bürgerlichen Gesellschaft – Gold als Machtakkumulation, der Ring als Symbol eines Weltimperiums oder als atomare Geheimformel? –, wählt er auch Erzählweisen des Theaters der bürgerlichen Epoche: Das scheinbar ideologie-intakte Mysterienspiel mit der klar abzugrenzenden Einteilung Oben – Mitte – Unten, dessen radikale Raffinesse wieder auftaucht bei Meyerhold und Tairow, ist »Das Rheingold«; das psychologische Drama, in dem Musik einen wesentlichen Teil der Erzählung vor allem in den Dimensionen des Unbewußten übernimmt, eine Gattung, die später, ohne Musik freilich, bei Strindberg gipfelt, ist »Die Walküre«; das Märchen als schwarze Komödie, das Natur scheinheilig als »gesunde Welt« vorgaukelt, dann aber ihre Entfremdung entlarvt und schließlich im 3. Akt in Beckettsche Leere explodiert, ist »Siegfried«; die theatralische Variante von Orwells »1984«, ergänzt durch Arrabalsche Geistes-Barbarisierung und dennoch in der Dekadenz manchmal von der tragischen Würde eines Aischylos, ist die »Götterdämmerung«.

Bezweckt ist nicht Harmonisierung des Ganzen zu einer »runden« Totalität, sondern Aufdeckung, Ausstellen, Öffnen der Kontraste des Werkes in seinen einzelnen Teilen. Das »Endliche« entsteht aus der Vielfalt der Widersprüche. Die Lebens- und Überzeugungskrisen Wagners, die kontrastvolle Genesis des Werkes, die stilistische Unterschiedlichkeit seiner Teile in der stofflichen, szenischen und musikalischen Sphäre erfordern ein solches Verfahren. Der Londoner »Ring« bekennt sich zu drei verschiedenen Werken mit einem Vorspiel. Freilich nicht zum zufälligen Stilmischmasch, sondern zur Konsequenz im Ausspielen der werkimmanenten Kontraste beim Darstellen der übergeordneten Fabelidee, deren Hauptträger wechseln: von Wotan über Siegfried zu Brünnhilde, immer kontrapunktiert von Alberich, Mime und Hagen.

Auch wir mußten uns fragen: Wann spielt der »Ring«? Und wir antworteten: einst und jetzt. Wagners »einst« meint fast immer »damals« und »in Zukunft«, sein »jetzt« die Zeit der Werkkomposition. Unser »jetzt« ist der Moment des

Spielvollzugs, also nie eine konkrete, historisch zu bebildernde oder illustrierende Zeit, immer ein sich reizvoll überlagerndes Zeitkoordinatensystem verschiedener historischer und künstlerischer Räume, jedenfalls: eine künstliche Zeit.

»Das Rheingold« spielt, als Wotan begann, dem «Contrat social«, den die Runen in seinem Speer symbolisieren, zu mißtrauen, weil die Schwarzen, die Nibelungen, in den niederen Sphären dieser Weltordnung aus den Verträgen ausgeschlossen blieben, nun aber mit Macht ihren Anspruch anmelden. »Die Walküre« spielt, als der »Mensch« dieses Welttheater betritt: Hunding, den man wohl deshalb jahrzehntelang unsympathisch zeichnete, weil man die göttliche Ordnung nicht in Frage stellen wollte. Welch ein Mißverständnis; denn gerade an Frickas Plädoyer für Hunding und die »bürgerliche Ehe« beginnt Wotans aristokratisch-anarchisches Konzept vom freien Helden als Nachfolger und Erlöser zu zerschellen. »Siegfried« spielt zu allen Zeiten, in denen verfolgte oder verrückt gewordene Spezialisten wie Mime ihre Experimentierstätte an den »Rand der Welt«, in den Urwald verlegen, wo Wissen pervertiert wird, damit Gold, Macht auf die absurdeste Weise erlangt wird, zu allen Zeiten, in denen Menschen in ängstlicher Machtgier zu »Tieren des Waldes« werden, ehe ihre Idole – Siegfried und Brünnhilde – als Phantome im lichtüberfluteten All aufeinandertreffen, zur Kurzweil, wie sich zeigt, für eine kurze Weile. Und endlich die »Götterdämmerung«: Fünf Minuten vor zwölf – wo und wann immer der unausweichliche Untergang sich ankündigt. Nur Vergangenheits-Assoziationen – Wilhelminisches Deutschland, Hitlers Reichskanzlei – beschränken allerdings die noch andauernde Aktualität des Menetekels »Zeit der Handlung« nicht auf gestern, sondern vor allem auch auf morgen – Zerrbild einer Spätzivilisation, in der sich Dekadenz mit barbarischen Requisiten und Haltungen umgibt, eine Welt, in der das bewegendfehlerhafte Idol Siegfried ebenso kaputtgeht wie die elitäre Rebellin Brünnhilde. Eine Welt, die selbst den Traum von Freiheit zerstört – untergangsreif, untergangswürdig.

Wo spielt der »Ring«? Gewiß nicht nur im Skandinavien des ersten nachchristlichen Jahrtausends. Und wohl auch nicht nur in deutschen Landen des vorigen Jahrhunderts. Und wohl auch nicht so deutlich in einem Imperium auf dem heutigen Erdball oder in irgendwelchen kosmischen Regionen. Weil alle solchen Vermutungen und Spekulationen nicht ohne Reiz sind, ordnen sie sich am ehesten, wenn wir behaupten: Am richtigsten, beziehungsreichsten und auch amüsantesten spielt der »Ring« auf dem Theater. Speziell bei dieser Aufführung auf der Bühne von Covent Garden. Sie ist eine Bühne alten Stils, mit rechteckigem Portal ohne Seitenbühnen und wenig Hinterbühne. Aber ihr Boden ist gegliedert durch ein Viereck, das fünf Podeste bilden, die herabfahrend die Unterbühne öffnen beziehungsweise vielfach nutzbar machen. Diesen Bühnenbau mit allen daraus folgenden Möglichkeiten griffen wir gern auf. Zum Angebot der

Praxis gesellte sich eine grundsätzliche Überlegung. Die Scheibe, der Kreis, der »Ring« der »Ring«-Bühnenlösungen der letzten Jahrzehnte zitiert eine andere Herkunft des Theaters: die Orchestra der antiken Tragödie, eingepflanzt in die Theaterbauten der bürgerlichen Epoche. Die Nutzung und »Entfesselung« der Viereckbühne scheint uns dem Theater, in dem wir den »Ring« zu spielen haben, adäquater zu sein. Und indem wir die Spielfläche mit Brettern bedecken, zitieren auch wir eine Urform des Theaters, freilich den Kontrapunkt zur idealistischen Tragödie: die Mimusbühne der Komödie. Das programmiert für den Londoner »Ring« eine theatralische Erzählweise, die vorwiegend episch ist, aufhellt und sich in ihren Mitteilungen dem Zuschauer öffnet. Ihre verblüffend vielfältige Funktionsfähigkeit für alle vier Teile des Zyklus aber erhält diese Mimusbühne durch die wunderbare Erfindung der Londoner Ingenieure und Techniker. In die Unterbühne wurde ein Stempel zementiert, der die Bühne im Zentrum trägt und sie hydraulisch in alle denkbaren Positionen bewegen kann: Heben, Senken, Drehen, Fixierung auch der extremsten Diagonalstellungen. Uns erscheint dieser hydraulische Stempel wie das technisch konkretisierte Symbol einer starken Energie, die dieses Welttheater trägt und bewegt.

Ein derartiges kinetisches Bühnenprinzip kann weitgehend ohne zusätzliche, herkömmliche Dekorationen auskommen, arbeitet pur und suggestiv durch trickreiche Einfachheit. In einem solchen Raum erhalten die Kostüme und Masken besonderes künstlerisches Eigengewicht. Sie übernehmen einen Großteil der optischen Dramaturgie. Die »Lichtalben« im »Rheingold« erscheinen in den verschiedensten Varianten von Weiß, die »Nachtalben« schwarz. Erda ist ein aus der Unterbühne aufsteigender Schattenkörper, die Rheinmädchen wirken in ihrem Spiegelmeer gläsern, die Riesen – zu der von Wotan durch Verträge gebundenen Sozietät gehörend, keine proletarischen Revolutionäre, höchstens angepaßte Gewerkschafter – tragen zu ihrem hellen Monteurzeug Helme wie Weltraumfahrer, darauf hindeutend, daß sie Walhalla außerhalb der Erde gebaut haben. Und Loge, der Halbgott, ein Neger-Tenor, trägt über weißen Jeans einen rotflammenden Poncho. In der »Walküre« spannt sich das Material vom Pelz des »Wolfskindes« Siegmund über den ledernen Habitus Hundings zur gepanzerten Generalsuniform Wotans und den makaber-bizarren Kostümen der Walküren, in denen sie als Verschmelzung von Amazonen, Todesvögeln und sexuell aggressiven Barbarellas erscheinen. Die »Siegfried«-Kostüme für Mime, Alberich und den Wanderer haben tierische Attribute, gleichen Waldwesen, fast entmenschlicht, in der Machtgier pervertiert. Solch bissiger Humor kulminiert in dem optisch ebenso opulenten wie komischen Drachen, bewegt von zwanzig Tänzer-Statisten. In der »Götterdämmerung« neu auftretende Figuren sind gläsern-modisch, Hagen und die Mannen tragen »Neobarbarismus«: schwarzes Leder, dunkle Pelze.

Der darstellerische Gestus hat immer wieder den gerade für Wagner typischen

Wechsel zwischen dramatischen und epischen Strukturen zu benutzen und auszustellen. Stilisierende Statik ist eine inzwischen überlebte modische Ausrede gegenüber der spezifischen Wahrheit der Gestaltung geworden, die Wagners Werke fordern. Die Figuren sind ebenso Theatergestalten wie singende Klangkörper, manchmal mehr das eine, manchmal mehr das andere. Die Darstellungsweise wechselt zwischen distanzierend-verfremdendem Gestus, emotioneller Identifizierung und suggestiver Signalisierung von Grundhaltungen. Solche Vielfalt wird durch den stilistischen Unterschied der einzelnen Teile des Zyklus ebenso unterstützt wie bestimmt. Während »Rheingold« vorwiegend eine epische Spielweise bevorzugt, mit Handlungen und Haltungen entlarvenden Charakters und häufiger Einbeziehung der Vorbühne als direkter Conference-Ebene, vor allem von Loge benutzt, dominiert in der »Walküre« ein Stil weitgehend psychologischer Identifikation, der ebenso verhalten gehandhabt werden kann wie schizophren erhitzt und gerade dadurch auf neue Weise wieder entlarvend wirkt. Die zugespitzte Komödie, manchmal von greller Boshaftigkeit, durchbrochen von lyrischen Passagen, durchzieht die ersten zwei »Siegfried«-Akte, ehe der 3. Akt wiederum einen stark konzentrierten Gestus verlangt, in dem Handlungen sich aufheben zu Haltungen von assoziativer Bildkraft bei Wotan/Erda, Siegfried/Brünnhilde. In der »Götterdämmerung« werden die bisherigen Spielerfahrungen umschlagen müssen in grauenhafte Sterilität, bizarren Barbarismus und stille Melancholie: lastende Endspiel-Atmosphäre.

Über die Tatsache, daß alles, was vom Regisseur mit seinen engsten Mitarbeitern überlegt und probiert wurde, den genauesten, auch wortverständlichsten Ausdruck und die eigenerzählerische Funktion des Orchesters respektiert und bedient, kann nicht gesprochen werden. Denn gerade das war und ist uns eine der wesentlichsten Pflichten. Nichts von dem, was wir taten, ist abgeschlossen, nichts dünkt uns vollendet. Von Jahr zu Jahr korrigieren wir. Das große Abenteuer der Entdeckung solchen Welttheaters ist unbegrenzt.

»Das Rheingold«

spielt vor hellem Rundhorizont, ohne Vorhang. Schon bei Zuschauer-Einlaß ist das bestimmende Element dieser »Rheingold«-Aufführung sichtbar: die Bühnenplattform, mit Brettern belegt, als Mimusbühne. Sie wird sich später heben und senken, drehen und immer wieder anhalten, stets den quadratischen Grundriß respektierend, auch in extremen Schrägstellungen. In solchen schrägen Positionen klappen bei der Erscheinung der Erda und beim Weg nach Walhalla die Bretter horizontal auf und bilden Treppenstufen. Diese Bühne kommt ohne dekorative Zutaten aus. Nur auf der Unterbühne werden Groß-Requisiten als erzählende Bildelemente bereitgestellt: Spiegel für die Rheinszene, für Nibelheim bewegbare rotglühende Eisenteile sowie die »Kommandozentrale« Alberichs, eine Röhre aus Linsengläsern. Die Unterfläche der hydraulisch bewegbaren Plattform besteht aus Spiegelflächen und kann, wenn die Bühne hochgefahren und nach vorn aufgeklappt ist, die Vorgänge in der Mitte, Rhein, und unten, Nibelheim, verspiegelt sichtbar machen.

Angestrebt wurde, die symphonischen Orchesterpassagen der »Rheingold«-Partitur, in denen Naturprozesse und die Wege von unten nach oben und umgekehrt geschildert werden, deutlich abzusetzen von den Theaterszenen zwischen den handelnden Figuren. Für die symphonischen Passagen – immer ohne Vorhang – wurden eigens in Erlangen hergestellte Laser-Filme auf den Rundhorizont projiziert: Sinnbarmachung von elementarer Natur, ihren Gesetzen und kosmischen »Fahrten«. Für die Spielszenen, jeweils unterbrochen und überbrückt durch Bewegungen in Plattform und Laser-Filmen, ergaben sich nach der Anfangsstellung folgende fixierte Positionen:

Rhein
Auf Bergeshöhen
Nibelheim
Am Bergeshang (Raub des Ringes)
Auf Bergeshöhen
Erdas Erscheinung
Auf Bergeshöhen
Der Weg (Treppe) nach Walhalla.

Alle Darsteller tragen, zur Unterstreichung des Typenmäßigen und Noch-Nicht-Menschlichen, Masken, Halbmasken oder sind extrem geschminkt, etwa nach Art der Gesichtsmalerei afrikanischer, aztekischer oder auch griechischer Frühkulturen. Zu den Solisten kamen vierzig Kinder als Nibelungenheer sowie Doubles für die Rheintöchter, für Alberich, Wotan und Loge.

»Die Walküre«

spielt vor dunklem Rundhorizont. Die Bretter auf der Plattform sind verschwunden. Die Bühne ist mit dunkelrotem Tuch bedeckt – als ob Blut die Erde überflutet, seit Wotan aus dem fernen Walhalla seine Walküren zur Entfesselung von Kriegen entsendet, damit sie aus den besten der gefallenen Helden die Schutzwache rekrutieren, die die Götterburg retten soll vor den gefürchteten Anschlägen der Nibelungen. Die Positionen und Bewegungen der Plattform sind gegenüber dem »Rheingold« nun verkantet und extrem diagonal. Aus der geographisch-ideologischen »Ordnung« des »Rheingold« ist Unordnung geworden, Chaos,

Verzerrung. Unruhe und Angst, Schrecken und Tod eskalieren. Nun kommen auch, dem psychologischen Musikdrama bürgerlicher Prägung folgend, Dekorationsteile auf die Bühne, freilich sparsam genug und großzügig, monumental: im 1. Akt Baum, Tisch und Ofen; im 2. Akt zwei Felsteile; im 3. Akt der Walkürenfels als »Abschußrampe«, Lande- und Abflugplatz der Walküren auf ihrer Fahrt von oder nach Walhalla.

Mit Laser-Effekten wird auf Wagners Wunsch reagiert, daß im 2. und 3. Akt jeweils bei Ankunft oder Exit der Götter »sich der Himmel verfinstert«, »Blitz und Donner« einschlagen, »greller Feuerschein« aufflammt – Hinweise, daß sich Walhalla inzwischen weit von der Erde entfernt hat, eine Art Skylab der Mächtigen vielleicht, aus dem es den sein Ende herbeisehnenden Wotan immer wieder auf die Erde treibt.

Ein dunkler Vorhang trennt die Akte voneinander. Doch bei Beginn bietet sich dem hereinkommenden Zuschauer wieder die offene Bühne an, jetzt mit schräggestellter, schiefer Plattform. Sie gerät mit dem Einsatz der Musik in schlingernde Bewegung, unter Blitzen hetzen Menschen über sie hinweg: Menschenjagd, Verfolgung, Grauen, Angst. Bis dann schnell, unsichtbar mit den wenigen Dekorationsteilen der Ort gebildet wird, an den sich der Flüchtige rettet: Hundings Behausung.

»Normal« geschminkt sind Siegmund, Sieglinde, Hunding. Auch die Götter haben das Maskenhafte weitgehend verloren. Nur Fricka trägt die Maske aus »Rheingold« an einem Stab in der Hand, als ob sie den großen, welthistorischen Sprung zwischen den beiden Stücken nicht anerkennen will. Wotan wird psychologisiert, der größte Charakter des Zyklus und zugleich der Charakterloseste – tragikomischer Grenzfall zwischen Lear und Strindbergs General. Die Walküren als Kreaturen seines Wahns tragen silbriges Make-up mit roten Lippen: blutsaugende, beunruhigende, verführerische Todesengel.

»Siegfried«

verwendet weder den hellen Rundhorizont von »Rheingold« noch den dunklen von »Walküre«. Die Bühne wird hinten umgrenzt durch eine Vielzahl senkrecht gespannter Schnüre, aufgrund einer Bitte Josef Svobodas, seinen Bayreuther »Tristan«-Horizont für London zu variieren. Der Boden der Bühnenplattform besteht aus einem silbrig-metallenen Drahtgeflecht. Es reagiert lichtstark auf die Projektionen, wie sie die ersten beiden Wald-Akte einsetzen; sie vermitteln im 3. Akt aber mit dem Schnürenhorizont die Kühle eines »psychischen Labors«, in dem sich die letzten Szenen vollziehen. In helle Leere kehrt sich die vorher walddichte »Siegfried«-Szenerie, die Natur nicht als romantische Kulisse begreift, sie nicht wertfrei nutzt, sondern als dramaturgisches Element, verwundbar, beschreibend ins Spiel bringt. Der Wald der ersten beiden Akte besteht aus einer Vielzahl von Bändern aus Kunststoff-Folie. Sie bilden auch den »Vorhang« vor jedem Akt. Der besondere Reiz besteht darin, daß diese Bänder sich nicht passiv-dekorativ verhalten, sondern mitspielen können, daß sie auf Bewegungen der Darsteller wie der Plattform reagieren. So wird das dominierend optische Element zum szenischen Akteur, was theatralisch reizvoll ist und außerdem besagt, daß Natur kein romantisches Ideal mehr ist, sondern benutzbar, verletzbar durch Menschen und deren Machtinteressen.

Verletzt, manipuliert ist dieser Wald in vielfacher Hinsicht. »Am Rande der Welt« baut sich Mime seine Manufaktur, um Schwerter zu schmieden, mit denen der heranwachsende Knabe Siegfried – ein superphysischer Homunculus – den Drachen erlegen und dem »Pflegevater« Ring und Goldschatz erringen soll. Die Mechanismen dieser Fabrik sind auf der Unterbühne aufgebaut. Reminiszenzen an Nibelheim. Der Wald darüber dient zur Tarnung.

Im 2. Akt markieren die Bänder den Pfad, über den sich das Drachen-Ungeheuer Fafner zur Quelle wälzt. Auch hier wartet der andere Nibelung, Alberich, auf der Unterbühne auf den, der das Ungeheuer töten könnte, das »liegt und besitzt« – Begleiterscheinung des kapitalistischen Grundgesetzes der Akkumulation, Rückfall in ein bramarbasierendes Rittertum.

Die Plattform, im 1. Akt nur in einer Stellung fixiert, fährt im 2. Akt vier Positionen: Nach der ersten Waldstellung gerät sie ins Wanken, wenn der Drache die Plattform okkupiert, die im Kampf Siegfrieds gegen das Ungeheuer heftig schwankt. Danach Aufklappen der Vorderkante, so daß der Streit zwischen Mime und Alberich auf einem hochgefahrenen Podest der Unterbühne wie eine Clownsszene abgespult wird. Wenn Siegfried den toten Drachen wieder vor die Höhle wälzt, fährt die Plattform in die Anfangsposition des 2. Aktes zurück. Die Bewegungen der Bühne führen auch immer wieder zu einer Veränderung des Bänder-Waldes.

Die Vorgänge des 3. Aktes werden durch fünf Positionen der Plattform gegliedert, episch pointiert. Auf einer großen Schräge wartet der Wanderer. Dann Gegenbewegung, die Vorderkante fährt hoch. Unter Wotan, am hydraulischen Stempel erscheint in einem Gewirr von Bändern Erda. Danach Rückbewegung beinahe zur Schräge des Aktbeginns. Der Wanderer begegnet Siegfried. Dessen Weg zum Walkürenfelsen führt über die sich kippende Plattform und durch die Unterbühne, die verspiegelnd den Gang durchs Feuer multipliziert, auf den Kopf stellt. Für die letzte Szene fährt aus der Plattform hydraulisch der Walkürenfelsen heraus.

Jeder Akt beginnt, wie schon in der »Walküre«, ohne Vorhang. Zwischen und hinter den Bändern werden jeweils die drei gezeigt, die warten, regungslos, unendlich lange. Mime wartet auf den Moment, wo Siegfried die Kraft hätte, die ihm zugedachte Mission zu erfüllen. Alberich wartet auf den Helden, den er – wie sein Bruder – benutzen und dann betrügen und vernichten will. Und im 3. Akt wartet der Wanderer auf den, der den Drachen erschlug.

Warten, Erwartung erweist sich als Grundgestus der Vorspiele – im Unterschied zu »Parsifal« freilich ein Warten auf eine im Ansatz pervertierte Erlösung. Grundsituationen, die von den Schwierigkeiten der Schaffung des Helden und des Umgangs mit ihnen erzählen.

Zur Siegfried-Gestalt. Was nützt uns die Angst, ihn als Nazi-Idol verwechselt zu sehen: Gerade er demonstriert ja die Vergeblichkeit von ideologischer Aufrüstung. Ein Champion, Mischung aus Kaspar, Hans im Glück, Tolstoischem Bauernjungen und einem weißen Muhamed Ali, dessen Amoklauf um die absolute Freiheit des unbedingten Individuums zerstört wird von einer Welt, die selbst im Untergang noch die furchtbare Kraft hat, Revolutionäre und Rebellen umzumanipulieren, bis sie lediglich als Unikum reizvoll sind – heute für die Illustrierten oder die TV-Magazine, zu anderen Zeiten für die Opernbühne. Der Schmerz des Trauermarsches in der »Götterdämmerung« gilt uns.

»Götterdämmerung«

arbeitet das Fabelmaterial und folglich auch das optische Material der vorangegangenen Teile des Zyklus auf, ergänzt sie durch Neuhinzukommendes und führt schließlich zu einem Ende, das die Frage nach einem neuen Anfang stellt. Am Schluß ist die Plattform in die gleiche Position gelangt wie zu Beginn von »Rheingold« – Angebot für ein neues Spiel auf dem Welttheater.

Die für den Zyklus gewählte ästhetische Technologie gestattet, die Verwandlungen innerhalb der drei Akte einschließlich des Vorspiels wiederum ohne Vorhang vorzunehmen. »Offene« Bühne noch immer.

Zur Nornenszene klappt die Plattform auf, in Position und Material – das »Seil« ist verhaftet in einem Gewirr von Nervenbändern oder Gehirndrähten, ein archaisches Computer-System – erinnernd an die Erda-Erscheinung im 3. Akt von »Siegfried«. Von der Unterfläche der schrägen Plattform werden die Nornen verspiegelt. Wie im letzten »Siegfried«-Akt erhebt sich hydraulisch der Walkürenfelsen aus dem Boden, wenn Siegfried vor hellem Horizont Abschied von Brünnhilde nimmt. Bei der Rheinfahrt wird in Verarbeitung der ersten Szene aus »Rheingold« die Unterbühne wiederum durch die Spiegelflächen der aufgeklappten Plattform reflektiert. Siegfried, mehrmals gedoubelt, kommt aus einem irisierenden Spiegelmeer wie durch das All in die Gibichungenwelt, die sich aus großen, unterschiedlichen Teilen aus Klarfolie bildet. Archaische Architektur wird gläsern verfremdet und assoziiert Manhattan-Skyline. Der Horizont verdunkelt sich. Vor schwarzem Panorama kommt Siegfried zurück auf den Walkürenfelsen, Brünnhilde dem Gunther zu gewinnen.

Nach den vier wechselnden Stellungen des 1. Aktes bleibt die Plattform im 2. Akt in fester Position. Die Hängeteile der Glasarchitektur gestatten jedoch durch verschiedene Veränderungen, die szenischen Vorgänge optisch zu montieren, die Verlagerung von Außen-Handlungen zu inneren Prozessen – Erscheinung Alberichs, Terzett Brünnhilde, Gunther, Hagen – zu unterstützen.

Am Rheinufer zu Beginn des 3. Aktes bewegen sich die Rheinmädchen auf beweglichen Spiegelfolien in der Unterbühne. Die Stellung der Plattform erinnert an die Rheinszenen zuvor. Auf der oberen Kante erscheint Siegfried. Bei der Waldszene steht die Bühne wie im 2. »Siegfried«-Akt, doch der Bänder-Wald ist monumental verkrustet zu vier mächtigen Stämmen, die das Gefangensein Siegfrieds bei seiner Erzählung signalisieren. Nach seiner Ermordung weichen alle von der Bühne. Niemand trägt ihn. Langsam heben sich die Bäume. Der Tote liegt einsam in der Mitte der Bühne, bis sich am Ende des Trauermarsches die Glasarchitektur herabsenkt, die Leiche in die Gibichungenhalle »transportierend«. Der Dialog zwischen Gutrune und Brünnhilde findet auf der Vorderbühne statt. Hinter ihnen, ihrem Blick noch verborgen, liegt der Ermordete, der »Held«, der den Untergang heraufbeschwor.

Die Männer und Frauen, die am Ende der Vernichtung dieser Welt und dem Erlöschen Walhalls »in höchster Ergriffenheit« zusehen, wollen wir nicht durch Choristen, Tänzer oder Statisten »konkretisieren«. Es gibt am Ende keine szenische »Stellvertretung«, keine Ausrede. »Offen« muß vor allem der Schluß der Aufführung sein für alle »Männer und Frauen«, die wirklich auf das letzte Liebesmotiv der »Ring«-Partitur hören möchten und entscheiden, was sie nun neu zu beginnen hätten. Die purifizierte Mimusbühne ist ein bescheidenes Angebot.

»DAS RHEINGOLD«

von Richard Wagner

Von Anfang und Ende
(1980)

Der Anfang zeigt schon das Ende. Und das Ende ist neuer Anfang. Zeiten und Räume überlagern sich im »Ring«. Es gibt keine historische Zeit. Wagner schafft für seine Weltparabel die »künstliche Zeit« eines »Vorabends« mit drei darauffolgenden Werken. Diese »künstliche Zeit« reflektiert vor allem, aber nicht nur das 19. Jahrhundert. Sie umfaßt besonders, aber nicht nur die ganze bürgerliche Epoche, meint als Handlungszeit jenes Einst, das Vergangenheit und Zukunft, Erfahrung und Utopie im augenblicklichen Spielvollzug einfängt. Wagners »Theater der Zukunft«, im »Ring« am umfangreichsten entworfen, stellt sich als epischer Report eines Untergangs dar, als grandioses Endspiel...

»Ihrem Ende eilen sie zu«, kommentiert Loge den Einzug der Götter in Walhalla. Die Tetralogie, sich der germanischen Mythologie bedienend, entzaubert den Mythos. Das Thema ist nicht Anbetung der Götter, sondern deutet auf den Schritt in die Menschlichkeit, den Brünnhilde versucht. Die Mythologie ist im »Ring« nicht mehr Religion, sondern das Fabelmaterial, das Wagner zur Verfremdung seines großen Macht- und Endspiels einsetzt.

Wo spielt der »Ring«? In einem vorhistorischen Skandinavien? In einem romantischen Deutschland mit Wäldern, Bergen und Palästen? Oder im Wilhelminismus der Gründerzeit? Gar im Faschismus? Oder schon »2001«? Die ehrlichste, richtigste Entscheidung, die man treffen kann, heißt noch immer: auf dem Theater, auf der heutigen Musikbühne, gespannt zwischen die Konventionen und Visionen des Theaters der Vergangenheit und der Zukunft. Die Bilder und die Assoziationen, die für die Optik der Aufführung gewählt werden, zielen weniger auf historische Abbildungen als vielmehr auf einen imaginären, phantastischen Realismus, der den »Ring« als Weltparabel vorstellt.

Gurnemanz' Wort zu Parsifal könnte die generelle Regie-Anweisung sein, Wagner zu spielen: »Du siehst, mein Sohn, zum Raum wird hier die Zeit.« Und Bernd Alois Zimmermanns Begriff von der Kugelgestalt der Zeit ergänzt das nur und rückt es näher dem heutigen Verständnis. Jede Gestalt, jede Situation im »Ring« sind jetzt und einst. Anfang heißt Ende und Ende Anfang.

Wotan, im »Rheingold« der »Friedensfürst«, bevor er in der »Walküre« zum

»Walvater«, zum Kriegsherrn, denaturiert, sitzt träumend entrückt, wenn wir ihn zum ersten Mal »auf Bergeshöhn« sehen. Schrecken und Furcht schwingen mit in Frickas: »Wotan, Gemahl, erwache!« Wozu sollte er erwachen? Er ist ja schon am Ende. Die Burg ließ er sich bauen als Monument seiner selbst. Die irdische, schöpferische Zeit des obersten Gottes soll überwechseln ins »Ewige«. Und gleich zeigt sich, daß er, der den Bau entwarf und bestellte, nicht zahlungsfähig ist. Erst durch Raub – wenn auch auf fragwürdige Weise moralisch von Wotan motiviert – schafft er sich das Äquivalent für den neu von den Riesen bestimmten Preis. Der mächtigste Gott ist ein »trauriger Gott«, schlimmer noch: ein bankrotter Gott.

Fricka will in Liebe und Eifersucht ihrem Mann seine Göttlichkeit bewahren. Aber Erda raunt ihm die Wahrheit zu, die jeder, Gott und Mensch, so gern verdrängen möchte: »Alles, was ist, endet. Ein düsterer Tag dämmert den Göttern.« Lange Zeit noch – bis in die »Götterdämmerung« – und mit sowohl genialen wie verrückten Ideen, als Rebell und als Bewahrer, stemmt sich Wotan gegen diese Einsicht in die Vergänglichkeit seiner selbst und der Welt, der er Gott war.

Es ist nicht *die* Welt, die in der »Götterdämmerung« zugrunde geht, sondern ein Ausschnitt aus ihr, eine Periode, ihr Gleichnis. Und damit werden die Figuren und Schauplätze auch wiederum optisch determinierbar. Selbst der Rhein, der erste Schauplatz im »Rheingold«, ist in solchem Kontext nicht absoluter Weltbeginn. Der »Urton«, aus dem sich das Orchestervorspiel aufbaut, ist wiederholbar oder – richtiger – bezeichnet den abermaligen Beginn des großen Spiels vom Widerstreit zwischen Liebe und Macht, Freiheitsdrang und Unterdrückungszwang. Die Menschheit macht – wie jeder einzelne im Leben – die Erfahrungen immer wieder neu. Das macht auch die Chance und die Aufgabe des Theaters aus.

So ist uns der Rhein die magische Stätte, in der Gewesenes unterging und aus der Neues entsteht – vielleicht eine Variante des nie entdeckten und nie ganz gestorbenen Atlantis, auf jeden Fall Naturzustand als Synonym des versunkenen »goldenen Zeitalters«, der vermeintlichen Stufe menschlicher Unschuld, verkörpert von drei Nixen, drei Sirenen, die den alten Schatz arglos verwalten. Von oben und von unten droht dem Rheingold in der Mitte dieser Welt Gefahr, sobald es erkannt wird als Gegenstand, der sich akkumulieren läßt und durch Zirkulation die Welt verändert, entstellt, pervertiert.

Von unten gerät Schwarzalberich an diesen magischen Platz. Er ist nicht böse, zunächst. Vielleicht auf der Wanderung, um eine Lösung zu finden, wie das Los der Seinen zu wenden wäre, die in der Dunkelheit unten, in den Slums der Weltgeschichte hausen, ausgeschlossen von den Verträgen, die man oben geschlossen hat, und bisher von den Glücklichen kaum beachtet.

Erst nach dem Raub des Goldes, seiner Akkumulation und Hortung, erwacht das Interesse der Götter und Riesen an den Nibelungen, erwachen ihre Angst und ihre Gier. Loge bringt nach oben die Nachricht von der eingreifenden Veränderung, die sich unten vollzogen hat: Einer hat der Liebe abgeschworen, die nach der innersten Überzeugung Wotans und dem von Fricka vertretenen Prinzip die Welt bewegt. Er habe sich aus dem den Rheintöchtern gestohlenen Hort den Ring geschmiedet, der ihm unendliche Macht verleihe. Der Zustand der »göttlichen Familie«, Froh und Donner eingeschlossen, entlarvt sich: Man umschmeichelt und drängt Wotan, das Gold zu gewinnen. In ihm selbst erwacht die Gier, den Ring zu besitzen – angestachelt noch durch die dreiste Bereitschaft der Riesen, Freia als Preis für den Burgbau zu tauschen gegen das Gold der Nibelungen. Das Dilemma des mächtigsten der alten Götter ist nicht kleiner geworden, sondern hat sich nur noch verstärkt, als er sich mit Loge nach Nibelheim aufmacht.

Shakespeare hatte im »Timon von Athen« die alles verkehrende Macht des Geldes tragisch-satirisch beschrieben. Viel von diesem tragisch-satirischen Gestus bestimmt auch das »Rheingold«, oft bis an die Grenzen der Karikatur. Komische, bizarre Motive und Situationen verdecken aber nicht die tragische Bedeutung des Vorgangs, sondern stechen sie auf, erhellen sie in der Verzerrung.

Die Zwergenhöhlen unten sind zu Katakomben schrecklicher Ausbeutung geworden. Zynisch hat Alberich die Seinen wie in ein unterirdisches Konzentrationslager eingesperrt – kaum realisierend, daß er sich so auch selbst zum Gefangenen gemacht hat. Aus dem, der das Los der Rechtlosen ändern wollte, ist ihr unerbittlicher Diktator geworden. Es ist dies ein Motiv, das die permanente Aktualität der warnenden Bilder, die Wagner im »Ring« entwirft, beklemmend deutlich macht. Demütigend ist für Wotan sein »Staatsbesuch« in der Hölle. Loge hat die Verhandlungen zu führen. Und seine List ist es auch, die das fürchterliche sozialpolitische Menetekel wieder ins Theatralisch-Phantastische aufhebt: Erst verleitet er den sich eitel protzenden Alberich, sich mittels des Tarnhelms zur Schlange zu verwandeln, dann in die Kröte – einzige Chance, den hermetisch Eingeschlossenen herauszulocken und zu überwältigen.

Wieder oben angelangt, entlarvt sich Wotan, der Göttervater, als »Godfather«: Brutal entreißt er Alberich dessen Ring. Der traurige Gott im Morgengrauen als Mafioso, als Bandit. Immer schärfer, immer bitterer betreibt Wagner die Anatomie des vermeintlich Göttlichen.

Statt, wie Loge das anregt, den Rheintöchtern ihr Gold zurückzugeben – es hat sich freilich inzwischen vermehrt, ist fabrikmäßig hergestellt, besitzt nicht mehr den Naturzustand –, bezahlt Wotan mit dem Schatz der Nibelungen und endlich auch dem Ring die Riesen, um Freia zurückzukaufen. Edelmut aus Hilflosigkeit und als Kapitulation. Die Welt gerät nicht wieder in die alte Ordnung. Auch wenn Donner, Mixtur aus Mars und Bramarbas, noch einmal zu mythischer Größe ausholt und die Naturgewalten beschwört, und auch wenn Froh, der schwärmerische Schöngeist, noch einmal als Zeremonienmeister der theatralischen Regenbogenbrücke fungieren darf – die Götter fliehen von der Erde, an dem ermordeten Fasolt vorbei und die Klagerufe der Rheintöchter nicht achtend. Wie in einer Pavane schreiten sie nach Walhalla. Mit majestätischer Grandezza täuschen sie sich selbst. Denn die Burg, als Monument geplant und schlimm bezahlt, ist nur noch Zufluchtsort, Exil. Loge bleibt zurück. Der so Kluge, Katalysator im Machtspiel, hat seine Rolle zu Ende gespielt. Der Narr kann gehen. »Wer weiß, was ich tu'?«

Die mythische Periode der Götter ist zu Ende. Wotan wird es nicht halten in der Burg, die er sich wünscht. Er wird zurückstreben auf die Erde, ein Verwandelter, ein Suchender, oft auch Rasender. Zwei Pläne wird er verfolgen, die sich absurd gegenseitig aufheben: Er will den Helden bilden, der ihn ablöst und ein Reich absoluter Freiheit schafft; gleichzeitig läßt er die Erde von seinen Walküren mit Krieg überziehen, um die besten Helden zu gewinnen, die Walhalla vor den Angriffen Alberichs schützen. Angst hat ihn befallen. Der Gott wird Anarchist. So kommt es, daß er seine Lieblingstochter Brünnhilde verstößt in die Menschlichkeit. Sie wird die Chance der Liebe verteidigen und weiterzutragen haben. Zu welchem Ende, zu welchem Anfang?

»DIE WALKÜRE«
von Richard Wagner

Der Fall Wotan oder Wotans Fall
(1984)

Seit die Götter nach Walhalla schritten, hat sich auf, über und unter der Erde viel verändert. Wotan hält es nicht in der allzu teuer erkauften Traum-Burg. Angst treibt ihn um: die Angst vor Alberichs Anschlägen und vor Erdas Warnung. Und Angst, sich entladend in Terror, Krieg, Zerstörung, in den Kampf jedes gegen jeden, ist der herrschende Ausdruck der Zeit geworden, die das große End-Spiel des »Rings« in der »Walküre« erreicht.

Schon das Vorspiel zum 1. Akt signalisiert Unwetter, also Chaos, Menschenjagd. Es ist kaum mehr ein friedlicher Fleck zu finden im Tunnel der Zeiten. Menschliche Behausungen gleichen Gefängnissen, in die man sich selbst einschließt. Das Weltenchaos, in das sich das Götterchaos steigert, bestimmt nun die Spielmotive und (Wieder-)Erkennungssituationen der sich vertiefenden Psychoanalyse des Untergangs.

Wotans Dilemma ist groß. Mit zwei Plänen versucht er, der Furcht zu begegnen, daß sich Alberichs Fluch erfüllt und Erdas Warnung zu früh Wirklichkeit wird. Wie sich die beiden Konzepte Wotans begegnen und durchwirken, wie sie einander aufheben und sich endlich ausschließen, das bestimmt die neue Dramaturgie der »Walküre«. Mit einer die Intensität des musikalischen Ausdrucks über seine Grenzen treibenden Expressivität werden die Widersprüche aufgerissen, die schließlich den Fall Wotan nachdrücklich als Wotans Fall besiegeln – für jedermann wahrnehmbar.

Plan 1: Ein Held soll erschaffen werden, der unabhängig von den alten Bindungen der bisherigen Götter frei der Welt gebietet, sie aus dem Bereich der Notwendigkeit in das Reich der Freiheit führt. Doch wohlgemerkt: Wotan selbst möchte als Zeuger, Pädagoge und Mentor dieses Helden fungieren. Der elitärängstliche Kern seines Konzepts offenbart sich vollends, wenn er den aristokratischen Inzest des Zwillingspaares billigt.

Plan 2: Bis Plan 1 sich erfüllt oder falls er fehlschlägt, müssen Helden-Geister gefunden werden, Walhall zu schützen vor den Anschlägen Alberichs, falls er nach der Weltherrschaft greift. Die Methode, die Wotan für Plan 2 wählt, hat paranoide Symptome: Mit verschiedenen Müttern hat er Töchter gezeugt, die, schön, wild und frustriert, als »Walküren« überall Streit stiften und von den Kampfstätten die trefflichsten Helden einsammeln, um sie, entsprechend präpariert, nach Walhall zu bringen, wo sie ihnen als »Wunschmaiden« zu Willen sind, gleichsam wie in einem olympischen Bordell. Von den Amazonen über die Suffragetten bis hin zu den Barbarellas oder bewaffneten Gangs heute reicht die Vision Wotans, die Wagners von diesem nekrophil-libidinösen Korps. Der Ausbruch Brünnhildes aus den schrecklichen Normen solch pervertierter Göttlichkeit ist das eigentliche Thema des Musikdramas »Walküre«, markiert die humane Rebellion gegen den »traurigen Gott«, der die Identität der Gottheit längst verloren hat und sie nun aufspaltet in Wolfe, Walvater, das heißt Kriegsherr, und den Wanderer, der für seinen Sohn das Schwert in die verwüstete Esche trieb.

Diesen Sohn Siegmund deutlich zu unterscheiden von dessen Sohn Siegfried, ist für den Gang der Geschichte reizvoll und von Wichtigkeit. Siegmunds noch aristokratisch orientiertes Verhängnis besteht in seiner Super-Moral. Siegfrieds Chance ist seine Amoral. Siegmund hat Skrupel. Siegfried ist skrupellos. Doch dem Tod Siegmunds gilt nur ein eiliger – nicht komponierter – Kuß Wotans. Demgegenüber folgt auf Siegfrieds Ermordung der große Trauermarsch, ohne Gott. Siegfried macht sich kaum Gedanken über die Welt, bis er von ihr erstickt, umgebracht wird. Siegmund analysiert grüblerisch: »Wieviel ich traf, wo ich sie fand, ob ich um Freund, um Frauen warb, immer doch war ich geächtet: Unheil lag auf mir. Was Rechtes je ich riet, andern dünkte es arg, was schlimm immer mir schien, andre gaben ihm Gunst... gehrt ich nach Wonne, weckt ich nur Weh.«

Eine Gestalt wie von Dostojewski ist dieser Göttersohn, fast ein Don Quichotte. Denn es ist seltsam, daß Siegmund den Versuch der Selbst-Identifizierung in einer aus den Figuren geratenen Welt gerade vor Hunding unternimmt, in dem er doch seinen Gegner, seinen Verfolger erkennen muß. Aber auch da ist er der Vater seines Sohnes Siegfried, der kurz vor seiner Ermordung zum großen Psychogramm seiner selbst ausholt. Gesänge unter dem Strang: »Singe, Held!«

Noch seltsamer ist freilich, daß die traditionelle »Ring«-Interpretation so erpicht darauf war, Hunding als Scheusal vorzustellen. Nur bedingt kann dazu sein drohendes Auftrittsmotiv verführen. Dabei gilt auch hier, was wir oft im »Ring« antreffen: Theatralisches Konzept, Text und Musik sind nicht an jeder Stelle seines großen Entwurfs identisch in Meinung und Aussage. Gerade die Spannungen und Reibungen, die der Komponist Wagner mit dem Theatermann Wagner austrägt und eingeht, machen Werk und Figuren offen für manch neues Selbstverständnis.

Das gilt auch für Hunding. Er ist der erste Mensch, der ins »Ring«-Endspiel tritt. Im »Rheingold« stellte sich die (ein)geschlossene Gesellschaft als Götter, Riesen, Nixen und Alben dar. Siegmund und Sieglinde sind Götter-Kinder,

Halb-Götter. Aber Hunding ist der normative Mensch. In ihm ist keine Spur von Göttlichkeit.
 Ein Mann, der Ordnung haben will und mit seinen Leuten für Ordnung sorgt. Im Western wäre er ein vorbildlicher Farmer, der zugleich sein eigener Sheriff ist: »Wendest von hier Du nach West den Schritt, in Höfen reich hausen dort Sippen, die Hundings Ehre behüten.« In chaotischen Zeiten erscheint er wie der Repräsentant einer Bürgerwehr, des »Zivilschutzes«. Es gehört zu Wagners klügsten, folgenreichsten Eingebungen, diesen Mann weder zu disqualifizieren, noch ihn zu idealisieren. Ecce homo. Eben ein Mensch. Daß er, nach langer Verfolgungsjagd heimkehrend, bei seiner Frau einen Fremden vorfindet, macht ihn sicher nicht vergnügter. Aber er bietet ihm Gastrecht. Bis der entstehende Verdacht sich bestätigt: Vor sich hat er den flüchtigen Killer, den Mann aus »wildem Geschlecht«: »Verhaßt ist es allen und mir.«
 Und für die Ehe eines solchen Menschen engagiert sich Fricka. Für Hunding setzt sie Wotans Utopien aufs Spiel. Der Streit zwischen dem Götterpaar zu Beginn des zweiten Aktes ist der Drehpunkt des Musikdramas, bedeutet die Peripetie der Hoffnungen Wotans. Dabei ist es weniger die Eifersucht, die Frickas Argumentation bestimmt. Es ist ihre Art Liebe, die Wotans Göttlichkeit bewahren will, gerade durch die Distanzierung vom aussichtslos gewordenen irdischen Geschäft. Sie möchte ihren Mann in die Religion retten. Er soll heimkehren nach Walhall. Denn nicht dort findet der Disput statt, sondern in den Katakomben der Katastrophe, inmitten von Ruinen einstiger Zivilisation: »Wo in Bergen Du dich birgst... einsam hier such ich Dich auf.«
 Der Konflikt zwischen seinem utopischen Konzept und der Bindung an die Gottheit bringt Wotan zu Fall. Der göttliche Anarchist, der die »Revolution von oben« wollte, scheitert. »Eines nur will ich noch: das Ende!«
 Als sie das vom Vater hört, weiß Brünnhilde selbst noch nicht, wie ernst sie einst sein Wort nehmen wird, am Ende der Tage, in der »Götterdämmerung«. Jetzt, mit Wotan allein, inmitten von Zerstörung und Leere, wird sie Zeuge der Selbst-Zergliederung des Gottes. Im »Monolog mit Brünnhilde« – »mit mir nur rat' ich, red' ich zu Dir« – wächst Wotan endgültig zum tragischsten Charakter im »Ring«. Hier komprimiert Wagner »die Summe der Intelligenz seiner Zeit«, wie er sie selbst durchlebte und durchlitt, in der unlösbaren Spannung zwischen bewahrendem Wertbewußtsein und revolutionärem Umsturz.
 Den Fortbestand der Idee im Untergang des einstmals Göttlichen sieht Brünnhilde nun in ihre Entscheidung gelegt. Siegmunds Weigerung, ihr nach Walhall zu folgen, erschüttert die Walküre von Grund auf in allem, was sie bisher dachte, glaubte und tat. Zum ersten Mal sieht sie sich konfrontiert mit einem, der lieber zur Hölle fährt, als ihr zum Trugbild Walhall zu folgen. Und von Sieglinde empfängt sie zum ersten Mal einen Eindruck von Liebe, die kompromißlos heraus-

bricht aus den göttlichen Vorstellungen in das menschliche Leid, auch in dieser Umwelt, wie zu allen Zeiten.

Indem sich Brünnhilde dazu bekennt, wagt sie die Menschwerdung des Göttlichen – wieder einmal, von neuem, auf ihre Weise. Gegen Wotans Befehl versucht sie, Siegmund – freilich vergeblich – zu schützen, will sie Sieglinde und deren ungeborenes Kind retten. Den Ungehorsam straft Wotan grausam. Er verstößt Brünnhilde aus dem Kreis der Elite. Wehrlos soll sie von jedem mißbraucht werden, der des Weges kommt. Doch Brünnhilde ist auch Erdas Kind, und sie liebt den Vater. Ihre Idee: Ein Feuer soll sie umschließen, überwindbar nur dem, dessen Furchtlosigkeit Freiheit verbürgt. So rettet sie sich ihrer Bestimmung, so rettet sie dem abtretenden Gott die Melancholie der Würde.

Hilflos stolz in seinem Schmerz und mit großer Zärtlichkeit entläßt Wotan seine Tochter in das gefährliche Abenteuer der Humanität: »Denn so kehrt der Gott sich Dir ab, so küßt er die Gottheit von Dir!« Mit diesem Kuß hat Wotan auch Abschied genommen von der Macht und den Kriegen, die seine Angst gebar. Als Bettler wird er durch die Welt wandern, wenn wir ihn wieder treffen. Alte Geschichten tauscht er mit Mime aus. Wird aber die neue Generation, die dann ins Spiel gekommen ist, noch etwas wissen wollen von Götternot und früherem menschlichen Leid?

DER LEIBHAFTIGE SIEGFRIED

Ein deutsches Trauma
(1986)

> Andrea: Unglücklich das Land, das keine Helden hat!...
> Galilei: Nein. Unglücklich das Land, das Helden nötig hat.
> (Bertolt Brecht, Leben des Galilei)

»Mich dürstet«, flüstert Siegfried, nachdem er von den Rheintöchtern erfahren hat, er werde bald sterben. Hagen, die Mordwaffe im Anschlag, fordert ihn auf: »Singe, Held.« Und Siegfried schickt sich an, singend die Erinnerung zurückzugewinnen, bevor er erschlagen wird. »Mich dürstet« – die letzten Worte des Gottessohnes am Kreuz auf Golgatha, in den Mund des todgeweihten Götterenkels Siegfried gelegt, setzen die beiden Gestalten in eine bemerkenswerte Beziehung zueinander. Für Wagners Denken und Schaffen bestand diese Beziehung seit den Revolutionsjahren 1848/49 bis zu seinem Lebensende. Auf den Prosaentwurf zu »Siegfrieds Tod« im November 1848 folgte im Januar 1849 die Dramenskizze zu »Jesus von Nazareth«, in der dieser als Sozialrevolutionär gedeutet wird, der aber den politischen Aufstand ablehnt und todessehnsüchtig die Selbstvernichtung sucht. 1882, als der »tumbe Tor« Parsifal, auf vielfachen Irrwegen gereift zum schwarzen Ritter, den verschlossenen Gral wieder enthüllte, sangen die Chöre: »Erlösung dem Erlöser.« »Lauter geheimnisvolle Beziehungen«, so Wagner über »Parsifal«: In ihnen bewegt sich besonders auch die Gestalt Siegfrieds.

Es gibt kaum eine Opernfigur, die so zerrissen worden ist durch der Parteien Gunst und Haß. Keine andere Gestalt auf der Musikbühne hat so intensiv und dauerhaft die Wehen deutscher Geschichtsentwicklung und der sie begleitenden Ideologien zu durchleiden gehabt. Die Physiognomie eines Anarchisten Bakuninscher Konvention verkam ein Jahrhundert später zum Zerrbild nationalsozialistischer Ideologie. Das veranlaßte wiederum andere – die Diskussion flammte im Wagner-Jahr 1983 neu auf –, Siegfried als Wagners Programmierung der blonden Nazi-Bestie zu diffamieren. Die – sagen wir einmal – Entnazifizierung Siegfrieds ist noch immer nicht abgeschlossen, jedenfalls nicht durch die gelehrten Schriften unserer Musik- und Literaturwissenschaftler. Die Wiedergewinnung

Siegfrieds als inhaltsreicher Gestalt großen Welttheaters muß vor allem die Musikbühne leisten. Ohne politische Brille und ohne ideologische Scheuklappen wollen wir, wohl informiert über die Gefährdungen der Siegfried-Deutung, den Charakter aus dem Notentext, aus seinem szenischen Verhalten überprüfen, vielleicht auch partiell neu entdecken.

Für ein solches Verfahren bevorzugen wir als besten Kronzeugen Thomas Mann. Er hat mit seiner Wagner-Analyse die Türen für ein zutiefst demokratisches Wagner-Verständnis geöffnet. Über Siegfried schrieb er 1933 in »Leiden und Größe Richard Wagners«: »Wagners dramatische Fähigkeit, das Volkstümliche und das Geistige in einer Gestalt zu binden, offenbart sich am schönsten in dem Helden seiner revolutionären Epoche, in Siegfried. Das ›atemlose Entzücken‹, das der zukünftige Theaterdirektor von Bayreuth eines Tages als Zuschauer einer Kasperltheatervorstellung empfand – er erzählt davon in seinem Aufsatz ›Über Schauspieler und Sänger‹ –, dieses Entzücken ist praktisch, ist produktiv geworden in der Inszenierung des ›Ringes‹, dieser idealen Volksbelustigung mit ihrem unbedenklichen Helden. Wer wollte die hohe Ähnlichkeit dieses Siegfrieds mit dem kleinen Pritschenschwinger des Jahrmarkts verkennen? Zugleich jedoch ist er Lichtsohn und nordischer Sonnenmythos, was ihn nicht hindert, drittens etwas sehr Modernes aus dem neunzehnten Jahrhundert, der freie Mensch, der Brecher alter Tafeln und Erneuerer einer verderbten Gesellschaft, Bakunin, wie Bernard Shaws vergnügter Rationalismus ihn einfach immer nennt, zu sein. Ja, er ist Hanswurst, Lichtgott und anarchistischer Sozialrevolutionär auf einmal, das Theater kann nicht mehr verlangen; und diese Kunst der Mischung ist nur der Ausdruck von Wagners eigenem gemischten und in allen Stücken mehrdeutigen Wesen.«

Ja, das Theater kann nicht mehr verlangen. Hier wird eine wahrhaft dialektische Siegfried-Interpretation angeregt und zugleich eine unverzichtbare Erkenntnis gewagt: Richard Wagner hielt es ganz mit Shakespeare, der uns noch immer am unverhohlensten beigebracht hat, daß starke, zwingende Bühnenfiguren alles andere sind als Sprachrohre einer bestimmten Ideologie oder kostümierte Papierdeklamatoren. Sie vitalisieren ihre beklemmende Bühnenexistenz aus kühnsten Widersprüchen und tragen Konflikte aus, die individuelle Zufälligkeit in menschengeschichtliche Dimensionen führt.

Wo, wie treffen wir Siegfried an? Irgendwo am Rande der Welt, wohin sich der Nibelung Mime zurückgezogen hat. Vor Jahren fand er die sterbende Sieglinde und empfing von ihr das Kleinkind und die Trümmer des Schwertes Nothung. Seitdem leben Mime und der heranwachsende Siegfried in einer absurden, in einer schizophrenen Situation. Denn der Junge wird nur aufgezogen, damit er mordet und danach selbst ermordet werden kann. Diesen fürchterlichen Plan Mimes kennt Siegfried freilich nicht. Aber seine Sensibilität organisiert Abwehr:

»Seh' ich Dich steh'n, gangeln und geh'n, knicken und nicken, mit den Augen zwicken: beim Genick' möcht' ich den Nicker packen, den Garaus geben dem garst'gen Zwicker!« Der Vorwurf des Antisemitismus wird gegenstandslos, wenn man – abgesehen davon, daß Wagner sich selbst mit Mime identifizierte – zunächst und nur den Partiturtext liest. Mime ist tatsächlich krank, nahezu irrsinnig geworden ob der Spaltung zwischen Plan und Realität. Er liebt auf seine Weise das wilde Kind. In fast zwanzigjähriger Symbiose hat er den Mordplan immer wieder verdrängt. »Ich bin Dir Vater und Mutter zugleich.« Das glauben wir Mime, der dem Jungen Spielzeug bastelte und Indianerzelte baute, der ihn gewickelt hat und alle Kinderkrankheiten heilte. »Ich kann Dich ja nicht leiden, vergiß das nicht so schnell!« Siegfried hat das Verhältnis nicht gestört. Es ist zerstört von Anfang an. Den Drehpunkt in diesem schrecklichen Zusammenleben beider bringt Mimes verzweifeltes Geständnis, daß er nicht der Vater des Jungen ist. Siegfried ist ebenso befreit von dieser Nachricht wie von nun an in Wagners quälende Lebensfrage gestürzt: »Wie sah mein Vater wohl aus?« Indem Wagner den 1. Akt des »Siegfried« in die Form eines symphonisch-szenischen Scherzos zwang, brach er zugleich die tragisch-absurde Ausnahmesituation und rückte sie in die Nähe der bizarren Komik von Familienforschung.

Wenn eine Inszenierung den Wanderer die perfekte Schmiede herbeizaubern läßt, in der Siegfried dann Nothung fertigen kann, verfehlt sie im Kern den Sinn der Siegfried-Figur in diesem Weltspiel. Schon 1848 hatte Wagner an August Röckel geschrieben, die Absicht der Götter würde erreicht sein, wenn »sie in dieser Menschenschöpfung sich selbst vernichten, nämlich in der Freiheit des menschlichen Bewußtseins ihres unmittelbaren Einflusses sich begeben müßten«. Folglich beobachtet im Berliner »Ring« der Wanderer in ängstlicher Glückseligkeit stumm, wie Siegfried aus ureigenster Eingebung erst die Schwertteile zerfeilt und dann die Späne im Feuer kocht, um aus dem Rohmaterial ein neues Schwert zu schmieden. Wotan hatte noch in der »Walküre« von Siegfrieds Vater Siegmund erhofft: »Not tut ein Held, der, ledig göttlichen Schutzes, sich löse vom Göttergesetz. So nur taugt er zu wirken die Tat, die, wie not sie den Göttern, dem Gott doch zu wirken verwehrt.« Die Neuschaffung der Welt aus ihrer Zerstörung: Wird Siegfried das im Großen verwirklichen können, was er im Kleinen als Schmied, als Handwerker tat?

Im 2. Akt des »Siegfried« finden wir den Götterenkel, wie ihn Wagner 1851 gegenüber August Röckel beschrieben hat: »Siegfried ist nun ungefähr derselbe junge Bursche, der im Märchen vorkommt und auszog, um das Fürchten zu lernen – was ihm nie gelingen will, weil er mit kräftigem Natursinn immer alles so sieht, wie es ist.«

Unter der Linde sinnt Siegfried seiner Einsamkeit, seiner Verlorenheit nach: »Wie sah meine Mutter wohl aus?« Psychoanalyse wurde musikalisch selten so sensibel gehandhabt wie in diesem Monolog. Und dann schlägt er drein wie Kaspar, der Pritschenschwinger. Fafner, der Drache, muß ihn nach alter Kämpferart mit Beschimpfungen genügend provozieren, bis der Junge tödlich zuschlägt. Furcht vor der herandampfenden Zernichtungsmaschine, wie sie zuletzt Böll beschrieb, hat der verlorene Enkel nicht. Aber das Blut seines Opfers macht ihn natur-hellhörig. In der Stimme des Frauenvogels vernimmt er, was Wagner vielfach beschrieben und 1851 gegenüber Röckel geäußert hat: »Nicht eher sind wir das, was wir sein können und sollen, bis das Weib nicht erweckt ist.«

Dann wird Mime, der lästige Ziehvater, von Siegfried erschlagen. Das erschreckt – nicht nur die Puristen einer idealisierenden Moral-Dramaturgie. Daß Siegfried Mime umbringt, ist ebenso bestürzend wie folgerichtig. Der Nibelung zielt von Anfang an auf den Tod dessen, den er aufzog, bis er Fafner erschlagen könnte. Und jetzt flößt er Siegfried den Gifttrank ein, den er gebraut hatte, als Siegfried Nothung schmiedete. In letzter Sekunde, bevor er erstickt wird, wehrt sich Siegfried. Als Mime tot daliegt, schaut Siegfried ratlos auf das Schwert, das so etwas vollbrachte. Würde ein heutiges Urteil auf Notwehr lauten? Als er später am Fuß des Felsens auf den alten Wanderer trifft, geht er verbal mit ihm ebenfalls nicht zimperlich um. Er hat nicht in Oxford studiert, sondern ist in der Wildnis aufgewachsen. Aber auch der Wanderer muß ihn erst provozieren, ehe Siegfried zum Schwert greift. Man kann ziemlich sicher sein, daß Siegfried ahnt, wer da vor ihm steht. Aber was nützt das Blättern in Familienfotos? Was hilft Nostalgie? Siegfried zerschlägt den Speer, der einst die Welt, zumindest die der Oberen, zusammengehalten hat, und dringt durch das Feuer vor zu der Frau: der ersten, der er begegnet – dem ersten Wesen, das ihm Furcht einflößt.

Radikal im Abschied vom Alten, illusionär in der Hoffnung auf das Neue, stürzen sich die Aristokraten-Sprößlinge, Tante und Neffe in ihre Protest-Liebe. Sie singt: »Leb wohl, prangende Götterpracht! End' in Wonne das ewige Geschlecht. Nacht der Vernichtung, neble herein.« Er: »Heil dem Tage, der uns umleuchtet. Heil der Welt, der Brünnhilde lebt.« Und beide: »Leuchtende Liebe, lachender Tod.«

Was bleibt davon, was wird daraus in der »Götterdämmerung«? Wagner entwickelte den weiteren Weg Siegfrieds in verblüffender psychoanalytischer Kenntnis und mit unerbittlicher philosophischer Konsequenz.

»Zu neuen Taten« drängt es Siegfried aus dem insularen Glück in die Welt – nach welch langer Zeit? Immer wieder projizierte Brünnhilde in den nun Scheidenden die Hoffnung Wotans, die sie zu ihrer gemacht hat. Aber nichts deutet darauf hin, daß Siegfried begriffen oder akzeptiert hätte, einen Wotan-Auftrag auszuführen. Und nur zu bald erweist er sich als untauglich für einen göttlichen Hoffnungsträger. Das Sensationelle ist, daß er nicht mehr und nicht weniger sein will als ein Mensch, neugierig, erlebnishungrig – nicht mehr als sein eigenes

Selbst. In Mozarts »Zauberflöte«, wenn über die Aufnahme Taminos in den Weisheitstempel disputiert wird, hält der Sprecher mahnend Sarastro vor: »Er ist Prinz.« Schikaneder läßt Sarastro antworten: »Noch mehr, er ist Mensch.« Aber wie sehr wandeln sich die Erfahrungen der Enkel und Urenkel. Tamino empfing, als er zum Menschen reifen wollte, die höheren Weihen. Siegfried hingegen akzeptiert sie nicht, weil es für ihn keine gibt. Er wird verdammt und umgebracht. Bitter paßt Wagner die ehemals klassischen Ideale des Helden der modernen Entwicklung an.

Der Eintritt Siegfrieds in die Gibichungenwelt besiegelt seinen Untergang. Ein »Midnight-Cowboy« begegnet Manhattan. Die moderne Zivilisation saugt das Naturgenie auf, um es zu zerstören. Doch Siegfried ist nicht nur Opfer. Was ihm widerfährt, wirkt sich wie ein Katalysator der bestehenden Welt aus und beschleunigt ihre Endkatastrophe.

Der Vergessenstrank, der, von Hagen gemischt, Siegfried von Gutrune gereicht wird, mag märchenhaftes Theaterrequisit sein wie der Todes-Liebes-Trank, den Isolde Tristan aufdrängt. In beiden Fällen löst er nur aus, was die innere Geschichte vorbereitet hat und zu Ende führen will. Siegfried ist von dem Glamour der Zivilisation geblendet. Er verdrängt sein bisheriges Leben. Und wenn er dann aufbricht, Brünnhilde für Gunther zu gewinnen, weil er selbst Gutrune freien will, wäre es eine mehr als unbillige Romantisierung Wagners, anzunehmen, das alles geschähe nur aufgrund der Wirkung des Zaubertrankes. Eher liegt die Vermutung nahe, daß Siegfried die Lektionen Brünnhildes auf deren Felsen viel radikaler verarbeitete, als es zunächst den Anschein hatte. Das würde wiederum bedeuten, daß Siegfried mit der perfiden Schandtat der Überrumpelung Brünnhildes den Test beginnt, was denn die alten Ideen und die Utopien, die aus ihnen erwachsen, wert sind. Hier könnte der überraschendste Drehpunkt für eine Siegfried-Deutung liegen, die Thomas Manns Dreifaltigkeit vom Anarchisten, vom Hanswurst und von dem sich opfernden Lichtgott bestätigt und aufhebt. Mit der Naivität des Hanswursts und der Radikalität des Anarchisten irritiert Siegfried das bestehende Götter- und Menschengebäude, um sich, wenn es zum Einsturz gelangt, zu opfern, damit das unbekannte Neue und ganz Andere sich dennoch auf das Martyrium eines Lichtgottes beziehen könnte, falls ihm danach wäre. Die Geschichte beweist, daß wir Menschen ohne solche Identifikationsfiguren nicht auskommen können und möchten.

Siegfrieds Verhalten im 2. Akt der »Götterdämmerung« erhielte demnach eine verblüffend neue dramaturgische Perspektive. Er spielt sein eigenes Spiel im Endspiel dieser Welt. Ist er verrückt? Patrice Chereaus Bayreuther Inszenierung ließ ihn im Smoking auftreten wie Gunther. Schon meine Londoner Inszenierung – zur selben Zeit herausgebracht wie der Bayreuther »Ring« 1976 – zeigte Siegfried und Gunther im Gesellschaftsanzug. In Berlin wurde die Ähnlichkeit in der Kleidung spiegelverkehrt: ein Moses und ein Aron. Siegfrieds erbärmliche Anpassung an das Establishment entpuppt sich durch eine derartige Kostüm-Dramaturgie besonders einprägsam als der schmerzlich alarmierende Protest eines Einzelgängers.

Das Rache-Terzett, das die Kontrahenten Hagen, Gunther und Brünnhilde zum greulichen Unisono verbindet, untermauert noch einmal die Dreifaltigkeit der Gestalt Siegfrieds, wie Thomas Mann sie beschrieben hat. Hagen will den idealischen Kasperl vernichtet sehen, der ihm allein durch seine Präsenz den Besitz des Ringes und des Nibelungenhorts streitig macht. Gunther möchte sich des Anarchisten entledigen, der sich in sein Vertrauen schlich und seine Schwäche bloßlegte. Und Brünnhilde stimmt schließlich in die Parole »Siegfried falle« ein, weil sie den Lichtgott, Wotans Enkel und der Götter letzte Hoffnung, seltsam manipuliert, gleichsam verblödet wiederfindet, vergleichbar dem Mann in dem Film »One flew over the cuckoo's nest«. Dann wäre ihre Zustimmung zum Mordplan Euthanasie. Oder muten wir ihr lieber zu, daß sie, in diese Menschenwelt geschleppt, sich schnell das Gefühl der beleidigten, verlassenen Geliebten angeeignet hätte?

Der Mord an Siegfried wird als Jagdunfall inszeniert. Unmittelbar vor seinem Tod bekennt er nochmals seine Liebe zu Brünnhilde, der ersten Frau, die er traf. Es ist zugleich des Ausbrechers Bekenntnis zu der Sippe, der er, gestoßen in Einsamkeit und Heimatlosigkeit, angehört. Der Trauermarsch besiegelt den Tod der alten Hoffnungen und rüttelt an dem Mut zur Utopie. Dabei erinnern wir uns, daß dieser Siegfried nie mit dem Ring Weltmacht erringen oder ausüben wollte. Er wollte nichts als Mensch sein. Der Held erweist sich als Anti-Held. Im Berliner »Ring« liegt er tot auf entleerter Bühne. Die Jäger haben sich, am Rand, in Totenrichter verwandelt. Niemand trägt ihn im Marschtritt weg. Ecce homo. Das Feuer des Scheiterhaufens, den Brünnhilde entfacht, ergreift Walhalla und vernichtet die Welt der Gibichungen. Wagner möchte: »Aus den Trümmern der zusammengestürzten Halle sehen die Männer und Frauen in höchster Ergriffenheit dem wachsenden Feuerscheine am Himmel zu.«

Wohl dem Musiktheater, das Helden des traditionellen Zuschnitts nicht nötig hat. Nötig hat es Gestalten von der widersprüchlichen menschlichen Größe, wie sie Wagner mit seinem Siegfried-Entwurf bereit hält. Und ganz sicher wird sich das »Ring«-Verständnis in dem Maße wandeln, wie es der Musikszene gelingt, Siegfried von jederart ideologischem Totalitätsanspruch, sei er idealisierend oder diskriminierend, zu befreien.

Siegfried war ein deutscher Traum. Die Geschichte der Deutschen machte ihn zum Trauma. Kunst kann helfen, ihn wieder und neu zu begreifen als eine dem Faust oder Tannhäuser ähnliche Gestalt, die zwischen unseren Erinnerungen, unserem Jetzt- und Hiersein und unseren Träumen steht.

»Mich dürstet.« Verzweiflung und Hoffnung verbinden sich zu einem Weltgefühl, das wir freilich immer wieder nur individuell, einsam und gesellschaftlich zugleich, erfassen können. Unserer Suche, aus dem Traumata den Traum zurückzugewinnen, die Frühentwürfe zu »Siegfrieds Tod« und zu »Jesus von Nazareth« in ihrem für Wagner dauerhaften Zusammenhang zu sehen, ergibt für den Komponisten eine überraschende Deutung. Am 9. Juli 1859 notierte er in sein Tagebuch: »Mein Gefallen am Heiteren ist – vorwiegend.« Dem Hirtenlied im 3. Akt von »Tristan und Isolde« nachsinnend, fügte er hinzu: »Fast wollte ich schon alles wieder umwerfen, als ich endlich gewahr wurde, daß diese Melodie nicht dem Hirten Tristans zugehörte, sondern dem leibhaftigen Siegfried.«

»PARSIFAL«

von Richard Wagner

Ein Mysterienspiel in Günther Ueckers szenischem Raum
(1976)

Offener Vorhang schon beim Vorspiel, wie auch beim Bayreuther »Tannhäuser« und beim Londoner »Ring«. Mich hat oft irritiert: Geht der Vorhang nach Vorschrift jeweils drei bis fünf Takte vor dem ersten Gesangseinsatz auf, wird fälschlich »Subito-action« suggeriert. Aber Wagner verlangt eine total andere Einstellung zur Zeit als beispielsweise Mozart und Verdi. Epische Strukturen überlagern dramatische. Er nannte seine Vorspiele »elementar«, nicht »dramatisch«. Sie berichten von Grundsituationen, meistens: Warten. Warten auf das Ungewöhnliche, Unglaubliche und doch Erhoffte, das Utopische. Elisabeth wartet während Tannhäusers Rom-Fahrt auf die Rückkehr des Entsühnten. Musik überbrückt und faßt Raum und Zeit. Vor jedem »Siegfried«-Akt warten Mime, Alberich, der Wanderer – wie lange? unendlich! – auf den Helden, bevor »die Handlung in Gang kommt«. Warten formt den Gestus »Erwartung«, eine Bedingung wiederum für Rettung, Erlösung, Veränderung.

So wartet Gurnemanz, ob die Verheißung vom »durch Mitleid wissenden, reinen Toren« eintritt. So wartet auch Klingsor, um die Heilserwartung zu pervertieren und die Gralsritterschaft endgültig zu vernichten. So wartet abermals Gurnemanz, ohne Hoffnung schließlich, ein Einsiedler, Immigrant. Stets ist die offene Bühne ein Angebot an den hörenden Zuschauer, mitzuphantasieren, mitzuwirken an der Legende.

Was sich nach dem Warten ereignet, ist nicht reale Begebenheit, eher ein Traumspiel: Unwirkliches wird konkret nur als Traum. Um die Traumata zu bannen: Wunde, Kuß, Wunde. »Parsifal« ist eine traumatische Legende: Ästhetik gewordener Report des Untergangs, Reflex der Dekadenz, märchenhafter Entwurf für die Vergegenwärtigung des neuen Erlösers.

Wir könnten Parsifal auftreten lassen in der Narrenkappe mit Schellen am Kostüm, bleich geschminkt mit roten Bäckchen. Kasperle. Vielleicht aber wäre das zu viel Koketterie mit dem, was wir generell anstreben: artifizierte Einfachheit. Wagner nannte sie »weihevolle Schlichtheit«.

Ueckers szenischer Raum gestattet und fordert, den häufigen Wechsel zwischen den epischen und dramatischen Strukturen im Werk aufzudecken und auszuspielen, auch ihren übergreifenden Zusammenhang. Die Vorbühne mit den Diagonal-Keilen ist epische Fläche. Wer erzählt, berichtet, tut das vorn, nahe dem Publikum. Höchstmögliche Verstehbarkeit führt zur Schwelle, Geheimnisse zu sensibilisieren. »Schilderung« überhaupt in diesem »Parsifal« in der archetypischen Doppelfunktion des Theaters als reflektierender Bericht und dramatische Handlung.

Die Geburt des europäischen Theaters aus dem Dithyrambus scheint von Wagner vielfach vergegenwärtigt und zugleich zurückgenommen. Das Dithyrambische gewinnt wieder Gewicht gegenüber dem Dramatischen. Von Mysterien läßt sich besser erzählen als agieren. Klug von Wagner und recht modern. Auch mit »Parsifal« fordert er die Überprüfung überkommener theatralischer Mittel, meint »Utopisches Theater«.

Das Dramatische, Theatralische, also das Traumatische, begibt sich meistens auf der verwandelbaren Schräge hinter der unveränderten epischen Vorbühne. Der leidende Amfortas wird zum See getragen. Der Schwan stürzt ab. Der Gralstempel erscheint und in seiner Verkehrung Klingsors Folterkammer, das heißt Zaubergarten. Dann die Blumenaue. Und der verwehte Tempel am Ende. Diese Spielorte erscheinen als zurückgelagerte Räume. Die Illusionierung ist entrückt, wird durch Licht und Spiegelung »in die Tiefe« und zugleich wieder »nahe« gebracht.

Kundry ist eine schlimme maskuline Erfindung; sie bedeutet Verdrängung patriarchalischer Komplexe. Erste Rolle: Gralsbotin, Mädchen für alles, recht unerklärlich, aber benutzbar. Zweite Rolle: Grande Courtisane mit seelischem Anspruch, Mutterkomplexe erweckend. Dritte Rolle: endlich verstummt, nur noch Dienerin. Schlimm? Eher entsetzlich ehrlich von Wagner. Und bürgerlich genau. Sie muß nicht erst am Schluß seelenlos zu Boden sinken. Die Seelenwanderung der Frau durch die patriarchalischen Geschichts- und Moralstrukturen dauert an. Ich wäre neugierig auf einen 4. Akt »Parsifal«: die nächste Metamorphose Kundrys. Schon in den drei Akten reflektiert sie ausreichend die Fragwürdigkeit des vorgezeigten Weltbildes, in seiner erstarrenden wie sich erneuernden Form. Soll sie am Schluß in der Ritterreihe am Spalt knien? Nein. Allzuviel Utopie könnte ins Gegenteil umschlagen. Das Prinzip Hoffnung, von der Bühne allzu fleißig beliefert, kann zum Prinzip Resignation denaturieren. Da sei Bloch vor!

Ich finde, die Blumenmädchen dürfen ein bißchen kitschig sein. Beim »komm doch, holder Knabe« skizzierte Wagner 1876 »amerikanisch sein wollend«. Das bedeutete vor hundert Jahren allerhand. Noch hatte niemand Blues oder Urformen des Jazz in die Kunstmusik einbezogen. Daß der alte Meister Lilli Lehmann immer wieder dringend bat, ihm eine Bande »hübschester Mädchen zu rekrutieren«, zeigt, wie sich ihm Sexuelles bisweilen konkretisierte.

Sicher wird man am meisten darüber sprechen, daß wir Cosimas in der Personenbeziehung ja sehr demokratische Kreisidee des Gralstempels, die Wieland zur simplen Vollendung führte, durch Leonardos Abendmahls-Tischordnung ersetzt haben. Eine Konsequenz aus Ueckers Raumentwurf. Und außerdem akustisch sehr vorteilhaft. Aber einem Regisseur glaubt man ja ungern, daß er sein Konzept akustisch-stimmlichen Vorteilen ausliefert. Denkt nur an die konträren Deutungen beim Bayreuther »Tannhäuser«-Schluß. Manchmal führen Überlegungen, die ganz praktisch den künstlerisch-technischen Erfordernissen der Gattung dienen, dazu, aufregende Dimensionen neu zu entdecken. Nun liebe ich die seitlich und nach hinten sich unendlich vorsetzende Abendmahls-Ordnung mehr als das byzantinische Rund.

Die epische Vorbühne entdeckt sich immer mehr als zwar begrenzter, aber ungemein dynamischer Spielraum. Das Epische möchte sich im Theater doch immer wieder dynamisieren, möchte dramatisch werden. Gleichnishafte, um nicht zu sagen: symbolische Bedeutung gewinnt das Zentrum der Diagonal-Flächen. Hier kniet Gurnemanz, wenn er den Erlöser erfleht. Kundry wird hier von Klingsor aus dem Erdspalt gerufen. Hier vollzieht sie auch ihr Kreuz-Erlebnis nach. Und hierhin pflanzt Parsifal den wiedergewonnenen Speer, bevor er ihn mit der Gralsschale wieder vereinigt: die Stärke mit dem Gefäß, den Kampf mit der Demut.

Symbolisierende Statik in Wagner-Aufführungen hilft nicht mehr viel. Aber Pseudo-Spielastik ist schlimmer. Wir müssen die Handlungen der so dynamischen Figuren in Text und Partitur entdecken, um sie zu Haltungen zu konzentrieren, einen Gestus finden aus variantenreichem Wechselspiel zwischen innerer und äußerer Bewegung, Kontraste, szenische Kontrapunktik. Starre Stilisierung ist eine modernistische Ausrede. Wir können Wahrheit nicht stilisieren, bevor wir sie nicht schmerzlichst aufgerissen haben. Aber das braucht Können und Zeit. Mehr vielleicht, als wir haben.

Im Sinne der alten Antiphonien müssen wir die beiden Rittergruppen in der letzten Szene räumlich und akustisch deutlich voneinander trennen. Ueckers Spalt, wo der Abendmahlstisch versank, ermöglicht das und läßt erzählen, daß die verbliebene, verblichene Ritterschaft untereinander tief gespalten ist. Als der Neuling kommt, enthüllt niemand den Gral. Parsifal selbst wagt es. Alle knien am Spalt, aus dem schließlich Licht dringt. Aus der Spaltung entsteht die Imagination einer neuen Ordnung.

Ein Mysterienspiel. Und ein recht deutsches dazu. Wagner meinte oft, das sollten andere machen. Der viel zitierte und viel geschmähte Begriff »Weihe« reguliert sich, wenn man ihn als Wunsch des praktischen Theatermanns begreift: »Die Begeisterung für den Gewinn eines sorglich gepflegten Bewußtseins vom Richtigen.« Darum geht es allemal.

»PARSIFAL«

Lauter Geheimnisvolle Beziehungen
(1982)

Als Richard Wagner Ludwig II. anflehte, »Parsifal« in Bayreuth zu besuchen – was nicht geschah –, unterschrieb er: »der ich gern und inbrünstig wünsche, bald zu sterben.« Etwa zur selben Zeit verzeichnet Cosima: »Noch im Bett sagte er, wenn Du mich gut hältst, gut kleidest, gut nährst, dann komponiere ich noch ›Die Sieger‹.«

»Parsifal« wurde Wagners letztes Werk, Abschied und scheue Frage danach, was nun käme. Wurde Aufarbeitung all dessen, was noch blieb und was vor allem im Alter wieder auftauchte aus dem Unterbewußtsein der Kindheit – der eigenen, subjektiven, wie der Kindheit der Menschheit. Und ist »Aufhebung« des bisherigen Schaffens in jenem Hegelschen Sinne des bekräftigenden Bewahrens und zugleich der Infragestellung, ja Negierung. Das Ende markiert einen neuen Anfang. Da steht kein Dogma. Der Schluß ist offen. Das gilt für »Parsifal« und für das Nachwirken Wagners in die hundert Jahre, die er nun tot ist. Das gilt auch für den Gestus der Inszenierung heute.

»Lauter geheimnisvolle Beziehungen«, notiert Cosima am 22. Juni 1878 in den Tagebüchern, fand Wagner zwischen den Gestalten seines letzten Werkes, aber auch zwischen den Charakteren der früheren Werke und den »Parsifal«-Figuren. Die Verbindungen, die er zum Beispiel zwischen Wotan und Titurel, Alberich und Klingsor zieht, überraschen und erhellen. Gurnemanz hat manches vom polternden Ungestüm des »Pädagogen« Hans Sachs. Und daß der Holländer der direkte Vorgänger – oder Nachfahre? – des Amfortas sei, scheint ebenso unbestreitbar wie Parsifals Herkunft von Lohengrin, Siegmund, Siegfried. Aber »den konnten sie nicht fangen, nicht wie Siegfried«, frohlockt Wagner, »die Fliege war zu groß«!

Aufarbeitung und neuer Entwurf ist der »Parsifal« in vielfacher, unterschiedlicher Hinsicht. »Lauter geheimnisvolle Beziehungen« bestehen nicht nur zwischen den bisherigen Werken Wagners und »Parsifal«, sondern auch zwischen allem, was er geschrieben hat, und dem, was noch nicht gesagt wurde. »Aber einfach muß es immer bleiben, es kann nicht einfach genug sein«, zitiert ihn Cosima. Und 1879: »Alles ist direkt!«

Solche Reflexionen sind zugleich Regie-Anweisungen, die wir heute freilich anders lesen, als sie damals gedacht waren. Die »geheimnisvollen Beziehungen« erweisen sich, nachdem hundert Jahre am »Parsifal« weiter-, mitgeschrieben haben, als große Konflikte und Widersprüche. Sie haben sich aufgeladen zu enormen, fiebrigen Spannungen, die heute dieses mysteriöse musikalische Welttheater tragen. Das »Bühnenweihfestspiel«, das Erlösungsdrama entpuppt sich, nachdem ein Jahrhundert Utopien immer wieder gebildet und verworfen hat, als ein Endspiel, das Legende und akute Wirklichkeit auf besondere Weise verbindet.

Den Code für eine Inszenierung des »Parsifal« enthalten Gurnemanz' Worte: »Du siehst, mein Sohn, zum Raum wird hier die Zeit.« Dies ist nicht nur die simpel-geniale Vorwegnahme Einsteinscher Theorien. Der Satz fundiert eine neue Ästhetik des Musiktheaters. Beim »Parsifal«: Die historischen Zeiten heben sich auf. Durch Meditation, Konzentration, durch »Hineintauchen« in bisher Unbewußtes betreten wir einen Raum, in dem Gewesenes Augenblick wird, Prozesse sich zur Statik kristallisieren, der Moment alle Entwicklungen umschließt, Ende Anfang ist und Anfang Ende. Historische Prozesse überlagern und durchkreuzen sich in der künstlichen Zeit, wie sie der von Musik gebildete szenische Raum faßt. Solch künstliche Zeit enthebt Inszenatoren der Verpflichtung oder der Versuchung, Historisches und Aktuelles, Altes und Neues gegeneinander auszuspielen. »Vergegenwärtigung« des Historischen erweist die permanente Aktualität.

Solange die deutsche Nation nicht staatlich etabliert war, war der frühere Revolutionär Wagner Nationalist. Seit das Deutsche Kaiserreich in Versailles proklamiert war, wurde Wagner – Maßstab ist »Parsifal«! – kein Chauvinist. Am 14. März 1878 sagte er sogar: »An das deutsche Volk habe ich blutwenig dabei gedacht.« Und auch die von Nietzsches Schwester kolportierte angebliche Äußerung Wagners, die Deutschen hätten nun genug von den Heiden und brauchten endlich etwas Christliches, liest sich im Umkreis des Bismarckschen Kirchenkampfes gar nicht so »angepaßt«. Vielmehr weist die Beschäftigung Wagners mit buddhistischen und hinduistischen Einflüssen seine Haltung aus als die eines Europäers, der am Ende seines Lebens den »geheimnisvollen Beziehungen« zwischen den Traditionen des Abendlandes und morgenländischen Einflüssen und Irritationen auf der Spur ist. Parsifals gewaltloses Utopie-Angebot am Ende macht es schwer, dieses Werk der Apologetik eines religiösen oder militanten Sektierertums zu verdächtigen. Solchen und anderen Mißverständnissen steht der Gestus der Sanftmut gegenüber. »Nicht soll der mehr verschlossen sein«, entscheidet Parsifal über die künftige Benutzbarkeit des Grals. Mehr wird nicht gesagt. Aber auch nicht weniger. Können wir gerade heute die fast zärtliche Scheu überhören, die hier im Umgang mit dem Utopischen aufklingt?

Wo zum Raum die Zeit wird, wo deren Kugelgestaltigkeit wirkt, greifen vertikale und horizontale Linien ineinander über, kommentieren einander, irritieren die jeweilige menschliche Position. Perspektiven verschieben sich, rücken das Ferne nah und entfernen das scheinbar Naheliegende. Tempelmauern, umgelegt, bilden den Raum wie Teile, später Rudimente verlorener oder neu zu gewinnender Illusionen. Natur streitet mit Architektur, zuletzt, im 3. Akt, zerstört, verweht, ehe der Horizont hell wird, weiß wie die Taube, scheu das Prinzip Hoffnung anmeldend. Die Optik von Andreas Reinhardt erzählt die Legende, die sich selbst auf den Kopf stellt, damit wir sie wieder auf ihre – freilich oft schwankenden – Füße stellen können: umgekippte Vision eines Weltzusammenhangs. Wie erzählt sich das?

1. Akt: Tragische Ironie

Den so lange erwarteten »reinen Toren«, der dem Leiden des Amfortas und der miserablen Situation der Gralsritterschaft »Erlösung« bringen könnte, vertreibt gerade Gurnemanz, der ihn »entdeckt« zu haben glaubt, am Ende des 1. Aktes aus dem Tempel. Auf die Frage »Weißt Du, was Du sahst?« läßt er dem Jungen keine Zeit, sich zu artikulieren. Wagners Regie-Anweisung »Parsifal faßt sich krampfhaft am Herzen« übersieht Gurnemanz. Wieviel der Fremdling von dem, was er sah, begriffen hat, hören wir von ihm im 2. Akt. Aber gerade Gurnemanz verkennt Parsifals Haltung. Freilich hat dies tragisch-ironische Mißverständnis die Konsequenz, die das Lehrstück der Humanität braucht: Parsifal muß noch durch die Höllen dieser Welt, ehe sein Mitleid wissend wird.

»Verkehrt«, von absurder Ironie ist manches in der Exposition der Figuren und Situationen des 1. Aktes. Kundry sucht im ganzen Erdenkreis nach Heilkräutern, mit denen die Wunde zu stillen wäre, die Amfortas gerade durch sie, in ihrer Umarmung erhielt.

Gurnemanz nimmt die neugierige, fast tückische Frage eines Knappen »So kanntest Du Klingsor?« zum Anlaß, Bericht zu geben über den Tempelbau und über die Verwundung des Amfortas. Dabei verrät er auch viel von seiner Mitschuld. Die hat ihn in eine Art »innere Emigration« getrieben, den treuesten Gefährten Titurels nun zum Outsider, zum »Pensionär« gemacht. Und gerade in dem Frevler, der auf heiligem Gebiet jagt, will Gurnemanz den erkennen, der Erlösung bringt?

Absurde Kontraste, ironische Verkehrungen irritieren vor allem die vermeintliche Weihe-Atmosphäre der ersten Gralsszene. Um des Grals endlich wieder teilhaftig zu werden, zwingen der greise Titurel und die Ritterschaft rücksichtslos und grausam den kranken Amfortas, gegen dessen Willen und Schuldgefühle den Ritus zu vollziehen. Seine Klage rührt die Umstehenden nicht. Wenn Wein und Brot gereicht werden, kümmert es niemanden, daß sich Amfortas, von Qual überwältigt, am Boden krümmt. Welch Widerspruch: Humanitäts-Genuß wird inhuman erstritten. Fragwürdiger kann sich Weihe kaum darstellen.

2. Akt: Ekstatische Zuckungen

Amfortas hatte in der Art eines aristokratischen Partisanen versucht, Klingsor als akute Gefährdung der Ritter auszuschalten. Statt eine »Strafexpedition« zu unternehmen – mißtraut er der Ritterschaft? –, sucht er den Kampf Mann gegen Mann. Aber Klingsor manipulierte den Angriff zum Kampf Mann gegen Frau. Daß Amfortas darin unterlag, macht seine Figur zur vielleicht menschlichsten im Drama. Aber daß er den Speer, Reliquie und nicht Waffe, vom Gral, den er erretten wollte, entfernte, das ist wohl die tiefere Ursache seiner Wunde, seine Schuld.

Klingsor, der Renegat, ist tragikomisch wie Alberich oder wie Judas, verkommend zum astrologischen Scharlatan. Er umgibt sich mit Elementen und Instrumenten »arabischer« Wissenschaftlichkeit. Er will zurück in den Tempel, will den Gral. Keuschheit hat er sich durch Kastration erzwungen. Viele Ritter macht er dem Gral abspenstig durch die Blumenmädchen, deren Sex befremdlich manipuliert erscheint zu gläserner Sterilität und alberner Spießbürger-Provokation... Wenn die abspenstig gemachten Ritter – wie Roboter-Gestalten nach einer Operation à la »One flew over the cuckoo's nest« – gegen Parsifal in den Streit ziehen und geschlagen werden, triumphiert die makabre Groteske: »Möge denn so das ganze Rittergezücht unter sich selber sich würgen!«

Kundry ist auf den Plan gerufen. Für die konkrete Darstellung dieser »originellsten Frauenfigur« Wagners, wie er selbst befand, helfen Hinweise auf die buddhistische Seelenwanderung wenig. Sie ist Venus und Elisabeth in einem, auch Elsa in dem Widerspruch, ob es erlaubt sei, die Frage zu tun oder nicht. Und in all ihren Metamorphosen ist sie weitaus mehr: Alptraum patriarchalischer Gesinnung gegenüber den matriarchalischen Wurzeln weiblicher Bestimmung und deren Befreiung zur umfassenden Selbstverwirklichung. Den wichtigsten Aufschluß zur Kundry-Figur gab Wagner nachträglich in der letzten Schrift, die er sich vornahm: »Das Weibliche im Menschlichen«. Da schreibt er: »Gleichwohl geht der Prozeß der Emanzipation des Weibes nur unter ekstatischen Zuckungen vor sich.«

Die ekstatischen Zuckungen prägen die große Szene zwischen Kundry und Parsifal, greifen über auch auf alle anderen Momente dieses 2. Aktes und setzen die Zäsuren, Drehpunkte der Verwandlungen der Kundry-Figur: die Kurtisane mit der Mutter-Attitüde; die Büßerin, die mit ihrer Demut kokettiert und sich doch davor ängstigt; die Dienerin und Helferin, die zugleich Rächerin ist, apokalyptische Furie als Transposition der Unterwerfung im bürgerlichen Salon. Mag sein, daß die Kundry-Figur deshalb so groß ist, weil ihr gegenüber Wagners »Ideologie« versagte. Daß er sie im 3. Akt nach »Dienen, dienen« verstummen läßt, ist die Konsequenz seiner Ehrlichkeit, nichts mehr zu sagen, wo er nichts mehr zu sagen weiß. Das Thema »Kundry« hatte das 20. Jahrhundert zu lösen. Wenn sie am Ende zusammensinkt, betreten andere die Szene.

3. Akt: Scheu gegenüber dem Utopischen

Nach hundert Jahren spielt der 3. Akt vielleicht am ehesten »heute«. Zerstörung kam über die Welt, Krisen und Kriege. »Bleich und elend wankt umher die mut- und führerlose Ritterschaft«, wie der unendlich gealterte Gurnemanz berichtet. »Verändert dünkt mich alles«, sieht Parsifal, wenn er als schwarzer Ritter nach seiner Irrfahrt, nach dunklen Erkenntniswegen wieder auf Gralsgebiet gelangt. Auch er ist gealtert. Auch er hat gesehen, was seit hundert Jahren geschah.

Seine Konsequenz? Er legt Waffen und Rüstung ab. Mit der Taufe und der Salbung erspielen sich die drei, in verlorener Einsamkeit wie Beckett-Figuren, ihre Identität, die vom Gestern ins Morgen reicht. Das alles kann, muß »einfach« und »direkt« dargestellt werden, wie Wagner meinte. Als ob wir Kindheitsträume durch alle Katastrophen in die Zukunft retten.

Hoffnung macht die Blume in der Aue, die aus Zerstörung in Trümmern erblüht. Sie mit allen anderen, die auftauchen, gibt Trauer und Tränen Zuversicht auf Leben, Weiterleben, besseres Leben. »Alles ist unausgesprochene Ekstase«, bemerkte Wagner am 3. Februar 1879.

Hundert Jahre nach der Uraufführung des »Parsifal« ist entschieden, daß sich Wagner nicht als neuer Religionsstifter etabliert hat. Allerdings hat der große Musiker und Theatermann schreckliche Mitläufer bekommen. Aber wir anderen haben das Recht und die Pflicht, die Melancholie, die Scheu, die Sanftmut des Parsifal herauszustellen, die der bessere Teil der Wagnerschen Herausforderung der Utopie ist – damals, und heute vielleicht noch viel mehr.

Der »durch Mitleid wissend« Gewordene, der den Gral von nun an nie mehr verschlossen sehen möchte, bedarf unserer vorsichtigen Neugier. Oder noch mehr? »Diese Welt, in der wir leben, braucht meinen ›Parsifal‹ nicht«, schrieb Wagner 1879 an Ludwig II. Wie aber, wenn die Welt, in der wir heute leben, es bitter nötig hätte, »Mitleid« zu handhaben als humane, soziale Aufmerksamkeit? Die Zeit für die Verwirklichung des bißchen Utopie, wie sie im offenen Schluß des »Parsifal« anklingt, ist noch nicht verstrichen.

»ORPHEUS IN DER UNTERWELT«
von Jacques Offenbach

Musikalisches Welttheater – ironisch verfremdet
(1983)

Als Vierzehnjähriger war Jacob Offenbach 1833 aus seiner deutschen Geburtsstadt Köln nach Paris gekommen. Die europäische Metropole des 19. Jahrhunderts ließ ihn, der sich bald Jacques nannte, bis zum Ende seines Lebens 1880 nicht mehr los. Und er prägte, besser: entlarvte viele Züge ihres so vielfältigen Gesichts. Die Werke, die er schuf, wurden ein ironisches Spiegelbild der Epoche, die zwischen Revolution und Restauration, Zweitem Kaiserreich, Pariser Commune und Dritter Republik pulsierte, glänzte und litt. Dem, was er so satirisch und prägnant attackierte, war er doch verbunden. Nicht ohne Schmerz deckte er den falschen Glanz und die Vergänglichkeit angeblich ewig gültiger Werte auf. In sein Lachen mischte sich oft Bitternis und Wehmut. Seine Frechheit und Respektlosigkeit konnten nicht immer seine sensible Verwundbarkeit und seine bohrende Sehnsucht verdecken: die Sehnsucht des zwischen den Ländern wie zwischen den Kunstgattungen letztlich doch Heimatlosen. Ein starker Teil dieser Sehnsucht galt zeit seines Lebens der Oper. Deshalb mußte er sie in all seinen Werken parodieren, bekämpfen, demaskieren, ehe er sich am Ende an die Komposition von »Hoffmanns Erzählungen« machte. Aber diese Oper hinterließ er unvollendet, als Fragment.

Offenbachs Haßliebe gegenüber der Oper ist zweifellos nur ein Aspekt, der zur Ausprägung eines neuen Musiktheater-Genres durch ihn beitrug. Aber es lohnt sich, diesem Aspekt Aufmerksamkeit zu schenken. Als Meyerbeer die Grand opéra mit »Robert le diable« und den »Hugenotten« beherrschte, saß der blutjunge Offenbach als Cellist im Orchester der Opéra Comique. Und an eben diesem Theater wurde er Kapellmeister, als Meyerbeer den »Propheten« aufführte, Wagner aus Deutschland hatte fliehen müssen, Liszt in Weimar dessen »Lohengrin« aufführte und Wagners »Das Judentum in der Musik« erschien. Schon hatte Offenbach eigene Kompositionen gemacht und mit zahlreichen Einaktern die kleine Form satirischen Musiktheaters ausprobiert, die er »Opéra bouffe« nannte. Als er 1855, im Jahr der ersten Pariser Weltausstellung, das Theater »Bouffes Parisiens« gründete, entwickelte er für seine Stücke und für die Spielweise ein spezifisches Ensemble. Mit ihm gastierte er in London und in verschiedenen deutschen Städten. In engster Zusammenarbeit mit den Librettisten Hector Crémieux und Ludovic Halévy entstand 1858 jenes Werk, das alle bisher von Offenbach geschriebenen Stücke weit übertrifft und für alle Zeiten den neuen Werktypus exemplarisch trägt, den man so unvollkommen mit dem Wort »Operette« beschreibt: »Orphée aux enfers«.

Es ist verbürgt, daß Offenbach selbst die Idee hatte, den Opernstoff par excellence, mit dem von Monteverdi bis Gluck die Gestalt des edlen Sängers und die Musik als Sprache der auch den Tod bannenden Liebe gleichnishaft verherrlicht wurden, in ironischer Umkehrung zum Gegenstand einer neuen Art von Musiktheater zu machen. Groß ist vor allem der ästhetische Gedanke: Kunstparodie und Gesellschaftssatire ergänzen und stimulieren sich, werden eins im frechen, totalen Spaß. Rigoros attackieren und zerstören die Autoren die Wunschbilder des Bürgertums, von der abendländischen Kultur und von Moral und Anstand. Aus Orpheus, Mythos des Sängers, wird ein geigender Schürzenjäger, Musikprofessor in einem imaginären Theben – Karikatur der institutionalisierten Musikprominenz, Satire auf den Geniekult, der ins Kleinbürgerliche degeneriert. Eurydike leidet unter ihrem Mann nicht weniger als unter der Musik, die er macht – Entlarvung der Doppelmoral, Zerrbild der Partner-Entfremdung in der bürgerlichen Ehe. Die verheiratete Frau fliegt dem Exoten in die Arme, der alternativ lebt und Honig fabriziert. Hinter einem solchen Typ vermuten nicht nur die Alten den Teufel. Die Moralhüter richten, indem sie Schlimmes verhindern wollen, oft Schlimmes an. Das jedenfalls gilt für die »Öffentliche Meinung« als Personifikation streitbarer Scheinmoral mittels einer Presse, die allmächtig erscheint und sich schließlich doch auch als bestechlich, wenigstens anpassungsbereit, seltener als hilflos erweist. Die Götter, die nun angerufen werden, schnarchen in ihrem verkommenen Himmel – ein ironisches Gegenbild zu Wotans Sippe in Wagners »Rheingold«. Eine echte historische Funktion haben sie nicht mehr. Mit diversen Amouren retten sie sich über ihre Tage. Der Thron des göttlichen Herrschers wackelt. Bei einer Palastrevolution zitiert Offenbach die lange in Paris verpönte »Marseillaise«. Unter dem Vorwand einer moralischen und gerechten Mission ziehen die Götter fröhlich in die Hölle. Auch dieser Galopp kommt einem vor wie die ironische Umkehrung des Einzugs der Götter nach Walhall. Allerdings fühlen sich Offenbachs Olympier in der Unterwelt sauwohl. Sie machen selbst den Teufeln die Hölle zur Hölle und wollen hier Quartier nehmen.

Fast jede Figur, fast jede Szene lebt aus einer Fülle von zeitkritischen Beziehungen. Doch Offenbach begnügt sich nicht mit Parodie und aktueller Gesellschaftskritik. Durch die überwältigende und oft so nervöse Sinnlichkeit seiner Musik schafft er der Lust eine neue Dimension, kühn und irritierend am meisten wohl in Eurydikes »Invocation à la mort« im 1. Akt. Hier ist er beim eigentlichen

Thema des Mythos, der Grenzüberschreitung zwischen Leben und Tod durch die Musik. Aber er psychologisiert und erotisiert es im dämonisch-frivolen Wechselspiel einer einmaligen musikalischen Verführungskunst: Eurydike gleitet schmerzlos »hinüber«, in den Armen des Geliebten »tut es gar nicht weh«. Untergangsstimmung anderer Art, Nostalgie bestimmt im 3. Akt das Menuett, das die Götter in der Unterwelt wie einen Abschied von sich selber tanzen, bevor Pluto diese Klänge kontert mit der rhythmischen Orgie des Cancan, in der Entfesselung mänadischer Lust, so sinnenfroh wie todessüchtig.

Wohin aber am Ende des ganzen Menschen- und Götterstreits mit Eurydike, dem eigentlichen »Streitobjekt«? Operetten machen es sich immer leicht am Schluß, weil den richtigen eigentlich das Publikum finden muß. Eurydike soll schließlich niemandem gehören: nicht der verspießerten Bürgerwelt, nicht den verteufelten Göttern und auch nicht dem bizarren Pluto. Kann das Objekt zum Subjekt werden? »Ich will ich selber sein!« singt sie. Auf Bacchus, die Zitierung eines »Deus ex machina«, kann verzichtet werden. Aber vor Offenbachs Ironie ist auch nicht sicher, was hundert Jahre danach »Prinzip Hoffnung« hieß ...

Von 1858 an mußte sich Jacques Offenbach dem Maßstab stellen, den er mit »Orphée aux enfers« setzte. Und er erfüllte ihn in der Folgezeit mit solchen Werken wie »La belle Hélène«, »Barbe bleue«, »La vie parisienne«, »La grande duchesse de Gérolstein«, »La Périchole« und »Les brigands«. Längst hatte er das Theater »Bouffes Parisiens« aufgeben müssen. Das Kaiserreich brach zusammen. Nach dem Kampf gegen die Preußen und gegen die Pariser Commune etablierte sich die Dritte Republik. Offenbach suchte unter veränderten gesellschaftlichen Umständen ein neues Zeit- und Kunstverständnis. Zum zweiten Mal übernahm er die Leitung einer Bühne, des »Théâtre de la Gaîté«. Als bald der finanzielle Bankrott drohte, besann sich Offenbach auf das Erfolgsstück aus früheren Zeiten. Er unterzog »Orphée aux enfers« einer großangelegten Bearbeitung und erweiterte das Werk durch zahlreiche Nummern. In ironischer Anlehnung an die antike Tragödie eröffnete nun ein Chor das Stück. Der Tanz als rauschhafter Exzeß theatralischen Ausdrucks erhielt viel Raum in parodistischen, lyrischen und bizarr-dämonischen Passagen. Vor allem wurden die Szenen in der Unterwelt durch zahlreiche Motive und Nummern bereichert. Insgesamt verrät die Neufassung von 1874 die gesteigerte Affinität des Komponisten zu den großen Formen der Oper und zeigt, daß die Liebe zu der Gattung, die er so oft verspottet hatte, nur noch gewachsen war. Es liegt nahe, für eine heutige Aufführung sowohl die Fassung von 1858 als auch die von 1874 heranzuziehen und beide zu einer neuen Variante zu verbinden, die der Urfassung die interessantesten Teile des späteren Originals hinzugewinnt.

Die durch die Neueinrichtung getroffene Quellenauswahl unterstreicht Offenbachs Grundhaltung, ironisierte Mythologie als Verfremdungsmittel für die

Gestaltung von Zeiterscheinungen und -tendenzen zu benutzen. Sie verfällt nicht dem Fehler, damalige historische Aktualität zu musealisieren oder die »Bouffes Parisiens« und deren Umwelt zu rekonstruieren. Vielmehr fordert Offenbachs Verfremdungstechnik dazu auf, aus seinen satirisch gezeichneten Figuren und Situationen so etwas zu machen wie Archetypen eines komischen Welttheaters, dessen Urahn Aristophanes war und das so alt und so neu ist, wie es gelingt, uns Offenbach als spöttisch-nostalgischen Zeitgenossen zu vergegenwärtigen. Es ist ja so lange noch nicht her, daß er in Deutschland mundtot gemacht wurde. Auch deshalb ist er noch immer wieder neu zu entdecken.

»HOFFMANNS ERZÄHLUNGEN«

von Jacques Offenbach

Phantastisch und trotzdem wahr
(1958)

Das Interesse, das man der Rahmenhandlung schenkt, entscheidet darüber, ob »Hoffmanns Erzählungen« einen Sinn erhalten, ob sie ihren Sinn wieder erhalten. Zwischen den Aufführungen, die nur die drei Geschichten von Olympia, Antonia und Giulietta bringen, und denen, die wohl Lutters Keller zeigen, die Begebenheiten dort aber nur als Vorwand für die phantastische szenisch-musikalische Revue benutzen, besteht, was den Versuch der Sinngebung betrifft, ein grundsätzlicher Unterschied. Die Phantastik der Erzählungen wirkte und wirkt auf viele Interpreten und Opernbesucher insofern verführerisch, als man sich der Logik, Kern und Hintergrund der hoffmannesken Phantastik, begibt.

Das Musiktheater, wie Felsenstein es anstrebt, fragt bekanntlich stets nach Anlaß und Sinn einer Note, einer Gesangsnummer, einer Handlung auf der Bühne. Darin unterscheidet es sich von der herkömmlichen Opernausdarbietung. Auf »Hoffmanns Erzählungen« bezogen heißt das: Das Musiktheater muß auch nach Anlaß und Sinn der drei Geschichten fragen und dementsprechend verfahren.

Der dramaturgische Aufbau des ursprünglichen Schauspiels, den Offenbach grundsätzlich übernahm, ist durchaus unüblich. Er scheint sich, auf den ersten Blick gesehen, den klassischen Regeln zu widersetzen. Drei Erzählungen, in ihrer Folge scheinbar willkürlich zusammengefügt und nur lose durch eine Rahmenhandlung zusammengehalten, ergeben jene »Show«, an der sich Vergnügen und Phantasie entzünden. Doch sieht man genauer hin, dann läßt die genialische Leichtfertigkeit, mit der 1850/51 das französische Gebrauchstheater Motive aus einzelnen Erzählungen Hoffmanns für die Bühne verwendete und mit einer fiktiven Lebenssituation des Dichters verwob, ein echtes Drama ahnen. Ein Drama, das sich allerdings weniger in der äußeren Handlung offenbart, sondern in der Brust und im Kopf Hoffmanns abspielt, zwischen ihm, seinen Alpträumen und seiner Muse abgehandelt wird, das über seine Vergangenheit und seine Zukunft als Mensch und als Dichter entscheidet. Die Erzählungen sind die Äußerungen, die »Veräußerlichung« dieses inneren Prozesses. Sie unterbrechen nicht das Drama, das seinen Ort in Lutters Keller hat, sondern sind auf gesteigerter Phantasie-Ebene sein Ausdruck.

»Hoffmanns Erzählungen« von Jacques Offenbach

Die persönliche Ausgangssituation Hoffmanns, wie Felsenstein sie annimmt und gegenüber allen Vorlagen verschärft annimmt, bestimmt Gang und Aussage des Stückes. Der Rahmen ist der Angelpunkt. Warum erzählt Hoffmann, warum erzählt er jetzt und diese Geschichten? Er ist aufgewühlt durch die Begegnung mit Stella. Sie sang heute erstmals in Berlin Mozarts Donna Anna. Hoffmann floh aus dem Parkett. Alle Bilder der Vergangenheit, die wenigen Stunden, die ihn im Glück mit ihr verbanden, und der Monate und Jahre, in denen er sich schmerzlich nach der Geliebten sehnte und sich von ihr betrogen glaubte, tauchen vor ihm auf, jagen ihn in die Einsamkeit, in die Verbitterung. In Lutters Keller stößt er auf seine Freunde und Zechkumpane. Sie sind von Stella begeistert. Aufgefordert, etwas zu erzählen, versucht Hoffmann, sich in seiner Sehnsucht, seinem Liebesschmerz, an Stella zu rächen.

Aber das Bild des häßlichen Zwerges Klein-Zack kann das Bild Stellas nicht verdrängen. Die Heiratsabsichten der drei Freunde Nathanael, Hermann und Wilhelm geben ihm das Stichwort für den dichterischen Einfall: »Meine Geliebte? Sagt doch lieber: meine drei Geliebten! Drei Frau'n in einer Frau ...« Und er beginnt, das Bild Stellas vor Augen, zu erzählen, hebt an, den Schmerz zu verspotten, die Sehnsucht zu zerstören, die Liebe zu vernichten.

Zweifellos sind die Geschichten nicht lustig. Geboren aus Schmerz, Rachsucht und Sehnsucht, erfunden von einem überreizten Gehirn, und zwar in diesem Moment erfunden, schildern sie schonungslos, verzerrt, überspitzt. Im Lachen der makabren Gäste Spalanzanis »Ha, ha, ha, das ist geraten, er liebt einen Automaten« scheppert die Impotenz einer verlogen-bürgerlichen Gesellschaft; der Schmerz des über der Leiche seiner Tochter zusammenbrechenden Crespel wird sarkastisch aufgespießt; im närrischen Kichern Pitichinaccios überschlägt sich die bizarre Ironie.

Die Beziehungen, die sowohl zwischen den drei Geschichten als auch zwischen den Geschichten und der realen Situation des Erzählenden bestehen, sind nur deutlich zu machen, wenn die Frauengestalten und die Varianten des »Teufels« von den Darstellern gespielt werden, die zugleich jene zwei Figuren verkörpern, die Anlaß und Anhaltspunkt der Phantasie Hoffmanns sind: Stella und Lindorf.

Die Erzählungen in der ursprünglichen Reihenfolge zu bringen, war eine selbstverständliche Voraussetzung dieser Bühnengestaltung. Die Entwicklung, auf Hoffmann bezogen, ist einleuchtend: Gegenüber Olympia schildert er sich als schwärmerischen, romantischen Jüngling; in seiner Beziehung zu Antonia erscheint er männlicher, gereifter; als er auf Giulietta trifft, hat er der »hohen Liebe« abgeschworen, verfällt aber nichtsdestoweniger, als die Kurtisane sich scheinheilig verstellt, in große, echte Liebesfähigkeit. Der Fluch der Liebe – das wäre der Schlußpunkt dieser bitterbösen Geschichten, wenn Hoffmann nicht ein Dichter wäre. Wenn es keine Muse gäbe.

Die Muse zur Schlüsselfigur der Vorgänge zu machen, war Felsensteins wesentliches Anliegen. Sie inspiriert und korrigiert Hoffmann. Sie beeinflußt seine Phantasie und leitet seine Gedanken zu neuer Erkenntnis. In den dramatischen Vorgang einbezogen und doch wieder merkwürdig von ihm distanziert, ist sie sein Motor und Kontrapunkt.

Im Prolog gibt sie das Thema des Abends an: »Mir aber geht es um den Dichter Hoffmann!« Es ist nicht eine beliebige Station im Leben Hoffmanns. Sein Liebesschmerz um Stella hat ihn als Künstler unfruchtbar gemacht, seine Schöpferkraft gelähmt, seine Phantasie in die Irre geführt. Ein Kampf also steht bevor: ein Kampf mit Hoffmann – um Hoffmann!

Indem sie das Thema angibt, verkörpert sie zugleich die Möglichkeit seiner bühnenmäßigen Durchführung. »Genau genommen, gibt es mich nicht«, bekennt die Muse. Wer ist sie? Ein Teil Hoffmanns, sein besserer Teil? Ihre menschliche Gestalt gewinnt sie als Gefährte Hoffmanns. Als Niklaus umgibt sie ihn, lenkt ihn unmerklich und kann ihn doch zu nichts zwingen, was sein freier Entschluß ihm nicht befiehlt.

Viele Stellen im Text Felsensteins erlauben das Gedankenspiel, daß die Erzählungen Hoffmanns, die Schlüsse, die er aus der Begegnung mit Stella zieht, und somit der ganze Abend ein anderes Ende nähmen, wenn sie, die Muse, nicht mitwirkte. Die Verdeutlichung einer solchen, hier freilich nur angedeuteten Konzeption bedarf einer Textfassung, Szenenfolge und Musikeinrichtung, die sich, der Konvention entgegengesetzt, dem Wahrheitskern des vorliegenden Materials ebenso verpflichtet fühlt wie den Ansprüchen und Möglichkeiten des modernen, realistischen Musiktheaters.

In ihr haben die Prosatexte großen Raum. Sie müssen ihn haben, weil die Rezitative, der damaligen Opernadarbietung gemäß, Offenbachs Intentionen aber größtenteils widersprechend, die Zusammenhänge verkürzen und verschleiern, jedwede konkrete Handlungssituation unkenntlich machen oder aufheben. Indem die überlieferte Musik von dem Beiwerk und der Aufblähung befreit wurde, die wohl meist fremde Hände in die Partitur trugen, treten die Konturen der Musik klarer hervor; somit kann auch der Kern ihrer dramatischen Funktion und menschlichen Aussage aufgedeckt werden.

Es wäre verfehlt, diese Neugestaltung etwa als Schauspielfassung mit Musik bezeichnen zu wollen. Es galt im Gegenteil, die Musik dort, aber eben nur dort einzusetzen, wo das gesprochene Wort nicht mehr genügt, wo die Musik glaubhafte und notwendige Äußerung wird und nicht geschmackliche Konvention bleibt, wo die Verfassung, die Emotion, die Aussage eines Menschen nur durch Offenbachs Musik gültigen Ausdruck erhalten. Diese Gedanken werden ergänz durch die melodramatische Verwendung einzelner Motive. Sie schafft, wo es erforderlich ist, die gesteigert emotionelle Atmosphäre, offenbart, was hinter den Worten liegt, unterstützt bisweilen die Irrealität einzelner Situationen.

Phantastischer Mittel bedient sich auch die Inszenierung, der Spezifik des Stoffes entsprechend. Gerade das Melodram hebt oft die Realität von Zeit und Raum auf; beispielsweise bleibt während des Briefmonologs von Lindorf im 1. Akt die Zeit stehen, dagegen erfolgt während der letzten Worte der Muse im 5. Akt ein Zeitsprung. Zur räumlichen Irrealität: Während der Arie Dapertuttos verwandelt sich das Bühnenbild. Die Phantastik der Erzählungen, einmal logisch exponiert, greift über auch in Lutters Keller, wo ein Kleid durch die Luft fliegt, die Muse erscheint, wo »im Tabaksqualm und Dunst von altem Wein« sich jene Träume gebären, die die Bühne sichtbar machen muß. Dabei ging es nicht an, daß eine modernistisch-abstrakte Ausstattung die Phantastik hypertrophierte; vielmehr sollte die Dekoration, mit einigen, den jeweiligen Erzählungen angemessenen ironischen Aperçus arbeitend, den Raum schaffen, in dem sich das Phantastische vor allem aus dem menschlichen Vorgang ergeben kann.

Offenbachs Musik hält das Maß und die Mitte zwischen Phantastik und Realität. An sie wird man sich also halten, wenn man den menschlichen Bezug der oft bizarren Vorgänge offenbaren will. Hoffmanns erste Romanze an Olympia ist nur ein Beispiel dafür, daß es gerade die Musik ist, die sowohl distanzierende Ironie wie echte Liebessehnsucht zusammenklingen läßt: Hoffmanns jugendliche, tiefste Gefühlsäußerung richtet sich – an eine Puppe. Es ist Offenbachs Musik, die, über das ursprüngliche Schauspiel hinausgehend, hinter der Karikatur, dem Schmerz, der Verbitterung, der Spottlust, der Selbstzerfleischung die Sehnsucht und den Glauben hindurchscheinen läßt. Der Fluch auf die Liebe muß, aus neuer Erkenntnis gewachsen, dem Bekenntnis zu ihr weichen.

Hier liegt der entscheidende Aussagewert, zu dem Felsenstein seine Bühnengestaltung führte. Hoffmann hat seinen »unfruchtbaren Schmerz« durchlitten. Die Überwindung des privaten, egozentrischen Anspruchs ist das Bekenntnis zu der Aufgabe, die ihm die Muse stellt: »Bist Du nicht ein Dichter? Dazu da, / Dein ganzes Leben lang das Glück zu suchen, / um andere auf seine Spur zu bringen?«

Hoffmann weist Stella ab, die nur seinetwegen nach Berlin kam; sie fand ihn – tragische Ironie – »zu spät«. Und er überwindet den Alptraum Lindorf, rechnet mit ihm ab, dem »Teufel«, der ihn plagte, dem Rechner, dessen Rechnung nicht aufging, dem Kleingeist, Bürger und Pandektenhengst, der ein Hemmnis jeder schöpferischen Entfaltung des Menschengeistes ist – einer Entfaltung, die ohne Liebe nicht möglich ist. »Drum liebe sie! Und laß in deinem Werk die Menschen wieder an die Liebe glauben.«

»RIGOLETTO«

von Giuseppe Verdi

Skizze des szenisch-musikalischen Dramas
(1963)

»Mir scheint, was Bühnenwirkung anbelangt, ist ›Rigoletto‹ das beste Buch, das ich bis jetzt in Musik gesetzt habe (dabei sehe ich von dem literarischen und poetischen Wert ab). Es bietet gewaltige Situationen, Mannigfaltigkeit, Feuer, Humor.« So urteilt Verdi selbst zwei Jahre nach der Uraufführung des »Rigoletto« in einem Brief an den Librettisten Somma über das unter so vielen Schwierigkeiten entstandene Werk. Um so unverständlicher ist es, daß »Rigoletto« jahrzehntelang als ein Muster dramaturgischer Unklarheit und musikalischer Hm-ta-ta-Banalität galt. Dagegen stand die Popularität des Werkes, dagegen steht Verdis eigene Einschätzung. Und weder als Schicksalsdrama noch als »Grusical«, sondern nur als machtvolle, höchst differenzierte Charaktertragödie läßt sich »Rigoletto« erschließen.

Die Tragödie – wenngleich nur wenige Personen erfassend, und diese im ganz privaten Bereich – reicht an antikes Format heran. Das kurze Vorspiel zeigt das ebenso wie die Monterone-Szene und der harte, unsentimentale, fast abrupte Schluß der Oper. Monterones Fluch ist kein metaphysisches Verhängnis, sondern wird verursacht durch menschliche oder unmenschliche Verhaltensweisen, wie er sich dann auch durch sie erfüllt.

Und diese Verhaltensweisen erscheinen ebenso kompliziert wie »modern«. Kein Charakter paßt in eine Schablone. Der Herzog, dessen »leichtfertigem, zügellosem Charakter alles entspringt« (Verdi), vereinigt in sich durchaus widersprüchliche Züge. Hier wie in vielen anderen Deutungen geht die Oper weit über Hugo hinaus. Als Tyrann und Libertin repräsentiert der Herzog die Haltung einer Epoche: des Renaissance-Absolutismus. Aber schlüpft er in seine Verkleidung nicht auch deshalb, um seinem sozialen Schema zu entgehen? Sein Melos hat manchmal dem Augenblick entspringende, echte Untertöne. Beiden Frauen erscheint er als Mann liebenswert. Liegt es daran, daß der »Wüstling« – in Umkehrung des Don Giovanni – am Schluß nicht »bestraft« wird? Jedenfalls befriedigt Verdi keinerlei Moralkodex, wenn der Herzog am Ende »noch einmal davonkommt«. Vielmehr respektiert er gerade damit die Realität. Und Gilda? Auch sie sprengt jedes lyrische »Engel-Schema«. Kaum lernen wir sie kennen, belügt sie ihren Vater. Sie ist zerrissen zwischen ihrer Verpflichtung als Tochter und ihrer eben aufblühenden Liebe als Frau. Die Koloraturen ihrer großen E-Dur-Arie sind direkter Ausdruck weiblicher Sehnsucht und alles andere als der in Verdis sonstigem Umkreis vorherrschende Ziergesang. Verdi formt den Charakter bis in die einzelne Note, modelliert ihn selbst aus der komponierten Pause.

Gildas Arie im 3. Bild schildert ihre erneut zerrissene innere Situation treffend. Das furchtbare – oder liebliche? – Erlebnis des erzwungenen Beisammenseins mit dem vermeintlichen Studenten, der sich als gefürchteter Herzog erweist, zittert in ihr nach. Doch ihre Liebeskraft ist stärker als die tiefste Demütigung. Weil sie ohne ihre Liebe nicht leben kann, stirbt sie. Sie rettet nicht nur den Herzog und ihren Vater, sondern ihre eigene Liebe. Welch – im Lyrischen – »gewaltiger Charakter« in der Umgebung schablonisierter Opernfigurinen.

Vollends Rigoletto. Die Ungewöhnlichkeit seines Charakters läßt Verdi mit bis dahin in der Oper des 19. Jahrhunderts ungewöhnlichen musikalischen Mitteln hervortreten. Selten vorher wurde der dramaturgische Einsatz vom Deklamato bis zum Belcanto so konsequent im Sinne der Charakterzeichnung gehandhabt. So ist Rigolettos Monolog am Beginn des 2. Bildes weder stilistisch noch philosophisch in der alten Nummernordnung unterzubringen. Hier ist der Grund gelegt für Jagos Credo und Othellos Arioso im 3. Akt der späteren Oper. Den beiden Extremen in Rigolettos Wesen – die bis zum Frevel ausartende Käuflichkeit des Narren und die bis zur Blindheit hektisch gesteigerte Liebe des Vaters – entsprechen extreme musikalische Mittel. Fabel und Musik der Oper zeigen am Schicksal Rigolettos, daß Moral nicht teilbar ist. Das Refugium des Schuldiggewordenen wird durch ihn selber zerstört. Rigoletto ist Opfer und schuldig zugleich. Tragische Ironie rückt seine Existenz aus den Bereichen der Sentimentalität ins unbarmherzige Licht des menschlichen Urteils. Für an breitflächigere Opern gewohnte Ohren ist die leidenschaftliche Prägnanz und die wieder fast lapidare Knappheit Verdis geradezu schockierend. Beispielsweise jagt er uns mit atemberaubender Hast durch die optische und musikalische Polyphonie des Festtrubels im 1. Bild, bis dem Rauschhaft-Verwirrenden durch Monterone ein granitener Stop geboten wird. Und auch in der stets vorwärtsdrängenden Bewegung des weiteren Verlaufs der Oper findet sich ein unaufhörliches Pulsieren. Kaum eine Note gibt es, die nicht unmittelbar den – hier meist gehetzten – Menschen, die Handlung, das Drama selbst meint. Rhythmische Schärfe – Impuls der Handlung – verbindet sich dabei mit dem Melos – Entäußerung der Seele – auf eine Weise, die damals auf der italienischen Opernbühne »unerhört« war. Wie sich eine rein musikalische Form mit der profilierten Durchführung einzelner, dabei ganz unterschiedlicher Charaktere und Handlungen zu erregender Einheit verbinden kann, dafür bleibt das Quartett im letzten Bild eines der genialsten Beispiele der Opernliteratur. Die Musik erwächst direkt aus der Charakterpolyphonie der Handelnden.

Die von Verdi angestrebte und in den meisten seiner Opernpartituren enthaltene Identität von Gesang und Charakter, von Musik und Szene weist dem heutigen Musiktheater auch methodisch seine Aufgabe zu. Noch immer ist Verdis Anweisung an die Sängerin der Lady in »Macbeth« aktuell: »Ich glaube, ist ist an der Zeit, die konventionellen Formeln und Methoden auszumerzen . . . Beachten Sie, daß jedes Wort seine Bedeutung hat und daß es absolut notwendig ist, diese durch die Stimme sowie auch durch die Darstellung auszudrücken.« An anderer Stelle sagte er: Die »kommende Kunst« müsse daran denken, die Oper als »szenisch-musikalisches Drama« aufzuführen. Das Jahr 1963, nicht nur dem Gedenken Wagners, sondern auch dem Verdis gewidmet – beide sind 1813 geboren –, sollte uns Anlaß sein, uns in der verwirrenden und oft verworrenen Vielfalt der Ansichten und Methoden erneut auf das klare, zwingende Vermächtnis Verdis zu besinnen.

»DER TROUBADOUR«

von Giuseppe Verdi

»Obwohl es auf das Datum nicht ankommt«
(1966)

Verworrenheit und Unsinnigkeit der »Troubadour«-Handlung sind sprichwörtlich. Ebenso sprichwörtlich ist die Popularität der »Troubadour«-Musik – nicht nur aufgrund von Zigeunerchor und Stretta. Sollte die unbestreitbare Disproportionalität zwischen literarischem und musikalischem Anspruch wirklich dazu berechtigen, den »Troubadour« aus dem ästhetischen Programm nach »Verità« auf der Musikbühne auszuklammern, das Verdi gerade Anfang der fünfziger Jahre mit »Rigoletto« und »La Traviata« so prägte und verwirklichte wie nie zuvor im eigenen Schaffen? Oder weist diese Disproportionalität auf eine besondere Haltung der Oper zu Logik und Glaubwürdigkeit, auch zur Historie auf der Musikbühne hin – auf eine Haltung, die spezifisch für Verdis Schaffen und möglicherweise für die Ästhetik der Oper wäre?

Überraschend ist zunächst, daß sich die »Troubadour«-Handlung fast auf den Tag genau historisch datieren ließe. Die geschilderten Begebenheiten schweben nicht im luftleeren Raum, sondern finden eine oft verblüffende Motivierung, wenn man sie im Zusammenhang mit dem Feudalstreit sieht, der nach 1410 um den Thron Aragons entbrannte und sich zum Bürgerkrieg ausweitete. Die Parteien, denen Graf von Luna und Manrico angehören, sind historisch ebenso belegt wie deren Führer: der zum König gekürte Infant Fernando von Kastilien und dessen Widersacher Graf Urgel. Aber gerade die »echten« historischen Personen treten nicht auf. Denn Verdi will alles andere als eine Historien-Oper à la Meyerbeer. Grundzug seiner Kunst ist, aus der Geschichte der Menschheit menschliche Geschichten zu machen.

Dieser Grundzug erhält seine spezielle Prägung durch die Bindung der »Troubadour«-Vorlage an den literarischen Typus der Romanze: Erzählungen aus alter, zumindest nicht »gegenwärtiger« Zeit, oft abenteuerlich-phantastischen Charakters, die aus Geschichtlichem Geschichten werden lassen, im Volk und für das Volk erzählt und berichtend von besonderen, merkwürdigen, des Merkens würdigen Ereignissen, Menschen, Taten und Eigenschaften. Schon die erste Szene Ferrando/Chor zeigt, in welcher Richtung die Oper den Typus Romanze dramaturgisch und musikalisch verwertet. In der Parallelszene des

Schauspiels von Gutierrez beginnt Jimeno seine Erzählung von der Verbrennung der Mutter Azucenas und dem Raub des erstgeborenen Luna-Kindes: »Die Begebenheit trug sich, wenn mein Gedächtnis sich nicht täuscht, 1390 zu, obwohl es auf das Datum nicht ankommt.« Dieses »obwohl es auf das Datum nicht ankommt« bezeichnet genau die Haltung Verdis zur Historie und sollte demnach auch die einer Inszenierung bestimmen.

Deshalb ist es ebenso verfehlt, den »Troubadour« in der historischen »Unstimmigkeit« zu belassen, wie ihn zu einer musikalisch illustrierten Geschichtsdokumentation zu machen. Eine heutige Inszenierung hat zunächst den Schritt nachzuvollziehen, der bezeichnend ist für die Romanze: Aus dem Wissen um die »Daten« der Geschichte werden »Geschichten« von Menschen erzählt, in deren Eigenschaften und Handlungen sich »Geschichtliches« zum menschlichen Sonderfall komprimiert, so daß Grundsituationen entstehen, die über ihren historischen Anlaß hinaus direkten, aktuellen Assoziationscharakter besitzen, den der Erzählende jeweils neu zu bestimmen hat.

Der Bruderzwist durchzieht die Geschichte der Menschheit seit dem Bericht über Kain und Abel. Er äußert sich im »Troubadour« in der Einheit von Politischem und Persönlichem: Die Gegner im Bürgerkrieg sind zugleich Rivalen um die Liebe einer Frau. Leonore, die von der Höhe ihres aristokratischen Standes hinabsteigt in die Einsamkeit menschlicher Grenzsituation zwischen Leben und Tod, wird über den Personalcharakter hinaus Ideal, Symbol dessen, worum die feindlichen Brüder ringen. Die Enthüllung der eigentlichen »Brüderlichkeit« der Todfeinde liegt in der Hand einer Zigeunerin, deren Wesen und Sinn vielfach gespalten ist: Ihre Mutterliebe ist bis zur Ausschließlichkeit zerrissen in die Liebe zur Mutter und in die Liebe als Mutter; ihre Mütterlichkeit ist gespalten, weil sie an Stelle des fremden Kindes das eigene Kind tötete und nun das fremde als ihr eigenes liebt. Ihre Liebe zu Manrico steht im Widerstreit zu dem Haß, den sie gegen das Geschlecht hegt, aus dem er stammt. »Ihr Rachegefühl ist gigantisch« (Verdi). Gigantisch ist alles im Konflikt zwischen Liebe und Rache: Die Liebe diktiert und verwehrt ihr zugleich eine Rache, die für sie und ihresgleichen ein Mittel der Gegenwehr ist, solange sie vom »Recht« der Herrschenden ausgeschlossen sind. Siegt die »Gerechtigkeit«? Die großen Kontrahenten überleben: Azucena bestimmt nicht lange – und Luna? Sein Überleben ist wie das Zeichen, das Kain gegeben wurde, als hieße es noch: »Mein ist die Rache.« So bescheiden ist das doch sonst keineswegs zimperliche romantische Theater, daß es solche Verurteilung nicht mehr mit illusionären Mitteln vornimmt, sondern das Urteil jedem in die Hand gibt.

Zu etwa solchen Grundsituationen verdichtet Verdis Komposition Vorgänge und Personen. Demnach läßt das Libretto neben seinen Mängeln vor allem zwei Vorzüge erkennen. Erstens behält es den Charakter der Romanze bei. Die Hand-

Così fan tutte« von Wolfgang Amadeus Mozart. Komische Oper Berlin 1961. Bühne: Reinhart Zimmermann, Kostüme: Eva Sickert. Gabriele Schubert (Dorabella), Christel Oehlmann (Despina), Ingrid Czerny (Fiordiligi), Manfred Hopp (Ferrando), Uwe Kreyssig (Guglielmo), Rudolf Asmus (Don Alfonso)

»Jenufa« von Leoš Janáček. Komische Oper Berlin 1964. Bühne: Reinhart Zimmermann, Kostüme: Ja[n] Skaličký. Jarmila Rudolfová (Jenufa), John Moulson (Laca). – »Eugen Onegin« von Peter Tschaikowski[.] Det Kongelige Teater, Kopenhagen 1970. Bühne: Reinhart Zimmermann, Kostüme: Jan Skaličký. I[...] Hansen (Onegin), John Moulson (Lenski)

Porgy and Bess« von George Gershwin. Komische Oper Berlin 1970. Bühne: Reinhart Zimmermann, Kostüme: Susanne Raschig. – »Tannhäuser« von Richard Wagner. Bayreuther Festspiele 1972. Ausstattung: Jürgen Rose

»Don Giovanni« von Wolfgang Amadeus Mozart. Hamburgische Staatsoper 1973. Ausstattung: Toni Businger. Bernd Weikl (Don Giovanni). – »Salome« von Richard Strauss. Württembergische Staatsoper Stuttgart 1977. Ausstattung: Andreas Reinhardt. Karan Armstrong (Salome). – »Erwartung« von Arnold Schönberg. Staatsoper Wien 1985. Bühne: Hans Schavernoch, Kostüme: Lore Haas. Karan Armstrong (Die Frau)

Das Rheingold« von Richard Wagner. Royal Opera House Covent Garden London 1974. Bühne: Josef Svoboda, Kostüme: Ingrid Rosell

»Die Soldaten« von Bernd Alois Zimmermann. Hamburgische Staatsoper 1976. Bühne: Josef Svoboda Kostüme: Aliute Meczies. – »Moses und Aron« von Arnold Schönberg. Teatro alla Scala, Mailand 1977 Ausstattung: Rudolf Heinrich (1975 gestorben)

»Die Meistersinger von Nürnberg« von Richard Wagner. Kungliga Teatern Stockholm 1977. Bühne: Günther Schneider-Siemssen, Kostüme: Aliute Meczies. Leif Roar (Sachs), Gösta Winbergh (David), Sven-Olof Eliasson (Stolzing). – »Fidelio« von Ludwig van Beethoven. Bayerische Staatsoper München 1978. Bühne: Erich Wonder, Kostüme: Susanne Raschig. James King (Florestan), Hildegard Behrens (Leonore)

»Le nozze di Figaro« von Wolfgang Amadeus Mozart. Deutsche Oper Berlin 1978. Ausstattung: Herbert Wernicke. José van Dam (Figaro), Barbara Hendricks (Susanne), Harald Stamm (Bartolo), Julia Varady (Gräfin), Dietrich Fischer-Dieskau (Graf), Patricia Johnson (Marcelline). – »Pelléas und Mélisande« von Claude Debussy. Württembergische Staatsoper Stuttgart 1979. Ausstattung: Andreas Reinhardt. Ryland Davies (Pelléas), Karan Armstrong (Mélisande), Wolfgang Schöne (Golaud)

lung wird nicht im Sinne geltender Regeln »durchgeführt«, sondern aus den wesentlichsten Begebenheiten zusammengesetzt – manchmal scheinbar willkürlich, in Wirklichkeit stets die Kulminationspunkte hervorhebend. Zugunsten der grell beleuchtenden Situationsdramaturgie werden Motivierung, Zusammenhänge, Nuancierungen, Bindeglieder vernachlässigt. Die entsprechenden Lücken sind nicht zuletzt durch die Phantasie und die Kombinationsfähigkeit der Zuhörer zu schließen. Dazu gehört: Zwischen 1. und 2. Akt liegen das Duell, in dem Manrico Luna verschonte, und die Schlacht von Pelilla, in der Luna seinen Rivalen tödlich verwundet zu haben glaubte; zwischen 2. und 3. Akt liegen mehrere Wochen, in denen Leonore mit Manrico auf Castellor zusammenlebte und die Graf Luna benutzte, um eine große Streitmacht zum Sturm auf die wichtigste Festung des Feindes zu konzentrieren; zwischen 3. und 4. Akt, der Historie entsprechend, ist anzunehmen, daß Urgels Sache niedergeschlagen, er selbst eingekerkert, der Infant Fernando gekrönt und Luna zum Großrichter Aragons ernannt ist. Wird schließlich die Exposition von der Unverständlichkeit befreit, dann ist die »Verworrenheit« der Handlung Folge und Ausdruck der »Unwissenheit« der Figuren gegenüber den Bedingungen ihrer Existenz. Den »leeren« Raum, den die lakonische, oft primitive dramaturgische Technik läßt, öffnet das Libretto der Aussagekraft und -fähigkeit der Verdischen Musik. Das ist der zweite – unbeabsichtigte? – Vorteil des Librettos. Die Disproportionalität zwischen Text und Musik erweist sich als nur scheinbar. Tatsächlich schafft der Text echte Musiksituationen und wird dadurch identisch mit Verdis kompositorischer Haltung: Seine Musik erklärt nicht, sondern sie stellt dar. Dementsprechend wird auf Handlungsmomente verzichtet, die für die Musik nicht »nötig« sind, die andererseits freilich dem logischen Verständnis zugute kämen. Es gibt keine anderen Handlungen als »musikalische«: Die Handlung liegt nicht im Text und wird von der Musik nur illustriert, sondern der Text umreißt Situationen und Vorgänge, die erst durch die Musik zu Handlungen – äußerer wie vor allem innerer Art – werden. Dabei ist Verdis dramaturgische Größe vornehmlich vertikal ausgerichtet: Er verzichtet auf das ihm nebensächlich Erscheinende mit einer Radikalität, die oft das Verständnis der Zusammenhänge gefährdet, und konzentriert alles auf die wichtigsten Situationen; denen geht er ganz auf den Grund und treibt sie in die Höhe des zwingenden, unverwechselbaren Ausdrucks. So verwandelt er die Romanze ins szenisch-musikalische Drama.

Seine musikalischen Mittel sind dabei von schlagender, nahezu schlagerhafter Einfachheit. In kaum einer anderen Oper gibt es eine so häufige und zugleich variantenreiche Benutzung des Dreiertaktes in Kombination mit solch ausgeprägter Melodik. Es scheint, als triebe Verdi gerade im »Troubadour« die Musik oft an die Grenze der Trivialität, um die Schranken, die das bürgerliche Zeitalter damals zwischen »hehrer« Kunst und Volkstümlichkeit errichtete, von vornherein einzureißen. Wie, wenn der Vorwurf der »Leierkasten«-Musik sich ins Gegenteil umkehren ließe? Wenn wir erkennen würden, daß Verdi im höchsten Sinne der »Leierkastenmann« von Geschichten über den Menschen war? Zweifellos würden sich dann auch Eigenschaften seiner Libretti, die bisher als Mängel angesehen wurden, als spezifische Voraussetzungen für die Dramaturgie von Opern erweisen. Wir würden auch erkennen, daß dieser »Leierkastenmann« gerade durch die Unerbittlichkeit seines Rhythmus der antiken Archaik zum Beispiel eines Homer ebenso wie heutiger Klarheit und Sachlichkeit mindestens so nahesteht wie der romantischen Umwelt des damaligen Operntheaters. Zu welchen außerordentlichen Dimensionen er die von ihm so populär gehandhabte Opernkunst führen kann, erweist im »Troubadour« der 4. Akt, besonders wenn durch das Miserere die Opernbühne in den Vollzugsraum eines Requiems für die Geschlagenen verwandelt wird. Verdis Haltung als Sänger der Geschichte vom Menschen erhält in der Canzone Azucenas ihren eigenartigsten Aspekt.

Ohne musikalischen Übergang und ohne die Möglichkeit eines szenischen steht der kollektiven Äußerung von Arbeitsfreude und Freiheitsliebe der Zigeuner die Moritat, die Ballade vom Tod eines der ihren gegenüber – so als ob Menschen, die sich außerhalb der Gesellschaft und deren Kämpfen stehend glaubten, gesagt wird: »Seid wachsam, das Feuer brennt und bedroht auch Euch.« Niemand jedoch versteht den Gesang, man zieht davon, fröhlich wie zuvor. Die Inquisition und die Vergasungskammern folgten nach. Das Feuer des Prometheus, das die schmiedenden Zigeuner benutzten, kann auch Vernichtung bringen. Die Geschichte ist so alt wie neu. Auch die im »Troubadour« erzählte: Wenn wir die gewonnenen Einsichten zu heutigen Ansichten formen – einschließlich der optischen Bühnengestaltung, die die aktuelle Klassizität statt romantischem Kulissenzauber anstrebt; wenn wir die im »Troubadour« vorherrschende Dualitätsspannung (Bruderzwist, Bürgerkrieg, Konflikt Liebe–Rache, Text–Musik, Romanze–Drama, Kantilene–Rhythmus) hervorkehren – sei es in Form zweier den Raum schaffender, gegeneinander wirkender und noch zusammengehöriger Türme, sei es auf andere Art; wenn wir aus Geschichtlichem Geschichten bilden, die von lebendigen, singenden Menschen – nicht vokalen Figurinen – dargestellt werden; wenn wir grundsätzlich der Maxime Verdischer Kunst auf der Spur bleiben: »Die Wahrheit kopieren, kann etwas Gutes sein, sie zu erfinden, ist besser, weit besser.«

»DIE MACHT DES SCHICKSALS«

von Giuseppe Verdi

Grenzprobleme des Musiktheaters
(1965)

Haben wir uns nicht, wenn wir vom realistischen Musiktheater sprechen, manchmal angewöhnt, die Identität zwischen szenischem und musikalischem Vorgang in der Oper als »automatisch« vollziehbar zu verstehen, die Logik einer Opernhandlung allzu vordergründig anzusiedeln, die ästhetischen Spannungen zwischen den verschiedenen Gestaltungsmitteln, auch die, die aus gewissen irrealen Zeitabläufen entstehen, zu unterschätzen? Wo das geschieht – und geschieht es nicht? –, da verkehrt sich der richtige Vorsatz, die Ästhetik der Oper als schließlich realistisch zu verstehen und zu verwirklichen, in das zweifelhafte Ergebnis, daß Musik und Gesang, die eigentümlichsten Ausdrucksmittel der Gattung Oper, gewöhnlich, deshalb austauschbar und manchmal gar überflüssig erscheinen, zumindest nur als begleitende Illustration eingesetzt werden. Auch wenn der Streit darüber, was Musik *ist* oder bedeutet, noch nicht entschieden zu sein scheint, steht doch eines fest: Die Musik macht Dimensionen der Welt und des Menschen erkennbar und erlebbar, die anderen Kunstmitteln weniger erschließbar sind, und sie tut das nach zeitlichen Ordnungsprinzipien, die die von ihr vermittelten Abbilder und Assoziationen auf besondere Art bestimmen und lenken. Noch immer geht es ganz einfach um die Verwirklichung des lapidaren Satzes, daß die Oper Handlungen braucht, die ihrerseits Musik brauchen, um den höchstmöglichen Grad an Wahrheit und deren Vermittlung zu erreichen. Nur müßten wir uns auch in der Oper endlich und ganz von der Vorstellung befreien, daß Handlung mit Bewegung, Spiel, Aktion gleichzusetzen sei. Eher sollte – ausgehend vom griechischen πρακτεῖν und in Ergänzung zu bekannten Definitionen – Handeln als umfassende schöpferische Verhaltensweise des Menschen gegenüber seiner Umwelt verstanden werden. In Beziehung gesetzt zu einer bestimmten Absicht und Zeitordnung, wird solches Handeln als Handlung zum Grundelement der darstellenden Kunst und erhält nicht zuletzt dadurch ästhetische Qualität, daß sich der auf der Bühne handelnde Mensch auch gegenüber den künstlerischen Mitteln – der spezifischen »Umwelt« Theater – schöpferisch verhalten muß. Jede Handlung wählt die ihr am ehesten gemäßen Ausdrucksmittel, ebenso wie die spezifischen Gestaltungsmittel wiederum die

Handlung formen. In diesem Sinn kann sich Handlung in der Oper neben ihrer sichtbaren Gestalt in einem Maße hörbar vollziehen und mitteilen, wie das sonst in keiner anderen Erscheinungsform der darstellenden Künste der Fall ist. Demnach unterscheidet sich auch die Dramaturgie, die das Musiktheater braucht, grundsätzlich von der des Sprechtheaters, des Balletts und so weiter. Wenn wir das nicht beachten, dann stößt unsere Arbeit allzu oft auf Grenzen, die ein falsches Bedürfnis nach vordergründiger, mechanischer Logik zieht. In der Regel aber beginnt hinter diesen Grenzen Oper überhaupt erst zu existieren.

Es gibt Werke, die die Gesetze des Musiktheaters modellartig verkörpern und die Realisierung seiner Prinzipien mit exemplarischer Eindeutigkeit verlangen und ermöglichen. Dazu gehören unter anderen »Figaros Hochzeit«, »Carmen«, »Othello« und »Falstaff«, »Jenufa« und »Katja Kabanowa«, »Wozzeck«. Dann gibt es andere, die sich auf den ersten Blick Forderungen nach logischer Glaubwürdigkeit stärker zu entziehen scheinen als die zuerst genannten. In solchen Werken funktionieren die Zusammenhänge zwischen Handlung und Musik und die Wechselwirkungen zwischen szenischen und musikalischen Gestaltungsgesetzen oft so kompliziert und widerspruchsvoll, daß Gegner des Musiktheaters sie gern als Beweis für die angeblich nur enge und beschränkte Gültigkeit der Musiktheatermethode benutzen – meist mit dem Argument, daß die Handlung, weil vielfach schlecht, in der Oper sekundär, unwichtig sei gegenüber der absoluten Vorrang besitzenden Musik. Oft tritt die Ansicht hinzu, die Irrealität der Oper entzöge sich dem Zugriff des realistischen Musiktheaters von vornherein. Diese Gruppe von Werken wird – freilich auf sehr unterschiedliche Weise – repräsentiert zum Beispiel von »Don Giovanni«, »Così fan tutte« und »Zauberflöte«, »Troubadour« und »Macht des Schicksals«, »Tristan und Isolde«, »Ariadne auf Naxos«, »Oedipus Rex«, »Das schlaue Füchslein«. Nun hat aber die Erfahrung gezeigt, daß sich erstens die Methode des Musiktheaters Werken dieser Gruppe gegenüber keinesfalls als steril oder unfähig erweist, sondern durch die Auseinandersetzung mit ihnen bereichert, differenziert und präzisiert wird, daß zweitens diese Werke, werden sie unter dem Musiktheateraspekt interpretiert, die spezifischen Gesetze und Formen der Kunstgattung oft deutlicher bloßlegen können als Werke des eindeutigen Musiktheatermodells. Wenn wir uns also vor einer falschen, weil nur mechanisch verstandenen Identität zwischen Szene und Musik hüten wollen, dann sind Erfahrungen mit Werken, bei denen manchmal eine Diskrepanz zwischen Handlung und Partitur, oder besser: zwischen Libretto- und Musikqualität zu beobachten ist, als Regulativ für unsere Theorie und Praxis möglicherweise besonders interessant.

Verdis »Macht des Schicksals« gehört zu den problematischsten Werken des Opernrepertoires, stellt auch die Methode des Musiktheaters vor besondere Probleme. Da ich kürzlich Gelegenheit hatte, diese Oper (in Bremen) zu inszenieren, liegt es auf der Hand, die zur Debatte stehenden Fragen an diesem Beispiel zu prüfen.

Auffallend ist zunächst, daß die Haltung von Fachwelt und Publikum gegenüber der »Macht des Schicksals« ähnlich krasse Widersprüche aufweist wie bei der »Zauberflöte«: Die Handlung wird als völlig konfus, unglaubwürdig und zusammenhanglos bezeichnet, demgegenüber wird die Musik in fast isolierter Betrachtung wegen ihrer hohen Kunstqualität bewundert; dem Interesse des Publikums am Gesamtwerk steht ein Desinteresse der Fachwelt gegenüber, zumindest hinsichtlich der wissenschaftlichen Analyse aller Teile des Werks – einschließlich des Librettos. Bei der »Zauberflöte« dauerte es weit über hundert Jahre, bis sich das Auseinanderklaffen von Fach- und Publikumshaltung aufzuheben begann, bis sich die Erkenntnis durchsetzte, daß Text und Musik untrennbar zusammengehören und daß gerade in den Unwahrscheinlichkeiten des Märchenvorgangs die Voraussetzung und Bedingung für die dauerhafte Wahrheit dieser Oper liegen. Schikaneder war nach einer Dramaturgie verfahren, die bisherigen Gesetzen weitgehend Hohn sprach und die dennoch etwas für die Opernbühne unerhört Wichtiges enthielt: das Bekenntnis zur sinnhaften Naivität einer menschliche Grundsituationen vorführenden Bilderfülle, aus deren Entwicklung und Summierung sich eine philosophische Aussage über das menschliche Geschick in Vergangenheit, Gegenwart und Zukunft ergibt.

Bei der »Macht des Schicksals« scheint der Fall noch kritischer zu liegen, da hier der Komponist selbst als Kronzeuge für die massiven Vorwürfe gegen die Dramaturgie der Oper zu zitieren ist: »Bei so vielen Mängeln und so vielen Absurditäten des Librettos ist es ein Wunder, daß nicht wenigstens der Impresario davon getötet worden ist« (Verdi 1863). Tatsächlich scheint die Häufung der konstruierten Willkürlichkeiten, Zufälle und Absurditäten im Handlungsablauf das Maß des auch in einer Oper Zumutbaren weit zu übersteigen. Mit dem sich aus der weggeworfenen Pistole lösenden tödlichen Schuß beginnt das Verhängnis. Daß die Liebenden auf der Flucht getrennt werden und einander für tot halten, muß ohne nähere Beweisführung akzeptiert werden. Der Grande, der seine Schwester durch ganz Spanien verfolgte, verfehlt sie um wenige Meter und Minuten. Plötzlich sieht man die Handlung nach Italien verlegt – einschließlich Preziosillas, Fra Melitones und Trabucos. Die Namensänderungen, Verwechslungen und durch Requisitenindizien erfolgenden Enthüllungen konkurrieren mit dem Kunterbunt der Buffa-Technik. Schließlich lebt Alvaro – man möchte sagen »ausgerechnet« – in dem Kloster, in dessen Nähe Leonore als Einsiedlerin haust, so daß die weitverzweigten Fäden der chaotischen Vorgänge wieder zusammenfinden und schließlich im Tod der Geschwister gipfeln. In der Urfassung kam noch der Selbstmord Alvaros hinzu.

Besehen wir aber Verdis heftige Kritik genau, dann scheint sie sich nicht so sehr gegen die Handlung, sondern mehr gegen ihre künstlerische Teilformulierung im Libretto zu richten. Denn seiner Unzufriedenheit mit dem Libretto steht sein eindeutiges Bekenntnis zum Stoff gegenüber. Als er auf seiner sehr wählerischen Suche nach einem Sujet für den Opernauftrag aus St. Petersburg endlich das Schauspiel »Don Alvaro oder die Macht des Schicksals« von Angelo Perez de Saavedra, Herzog von Rivas, fand, nannte er Handlung und Haltung dieses Gegenstands »potente, singolare e vastissimo« – kraftvoll, einzigartig und von größten Ausmaßen.

Die Genesis der »Macht des Schicksals« macht den Sonderfall deutlich. Verdi suchte jahrelang nach Möglichkeiten einer Verbesserung der Urfassung, die nach dem Libretto von Piave 1862 im damaligen St. Petersburg uraufgeführt wurde. Nach wenig erfolgreichen Reprisen in Italien und Madrid wuchs Verdis Unzufriedenheit, die sich vor allem auf den Schluß bezog, den Piave allerdings in voller Übereinstimmung mit der Schauspiel-Vorlage fixiert hatte. Sogar an Manzoni wandte sich Verdi mit der Bitte um Verbesserungsvorschläge oder direkte Mitarbeit; der Stoff ließ ihn nicht los. Als sich nach Jahren schließlich die Mailänder Scala für das Werk zu interessieren begann, schuf Verdi zusammen mit Antonio Ghislanzoni die zweite Fassung, die 1869 in der Scala erstmals aufgeführt wurde und seither Maßstab aller Drucklegungen ist. Abgesehen von zahlreichen textlichen und musikalischen Detail-Veränderungen, unterscheidet sich die zweite Fassung von der Urfassung vor allem in folgenden Punkten: An die Stelle des kurzen Vorspiels tritt die große, konzertante Ouvertüre; die Szene zwischen Leonore und Pater Guardian wird erheblich erweitert, vor allem vom Andante mosso »Piu tranquillo l'alma senzo« an; die Ronda kommt hinzu; das Duett Alvaro–Carlos (1. Duellszene), ursprünglich nach dem Rataplan stehend, wird vor die Lagerszene gelegt; die Preziosilla-Passagen im Lager werden erweitert; der Kapuziner-Text aus Schillers »Wallensteins Lager« wird Fra Melitones Predigt unterlegt; die Chorszenen am Anfang des 4. Aktes (»Fate la carita«) werden neu gefaßt und erweitert; alles, was auf Leonores Arie »Pace, pace, mio Dio« folgt, wird grundsätzlich neu konzipiert; der Schluß erhält seine jetzige Gestalt.

Vergleicht man jedoch Verdis kritische Einwände gegen die Urfassung mit dem Ergebnis der zweiten Fassung, dann bleiben – trotz erkennbarer Verbesserungen – nach wie vor erhebliche Disproportionen zwischen Libretto- und Musikqualität, auch Disproportionen in der Gesamtstruktur des Werks. Dabei geht es weniger darum, daß die erhebliche Aufführungsdauer der zweiten Fassung in der Regel Kürzungen erforderlich macht. Viel wichtiger ist, das Verhältnis zwischen Thema und Durchführung, auch zwischen Urfassung und Bearbeitung in der Beziehung zu Verdis Opernästhetik neu zu bestimmen. Und da muß man feststellen und berücksichtigen, daß Verdis »Macht des Schicksals« in die Reihe jener »unvollendeten« Meisterwerke gehört, die jeder Interpretation ein besonderes Maß an eigenschöpferischer Phantasie, Verantwortung und Formungskraft abverlangen. Das Prinzip der Originaltreue hat in diesem Sonderfall zwischen der dramatischen, bisweilen rohen Kraft der Urfassung und der auch geistig gereifteren Form der zweiten Fassung jene Verbindung zu suchen, die dem Thema die heute lebendigste, überzeugendste Gestalt auf der Musikbühne verleiht.

Ein Beispiel dafür, wie die sehr widerspruchsvolle, dramaturgische Technik von »Die Macht des Schicksals« zu verstehen ist, scheint mir die 5. Szene des 3. Aktes zu bieten. Don Carlos, sich Felice de Bornos nennend, hat dem von ihm unerkannten Alvaro, der sich wiederum Federigo Hereros nennt, feste Freundschaft geschworen. Bevor der schwerverwundete Don Hereros operiert wird, übergibt er Felice sein Felleisen und nimmt ihm das Versprechen ab, das Geheimnis der darin aufbewahrten Briefe auch über seinen Tod hinaus zu wahren. Das in Carlos gewachsene Mißtrauen spaltet seinen Ehrenkodex: Er schwankt zwischen dem Ehrenwort, das er dem Freund gab, und dem Zwang, die geschändete Ehre seiner Familie zu rächen. Zwar widersteht er im letzten Moment der Versuchung, die Briefe zu öffnen, aber dann findet er sophistisch den Weg, der Ehre zu dienen, ohne sie zu verletzen: Er öffnet ein Medaillon, denn »von einem Bild war nicht die Rede«. Der Freund wird plötzlich als verhaßter Feind erkannt. Der Jubelrausch, mit dem Carlos auf die Mitteilung des Feldarztes, der Hauptmann sei gerettet, reagiert, offenbart beklemmend die absurde Verkehrung von Gefühls- und Denkvorgängen in einer verkehrten Welt. Die Freude über die Heilung eines Menschen wird zur Freude darüber, ihn töten zu können. Es ist gewiß kein Zufall, daß sich Verdis musikalische Charakterisierungskunst besonders an dieser kraß entlarvenden Szene entzündete. Die Arie des Carlos eröffnet der Musikdramatik Perspektiven, die sie bis dahin selten kannte. Eine psycho-musikalische Form wird geprägt, die dann in Jagos Credo gipfeln sollte. Was aber ist das dramaturgisch Interessante? Die Szene reißt die Fragwürdigkeit von Verhaltensweisen und der Faktoren, die sie bestimmen, auf. Das absurde Verhalten eines Menschen macht die absurde moralische Struktur einer Kaste erkennbar, die dieser Mensch vertritt. Und »sieht« man diesen Musikmonolog tatsächlich auf dem Schlachtfelde, das von Toten und Verwundeten besät ist (so in Bremen), dann deutet sich in dieser apokalyptischen Hypertrophie des Don Carlos die Erkenntnis an, daß die absurde Technik dieser Dramaturgie adäquate Widerspiegelung der absurden Struktur einer Gesellschaftsordnung sein könnte, daß das Absurde als realistisches Kriterium für die Gestaltung des menschlichen Lebens in einer deformierten Umwelt zu verstehen ist.

Selbst der verhängnisvolle Pistolenschuß im 1. Akt, als banalster Höhepunkt der scheinbar willkürlichen Librettotechnik bezeichnet, zeigt, wie die absurde Verkettung von Zufällen und das, was sie nach sich ziehen, tiefe gesellschaftliche Zusammenhänge aufreißen kann. Der Indio will sich waffenlos dem Marchese stellen. Der Schuß aus der auf den Boden aufgeschlagenen Pistole kehrt die Absicht Alvaros auf paradoxe Weise um. Der Marchese ist tödlich getroffen. Zweifellos würde in einer weniger in Standes- und Rassenvorurteilen erstarrten Welt die Kenntnisnahme des wahren Sachverhalts die nachfolgende Katastrophe nahezu ausschließen. Aber in der vorgeführten Welt setzt dieser Zufall einen Mechanismus in Bewegung, der ebenso zwangsläufig wie zerstörerisch funktioniert und dessen Ergebnis das Chaos zu sein scheint. Macht des »Schicksals« als Macht des »Zufalls«?

Wir wissen: Die Ursachen für das, was sich uns als Chaos, deformierte Welt, Fanatismus, zerstörerischer Mechanismus darstellt, sind in der gesellschaftlichen Situation zu suchen, die die Oper als historischen Raum der Begebenheiten vorschlägt: im spätfeudalistischen Spanien, das seine längst brüchig gewordene Weltmachtstellung durch militante, klerikale und aristokratische Hypertrophien vergeblich zusammenzukitten sucht. Aber »Die Macht des Schicksals« ist kaum als historisches Drama im engen Wortsinn zu verstehen. Beispielsweise ist der Krieg datenmäßig nicht genau anzusiedeln. Das Wichtige: Der konkrete historische Raum wird Anlaß und Chiffre für den Mikrokosmos des Theaterraums, in dem gezeigt werden kann, wie sich Menschliches in Barbarisches verkehrt und wie gerade diese »verkehrte« Welt Humanität provoziert, die Veränderung dieser Welt postuliert. Hier scheint mir der Kern der Verdischen Thematik und Ästhetik zu liegen.

Und nur von hier aus ist zu verstehen, warum die Dramaturgie seiner Oper gegen mancherlei »klassische« Gesetze verstoßen muß, warum ihr nicht an einer ausschließlichen und lückenlosen Nachzeichnung der Individualhandlung liegen kann. Sucht sie doch nach einer Technik für die Verknüpfung des Schicksals der aristokratischen Einzelpersonen mit dem Schicksal des Volks, wie es sie in solch dramaturgischer, musikalischer und philosophischer Verquickung auf der Musikbühne vorher kaum gab. Das Ergebnis eines solchen Experiments ist mit Mängeln behaftet. Wie richtig aber das Prinzip ist, wird erst ganz erkennbar, wenn man die Funktion des Chors bestimmen will. Es erweist sich nämlich – verfolgt man das Thema – als unmöglich, ihn als Rahmen, Hintergrund oder Milieu zu verstehen. Er ist als Kollektiv ebenso Hauptakteur wie es als Individuen Leonore, Alvaro und Carlos sind. Das klassische Prinzip von Haupt- und Nebenhandlung ist variiert und zum Teil aufgehoben worden: Jegliche Parallelität zwischen Einzel- und Volkshandlungen ist beseitigt, das Schicksal der Individuen und das Geschick des Volkes überkreuzen, beeinflussen und erklären sich dauernd, so daß künstlerisch demonstriert wird, daß das Schicksal der einzelnen nicht erfaßbar, weil letztlich nicht existent ist ohne das Schicksal des Volks.

Dieser Gedanke ist revolutionierend für die Opernkunst, besonders hinsichtlich der möglichen Funktion des Chors. Die Vorliebe der »romantischen« Oper für große Chorszenen wird umgeprägt zu einer neuen Haltung gegenüber der gesellschaftlichen Wirklichkeit. Das wird deutlich, wenn man sich vergegenwärtigt, wie präzise »Die Macht des Schicksals« den Gestus des Volkes durchführt. Es wird in drei Stationen vorgestellt: Frieden – Krieg – Nachkrieg. In das friedliche Leben der Bauern stößt (2. Akt) der Aufruf zum Kriegsdienst: Die Tagelöhner und Maultiertreiber glauben, ihre Armut mit Kriegsgewinn austauschen zu können, und lassen sich zu patriotischer Begeisterung hinreißen. Der 3. Akt zeigt den Krieg, seine Schrecken und Opfer, flüchtende, bettelnde italienische Bauern mit ihren mißhandelten Frauen, verwundete, tote spanische und italienische Soldaten, zeigt auch die hochgepeitschte Lustigkeit, Selbstbetäubung derer, die eine Zeitlang noch einmal davongekommen sind und im Krieg doch nichts gewinnen können (Tarantella, Rataplan), zeigt Lynchhysterie, als Fra Melitone aufdeckt, was die armen Kreaturen zum Überleben brauchen: die Selbstlüge. Der 4. Akt stellt vor, was vom Krieg der Herren und der Begeisterung für ihn dem Volk übrigblieb: eine Schar von Bettlern und Krüppeln, mit Seuchen behaftet und sich streitend um einen Schluck Suppe.

Diese grandiose Vision liegt in den manchmal freilich sehr vordergründig, oft auch gedanklich nur unfertig skizzierten Szenen verschlüsselt. Deckt man sie auf, ist sie historisch ebenso präzise wie philosophisch weise. Wie äußert sich das praktisch? Die Chorszenen schaffen die Motivierung und Klammer für die nur in Aufblendungen in Erscheinung tretende individuelle Handlung. Die individuelle Handlung braucht und bewertet gerade durch ihre Unfertigkeit die Chorszenen als wichtigen Handlungsfaktor, nicht als bewegt-farbige Kulisse. Durch solche Überschneidung und Durchdringung von individuellem und sozialem Schicksal werden die Formeln sichtbar, die eine solche Welt regieren: Standesdünkel, Rassenhaß und Krieg. Indem Verdi diese drei Phänomene in einen dramaturgischen Kausalzusammenhang bringt, offenbart er ihren objektiven Zusammenhang in der gesellschaftlichen Wirklichkeit. Und indem er sie als Inkarnation des gesellschaftlichen Wahnsinns aufdeckt, verurteilt er jegliche Form solchen Wahnsinns.

Hier anzusetzen, scheint mir die wichtigste Aufgabe einer heutigen Inszenierung des Werks zu sein. Sie muß aus den zeitgebundenen, oft ungereimten, gedanklich unfertigen oder vordergründig »romantisch«-theatralischen Äußerungsformen den Kern dieser analytisch-humanistischen Idee Verdis herausschälen und sie unter Nutzung der hundertjährigen historischen Erfahrung – vor allem, was Charakter und Erscheinungsform von Krieg betrifft – mit heutigen Bühnenmitteln verwirklichen. Allerdings sollte sie die naive Weltsicht Verdis nicht aufgeben, denn sie ist die Voraussetzung für das Bannen einer solchen Philosophie in den »Mikrokosmos Theater«.

Demnach geht es nicht an, etwa die Flüchtlings- und Rekrutenszenen (3, 12 und 13) zu streichen – ganz zu schweigen von einem Verzicht auf die Chorszenen im 4. Akt. Im 3. Akt scheint überhaupt nur die Trabuco-Szene eliminierbar, vielleicht auch die nachgeschriebene Ronda. Wie die vorgeschlagene Haltung gegenüber dem Werk nicht nur zu deutlicheren Akzenten im einzelnen führen, sondern den in der Musik vorhandenen, aber vom Libretto nicht immer genutzten Wahrheitscharakter aufdecken und die ganze Idee beeinflussen kann, zeigt vielleicht folgendes Beispiel.

In Bremen wurden aus den »neu eingezogenen Rekruten, die jammern« (Szenenanweisung) und für die Verdi Altstimmen eingesetzt hatte, Verwundete (Tenöre), die auf einem Karren hergebracht wurden: blutige Klumpen zerhackten »Schlachtviehs«, zum Teil ohne Arm, ohne Bein. Wie anders »klingt« nun, daß sie nach Hause wollen. Doch Preziosilla erkennt, daß die Schwerverwundeten kaum bis nach Spanien gelangen werden, und weiß, daß man die leichter Blessierten nicht aus dem Geschäft des Krieges entläßt, solange sie noch halbwegs brauchbar sind. Dieses Wissen, diese Erkenntnis verkehren ihr Mitleid in den wahnsinnigen Gedanken, in Rausch und Tanz das Elend der Elenden und den Ekel der noch Unlädierten aufzuheben: Da es keine Hilfe gibt, gibt es nur den Ausweg ins ekstatische Vergessen. So entsteht die Tarantella, die sich allmählich zu einer apokalyptischen Orgie steigert. Gesunde und Verwundete vereinigen sich, man quittiert den Veitstanz eines Krüppels ebenso mit Lachen wie das Umfallen derer, die nicht mehr können: »Tollheit herrscht im Krieg – es lebe der Wahnsinn, er allein regiert die Welt«, wie es im Unterschied zu den vorliegenden »Verdeutschungen« sinngemäß im Originaltext heißt. So erhält auch Melitones Predigt eine gesteigerte und verschärfte Ausgangssituation, und die militante Hysterie des Rataplan – in Bremen fast bewegungslos, aber mit um so stärkerer rhythmischer Partner-Hypnose dargestellt – führt die absurde Situation zum unerträglichen Höhepunkt, auf dem dieser Chor-»Schlager« plötzlich die makabre Transparenz seiner musikalischen Gefallsucht offenbart.

Idee und Partitur zwingen also dazu, die Handlung über einengende oder allzu harmlose Vorschläge des Librettos hinaus zu einer Konzentration zu führen, die, indem sie Zeitliches komprimiert, eine Epoche offenbart und somit das Mitspielen des Publikums auf neue Weise provoziert. Zwischen individuellen und kollektiven Handlungsträgern stehen solche Personen wie Preziosilla und Fra Melitone. Wir wissen, wie Verdi selbst gerade in die Figur des einfachen, eifernden Paters verliebt war, wissen auch, daß dessen musikalische Charakterisierung geradezu als Vorstudie für den Falstaff anzusehen ist. Was macht aber die Absurdität auch seiner Existenz besonders erkennbar? Stets murrend, weil die Beschränktheit seiner priesterlichen Existenz durchaus empfindend, auf jeden Fall »kein Heiliger«, verläßt er – »Praktizist« bäuerlicher Prägung – die relative Geborgenheit seines Bergklosters, als seine Landsleute in den Krieg nach Italien ziehen. Dort will er ihnen Seelentrost spenden und weiß zugleich, daß es der praktischen Helfer genug bedarf. Doch wenn er die Grenzen solcher Wirkungsmöglichkeit durchbricht, wenn er – selbst zutiefst erschüttert – die Wahrheit über den Krieg und die Krieger sagt, läuft er Gefahr, massakriert zu werden. So dürfte es auch kaum wundernehmen, wenn ihm dann, als die, die im Krieg nicht auf ihn hörten, aber nach dem Kriege seine Brühe wollen, die Geduld reißt und er zornig die Fragwürdigkeit solcher Caritas empfindet. Gegenüber dem Originallibretto präzisiert das die Bremer Textfassung: »Am Elend seid ihr selber schuld, niemals habt ihr gehört, wenn unsereiner euch ermahnte und zur Einkehr rief. Im Krieg, da ging's in Saus und Braus – jetzt aber heißt's: Barmherzigkeit, jetzt bettelt ihr durchs Leben – ach, geht zum Henker!« Ebensowenig verwunderlich ist, wenn die, die Suppe statt Belehrungen brauchen, auf präzis plebejische Weise zurückkeifen. Gerade in dieser Szene offenbart Verdi eine Weisheit über Haltungen des Volkes, die in der Mischung zwischen Bitternis und Humor Shakespearesches Format besitzt – so wie speziell die Figur Melitones, die sich völlig jeder Buffoschablone entzieht.

All dies macht erkennbar, daß gerade die unkonventionelle Dramaturgie dieses Werks Voraussetzung seines Wahrheitscharakters ist. Die Absurditäten erweisen sich als treffender Ausdruck und gültige Widerspiegelung von absurden Denk- und Verhaltensweisen. Das Chaotische der Dramaturgie kann das Chaotische der vorgestellten Welt deutlicher machen als eine Technik, die sich glättender ästhetischer Gesetzlichkeiten bedient. Folglich würde sich der Versuch, eine lückenlose dramatische Linie der Individualhandlung herzustellen, gegen die Spezifik dieses Werks richten. Statt dessen sollten die verschiedenen Handlungskomplexe – in sich genau durchgearbeitet – gegenübergestellt werden. Auch das zunächst absurd oder unglaubhaft Erscheinende sollte sich kraß und direkt darstellen. Die bisweilen irrealen Zeitabläufe sollten nicht zurückgenommen werden. Nur eine solche analytische Kontrasttechnik offenbart die tiefere Logik der Geschehnisse.

Und gerade sie zeigt, wofür Musik gebraucht wird. So kehren sich viele der angeblichen Mängel des Librettos in den Vorzug um, daß die Musik solcher dramaturgischen Technik gegenüber in besonders ausgeprägtem Maße ihre handlungsbestimmende Funktion übernehmen und ausüben kann. Der größte Wert der widerspruchsvollen Dramaturgie der »Macht des Schicksals« besteht also darin, daß sie den besonderen Wert der Musik Verdis bloßlegt. Er besteht darin, daß sie das ästhetisch-philosophische Ordnungsprinzip in dem Wirrwarr der Begebenheiten bildet, indem sie das Geschehen wertet, durchleuchtet, organisiert, vermenschlicht und verallgemeinert. Das für unsere methodischen Fragen besonders Interessante ist, daß sie das nicht in mechanischer, automatischer Übereinstimmung mit dem Libretto tut, gar nicht tun kann. Der Pilgerchor im 2. Akt,

Alvaros Arie im 3. Akt, sein Duett mit Carlos vor dem Lazarett, Tarantella und Rataplan sowie Leonores »Pace«-Arie stellen solche Fälle dar, wo die Musik nicht nur die spezielle Figur oder die konkrete dramaturgische Situation präzisiert, sondern wo sie zugleich Grundsituationen hörbar macht, die in ihrer klanglich-zeitlichen Assoziationsfähigkeit weit über den historisch gebundenen Stückvorwurf, auch über die reale Handlungszeit hinausgehen. Besonders wohl in dieser doppelten Richtung besteht der spezifische Wert der Musik innerhalb der Kunstgattung Oper. Indem sie gleichzeitig konkretisiert und verallgemeinert, das Menschliche nicht nur in seiner konkreten Erscheinungsform, sondern in seiner kreatürlich-gesellschaftlichen Grundsituation offenbart, macht sie inhaltliche Dimensionen »hörbar«, die sich »sichtbarer« Darstellung oft entziehen. Wird diese Spezifik der Musik im Theater berücksichtigt, kann das Mitspielen des Publikums oft sehr viel stärker provoziert werden als durch Vorstellungen, die »Sichtbares« und »Hörbares« in der Vermittlung des Handlungsvorgangs mechanisch identifizieren und somit die szenischen und musikalischen Mittel in ihrem besonderen ästhetischen Wert gegeneinander aufheben. Erst wenn diese mechanische Identität vermieden wird, erweist sich der wahre Zusammenhang von Handlung und Musik, ihre ästhetisch-dialektische Identität.

Aus diesen Gedanken heraus erfährt ein Komplex, den wir bisher aus dieser Untersuchung ausklammerten, besondere Bedeutung: der Priesterorden in »Die Macht des Schicksals«. Er wäre am ehesten als die Verkörperung des Ordnungsprinzips zu verstehen, das Verdi dem Chaos entgegensetzt. Dabei ist interessant, daß sich zur konkreten historischen und religiösen Stellung dieses Ordens im Libretto kaum ein handgreiflicher Hinweis findet. Um so überraschender ist die musikalische Charakterisierung, vor allem, wenn das weihevolle p bei Leonores Einkleidung plötzlich umschlägt ins ff: »Il scielo fulmini«. Hier bricht aus sakraler Disziplin plötzlich eine militante Wucht hervor, die dem Orden einen durchaus kämpferischen Stempel verleiht. Bei genauen historischen Studien über die Sonderfunktion vieler solcher Bergklöster – meist auf das sozial akzentuierte Christentum Franz von Assisis zurückgehend – ergeben sich wichtige Anhaltspunkte für die szenische Realisierung. Mir scheint aber wichtig, die Vorstellungskraft des Publikums durch Historizieren nicht einzuengen, sondern die Zeichen und Arrangements so auszusuchen, daß der Zuschauer den Orden als Gleichnis, als Vorschlag, als Parabel für eine Gemeinschaft verstehen kann, die in der Lage ist, die Ordnung mit schaffen zu helfen, zu der die chaotische Welt der Geschichte geführt werden sollte.

Gegenüber diesen grundsätzlichen Gedanken Einzellösungen der Inszenierung anzuführen, scheint fast überflüssig. Zu betonen ist lediglich, daß ein romantisierendes Bühnenbild das Werk von seiner Absicht wegführen wird. Die Szenographie hat sich eher an der ästhetischen Haltung der Musik als am illusio-

nistischen Farbenreichtum des Librettos zu orientieren und muß dennoch versuchen, die Einheit beider vollziehbar zu machen. Zumindest bestand darin die Absicht von Wilfried Minks, dem Bühnenbauer in Bremen.
Er machte drei bewegliche Dreieckstürme zum Grundelement der Szenographie. Die drei Seiten der Türme zeigen Stein, Holz und im 1. Bild Tapete. Die Handlungsräume wurden durch die jeweilige Stellung dieser Dreieckstürme angegeben, zu denen neben Möbeln nur einzelne Dekorationsteile traten, zum Beispiel ein hohes Gittertor im 1. Bild, ein Treppenpodest im 2. Bild, Holzkreuz und Klosterpforte im 3. Bild. Diese dreh- und verschiebbaren Türme, bewegt von darin verborgenen Technikern, ermöglichten die schnellsten und ineinander übergreifenden Verwandlungen. Manchmal gab die Musik bereits die neue Situation an, ehe der Raum »fertig« war. Auch umgekehrt wurde verfahren. Eine solche kinetische Szenographie erreichte im 3. Akt ihren Höhepunkt. Er war aufgeteilt in neun Turmstellungen, das heißt Spielräume. Ihr bewegliches Ineinandergreifen unterstützte ein antinaturalistisches Zeitgefühl, der Krieg wurde in Montage-Technik vorgeführt. Bei der »Schlachtmusik« verband sich das Fahren der Türme mit der hinein- und dagegenkomponierten Bewegung der kämpfenden Soldaten zur optischen Konzentration und Übersetzung von Kampf.

Im 4. Akt schließlich kam die Szene – in Korrespondenz zum ersten Teil der Aufführung – wieder mehr zum Stehen. Überprüft man zum Beispiel die zeitliche Realität der Arie Leonores am Beginn des letzten Bildes gerade im Verhältnis zum Schluß des vorangegangenen, dann zeigt sich am Ende noch einmal, wie eine solche kinetische Szenographie den epischen Zügen und den Zeitüberschneidungen dieser Handlung entsprechen kann, ganz abgesehen davon, daß es zwischen den einzelnen Bildern nie Pausen gab. Mir scheint, Minks Lösung wäre einer genaueren Untersuchung wert. Das Wichtigste: daß die beweglichen Raumteile dramaturgische Ortungs- und ästhetische Ordnungsfunktion zugleich ausübten – in klarer Abgrenzung gegen romantischen Illusionismus einerseits und stilistische Abstraktion andererseits. Die kontrapunktische Wirkung der im Detail präzisen und oft sehr farbigen Kostüme gegenüber der Raumstrenge war notwendiger ästhetischer Bestandteil der optischen Konzeption.

Die Bremer Fassung folgte mit der Verlegung des Duetts Alvaro–Carlos (3. Akt, 22) hinter den Rataplan-Chor der Urfassung. Sie nahm vor allem dort Kürzungen vor, wo sie durch die nachweislichen Erweiterungen der zweiten Fassung begründbar erscheinen: Duett Leonore–Pater Guardian, Preziosilla-Arien und so weiter. Im 3. Akt wurden die Ronda- und die Trabuco-Szene gestrichen. Der für die Bremer Aufführung hergestellten Texteinrichtung lag die neue deutsche Übersetzung von Joachim Popelka und Georg C. Winkler zugrunde (Ricordi 1963), die sich über weite Strecken als Verbesserung gegenüber der bisherigen von Johann Christoph Grünbaum – revidiert von Georg Göhler – erwies.

Ein Vergleich zwischen der älteren Übersetzung, der neuen Übertragung und der Bremer Einrichtung kann die Tendenz erkennen lassen, die in Bremen zugunsten der Verdeutlichung der Stückidee auch im Text verfolgt wurde. Als Beispiel der kurze Monolog Alvaros, der dadurch, daß Alvaro Zeuge des Rataplans wurde, direkt aus dieser Szene hervorgeht:

Grünbaum:
Gönnt mir denn das Geschick
nicht eine Stunde der Ruhe.
Ich bin so müde
von dem endlosen Kampf.
Ruh und Vergessen
fleh ich vergebens
herab vom Himmel,
vergebens, vergebens.

Popelka und Winkler:
Ist mir niemals beschieden
nur eine Stunde Ruhe.
Die Qual der Seele –
ich ertrag sie nicht mehr.
Ruhe und Frieden
such ich vergebens,
such ich vergebens,
vergebens, vergebens.

Bremer Texteinrichtung:
Dieser Krieg ist ein Wahnsinn –
doch mich will er nicht verschlingen.
Ich war verwundet –
doch der Tod gab mich frei!
Frei für ein Leben,
in dem ich Frieden
vergeblich suche,
vergeblich den Frieden.

Verzichtet wurde auf solche Aufführungspraktiken, die zum Beispiel die Ouvertüre als »Umbau-Musik« hinter das 1. Bild stellen oder die den Mittelteil der Arie Alvaros aus dem 3. in den 1. Akt verlegen.

An Stelle eines die Bühne vom Zuschauerraum abtrennenden Vorhangs war ein nur 1,50 Meter hoher, aber die ganze Portalbreite umfassender Courtinenteil in Pergamentton gespannt, der zu Anfang des Stücks und bei Bildübergängen die vertikalen Türme graphisch kontrapunktierte und auf den zu Beginn der Vorstellung und vor den einzelnen Akten kurze Sätze projiziert wurden, die auf die Fabelsituation hinweisen. Dies band die konträren Handlungskomplexe und vermittelte die notwendigsten Informationen für deren Verständnis. Die Verwandlungen vollzogen sich bei offener, meist dunkler Bühne, so den Theatervorgang bekennend und das Kinetische hervorkehrend. Auch schon zur Ouvertüre war die Bühne offen. In einem konzentrierten Licht wurde Leonore sichtbar, die, an ein riesiges Goldgitter gepreßt, nach außen »wartet«. So wurde die scheinbar konzertante Ouvertüre in ihrer Beziehung zur Handlung bestimmbar gemacht. Sie vermittelt die Grundsituation und läßt die Variationen ihrer Durchführung anklingen: der Mensch, gefangen im »goldenen Käfig« einer alten Welt und aus ihr herausdrängend.

Jede Inszenierung von »Macht des Schicksals« muß neue Wege ausprobieren, um die Gestalt des Werks auf dem heutigen Musiktheater prägen zu helfen. Sie sollte sich von den romantischen Elementen der Stoffquelle nicht verführen lassen, sondern erkennbar machen, daß gerade Verdis Musik der romantischen Stoffwelt klassische Sicht und Struktur verleiht. Dabei widersetzt sich »Die Macht des Schicksals« – damals wie heute – jeder schematischen und doktrinären Handhabung einer Methode. Als eines der ungewöhnlichsten, problematischsten und zugleich in seiner humanistischen Grundhaltung aufregendsten Werke der Opernliteratur bleibt »Die Macht des Schicksals« ein wichtiger Gegenstand für das schöpferische Musiktheater, das Verdis Grundsatz zum methodischen Prinzip erheben muß: »Die Wahrheit kopieren, kann etwas Gutes sein, sie zu erfinden ist besser, weit besser.«

»DIE MACHT DES SCHICKSALS«

Eine heillose Geschichte
(1986)

Waffenlärm stört die Einsiedlerin in ihrer Klause auf. »Pace« ruft sie in die Welt. Die Antwort: eine Fermatenpause. Leonore wiederholt: »Pace, mio Dio, pace, pace.« Aber es stürzen zwei Duellanten herbei. In dem einen erkennt sie den einstmals Geliebten, der unbeabsichtigt ihren Vater getötet hatte, von dem sie danach getrennt wurde und den sie tot glaubte. Der andere, im Duell tödlich Verwundete, ist ihr Bruder, der seit dem verhängnisvollen Tod des Vaters seine Schwester und ihren nicht reinrassigen Geliebten – einen Inka-Sproß – verfolgt hat, um Rache für die Schande zu nehmen, die der Familie zugefügt wurde. In der Umarmung mit dem sterbenden Bruder wird Leonore von diesem erstochen. In seiner Verzweiflung flucht der Inka Gott. Ein Pater rät, sich dessen unerforschlichem Ratschluß zu beugen.

Eine heillose Geschichte, von Anfang an. Der Schuß, der den Marchese von Calatrava tötet, löst sich aus der Pistole just in dem Moment, als Alvaro sie wegwirft, um sich waffen- und wehrlos dem Zorn des Vaters seiner Geliebten zu stellen. Niemand weiß, wie das flüchtende Paar getrennt wurde. Der einzige Sohn der Adelsfamilie macht sich an die Verfolgung und verpaßt seine Schwester, die zur Tarnung Männerkleidung angelegt hat, um nur wenige Meter, um Sekunden. Leonore sucht Zuflucht bei Mönchen, die glauben, einen Einsiedler aufzunehmen. Der Inka ist – unter anderem Namen – Held der Armee geworden, weil er furchtlos in jedem Gefecht den Tod sucht. Er rettet einem anderen Offizier, der sich ebenfalls mit falschem Namen tarnt, das Leben. Es ist ausgerechnet der, der ihm nach dem Leben trachtet. Ohne einander zu erkennen, schwören die beiden Freundschaft auf Leben und Tod. Bis Don Carlos die wahre Identität seines Lebensretters entdeckt, wiederum durch eine seltsame Verkettung von Zufällen. Er fiebert der Genesung des in der Schlacht schwer Verletzten entgegen, nur um ihn töten zu können. Die Kämpfenden werden getrennt. Alvaro taucht in eben jenem Kloster unter, in dem Leonore Zuflucht fand. So leben sie jahrelang nebeneinander, ohne voneinander zu wissen. Bis die alte Rache sie auch hier aufstöbert. Bis zum bitteren Ende.

Bitter klingt auch der Sarkasmus, mit dem sich Verdi über den Un-Sinn des

Librettos bei seinem Verleger Ricordi beklagt: »Bei so vielen Mängeln und so vielen Absurditäten des Librettos ist es ein Wunder, daß nicht wenigstens der Impresario davon getötet worden ist.«

Generationen von Opernpuristen stimmten hierin Verdi zu. Selten wird erkannt, wie grandios der Maestro in zwei großen Anläufen (1862 und 1869) mit diesen »Absurditäten« fertig wurde, wie er sie durch die Komposition in eine Operndramaturgie modernsten Zuschnitts verwandelte. Klassische Regeln wurden verworfen. Die Unordnung der dramaturgischen Montage erscheint wie ein Vorgriff auf das Theater des 20. Jahrhunderts, des epischen Theaters und des Theaters des Absurden. Und vielleicht war es erst Samuel Beckett, der uns beibrachte, Opern mit solchen Libretti wie »La Forza del Destino«, »Simone Boccanegra« und »Trovatore« könnten uns durch ihren Un-Sinn auf den Sinn stoßen, den die Musik hat, unsere auf der Bühne gespielten Existenzformen der Sinnlosigkeit zu entkleiden.

Die heillose Geschichte gilt einer heillosen Welt. Da sind auch theatralisch keine Engel und keine Teufel gefragt. Die Menschen machen die Erde selbst zur Hölle, weil sie den Himmel verfehlen.

Rassendiskriminierung, Standesdünkel und Kriegslust sind die Psycho-Motoren, die die heillose Geschichte, wie sie uns »Die Macht des Schicksals« vorhält, bewegen. Frieden, der Glaube an Gnade und Erlösung werden musikalisch zwar eindrucksvoll beschworen, bleiben aber im Ergebnis der Handlung auf der Strecke. Und Verdi reitet seine leidenschaftliche Attacke gegen die Akzeptanz des »Sinnvollen« nicht nur mittels der absurden Individual-Story, sondern begleitet, begründet und kontrapunktiert sie durch Verhaltensstationen des Volkes. Dabei gibt er dem Chor eine werkprägende Funktion, die die Nähe zu einem solchen musikalischen Volksdrama wie Mussorgskys »Boris Godunow« nicht nur durch das historische Umfeld der Uraufführung in St. Petersburg, sondern auch in der realistisch-philosophischen Welt- und Weitsicht überraschend offenbart.

Im 2. Akt besteht der Chor aus Leuten, die bisher vom Krieg verschont wurden, aber taugliches Kanonenfutter sind. Im 3. Akt funktioniert dieses Kanonenfutter in der Schlacht mit dem Resümee in der Etappe, wo die Tarantella zum Tanz auf dem Vulkan pervertiert und das Rataplan böseste Brechung kriegerischer Begeisterung wird. Was bleibt vom Chor im 4. Akt? Menschlicher Kriegs-Müll; humpelnde Bettler, Krüppel, die grell ihren Anspruch auf Versorgung, auf Caritas anmelden. Daß Figuren wie Preziosilla, Fra Melitone und auch Trabuco mehr der Skizzierung des Volksschicksals zuzuordnen sind als der Beeinflussung der Story der individuellen Protagonisten, unterstreicht das große dramaturgisch-philosophische Geschick, das dieses Werk durchwirkt. Der Semiseria-Charakter dieser Figuren – um in der Opernsprache zu bleiben – weist auf shakespearehafte Orientierung dieses bitteren Welttheaters hin, an dem nichts tragisch ist, ohne zugleich komisch zu sein, in dem es keine Komik gibt, die nicht zum schwarzen Humor gerät und immer wieder unsere Zweifel stimuliert gegenüber dem, was gemeinhin als wert- und sinnvoll hingenommen wird.

Wo ist der Ort einer solch heillosen Geschichte, wann spielt sie? Die Oper gibt ungern die Historie – welche auch immer, auf jeden Fall aber so »nah« wie möglich – auf, weil sie noch immer in besonders listiger Auslegung des Brechtschen Vorschlags der Verfremdung gerade durch die Musik – weil sie historische Strukturen wie gegenwärtige realisiert –, gerade durch den Gesang – weil alte Formen aktuell faszinieren können – die Kontinuität von Einst und Jetzt im momentanen Kunst-, Erlebnisvorgang erfaßt. Da bedarf es keiner zusätzlich aufgetakelten Modernisierung. Denn das Gestern dieser heillosen Geschichte bestürzt heute besonders, weil es nicht gestrig geworden ist. Wehe uns, wenn es auch morgen bleibt.

Wenn wir das Libretto lesen, scheinen die Schauplätze der Szenen ebenso willkürlich hin- und herzuspringen wie die Handlung selbst. Aber alles spielt auf der Erde, wenigstens dort, wo sie besonders zum irdischen Jammertal verkommen zu sein scheint. Da meldet das Bühnenbild Stellungnahme an, protestierend ebenso wie sich den faktischen Zeitläuften beugend. Gottes Erde – wie stellt sie sich dar? Gottes Raum – wozu taugt er?

Im 1. Akt: Zufluchtsstätte des Restes einer Adelsfamilie in Zeiten zerstörenden Umbruchs. Im 2. Akt suchen Landleute einen noch friedvollen Platz für das gemeinsame Beisammensein. Fast plündern sie den Raum, aus dem sich die Priester in die Katakomben zurückgezogen haben, ihren Glauben zu bewahren auch in Zeiten unberechenbarer Gefahr und Gefährdung. Der 3. Akt zeigt: Kirche wird Kriegsschauplatz, danach Lazarett, wird sogar zur Militär-Disko umfunktioniert. Erst im 4. Akt nimmt wieder das Kloster den Raum in Besitz. Aber da ist das Gotteshaus zerschossen, zerborsten, geschändet vom Leben und Treiben einer unglücklichen Generation, von anderen.

Gestattet der solcherart beschädigte Mensch-Gottes-Raum dem Ruf nach »Pace« noch ein anderes Echo als eine Fermatenpause, ein anderes Finale als den fanatischen Vollzug von Rache? Manchmal scheint es, als ob nur der konzentrierteste Un-Sinn der Oper uns alle mit der Nase darauf stoßen müßte, was noch Sinn macht – wieder, immer wieder.

»AIDA«
von Giuseppe Verdi

Narren und Nomaden in den Ruinen der Zeit
(1982)

Die Angabe der Autoren für Ort und Zeit der Handlung von »Aida« liest sich verblüffend: »Memphis und Theben zur Zeit der Herrschaft der Pharaonen«. Das sind dreitausend Jahre. Mehr Zeit, als wir seit Christi Geburt rechnen. Genau besehen also keine Anweisung für ein konkretes Geschichtsdatum, eher eine Irritation. Auf jeden Fall ein Vorschlag, sich Historisches in der Permanenz seiner Aktualität zu vergegenwärtigen. Und auch eine Aufforderung, sich wieder Gedanken zu machen über die Relativität von Zeit und Raum beim Opernspielen. »Du siehst, mein Sohn, zum Raum wird hier die Zeit«, läßt Wagner Gurnemanz den Toren Parsifal belehren. Und »Tristan und Isolde« – sechs Jahre vor »Aida« uraufgeführt – nennt er eine »Handlung in drei Akten«. Ist dies nicht eine ähnlich absurde, das überkommene Opernverständnis aber grundsätzlich verändernde Bezeichnung wie die Zeitangabe für »Aida«?

Die Entwicklung des Musiktheaters braucht die Polarität zwischen Verdi und Wagner. Heute wissen wir, daß sich die Antipoden, was die Erneuerung der Oper betrifft, näher waren, als die Genre-Unterscheidung zwischen Oper und Musikdrama lange wahrhaben wollte. Die anfängliche Parallelität Wagners und Verdis vor allem in ihrem Engagement für die nationale Einigung ihrer Länder blieb auch dann noch vergleichbar, als sich beider Schaffen von den politischen Zeitläuften distanzierte und sie, durchaus noch immer in ihr jeweiliges nationales Umfeld gebunden, ihre musikalischen Bühnenwerke zu Entwürfen eines neuen humanen Selbstverständnisses machten in einer weiter, weiser gewordenen Weltsicht.

Wagners Erlösungsgedanke läßt seine Utopie letztendlich nur unwesentlich abrücken von der realistischeren Tragödienstruktur des Romanen, der seine Helden-Opfer meistens kraß scheitern, definitiv sterben läßt. Daß beide, Wagner und Verdi, zu unterschiedlichen Zeiten ihre einzigen großen Komödien – »Die Meistersinger« und »Falstaff« – schrieben, macht den Vergleich der Gegensätze nur um so aufschlußreicher.

Tristan verschenkte – ein frühgeschichtlicher Sozialreformer – Land und Burg seiner Väter an die Bauern der Bretagne, bevor er sich als aristokratischer Fremdenlegionär in englische Dienste begab. Aida verspielt die Möglichkeit ihres Liebesglücks endgültig, als sie beim geliebten Feind auf Geheiß ihres Vaters den Schlachtplan der Ägypter ausspioniert. Nationaler Patriotismus erweist sich plötzlich als Verhängnis gegen das Glück der Menschen. Isolde will nie vergessen, daß sie als Angehörige eines besiegten Volkes nach Kornwall verschleppt wurde.

Krieg, so zeigt sich, ist der schlimme Humus der Tragödien. Er ist wie ein Relikt aus der Vorgeschichte der Menschheit, noch immer den Schritt in eine wirkliche Neuzeit verstellend. Bei »Aida« spielt Krieg gleich mehrfach eine Rolle. Er ist der Auslöser der Fabel und führt auch gleich in der Tenor-Arie zu absurden Gedanken-Emotionen: Radames ersehnt sich den Oberbefehl über die ägyptischen Truppen im neuen Feldzug gegen die Äthiopier, um durch einen Sieg so viel Einfluß zu gewinnen, daß er den Pharao um die Hand der äthiopischen Sklavin Aida bitten kann, statt die Pharaonentochter Amneris zu heiraten und so Kronprinz zu werden. Genauer: Nur indem er dem Volk Aidas neues Leid zufügt, glaubt er, ihr persönliches Glück zu erreichen. Selbst nach dem Sieg bleibt dieser humane Narr im Offiziersrock seiner verrückten Idee treu: Er fordert für die gefangenen Äthiopier Leben und Freiheit. Er endet als Hochverräter. Aber selbst seine Richter, die Priester, beten für ihn.

Die Sopran-Arie, auch gleich im 1. Akt, respondiert auf die Situation des Tenors: Aida ersehnt sich Radames als Sieger, bis sie merkt, daß dies den Tod ihres Vaters, ihrer Brüder, den Untergang ihres Landes bedeutet. So wünscht sie die Vernichtung des Radames – bis sie merkt, daß dies den Tod ihrer Liebe bedeutet. Welche Götter helfen aus solchem Konflikt?

»Dem europäischen Krieg werden wir nicht entgehen, und er wird uns verschlingen. Es wird nicht morgen dazu kommen, aber er kommt. Ein Vorwand ist bald gefunden... Ich sehe so schwarz.« So analysierte Verdi in einem Brief an Clara Maffei vom 30. September 1870 die gegenwärtige und künftige Entwicklung. Dabei scheint die weitere Folge von Kriegsereignissen, die auf »Aida« einwirkten, heute fast unerheblich zu sein: nämlich die Tatsache, daß die Uraufführung in Kairo wegen des deutsch-französischen Krieges um ein halbes Jahr verschoben werden mußte, weil die Dekorationen aus dem von deutschen Heeren eingeschlossenen Paris nicht herauskamen. Wichtiger ist die Bestätigung, daß Oper in Produzierbarkeit, Form und Aussage durchaus von Politik abhängig ist, auch und gerade von deren negativen Auswüchsen. Die Entstehung der »Aida« zeigt das, ebenso das Werk selbst und das Schicksal seiner Helden.

Ist nicht aus der Kriegserklärung des 1. Bildes und aus der Triumphszene im Finale des 2. Aktes genau herauszuhören, was Verdi in seinem Brief an Clara Maffei so fürchtete? Fanatisierte Klänge, den totalen Anspruch eines hochorganisierten Staatswesens vertretend, drohen Vernunft und Gefühl der individuellen Stimme zu übertönen. Der militanten Präpotenz entspricht der religiöse Anspruch auf faszinierend-beklemmende Weise, zum Beispiel in der Tempelszene und zu Beginn des 3. Aktes. Das alles klingt noch immer beängstigend nah. Und es sollte durch inszenatorische Verfremdung nicht wieder entfernt werden. Kostüme etwa von 1870 für die Opernfiguren würden nur eine Aktualität vortäuschen, die sich gegenüber der permanenten Gegenwärtigkeit von Vorgeschichte zum modischen Aperçu verkleinert. »Aida« heute ist zu spielen, als wenn Narren und Nomaden zwischen den Ruinen ihrer vieltausendjährigen Vergangenheit ihr Endspiel um das Überleben von Liebe immer wieder neu ausprobieren.

»Zuletzt möchte ich den hergebrachten Todeskampf vermeiden«, schreibt Verdi an seinen Mitautor Ghislanzoni. Und man denkt noch einmal an Wagner, wenn man vernimmt, wie definitiv Verdis Variante des Utopischen ist: »Ich möchte etwas Süßes, Leidenschaftliches, eine ganz kurze Szene zu zweit, ein Lebewohl an das Leben.«

»OTHELLO«

von Giuseppe Verdi

Vom Lauf der Zeiten unberührt
(1959)

Worte drohen zu versagen gegenüber einem Werk, in dem so wie in Verdis »Othello« zu Musik geworden ist, was durch Buchstaben nicht mehr gesagt werden kann. Aber wir handelten nicht im Sinne Verdis, dieses leidenschaftlich-sachlichen Realisten, wenn wir uns von der Bewunderung dieses gewaltigen Schicksalsbildes erdrücken ließen. Gerade er, der sich, je älter er wurde, als der größte Streiter des 19. Jahrhunderts gegen die »kulinarische Oper«, gegen falsche Romantik und jede Denkfaulheit auf der Musikbühne erwies, fordert und erzeugt Wachheit der Gedanken und Sinne – »oben« wie »unten«. »Ich werde niemals aufhören, Sie aufzufordern, die dramatische Situation und die Worte genau zu studieren: Die Musik kommt dann von selber!« So weist er in einer der lapidaren Briefstellen seine Interpreten an. Diese Worte ermutigen dazu, einige der Gedanken und Ansichten wiederzugeben, die bei der Inszenierung Walter Felsensteins an der Komischen Oper wirksam wurden – freilich ohne dabei den Anspruch zu erheben, diese Notizen könnten Regie-Idee und Handlungsablauf vollständig beschreiben.

Worin vor allem besteht das Besondere der Verdi-Boitoschen Konzeption gegenüber dem Schauspiel des großen »Herrn William«? Zunächst: äußerste Verknappung der Handlung und ihrer Motive. So dient Rodrigo nur zur Exposition von Jagos Racheplan; im Laufe der weiteren Intrige wird er lediglich erwähnt, »hinter der Bühne« benutzt. Die Verknappung führt zur Komprimierung aller äußeren und inneren Vorgänge. So wird eine Emotionshöhe und -spannung erreicht, auf der gesungen werden muß.

Angesichts solcher Verknappung ist hier und dort eine Konsultation des Schauspiels vonnöten. Aber dabei darf nicht vergessen werden, daß Verdi und Boito ein neues Stück geschrieben haben, das seinen eigenen Gesetzen gehorcht. Verdis Mohr ist dem Shakespeares ähnlich und doch anders, ebenso Desdemona und besonders Jago. Vor allem wird dadurch, daß Boito auf die bei Shakespeare in Venedig spielenden Szenen ganz verzichtet, die Ausgangssituation für die Oper verändert, mehr »angerissen«.

Ein gewaltiger Blitz eröffnet das Drama. Menschen inmitten entfesselter Naturgewalten. Chaos. In der tobenden Natur tobt die Schlacht zwischen Othellos Flotte und den Türken. Es ist die lebensentscheidende Stunde für diese Menschen hier, für Zypern, für die Venezianische Republik, vielleicht – im Zeitraum des Stückes – für den Bestand einer Welt. Eine historisch belegbare Situation überhöhten Verdi und Boito ins Naturhaft-Elementare. Dabei schildert Verdi das Unwetter nicht naturalistisch, sondern gestaltet, als konsequenter Realist, Verfassung und Erregung der Menschen in diesem Unwetter. Eine leidenschaftlich überhöhte Plattform wird für alles Weitere geschaffen, ein »kosmisches Pathos«: »Aus dem Chaos soll der Mensch, soll diese Liebe aufsteigen. Verdi speit uns den Helden entgegen, schleudert ihn aus den Wellen empor« (Felsenstein).

Triumphal verkündet Othello: »Uns und dem Himmel Ehre!« Man beachte die Reihenfolge. Bei Shakespeare wurde die Türkenflotte durch den Orkan vernichtet. Der Dichter hielt Weltgericht. Verdi und Boito hoben das aktive Verdienst Othellos hervor: Er ist der Retter. »Was den Waffen entrann, ertrank im Meere.« Jetzt, da es vollbracht ist, hat Othello nur ein Ziel, einen Wunsch: Desdemona. Es kann angenommen werden, daß die Zeit ihrer bisherigen Gemeinschaft fast ausschließlich mit Krieg angefüllt war, auch mit all den Belastungen, denen eine solche »Mischehe« ausgesetzt gewesen sein mag. Jetzt soll sich endlich die Liebe erfüllen, Frieden, Glück – vielleicht zum ersten Mal in Othellos von soviel Leid erfülltem Leben. So ist, mit dem Auftritt Othellos, eine Liebessituation gegeben, aus der heraus – wiederum – gesungen werden muß. Daß Boito Verdi die Möglichkeit gegeben hat, »aus Liebe« zu singen und singen zu lassen, gehört zu den grandiosesten Zügen dieses mustergültigen Librettos.

Der Jubel des Volkes über den Sieg, die Rettung, wächst zum bacchantischen Freudenfest (Feuerchor) und mündet in dem von Jago tückisch angestifteten Gemetzel. Der Zorn Othellos, dessen Tat besudelt wurde, ist grenzenlos: »Hinweg mit den Schwertern!« Cassio wird degradiert. Und jetzt erst kann die Begegnung mit Desdemona stattfinden, können sich Ruhe, Frieden ausbreiten.

Mehr als aus dem Part Desdemonas in dem Duett des ersten Aktes:
»Dann zeigtest Du mir die Sonne Deiner Heimat,
heilige Stätten, verbrannt im Wüstensand,
und dann erzähltest Du vom Leid der Sklaven,
von ihren Ketten und ihrem schweren Los...«,
erfahren wir kaum über Othellos Vergangenheit. Welches Interesse mochte Venedig also an diesem Mohren gehabt haben? Und welches Interesse hatte Othello, dem fremden Staat zu dienen?

Es mag sein, daß er schon in jungen Jahren in seiner nordafrikanischen Heimat Entsetzliches sah und erlebte; daß er Eltern, Heimat verlor; daß er als Galeerensklave verschleppt wurde und wieder entkommen konnte; daß er, zurückgekehrt, Kämpfe auf eigene Faust führte; daß er den osmanischen Imperialismus immer mehr als den Hauptfeind kennen und hassen lernte; daß Venedig, zu dessen Interessensphäre ja auch Nordafrika gehörte, auf diesen Krieger aufmerksam wurde; daß Othello hoffte, mit den größeren Machtmitteln Venedigs den osmanischen Feind eher schlagen zu können; daß er dann in der venezianischen Armee Stufe um Stufe der Wertschätzung erstieg, bis er der Feldherr wurde, an dessen Sieg oder Niederlage Wohl und Wehe Venedigs geknüpft waren.

Aber trotz aller Verdienste blieb er der farbige Fremde, der nur geduldet wurde, weil und solange man ihn brauchte. Es gibt zu denken, daß, kürzeste Zeit nach dem Sieg über die Türken, Othello aus Zypern abberufen, von seiner ihm treu ergebenen Armee und Flotte getrennt wird (3. Akt). Nichts wird über eine neue Aufgabe, ein neues Amt gesagt. Aber die Eile der Abberufung setzt in Erstaunen. Sollte dieser oder jener in Venedig fürchten, Othello besänne sich auf seine Heimat und auf die Macht, die er jetzt mit der Armee in der Hand hat? Wir erfahren es nicht, können es nicht erfahren, weil Othello da schon in dem Netz verstrickt ist, das Jago über ihn geworfen hat. Auf jeden Fall konfrontiert uns Verdi hier mit einem Ethos des Soldaten, des Menschen, des Mohren, das auch den geringsten Gedanken an einen Abenteurer ausschließt, vielmehr zu tieferen, in der historischen Perspektive verblüffenden Gedanken auffordert.

Nach dem Sieg über die Türken, in der Umarmung mit Desdemona, fühlt Othello den Zenit seines Lebens erreicht: »Nun möchte ich sterben.« Und: »Ach, so groß ist die Freude, daß ich fürchte, fürchte, die dunkle Zukunft meines Schicksals vergönnt mir nie mehr wieder eine Stunde, so heilig schön wie diese!« So erscheint die Tragödie, die nun, geschürt von Jago, anhebt und die man oft die »Tragödie der Eifersucht« nannte, auch und vor allem als »Tragödie der Unerträglichkeit des Glückes« (Felsenstein). Der antike Neid der Götter entpuppt sich als Neid der Menschen, als rassen- und klassenmäßiger Kampf.

Der Grund zu Jagos vernichtendem Haß gegen Othello wird in der Oper dramaturgisch aus seinem Gefühl erklärt, in der Beförderung gegenüber Cassio zurückgesetzt worden zu sein. Auf das Motiv, der »üppige Mohr« sei Jago bei seinem Weibe »ins Gehege gekommen« (Shakespeare), verzichteten Boito und Verdi. Gewiß haben Othello und Jago während der Jahre gemeinsamer Kämpfe einander stets geachtet beziehungsweise verehrt. Dann wird jedoch nicht Jago, der vom einfachen Soldaten, aus Blut und Dreck zum Offizier avanciert war, sondern der Adelssproß Cassio zum Stellvertreter Othellos ernannt. Über die Gründe für diese Entscheidung gibt das Libretto keine Auskunft. Dennoch ist es nicht schwer, sich vorzustellen, warum Othello die strategischen Fähigkeiten und charakterlichen Vorzüge Cassios der soldatischen Erfahrung Jagos bei der Besetzung dieses Postens vorzieht. Hinzu kommt, daß die Ernennung Cassios den Regeln des aristokratischen Staates entsprach. Nichtsdestoweniger glaubte sich Jago zurückgesetzt, und erst jetzt kehrte sich die Liebe des Deklassierten ins Gegenteil, in glühenden Haß und Rachsucht. Einem positiven Zweck entfremdet, wirken nun Jagos Kühnheit und Begabung zersetzend und vernichtend.

Nachdem der Orkan Othello nicht verschlang, wie Jago hoffte, will er die Rache selbst vollziehen. Er könnte Othello vergiften, aber er wählt das teuflischste Mittel: die Vernichtung der Liebe Othellos durch eine Lüge. Jago weiß um die Einmaligkeit dieser Liebe, und so weiß er auch, daß Othello erst vernichtet ist, wenn seine Liebe vernichtet wurde. Aber der verhinderte Jago muß einen letzten Rest von Moral, von Achtung vor dem Menschen, Grauen vor der Untat haben. Er will das Verbrechen vor sich selbst rechtfertigen, muß es sich als unausweichlich suggerieren. Das ist das Credo – atemberaubend in seiner kantigen Unausweichlichkeit. Jago türmt seinen hybrischen Triumph auf: »Ich glaub' an einen Gott, der mich als seinesgleichen erschuf.«

Zur Rechtfertigung des Verbrechens, dessen Größe ihn erschauern läßt, baut er sich mit zynischer Logik seine Philosophie. »Bin ein Verbrecher, weil ich ein Mensch bin, und fühl' den Schmutz aus meinem Ursprung in mir.« Sich absolut zu seinem Vorhaben bekennend, bezieht er Kraft und Freiheit seines Tuns aus der Überzeugung, »daß sich das Böse, das mein Geist hervorbringt, einst an mir selbst erfüllet«. Doch mit seinen Gedanken an den Schluß, zum Tod gelangt, fröstelt ihn: »Und dann?« Gegen das Gefühl der Verantwortung vor einem Jüngsten Gericht bäumt er sich schließlich auf: »Das Jenseits ist Betrug!« Nur mit diesem trotzigen Aufschrei kann er das Ziel seines Credos erreichen – eines der gewaltigsten Beispiele von Hybris und kreatürlicher Angst zugleich.

Daß Jagos Gift bei Othello wirkt – und zwar schneller wirkt, als Jago es hätte vermuten dürfen –, liegt weder daran, daß Othello etwa Jagos willenlose Marionette wäre, noch an dessen teuflisch-genialer Improvisationsgabe allein. Vielmehr treffen hier zwei Tendenzen – durch beider Charakter und Lebenssituation bedingt – zwangsläufig aufeinander. Jago setzt seinen Plan zu dem einzig möglichen und richtigen Zeitpunkt an: als Othello den Höhepunkt seiner Lebens- und Liebeserfüllung erreicht hat und er nun, einfach physisch, einem solchen Anschlag gegenüber wehrloser ist als je.

Solche Erkenntnis der Zwangsläufigkeit fordert die Verdische Partitur, selbst im kleinsten Detail. Nicht mit einem schaurigen Intrigenstück haben wir es zu tun, sondern mit einer Tragödie antiken Ausmaßes. Es gibt nicht einen Grund dafür, warum Othello den Finsternissen seines Ichs, von Jago provoziert, verfällt. Eine Summe von Motiven kommt zusammen. Entscheidend ist seine rassisch »insulare« Situation. »Es mögen schreckliche Zweifel sein, die in diesem Manne waren – immer, selbst in den Liebesstunden« (Felsenstein).

Das Bekenntnis Desdemonas zu ihm, dem Mohren, erscheint ihm so unfaßlich, daß sie als Geliebte zugleich seine »Heilige« ist, eine Vertraut-Fremde, wie überhaupt in der Beziehung beider etwas seltsam Kulthaftes zu beobachten wäre. Und nun, verschärfend: Othello befindet sich nach der Schlacht und nach der Nacht darauf in einem physischen Erschöpfungszustand, der höchste nervliche Empfindlichkeit und eine Lähmung der Vernunft hervorruft. In solcher Situation kommt es ihm wieder in den wirren Kopf, daß Cassio, den er so liebt und schätzt, eigentlich der Typ jenes Mannes wäre, den Desdemona, wäre sie in ihren konventionellen Lebenskreisen geblieben, hätte lieben können und müssen. Allein dadurch, daß Jago Othellos Zweifel nicht zerstreut, stürzt er ihn tiefer in die Verzweiflung. Es ist ein Zug tragischer Ironie, daß Othellos Phantasie die Jagos weit übertrifft. Die gefährdete und gefährliche Phantasie des Mohren wird zu einem entscheidenden Motor der Tragödie, zumal sie in einem für Othello unvereinbaren Widerspruch zu einem starken Instinkt für die Wahrheit steht, der sich zum Beispiel in der verzweifelten Feststellung äußert: »Ich spürte nicht auf ihrem göttlichen Leib, der mich entzückte, auf den treulosen Lippen die heißen Küsse von Cassio!« Wie konnte er diese Küsse auch spüren, da es sie nicht gab? »Ich glaube an die Reinheit Desdemonas und glaub' auch, sie wäre unrein!« Der Glaube an ihre Reinheit und die Überzeugung ihrer Untreue existieren fest in Othellos Bewußtsein; er kann weder seinen Glauben noch seinen Zweifel, der ihn Gewißheit dünkt, ausmerzen. An diesem tragischen Widerspruch zerbricht der Mohr, der sich dessen beraubt glaubt, was ihn allein aus seiner Einsamkeit erlöste: die Liebe Desdemonas. So ist der Feldherr, der Triumphator binnen weniger Stunden in den Staub gestürzt, ein Zernichteter, dessen Kopf Jago, wie er sagt, »mit dem Fuße zertreten könnte«.

Auch Desdemonas Verhalten erscheint auf den ersten Blick nicht leicht verständlich. Das betrifft noch nicht ihre hartnäckigen, in der Folge so verhängnisvollen Bitten um Begnadigung Cassios. Sie weiß, daß Cassio Othellos bester und treuester Offizier ist, und sie will nicht, daß sich ihr Mann dieses Gefährten beraubt. Schwieriger zu beantworten ist, warum sie Othello nicht einmal nach dem Grund und Anlaß seines Argwohns fragt, warum sie nicht offen dagegen rebelliert.

Auch hier gibt es eine Summe von Motiven. »Sie ist so rein, daß sie unfähig wäre, sich für eine Anschuldigung, die ihr in jeder Beziehung unverständlich sein muß, zu rechtfertigen« (Felsenstein). Doch sie ist nicht passiv. Stolz und tiefster Schmerz veranlassen sie im 2. Akt, die Auseinandersetzung zu beenden. Im 3. Akt versucht sie mit der Größe und Reinheit ihrer Liebe, Othello zu »heilen«, rechtet nicht mit ihm, fragt und verteidigt sich nicht, singt ihm vielmehr ihre Liebe in die kranke Seele, Genesung erhoffend – eine Liebe, die, im Umkreis des Stückes, beispielhaft zu denken ist.

In ihrer Jugend mag Desdemona ebenso einsam geworden sein wie Othello. Sie distanziert sich von dem gesellschaftlichen Leben ihres Vaterhauses, von manchen dekadenten Erscheinungen in der Adelsrepublik Venedig. In ihr bildete sich ein traumhaftes Bewußtsein vom Wert des Menschen, der Liebe. Und da begegnete sie jenem anderen Einsamen: Sie fand in Othello ihren Traum verkörpert, sprengte hergebrachte Fesseln und bekannte sich zu ihm, dem Mohren, Gefahren und Belastungen der Zukunft nicht scheuend. Und nun? »Am Boden, ja, im Staub – erniedrigt« (3. Akt). Aber ihre Liebe bleibt so stark und rein wie die in Eifersucht und Wahnsinn verkehrte Othellos. »Zu Tode« traurig ist sie im 4. Akt – und kämpft dennoch unter dem würgenden Griff des geliebten Mannes um das Leben, um jeden Atemzug. Verdi hat auch Desdemona realistisch überhöht. Symbol des Weibes, der Keuschheit und Reinheit der Liebe, ohne Begriff des Gemeinen, Häßlichen und deshalb wehrlos ihm gegenüber – unbegreiflich in den letzten Rätseln.

Vom Blitzschlag eröffnet, endet die Tragödie im Todeskuß Othellos. Über die Fährnisse ihrer Welt und ihrer Seelen haben sich beide die Unantastbarkeit ihrer Liebe bewahrt. Verdi läßt noch einmal die Melodie jenes Duetts aufklingen, in dem Desdemona am Abend nach der Schlacht, nach dem Chaos gelobte: »Unsere Liebe bleibe unberührt vom Lauf der Zeiten!« Der Tod besiegelt den Spruch.

»FALSTAFF«

von Giuseppe Verdi

Die Fuge und der Narr
(1985)

Ein Inferno des Gelächters beschließt das letzte Werk eines der Größten der Oper. Nachdem Verdi im Laufe seines reichen Schaffens die menschlichen Geschichten, die er komponierte, fast ausschließlich unter den Aspekt des Tragischen und Absurden gestellt hatte, endete er mit der Komödie. Das Lachen der Fuge ist wie eine Explosion angestauter, ungelöster Spannungen aus einem ungemein produktiven Leben, aus erfüllten und unerfüllten Hoffnungen und peinigenden Schmerzen auch. »Tutto nel mondo è burla« – »Alles auf der Welt ist Spaß«. Das gleicht nur scheinbar den moritatenhaften Finali so vieler harmloser italienischer Musikkomödien. Verdi faßt das Absurde in geistige Ordnung. Das Fugenthema, das diesen Satz mit dem kühnen Sprung über die Septime propagiert, erkennt und bekennt in der Umkehrung: »Tutti gabbati«. Alle sind Narren und Genarrte zugleich. Die auf der Bühne – und die im Saal. Weisheit, aus schmerzlichen Erfahrungen gewonnen, macht Spaß. Aber das Lachen ist oft nichts anderes als der umgekehrte Ausdruck des Weinens. Vielleicht sein klügerer Ausdruck.

Als Arrigo Boito den sechsundsiebzigjährigen Maestro, der mit dem »Othello« sein Lebenswerk als abgeschlossen betrachtete, erst überredete und dann überzeugte, noch einmal alle Schaffenskraft für ein »letztes Wort« zu aktivieren, schrieb er am 9. Juli 1889: »Die Tragödie macht den wirklich leiden, der sie schreibt, das Denken unterliegt einem schmerzlichen Einfluß, von dem die Nerven krankhaft überspannt werden. Aber der Humor und das Lachen der Komödie erheitern Geist und Körper. ›Das Lachen bringt eine neue Farbe in das Gewebe des Lebens.‹ Ich weiß nicht, ob dies ein exaktes Zitat von Foscolo ist, aber es ist einfach Wahrheit... Es gibt nur einen Weg, um noch besser als mit ›Othello‹ zu endigen: der glorreiche Abschluß mit ›Falstaff‹. Nachdem wir Schreie und Klagen im menschlichen Herzen geweckt haben, nun mit berstendem Gelächter schließen! Das wird alle umwerfen!«

Die Zusammenarbeit Verdis mit dem um neunundzwanzig Jahre jüngeren Boito wurde – wie schon bei »Othello« – wiederum besonders eng, ein in der Operngeschichte seltenes Beispiel sich gegenseitig befruchtender ästhetischer

Kongruenz. Denn Boitos Libretto ist ja nicht nur hinsichtlich der Verdichtung der Shakespeare-Vorlagen – »Heinrich IV.« und »Die lustigen Weiber von Windsor« – äußerst klug und gekonnt, sondern vor allem im Hinblick auf das, was es in Verdi provozierte, wohin es ihn zu führen imstande war: das Besondere des Falstaff-Stils. Immer wieder wurde versucht, dieses Besondere neu zu begreifen, zu definieren. Was Verdi in seinen letzten Werken immer stärker angestrebt und verwirklicht hatte, ist im »Falstaff« vollendet: Die traditionellen Formtypen der italienischen Oper werden umgedacht, einem übergreifenden musikalisch-szenischen Stil eingegliedert und dienstbar gemacht. Dieser Stil stellt Vokalstimmen und Orchester in ihrer Bedeutung für den Gestus der Bühnenhandlung gleich und macht zugleich hörbar, was hinter dem Sichtbaren oder nur Wörtlich-zu-Nehmenden verborgen liegt. Mehr als in früheren Opern arbeitet das Orchester an der dramatischen Substanz mit. Sie besteht nicht selten gerade im ironischen Kommentar, der bis zur Verfremdung reicht. Der Wechsel zwischen Sologesang und Ensembles bestimmt die musikalischen Strukturen und unterstreicht so die Dialektik des Stoffes. Dabei sind die Ensembles in einer bis dahin kaum bekannten Weise individuell durchgeformt und von großer psychologischer Elastizität. Aber ebenso wichtig ist der Fortschritt in der dramaturgisch-formalen Handhabung des Sologesangs. Der traditionelle Belcanto ist von den Resten effektvoller Sentimentalität gereinigt. Er dient dazu, veraltete oder verlogene Gefühle zu ironisieren, wird aber auch in seiner liedhaften Rekonkretisierung subtilster Ausdruck der jugendlichen Liebe zwischen Nannetta und Fenton. Die Verschmelzung von Rezitativ und Arioso ist ähnlich vollkommen wie bei Wagner – die künstlerischen Parallelen vor allem zu den »Meistersingern« drängen sich immer wieder auf – und doch zugleich ein gestischer Gegenentwurf zur »unendlichen Melodie« in Wagners Musikdramen. In den Monologen Falstaffs und Fords – manchmal als »Rezitativ-Arien« bezeichnet – erreicht die Charakterisierung der widersprüchlichen, vielschichtigen personellen Haltungen einen Gipfel mimischen Musizierens. Auch wo das Geschehen derbste Drastik verlangt, wird sie filtriert durch den vorwiegend kammermusikalischen Stil des Orchesters, der das Dramatische sublimiert und allen oft so überaus bewegten Vorgängen die Transparenz heiterer Weisheit verleiht.

So scheint in der musikalischen Komödie »Falstaff« die italienische Oper des 19. Jahrhunderts aufgehoben zu sein. Gleichzeitig wird an der Schwelle zum 20. Jahrhundert eine Modellform fürs Musiktheater entworfen, die vieles von dem enthält, was später als »instrumentales Theater«, »phonetisches Theater« oder »totales Theater« beschrieben und gefordert wurde. Resümee und Vorwegnahme zugleich, prägt »Falstaff« einen Werkstil, der nichtsdestoweniger ganz singulär ist, unwiederholbar und nicht nachzuahmen. Der Vorstoß in die Dimensionen eines nicht mehr durch ungeheure Emotionen, sondern von Vernunft bestimmten modernen Musiktheaters gipfelt in der Reverenz vor der alten Kunstform der Fuge. Der Gedanke, den »Falstaff« mit einer Fuge zu beenden, stammt ganz sicher von Verdi selbst. Im August 1889 schrieb der Maestro an Boito: »Ich unterhalte mich damit, Fugen zu komponieren! ... Ja, mein Herr, eine Fuge ... und zwar eine Buffofuge, die gut in den ›Falstaff‹ passen könnte. Aber wie, eine Buffofuge? Warum sagen Sie: Buffo – ? Ich weiß weder Wie noch Warum. Es ist nun einmal eine Buffofuge!«

Dieses Wie und Warum dennoch immer wieder zu befragen, scheint mir eine der reizvollsten Aufgaben jeder »Falstaff«-Inszenierung zu sein. Zweifellos stellt die Fuge alle Geschehnisse, Konflikte, Ungereimtheiten, die im »Falstaff« das Spiel ausmachen, unter den Aspekt einer ordnenden Klugheit, zu deren wichtigsten Charakteristika vielleicht die Einsicht in menschliche Gebundenheiten und die Nachsicht mit ihren Schwächen und Gebrechen gehören. Und alles sei ja doch nur Spiel, meint man. Aber ist das Spiel am Ende dem realen Leben doch nicht manchmal überlegen in der Wahrheitsfindung? Auf jeden Fall, eine Komödie ist ja in der Hauptsache nicht lustig. Sie endet nur »gut« oder – im Unterschied zur Tragödie – wenigstens »unblutig«. Auch davon singt die Fuge. Ein derb geschundener Narr entlarvt schließlich alle als Genarrte. Das »Dies irae« des Requiems ist umgekehrt in das Gelächter der Fuge. So enthält alles, was zuvor auf der Bühne geschah, am Ende neue, überraschende Perspektiven.

Die Geschichte um Falstaff basiert auf historischer Realität und reißt auf Shakespearesche Weise Grundwidersprüche einer Epoche auf. Ein heruntergekommener, von seinen Standesgenossen ausgestoßener und deshalb vagabundierender Ritter schmarotzt an dem Vermögen eines Bürgertums, das sich beim Ausbau seiner wirtschaftlichen Potenzen gerade erst seiner politisch-moralischen Machtmöglichkeiten bewußt wird und das deshalb glaubt, um so empfindlicher auf die Aggressionen eines asozial gewordenen Feudalherrn reagieren zu müssen. Die Frauen dieser Bürger betrachten die Herausforderung durch den dicken Ritter als willkommenen Anlaß, sich und ihren Männern die eigenen Möglichkeiten der Emanzipation zu beweisen. Aber die bürgerliche Gesellschaft muß sich erst im nächtlichen Narrenspuk des Windsor-Parks ihrer selbst entfremden, sie muß – ähnlich wie in der Prügelszene der Johannisnacht – ihre Ängste und Aggressionen abreagieren, ehe sie bereit sein kann, jenen »Feind«, den »Fremden«, als Katalysator der eigenen Sozietät zu begreifen und in das Thema des weisen Narren einzustimmen.

Gerade aber die Benutzung der Fugenform weist dem konkret Historischen, worin Figur und Farbe des Falstaff wurzeln, eine spezifisch ästhetische Funktion zu und verleiht ihm frappierende Dimensionen.

Zunächst: Das Geschichtliche der Shakespeare-Vorlagen wird gebrochen und filtriert durch den Standort Verdis. Am Ende des bürgerlichen 19. Jahrhunderts stellt sich das Phänomen Bourgeoisie anders dar als in der bürgerlichen Frühzeit. Das differenziert die Charakterisierung der Bürgerwelt, insbesondere Fords, dessen Arie im 2. Akt zum analytischen Klangbild bürgerlicher Entfremdung wird. Mit einem Geldsack und unter falschem Namen will er gegenüber Falstaff die Treue der eigenen Frau testen und entdeckt sich plötzlich im Spinnennetz des eigenen Betruges, fürchtend um Besitz und Ruf. Das Geld – wie Shakespeare im »Timon von Athen« lehrt – kehrt alle anderen Werte um. Antipode einer Haltung, wie sie Ford vertritt, ist Falstaff: Genuß statt Arbeit, statt Akkumulation des Kapitals Bereicherung des Vergnügens. Das widerspricht allen scholastischen, historischen und ökonomischen Kategorien – sowohl im vor-elisabethanischen England als auch an der Wende zum 20. Jahrhundert wie in ihm selbst. Um so mehr fordert die Falstaff-Figur Perspektiven heraus, die über historische und soziale Bindungen unziemlich hinausweisen.

Gerade das Asoziale dieses heruntergekommenen, von seinesgleichen verstoßenen Ritters schafft die Voraussetzung dafür, daß die Tangenten seiner Pesonalität eine Beantwortung vom Mythos her suchen und gestatten. Er ist nicht nur psychologisch interessante Einzelgestalt, sondern auch und vor allem der Mimus und Musik gewordene Inbegriff des Kulinarischen, Dionysos und Satyr zugleich, der ins Irdische gefallene Gott unter der Narrenkappe. Dieser Falstaff weiß um den Untergang einer Welt, die seinen Stand privilegierte. Aber zugleich hofft er auf das Überleben des dionysischen Prinzips in einer sich wandelnden Gesellschaft. Sein Tun und Denken bewegen sich in der Spanne zwischen Sein und Schein, zwischen Vergangenem und Utopischem. Von daher erhält seine Schuftigkeit Charme und seine Pfiffigkeit Weisheit. Den Bürgern im Park von Windsor droht und verheißt er: »Ich bin das Salz in Eurer langweiligen Suppe.«

Nur solche mythische Transzendenz der Figur erklärt, daß Falstaffs Gegner zu seinen Verbündeten werden können. Die Weiber von Windsor sehen sich durch seine doppelten Liebesbriefe veranlaßt, sich ohne männliche Hilfe gegen den Schwerenöter zu wehren. Dies ist zugleich ein offenbar willkommener Anlaß, aus der frustrierenden Enge und Langeweile bürgerlicher Existenz auszubrechen. Im Kampf gegen den Ritter Satyr geraten sie bisweilen in eine mänadenhafte Lust und Grausamkeit, aus bürgerlicher Verkleidung gucken Bacchantinnen heraus, die in der antiken Tragödie den Mann zerfleischten.

Aber auch dieser Stoß, den die Handlung der Oper vorbereitet, wird pariert durch die Fuge, in die bezeichnenderweise als erste der junge Fenton einstimmt, dem der ganze Wirbel um den Ritter die Hand seiner Nannetta beschert hat. Daß sich die Liebe der jungen Leute erfüllen kann, ist – genau besehen – das einzig handfeste Resultat aus allen sich überlagernden Intrigen und Widersprüchen in dieser Oper. Ist die Reduzierung aller anderen Ansprüche auf das Bekenntnis zur Jugend die vielleicht vernünftigste Utopie des greisen Falstaff?

Die Fuge macht es schließlich klar, daß am Ende Sieger und Besiegte nicht auszumachen sind. Ob alt oder jung, ob reich oder arm, ob Betrüger oder Betrogener – jeder hat seine Stimme im Konzert dieses Lebens, dem der weise Narr den Stempel des Spiels verleiht. Sein Rezept: das »concertare«, das Zusammenwirken aller mit- und gegeneinander. Nicht Harmonie eigentlich, sondern drängende, kontrastreiche Dynamik. So enthält die Fuge als ästhetisches Testament Verdis auch sein humanes Vermächtnis. Daß Ästhetik und Leben zur Kongruenz gelangen würden, ist als Idee und Postulat darin enthalten, verbindlich bis in unsere Gegenwart. In der einzigartigen Durchdringung von Mimus, Musik und Mythos hat er Perspektiven für ein Musiktheater entworfen, die noch immer lebendig sind.

Wie ein Sendbote dessen wirkt die Falstaff-Figur, besonders wenn man an die Worte denkt, die Toscanini, auf einem Zettel geschrieben, in der Partitur des Maestro gefunden haben soll: »Le ultime note die ›Falstaff‹. Tutto è finito! Camina per la tua via, finchè tu puoi. Divertente tipo di briccone eternamente vero, sotto maschera diversa, in ogni tempo, in ogni luogo! Va... va... Cammina, cammina... Addio.« – »Die letzten Noten des ›Falstaff‹. Alles ist beendet! Ziehe Deinen Weg, solange du kannst. Lustiger, ewig wahrer Schurke unter verschiedenen Masken zu allen Zeiten, an allen Orten! Geh, geh, ziehe hin, ziehe hin, leb wohl!«

»EUGEN ONEGIN«

von Peter Tschaikowski

Die Oper als Lyrische Szenen
(1976)

Auch wenn romantischer Sprachgebrauch die Kunstgattung Oper in der Regel »Teatro lirico« oder »Drame lyrique« nennt, beschreibt doch die Bezeichnung »Lyrische Szenen«, die Tschaikowski seiner Oper »Eugen Onegin« gab, auf aufschlußreiche Weise die stilistische Haltung dieses Werkes, wie sie sich aus der literarischen Vorlage, aus der neu entwickelten Dramaturgie und aus der musikalischen Struktur der Partitur ergibt.

Vielfach wurde und wird Tschaikowskis Verzicht auf eine lückenlos durchgeführte, wirkungsstarke Dramatik als Mangel empfunden. Der Komponist selbst schrieb 1877 an seinen Bruder Modest: »Ich weiß genau, daß die Oper wenig Handlung, zu wenig Bühneneffekte haben wird. Aber der große Reichtum an Poesie, die Lebenswahrheit und Einfachheit der Vorgänge sowie die genialen Verse Puschkins wiegen solche Mängel gewißlich auf.«

Was als Mangel galt, hat sich längst als interessanter und besonders subtiler Beitrag innerhalb der Vielfalt musikalischen Theaters erwiesen. Denn zwischen den verschiedenen Polaritäten, innerhalb derer Oper gespielt wird, zwischen sogenanntem Aktionstheater und Symboltheater, zwischen vorwiegend dramatischer oder epischer Gestaltung, zwischen den seinerzeit von Verdi und Wagner antipodisch markierten Entwicklungslinien stehen die »Lyrischen Szenen« Tschaikowskis als etwas ganz Eigenes, dessen Reiz gerade durch jüngste Entwicklungen auf der Musikszene offenbar neu begriffen wird.

In der lockeren, scheinbar kaum zwangsläufigen Reihung von Situationen variiert Tschaikowskis Werk die Form von Puschkins Versroman und entspricht zugleich der Praxis der slawischen Oper, die eine epische Dramaturgie bevorzugt. Sie erzählt eher in Gestalt von lose aneinandergereihten Szenen, statt daß sie nach klassischen Regeln ein Drama aufbaut. Das Eigenartige und im damaligen Umkreis der russischen Oper Neue ist, daß die Szenen des »Onegin« nicht patriotische Geschichtsbilder entrollen oder nationale Sagen benutzen, sondern daß sie in szenisch-musikalischen Sequenzen komplizierte innere Vorgänge von recht unheroischen Menschen im gesellschaftlichen Alltag vorstellen. Der Begriff des Lyrischen charakterisiert demnach den Wert des scheinbar Kleinen,

Unauffälligen gegenüber dem, was als groß und exemplarisch gilt; er bezeichnet das besondere Gewicht innerer, verborgener Vorgänge gegenüber äußeren Geschehnissen. Das heißt für die Oper, daß eine neue Art Aufmerksamkeit entsteht, durch die das Zuhören zu einem In-sich-selbst-Hineinhorchen zu entwickeln ist. Der Stimmungswert wird zu einer wesentlichen Bedingung des Wahrheitsgehaltes. Das scheinbar schlichte, verinnerlichte künstlerische Bild weckt im hörenden Zuschauer die Assoziationen, zu denen jeder einzelne bereit ist. »Deshalb werden diejenigen, für die vor allem die bewegte Handlung wesentlich ist, nicht befriedigt sein«, schreibt Tschaikowski 1877 an Nadeshda von Meck, »wohl aber jene, die in diesem musikalischen Werk keine theatralischen Effekte und keine Tragik, sondern alltägliche schlichte Gefühle suchen, die der ganzen Menschheit gemeinsam sind.«

Ein Schlüssel für den besonderen Stil des »Eugen Onegin« ist – musikalisch wie dramaturgisch – Tatjanas Briefszene. Das Lied, die Romanze bildet für Tschaikowski eine wichtige Grundlage der Komposition. Durch die sequenzartige Verarbeitung von Melodienstrukturen erreicht er eine Intensivierung des Psychologischen, das selbst im höchsten Erregungsgrad durch humane Schlichtheit geadelt wird. Die konventionelle Arienform ist gänzlich überwunden. Zwischen dem Abgang und dem Wiedereintritt der Njanja liegt eine ganze Nacht. Es sind lebensentscheidende Stunden für Tatjana, in denen jäh erwachtes Liebesgefühl und große Sehnsucht den Kampf zwischen Mut und Konvention, Freiheit und »Brauch« ausfechten. Auf solch dramatischem Grund formt sich diese lyrische Szene in der Sequenz einzelner, deutlich voneinander abgesetzter Abschnitte. Der normale Zeitablauf wird aufgehoben, eine künstliche Zeit konzentriert ihn oder fächert ihn auf. Mit der Relativierung von Zeitabläufen werden auch die Ebenen zwischen Realität und Phantasie, zwischen tatsächlichem Schreiben und träumender Sehnsucht miteinander verwoben oder gewechselt. Der sowjetische Komponist und Musikwissenschaftler Boris Assawjew-Glebow bemerkt dazu in seiner »Onegin«-Studie: »Die ganze Briefszene entwickelt sich gleichsam in längeren oder kürzeren Wellen, in Abläufen, die dem An- und Abschwellen der seelischen Erregung entsprechen... Der Weg führt über eine ganze Kette von Autosuggestionen und Selbstbeobachtungen zur ekstatischen Entschlossenheit... Diese einheitliche Steigerung wird durch klug disponierte ›Halte‹ und vorübergehende ›fragmentarische‹ Aussagen und Ausrufe nicht gestört, sondern intensiviert.«

Will man daraus auch für die szenische Gestaltung Konsequenzen ziehen, ergibt sich eine überraschende Affinität zur Montagetechnik moderner optischer Medien. Mit Zeitsprüngen, räumlichen Dimensionsveränderungen, Haltepunkten und Zeitraffern erfahren die Vorgänge eine Gliederung, die im Unterschied zu einer »Drama« vortäuschenden linearen Fabelerzählung den häufigen Wechsel in der Darstellung innerer Prozesse und äußerer Geschehnisse, zwischen lyrischen, selbstanalytischen Passagen und den Umwelt-Handlungen bewußter macht. Bei »Großaufnahmen« seelischer Zustände, musikalisch aufgefächert, wird manchmal die Bewegung des gesellschaftlichen Umkreises »gestoppt« – im Interesse zum Beispiel der Aufdeckung des gestörten Verhältnisses des Individuums zur Gesellschaft, was vordringlich zur Thematik dieser Szenen um die russische »Jeunesse dorée« gehört. Der Entschluß, daß unsere Aufführung die Pausenzäsur zwischen Larina-Ball und Duellszene setzt und daß nach dem Tod Lenskis attacca die Polonaise einsetzt, daß eine Nacht durch die Vorstellungspause prolongiert wird, Jahre der Irrfahrt Onegins im Bühnenablauf aber gerafft erscheinen, ist ein weiteres Beispiel unseres Bestrebens, statt realistischer Zeitvermittlung eine künstliche Zeit vorzustellen, in der die inneren Zusammenhänge um so erkennbarer werden.

Das feine Gewebe solcher verdeckt-intimer Zusammenhänge gründet sich in »Eugen Onegin« auf die Polaritäten zwischen den einzelnen Personen und den verschiedenen Haltungen, die sie sozial, geschlechtlich oder nach der Generation verkörpern. Diese Polaritäten schützen das Lyrische vor Verflüchtigung, machen es auf überraschende Weise spannend und geben ihm allgemeinere Beweiskraft. Tatjanas Briefszene gewinnt ja erst im Kontrast zu der bäuerlichen Lebenseinstellung und -erfahrung der Njanja ihre ebenso kühne wie utopische Bedeutung. Und daß Olga ihren Lebensoptimismus als Kontra-Alto vorzutragen hat, weist auf die irritierende Spannung hin, die Tschaikowski zwischen Textaussage und musikalischen Ausdruck setzt, verdeutlichend, was er in der Tat gegenüber der Puschkinschen Vorlage als Eigenes, Neues zu vermitteln hat. Das besagt im Fall der Olga-Arie, daß selbst die scheinbar unkomplizierteste, fröhlichste Figur dieser »Lyrischen Szenen« nicht von Dunkelheit verschont ist, daß auch sie das Thema des Russen, den »Lebenssinn« zu finden, mit Enttäuschung, Traurigkeit beantworten wird.

Tschaikowski stimmt dies Thema gleich zu Beginn seiner Oper an, gerade durch die mehrfach geschichteten Polaritäten zwischen Tatjana, Olga, deren Mutter und der Njanja: die Situation der Frau – differenziert durch Stand und Generation – zwischen Demut und Hoffnung, Resignation und Aufbegehren. Und wenn sich dann in der Stille nach diesem Quartett der kraftvolle Ton des Bauernchores nähert, wirkt das wie die musikalische Projektion einer großen Sehnsucht, einer Utopie, ehe Tschaikowski mit dem optischen Entrée der Bauern die reale Ebene der Handlung weiterführt, Sentiment auffangend und umkehrend in elementare Vitalität.

Die Polarität zwischen individueller Problematik und gesellschaftlichem Umkreis wird gerade durch die Chorszenen im 1., 4. und 6. Bild markiert. Die Bauern grundieren im 1. Bild nicht nur den nationalen, sondern auch den emotionalen Lebensumkreis der Figuren. Daß gerade das halbfeudal-kleinbürgerliche Provinzmilieu im 4. Bild die latenten individuellen Spannungen zur Explosion führt, ist bei Tschaikowski wie bei Puschkin ein alarmierendes Signal. Mit dem kalten, konventionellen Glanz der St. Petersburger Aristokratie wird der Versuch der »Solisten« Gremin, Tatjana und Onegin kontrastiert, sich menschlich zu verhalten, individuelles Glück zu behaupten oder zu erjagen. Man würde den Stil der »Lyrischen Szenen« zur »Grand opéra« hin verfälschen, wenn ballettöser Pomp hochgespielt wird und sich kulinarisch verabsolutiert. Die Ballettszenen sind nurmehr gleißende Folie für die Entscheidungen, die Tatjana und Onegin zu treffen und zu erleiden haben. Entgegen dem eingebürgerten Bild von Onegin als blasiertem Dandy ist diese Gestalt von dem russischen Schriftsteller und Literarhistoriker Belinski schon 1844 in einer auch für die Oper gültigen und noch immer aktuellen Weise beschrieben worden. Es ist von beunruhigender Bedeutung, daß die Figur Onegins ihre spezifische Prägung erfährt durch die Polarität zu zwei Männern. Die Freundschaft des Skeptikers Onegin mit dem gläubig-idealistisch-sozialrevolutionären Dichter Lenski kulminiert in der absurden Verkehrung: dem Duell, Mord, Tod. Der danach ruhelos durch die Lande streifende Onegin steht schließlich einem anderen Freund aus früheren Tagen gegenüber: dem Fürsten Gremin, jetzt der Gemahl Tatjanas. Der körperlich im Krieg Verwundete, aber seelisch Gesunde spricht zu dem körperlich Gesunden, aber seelisch zutiefst Verletzten vom großen Geheimnis menschlichen Lebens: der Liebe. Das macht Onegin die wichtigste, von ihm unbewältigte Polarität zu Tatjana neu bewußt. Doch bleibt gerade diese Polarität unaufgehoben, unüberwindbar. Als er ihr zum letzten Mal gegenübersteht, ist er der Geschlagene, der aus tiefsten Wunden der Seele Blutende. Von der ironischen Überlegenheit früherer Tage ist nichts geblieben in dem kreatürlichen Flehen um Liebe, um ein gemeinsames Leben. Tatjana bekennt ihm ihre Liebe und bekennt sich dennoch zu ehelicher Treue. Die antikonventionelle Haltung dieser Oper gipfelt in dem opernhaft gänzlich ungebräuchlichen Schluß, der sich weder ein Happy-End noch die tragische Katastrophe gestattet. Die »Lyrischen Szenen«, mit Tatjanas Sehnsuchtsmotiv beginnend, enden mit Onegins Vereinsamung, einem Gefühl von Verdammnis. Wohin stürzt er? Ins Nichts? Zu einem neuen Lebenssinn?

Nicht zuletzt dieser offene Schluß kann dem Werk über die historische Entstehungsepoche hinaus eine nachhaltige, freilich stille menschliche Wirksamkeit sichern. »Eugen Onegin« wirft Fragen auf, die nicht selbstsicher beantwortet, gelöst werden, vielmehr die Geschichte offenhalten. Offen für weitere Einsichten und Verhaltensweisen. Wozu – von Tschaikowski komponiert – die Bereitschaft gehört, Wahrheit in der unaufgehobenen Spannung zwischen Schmerz und Schönheit zu erfahren.

»CARMEN«
von Georges Bizet

Ein Archetypus des Menschlichen
(1965)

Angesichts des üblich gewordenen Aufführungsbildes von »Carmen« fällt es nicht leicht, sich Ursache und Ausmaß des Schocks vorzustellen, den die Oper 1875 auslöste. Denn heutzutage scheint »Carmen« fast alles Beunruhigende, Provokative verloren zu haben. Woran liegt das? Daran, daß die Opernbühne sich seit »Carmen« durch Werke von Puccini, Janáček und Berg an krasse Gegenstände und deren krasse Gestaltung gewöhnt hat? Eigentlich kaum. Denn gerade die Aufführungsgeschichte von »Carmen« zeigt, daß eine derart zunehmende »Gewöhnung« Hand in Hand ging mit zunehmender Entschärfung und Entstellung des Urbildes.

Ernest Guirauds umstrittene Einrichtung läßt erkennen, zu welch schweren, den Willen des Komponisten oft mißachtenden Kompromissen sich selbst ein Freund und Schüler Bizets gezwungen sah, wenn das Werk »spielbar« gemacht werden sollte: Mit der Umwandlung der Prosatexte in verkürzende Rezitative wurden nicht nur wesentliche Handlungsmotive und Charakterzüge eliminiert, sondern auch Bizets besondere Stilabsichten zurückgenommen, die ja gerade in der Steigerung der Gattung der Opéra comique zu einer Stoffgestaltung von solch realistischer Schärfe und zugleich mythischer Tiefe bestanden hatten. Daß Guiraud auch in die musikalische Architektur der einzelnen Nummern eingreifen mußte, beweist nur, daß mehr als die Prosadialoge aufgeopfert wurde: nämlich die stilistische Eigenart und die inhaltliche Struktur des Originals sowie die Kenntnis davon.

In Guirauds Fassung ›gewöhnten‹ sich Bühnen und Publikum an »Carmen« und machten sie zum Welterfolg. Dennoch gab es Versuche, das Original in Erinnerung zu halten, in Aufführungen der Pariser Opéra Comique, oder wieder herzustellen. Solche Versuche sind an die Namen von Männern gebunden, die sich prinzipiell für eine dem Willen der Autoren verpflichtete Opernkunst einsetzten: 1906 hatte Hans Gregor an der damaligen Berliner Komischen Oper auf die Sprechdialoge zurückgegriffen, ebenso ein Jahrzehnt später Georg Hartmann.

Gustav Brecher erprobte 1924 in Leipzig eine neue Übersetzung mit Prosa, die

1938 auch Bruno Walter in Wien benutzte. Weniger bekannt ist, daß Stanislawski »Carmen« mit den Sprechdialogen aufführte. Walter Felsenstein führte frühere Bemühungen um die Originalfassung – er hatte »Carmen« bereits 1935 in Köln und später in Zürich mit von ihm neu übersetzten Dialogen gespielt – mit seiner Inszenierung 1949 an der Komischen Oper Berlin, die Otto Klemperer musikalisch leitete, zu einem vielbeachteten Höhepunkt. Seine Neuübersetzung ist nun zur Grundlage des deutschen Neudrucks der Original-»Carmen« gemacht worden, die der Bärenreiter Verlag 1964/65 vorlegte. Fritz Oesers verdienstvolle Quellenkritik, die auch zu Neuentdeckungen in Pariser Archiven führte, weist in Verbindung mit Felsensteins Übersetzung diesen Neudruck als gegenwärtig exaktestes Dokument der Urfassung aus, das in der wissenschaftlichen Genauigkeit auch die Fassung von Stoll/Strobel 1961 übertrifft. Meine Bremer Neuinszenierung basiert auf dem jüngst erschienenen Neudruck. Sie bemüht sich, unter Verwendung der Prosatexte ein musikalisch nahezu strichloses, originales Werkbild zu vermitteln. Zum Beispiel wird mit der vollständigen Ausführung der Duellszene im 3. Akt sowie von musikalischen Passagen, die noch in jüngster Zeit gestrichen wurden, ein weiterer Schritt unternommen, das Original auch aufführungspraktisch wiederherzustellen. Das erstreckt sich freilich bis auf die Instrumentierung, auf Gesangsphrasierungen und nicht zuletzt auf die gedankliche und optische Struktur der Wiedergabe.

Denn die philologische Treue gegenüber dem Original kann nur Schlüssel und Mittel sein für den Versuch einer szenisch-musikalischen Verwirklichung des Originals, die sich dem Willen der Werkschöpfer ebenso verpflichtet fühlt wie den Interessen und Bedingungen der heutigen Musikbühne und des gegenwärtigen Publikums. Walter Felsenstein definierte hinreichend die Schwierigkeiten, die sich der Aufführung der Ur-»Carmen« entgegenzustellen pflegen. So erschien es auch der Bremer Neuinszenierung nützlicher, einige typische Aspekte hervorzuheben, die zur weiteren Wiedergewinnung der originalen »Carmen« beitragen können, als sich zu vermessen, alle künstlerischen Probleme dieses gerade in seiner äußeren Klarheit so geheimnisvollen Werkes auf einmal zu lösen.

Die Kenntnis der Originalfassung läßt plötzlich viele bisherige Fragestellungen unzutreffend oder überflüssig erscheinen: beispielsweise ob man Carmen mehr »von der Novelle her« oder »als Opernfigur« aufzufassen habe. Bizet führt die wilden, beunruhigenden Züge der Mériméeschen Zigeunerin zu Dimensionen, die diese Figur in unserem Bewußtsein unversehens, aber recht »hörbar« neben Gestalten wie Medea, Salome, Faust, Hamlet und Don Juan stellen. Postkarten-Glätte und Touristen-Attraktion sind jedenfalls das Fremdeste für und in »Carmen«. Das gilt selbst für den von Bizet anfangs leicht ironisch behandelten Escamillo, der – Matador des 19. Jahrhunderts – ein sehr viel wilderer, robusterer Bursche ist als manche heutigen Arena-Ballerinos.

Auch das Rätselraten, ob Carmen nur Escamillo und nie Don José geliebt hat oder beide nacheinander oder gleichzeitig, hebt sich auf in dem durch das Original freizulegenden tiefen Widerspruch, der Carmens Schicksal bestimmt. Sie erkennt nur zwei Triebkräfte an: Eros und Freiheit. Diesen Triebkräften folgt sie mit aller Unbedingtheit. Wo aber Eros schließlich Bindung heißt, gerät er in Widerspruch zu dem absoluten Freiheitsdrang, den Carmen verkörpert. Dieser Widerspruch wird von Carmen total gelebt, erlebt. Für ein Wesen ihrer Art ist er erst lösbar im Tod.

Das wahrhaft Ungewöhnliche, Schockierende scheint darin zu bestehen, daß Bizet und seine Textautoren das Thema mit sozialer Prägnanz – Tabakfabrik – exponieren, ehe sie es schließlich in der Todesszene, im Orkan des Stierkampfs, zu mythischer Größe führen. Dazwischen entlarvt sich der Alltag als Lebensgesetz, Eleganz als unromantische, intelligente Sachlichkeit, Sex als Eros. Und Exotik offenbart sich als jene wirkliche Fremdheit, die jeder üblichen Gewohnheit extrem entgegengesetzt ist. Aus einer psychologischen, nationalen und sozialen Präzisierung von nahezu photographischer Schärfe wächst das Schicksal Carmens zu einem Archetypus des Menschlichen, dem die voll erlebte Polarität von Bindung und Freiheit, Eros und Tod tragisches Geschick wird.

Hierin sehen wir einen Aspekt der Wirkungsmöglichkeiten und des Sinnes der neuen, alten »Carmen«.

»SALOME«
von Richard Strauss

Grenzfälle
(1977)

»Salome« spielt längst nicht mehr die Rolle des Skandal-Schockers wie in den ersten Jahren und Jahrzehnten unseres Jahrhunderts. Die Zeit ging nicht über Strauss' Werk hinweg, sondern deckte neue, zunächst oft unerwartete Aspekte der »Salome« auf. Alle Unterschiede, die man in der Vielfalt der »Salome«-Inszenierungen heutzutage beobachtet, laufen auf die Frage hinaus, ob man in »Salome« den pathologischen Sonderfall herausstellt und ihn mit wollüstigem Schauder garniert oder ob man Interesse wecken will an dieser Gestalt als einem nahezu tragischen Grenzfall in einer Umwelt, die mit Saturiertheit die inneren Krisen nur mühsam überdeckt und in Auflehnung Aufmerksamkeit verdient, vor allem, wenn sich humanes Anliegen barbarisch oder terroristisch verkehrt.

Alle Rollenvorstellungen von Salome – vom männerverzehrenden Vamp über das verwöhnte, eigenwillige Luxus-Kätzchen bis hin gar zur frühchristlichen Märtyrerin – kreisen um die Kernfrage, ob zufällige Laune oder existentieller Zwang das Verhalten Salomes und ihren Wunsch bestimmen, Jochanaans Mund zu küssen – auch über die Grenze des Lebens hinaus.

Auffallend ist die zwischen Stoff und Entstehungszeit des Werkes bestehende Übereinstimmung im Empfinden und Registrieren des Endzeitlichen, der Übergangsperiode, einer historischen Grenzsituation. Die bürgerliche Gegenwart um 1900, die die eigene Krise als Weltkrise zu empfinden begann, wählte gewiß nicht zufällig in zunehmendem Maße Stoffe aus der antiken Zeitenwende. Man projizierte eigene Ängste, Erkenntnisse, Sehnsüchte in die Krise einer Epoche, die in der Kultur des antiken Griechenland ihren idealen Höhepunkt und im Imperium Romanum den Höhepunkt der äußeren Machtentfaltung erreicht hatte und die sich nun – gerade an der Peripherie der alten Welt – im Zusammenstoß mit neuen historischen Kräften aufzulösen begann. Die dramatischen Kämpfe und die gewaltigen Konflikte dieser großen Zeitenwende erschienen um 1900 wie drohende Fanale, durch die die eigene Existenz in Frage gestellt wird. Gerade frühchristliche Ideen, Sklavenrebellen, Märtyrer oder asketische Mönche übten angesichts der äußeren Saturiertheit starke Faszination aus. Man spürte das Drängen in der Zeit, ohne immer zu wissen, wohin es führen sollte.

Unter den Partnern Salomes äußert sich das besonders in der Gestalt des Herodes Antipas. Mit seiner Charakterisierung, in die damals modernste Einsichten der Psychoanalyse einflossen, steigerte Strauss die Möglichkeiten psychologischer Musikgestaltung zu einer bis dahin unbekannten Präzision und Raffinesse. Die Figur ist voll aktuellem Reiz und zugleich historischer Typus. Die klinische Schizophrenie erscheint nicht als modische Spekulation der Autoren, sondern ist adäquater, beispielhafter Ausdruck der gespaltenen Existenz dieses halborientalischen Despoten. Als Repräsentant des Ancien régime empfindet gerade er am meisten die Bedrohung seiner Welt. Die verschiedenen und divergierenden Interessen der unter seiner Herrschaft stehenden Bevölkerungsschichten auszubalancieren, zugleich Rom botmäßig zu sein und dennoch die eigene Macht auszudehnen, haben die Fähigkeiten und Eigenschaften dieses Mannes pervertiert. Klugheit ist in Schlauheit verkehrt, Diplomatie in Intrige, Vorsicht in Angst.

Der anarchische Prophet ist für ihn nicht nur eine politische Gefahr, sondern – wenn es ihm in den Sinn kommt – auch ein »heil'ger Mann«. Er beschwört Salome bei seinen »Göttern«, daß sie abläßt von dem Mann, den vielleicht »Gott« gesandt hat. Nicht in seiner galiläischen Residenz Tiberias ließ er den Aufrührer festsetzen, sondern in der Feste Machaerus an der äußersten Grenze des judäischen Landesteiles; dort wußte er ihn fern sowohl von denen, die seine Freiheit forderten, als auch von denen, die seinen Tod verlangten und deren Wortführerin Herodias war. Fast für alle Personen hat sich an diesem Abend die Spannung ihrer Existenz so aufgeladen, daß die Explosion nahe erscheint. Der Mond hebt die Krise ins Naturhafte. Der Page warnt und weist: »Schreckliches wird geschehen.« Sein bewunderter Freund Narraboth, einst syrischer Prinz, dann Sklave und nun Hauptmann der herodianischen Leibgarde, gerät durch seine Liebe zur Prinzessin in die Grenzsituation zwischen Pflicht und Neigung. Er verletzt seine Pflicht als Offizier, als er den Gefangenen aus der Zisterne holen läßt. Das Unfaßbare, das sich vor seinen Augen abspielt, sucht er abzuwenden durch seinen Tod, der die Prinzessin zurückreißen soll in die Realität. Selbst die Delegation der Pharisäer aus Jerusalem ist in den krisenhaften Spannungsbereich dieses Abends einbezogen. Die Auslieferung des falschen Propheten ist ihre Bedingung und Forderung gegenüber Herodes. Dieses Ziel wird von Herodias unterstützt. Aber als sie endlich ihren Antrag vorbringen können, verwirren sie sich in einem theologischen Streit, der ihnen jede Handlungsmöglichkeit nimmt.

In der Charakterisierung der Herodias, deren Leben gestört ist, solange das Leben des Propheten nicht zerstört ist, gipfelt die kritisch-faszinierende Darstellung der Morbidität und Dekadenz dieser ihrem Untergang entgegentaumelnden Welt. Deren stärkster Gegenpol, Jochanaan, wird nicht minder innerhalb der Grenzsituation stehend gesehen. Das nimmt der Figur auf der Bühne ihren »Denkmalsschutz«, stellt sie hinein in die dramatische Polarität und hat Strauss –

nachdem er ihn vorübergehend »komisch« ansiedeln wollte – veranlaßt, musikalische Passagen in das Werk aufzunehmen, die in der Verbindung von Kirchenmusik und Volksliedmelodik, von Archaischem und Lebendig-Dauerndem einen Vor-Klang eines möglicherweise neuen Ordnungsgefüges geben.

Unabhängig von allen religionsgeschichtlichen Erwägungen gilt für die Figur des Jochanaan auf der Musikbühne: Er fühlt sich als Wegbereiter dessen, der »nach ihm kommen wird«. So personifiziert er das »Übergangsstadium« auf dem Weg in das damals real gemeinte Reich des Heils. In seiner eigenen Brust kämpfen noch das Alte und das Neue, er steht – auch theologisch – zwischen Altem und Neuem Testament. Vieldeutig ist die Frage, mit der er zwei seiner Jünger aus der Haft heraus zu Jesus von Nazareth schickte (Matth., 11). Jesu Antwort bestätigt dem Johannes das eigene frühere Wort: »Er muß wachsen, ich aber muß abnehmen.« Diese objektive Grenzsituation des Propheten wird in der individuellen gefahrvollen Begegnung mit Salome aufgerissen. Sie, die ihn will, verweist er an den anderen. Und als er sie verflucht, statt sie »anzublicken«, ist auch das äußere Zeichen dafür gegeben, daß sein Sendungsauftrag erloschen ist. Er hat sich erfüllt und endet. So wird der Prophet folgerichtig Anstoß und Opfer des tragischen Geschehens, das sich durch Salome vollzieht und in ihr gipfelt. Neu-Gier in des Wortes ursprünglichstem Sinn ist der Grundzug im Wesen Salomes, der Motor all ihrer Handlungen. Diese Neu-Gier vereint das, was durch Herkunft und Erziehung geprägt wurde, mit dem, was in ihr an Liebesanspruch und Erlösungsdrang ist. Die Gier nach dem Neuen ist grenzenlos. Salome vermag sich ihm ebenso vorbehaltlos auszuliefern, wie sie es dann, wenn sie zurückgestoßen wird, zerstören muß.

Ein solcher Rollenaspekt schließt die verschiedensten individuellen Spielarten ein, sofern nur der beherrschende Gestus nicht Laune, sondern kreatürliche Notwendigkeit ist. Selbst noch der pathologische Exzeß, selbst der subjektive Terror und die sexuelle Perversion bilden innerhalb solcher Sicht die dieser Umwelt gemäße eigentümliche Vollzugsebene menschlicher Tragik. Ihr Grundzug besteht in der Unmöglichkeit einer normalen Vereinigung zwischen dem Anspruch der judäischen Prinzessin und der Sendung des Jochanaan, in der Unmöglichkeit, die Brücke zwischen zwei Welten durch den Kuß zu schlagen, extreme Pole des menschlichen Daseins im individuellen Liebesvorgang aufzuheben. Solche Tragik steigert sich durch die Unbedingtheit, mit der Salome die Normen durchbrechen will und – in der Maßlosigkeit ihres Anspruchs – neue Maßstäbe sucht.

Vom Fluch Jochanaans zurückgeschleudert in ihre reale Existenz – aus der sie ja ausbrechen wollte –, sieht sie, um ihrem Begehren das Ziel zu setzen, nur die Mittel, die in der Welt rings umher gelten: Raffinesse und Terror. Der Tanz Salomes, innerhalb der Oper selbst ästhetisch ein Grenzfall, hebt die Grenzsituation Salomes noch hervor. Um Jochanaan zu bekommen, muß sie Herodes verführen. Um den Tod Jochanaans bewältigen zu können, muß sie sich in eine alles vergessende Ekstase steigern. Aus dem alten Ritual des bräutlichen Schleiertanzes wird ein apokalyptischer Hochzeitstanz, vorwegnehmend die Aufhebung der Grenze zwischen Leben und Tod, die Salome dann in ihrem Schlußgesang vollzieht.

In diesem Schlußmonolog, der ein Zwiegesang mit dem abgeschlagenen Haupt des Jochanaan und gleichzeitig eine Beschwörung seiner lebendigen Vision ist, hebt der Straussche Klang die Figur Salomes über die Bezirke nekrophiler Dekadenz weit hinaus und rückt sie in die Dimension des Exemplarischen. Doch gerade auf den Schlußgesang konzentrierten sich eine Zeitlang die meisten kritischen Einwände. Man bezeichnete es zum Beispiel als unerträglichen Widerspruch, daß Strauss »zu den niedrigsten Instinkten der Salome die luzideste Musik erfunden hat« (Fritz Gysi). Liegt aber nicht gerade in diesem Widerspruch die ästhetische Besonderheit des Werkes überhaupt verschlüsselt? Strauss entscheidet, was bei Wilde noch offenbleiben konnte: Das Gräßliche, das Schreckliche ist in Zeiten wie diesen oft Menetekel humanen Anspruchs. Mit der subjektiven Katastrophe reißt Salome die Katastrophe der Welt auf, die auch durch den Befehl »Man töte dieses Weib« nicht in ihren Fugen gehalten wird. Im Liebestod Salomes ist der Protest enthalten gegen die geltenden Normen und gegen die Spaltung der Welt in Eros und Ethos, wie sie damals im Aufeinanderprallen von antiken Lebensformen und frühchristlicher Sittenlehre radikal ins Bewußtsein trat. Heute könnten wir das mit anderen Begriffen benennen. Die Gespaltenheit blieb aktuell.

»ELEKTRA«

VON RICHARD STRAUSS

GESPRÄCH MIT PETER DUSEK ANLÄSSLICH DER VERFILMUNG DER OPER
(1982)

Friedrich: Im Naumburger Domgymnasium sind wir nicht nur in Altgriechisch und Latein ausgebildet worden, sondern auch in einer bestimmten Richtung des humanistischen Denkens. Das war nicht nur dadurch gekennzeichnet, daß wir einen Lateinlehrer hatten, der aussah wie Zeus in den antiken Skulpturen und Büsten. Er war ein wunderbares Unikum. »Papa Kegel« nannten wir ihn. Er schien sich in den Kriegsjahren um Kopf und Kragen reden zu wollen. Wir lasen zum Beispiel »De bello Gallico«. Er kam aber immer mit dem Heeresbericht und bewies uns, wie schwachsinnig Hitler und die deutschen Generäle planten; wenn sie ein bißchen davon gewußt hätten, wie Cäsar vorging, als er Gallien erobert hatte! . . . Damit war ein Stachel in uns gepflanzt. Er hat das sehr listig gemacht. Später habe ich dann oft gesagt, mein Gott, was nützen uns diese Sprachen – nichts! Ich kann eigentlich gar nicht Französisch, mein Englisch war – bis ich meine Frau Karan Armstrong kennenlernte – auch ziemlich kläglich, mit dem Italienisch geht das so weit, daß man es als Opernregisseur gerade noch verantworten kann. Was sollte das Griechisch, was sollte das Latein? Ich bin aber doch der Meinung, daß es mir sehr geholfen hat zu lernen, warum man Kunst macht, wie man Kunst versteht. Und wenn ich mir vor kurzem einen Lebenswunsch erfüllen konnte, den »Ödipus« am Burgtheater zu inszenieren, in zwei Teilen, dann war das eigentlich eine Idee, die damals auf der Schulbank in Naumburg geboren wurde, weil das Lesen dieser griechischen Autoren im Original etwas Aufregendes ist.

Dusek: War diese Schule vom Dritten Reich nicht wirklich erfaßt? Wie war das rein von der Struktur her? War da nicht eine Gleichschaltung der Lehrer?

Friedrich: Unter dem großen Lehrerkollegium – es waren zwanzig Lehrer – waren nur zwei PG's, Parteigenossen. Wie das möglich war, ist tatsächlich heute noch verwunderlich. Man durfte ja damals nicht einmal »Guten Morgen« sagen, man mußte mit »Heil Hitler« grüßen; doch Papa Kegel regelte das mit dem Kurzgruß »Tler!« Keiner der Schüler hat ihn verpetzt, niemand ihn angezeigt. Eine gute Schule.

Dusek: Lassen Sie uns nun zu unseren Stichworten kommen: die Jahre bei Felsenstein und erster Kontakt mit Wien. Vielleicht nicht allen bekannt: Felsenstein ist immerhin ein Wiener (Jahrgang 1901), den es nach Berlin verschlagen hat. Schildern Sie doch einmal genauer, wieso sie bei Felsenstein in diesem kleinen Zirkel, der dort offenbar bewußt kleingehalten wurde, hineingeraten sind und was Sie von Felsenstein wußten, bevor Sie zu ihm kamen.

Friedrich: Wir hatten damals am Deutschen Theaterinstitut Weimar die Möglichkeit, während des Studiums zu hospitieren. Eine sehr schöne Einrichtung, die ich auch jetzt, wenn ich selber Regisseure ausbilde, übernommen habe: in den Semesterferien Praktika an Theatern zu absolvieren – als Regievolontär oder Dramaturgievolontär. Ich wußte damals von Felsenstein relativ wenig; doch die Namen Brecht und Felsenstein faszinierten uns, und zu einem von den beiden wollte man in jugendlichem Ehrgeiz. Weil man eben so viel doch schon wußte: wenn schon lernen, dann gleich vom Besten lernen. Dann habe ich Felsensteins Proben zu »Falstaff« beigewohnt, mit Hans Reinmar als Falstaff, und da gingen mir die Augen auf, und ich fand, daß eigentlich ein Musiktheater, wenn es so versucht würde, wie es Felsenstein tat, mehr wäre und mehr sei als Theater allein – und auch mehr und etwas anderes als Musik allein. Ich habe dann begriffen, daß diese Tätigkeit, diese Methode, das Musiktheater, etwas sein könnte, wofür zu streiten und zu leben es sich lohnen könnte. Das waren so Vorgänge mit zwanzig, einundzwanzig Jahren. Und ich fing dann an – weil wir im Theaterinstitut Weimar ja auch viel Stanislawski studiert hatten –, meine Probenbeobachtungen auf Stanislawskische Weise aufzuschreiben. Das hab' ich Felsenstein später einmal gezeigt. Der fand das zuerst ziemlich überflüssig, wobei er immer sagte, Theorie hasse er, er sei ein Praktiker. Ich habe erwidert, das sei nicht Theorie, was ich da aufschreibe. »Ich schreibe es mir nur auf, um zu begreifen, ob Sie eine Methode haben und worin diese Methode besteht.« Daraus entstand eine neunzehnjährige Bindung und Zusammenarbeit. Wenn ich die Volontärzeit mitrechne, sind es sogar zweiundzwanzig Jahre gewesen. Neunzehn Jahre war ich an der Komischen Oper engagiert, zuerst als Dramaturg und Regie-Assistent, dann als erster Regie-Assistent und wissenschaftlicher Mitarbeiter und zuletzt als Oberspielleiter.

Dusek: Könnten Sie diese Methode in wenigen Worten wiedergeben?

Friedrich: Die Methode von Felsenstein hat drei Hauptaspekte. Der erste betrifft grundsätzlich die Ästhetik des Musiktheaters und meint, Oper besteht aus Elementen des Theaters und der Musik. Die Frage, was ist stärker, Theater oder Musik, hebt sich auf. Es treten verschiedene andere Künste hinzu: das Literarische und auch die bildende Kunst im Bühnenbild. Das sind Elemente, die verschiedenen Gesetzmäßigkeiten gehorchen, die in einer Aufführung aber alle in einem organischen Spannungsfeld aufeinandertreffen müssen. Sie geben ihre Eigengesetzlichkeit nicht auf, aber sie verschmelzen im Musiktheater. Dabei kann nie die Rede davon sein, daß das Theater die Musik hintenanstellt, aber es kann auch nicht bedeuten, daß die Musik sich über jede theatralische Glaubwürdigkeit – nicht die Musik selbst, sondern die musikalische Darbietung – hinwegsetzen müßte.

Zweitens – und es ist gut, daß gerade ein Regisseur das betont hat: Der Sänger-Darsteller, der singende Darsteller ist das eigentlich Wichtigste am Musiktheater, nicht der Dirigent, nicht der Bühnenbildner, nicht der Regisseur. Und der Ausbildung und der Methode, wie der Sänger-Darsteller arbeitet, galt das Hauptaugenmerk Felsensteins. Da gibt es Sätze, die besonders wichtig sind. Zum Beispiel, daß er die Musik so lernen und so singen soll, als würde er sie im Moment neu erfinden und schöpfen. Was heißt das? Wir sollten nicht als Zuschauer den Eindruck haben, daß da eine gelernte Partie schön gesungen, aufgesagt, daherrezitiert wird, sondern daß das Singen der höchste, wichtigste, schönste Ausdruck der Rollengestaltung ist. Zur Rollengestaltung gehört, daß der Text, auch der musikalische Text gewissermaßen wie im Moment erfunden kommt. Das setzt natürlich eine intensive geistige Vorarbeit voraus, eine analytische Arbeit: daß der Sänger mit Dirigent und Regisseur zuerst zu verstehen sucht, warum der Komponist das so geschrieben hat. Es ist reizvoll zu analysieren, welche Rollensituation zu welchem Gesang führt. Deshalb heißt die wichtigste Frage: Warum wird gesungen. Über das Wie – und das ist überall so, nicht nur an der Komischen Oper, sondern auch an der Staatsoper Wien oder an der Mailänder Scala –, wie gesungen wird, darüber streiten sich dann immer die Leute, und die Geschmäcker sind verschieden. Aber über das Warum kann man sich – wenn man es genau analysiert – eigentlich in den seltensten Fällen streiten.

Drittens war von Felsensteins Fragestellung zu lernen, warum Musiktheater überhaupt gemacht wird; daß die Stoffe des Musiktheaters nicht austauschbar sind gegenüber dem Sprechtheater; daß man überhaupt einmal fragt: Warum wird auf der Bühne musiziert? Welche Stoffe sind eigentlich für Musiktheater geeignet? Wenn wir zum Beispiel »Figaro« von Beaumarchais und Mozart haben oder »Othello« von Shakespeare und Verdi, dann muß ein Regisseur wissen, warum Verdi »Othello« zu einer »Othello«-Oper mit Boito gemacht hat, und ich muß in der Inszenierung herausfinden können, was Unterschiede zwischen dem Sprech- und Musiktheater bedeuten. So haben wir bei Felsenstein gelernt, daß das Singen etwas ist, das eine neue Dimension des Ausdrucks und des Daseins eröffnet, daß der Gegenstand des Musiktheaters alle die Dinge sind, die mit Worten allein noch nicht, nie mehr oder niemals auszudrücken sind.

Dusek: Wenn Sie sich an die Schulzeit zurückerinnern: Wissen Sie, wann Sie sich zum ersten Mal mit dem »Elektra«-Stoff beschäftigt haben?

Friedrich: Das war 1944 bis 1946. Bezeichnenderweise Krieg, Nachkriegszeit. Da haben wir in diesem Naumburger Domgymnasium den »Ödipus« und auch die »Elektra« von Sophokles direkt altgriechisch gelesen. Aber »Ödipus« hat mich damals sehr viel mehr beeindruckt; für die »Elektra«-Geschichte – ich weiß nicht, woran es eigentlich lag – fehlte noch Verständnis. Ödipus, als der Mann, der den Schuldigen finden will an einem Verbrechen, das erst später als ein Verbrechen erkannt wird, und der dann sich selber als den Verbrecher erkennt – das bleibt für mich nach wie vor der Archetypus einer Kriminalgeschichte, an die – trotz Hitchcock – keiner wieder herangekommen ist. Der »Elektra«-Stoff tauchte dann in meinem theaterwissenschaftlichen Studium zwischen 1949 und 1953 wieder auf. Da überraschte er mich. Vor allem, weil wir auch einen sehr guten Dozenten – Armin-Gerd Kuckhoff – hatten, der darauf aus war, uns klarzumachen, wie diese Figur der Elektra und wie besonders die Erkennungsszene zwischen Bruder und Schwester von Aischylos bis Euripides verschieden angelegt war. Bei Aischylos in der »Oresteia« bleibt ja Elektra eigentlich im Hintergrund. Dann machte Sophokles Elektra zur Titelgestalt einer Tragödie, und Euripides schließlich psychologisierte sie. Das waren die Begegnungen mit dem Stoff während meiner Jugendzeit. Doch die ganze »Oresteia«, der »Orestes«-Stoff, von Aischylos beginnend, das war etwas, das mich während meines Studiums sehr beschäftigte; die »Elektra« war wie ein Randprodukt davon.

Dusek: Es ist so, daß diese dritte Version von Euripides eine fast zivilisiert-humanistische Vorläuferin der Goetheschen »Iphigenie« ist. Da ist die Elektra mit einem Bauern verheiratet. Das Ganze ist sehr idyllisch, eher friedlich, es hat gar nicht so die Wucht wie bei Sophokles. In der abendländischen Stoffgeschichte ist nun neben dem »Ödipus«- sicher der »Elektra«-Stoff einer, der im 20. Jahrhundert urplötzlich aktuell wird, obwohl er dazwischen gar nicht so eine Rolle spielt. Es ging alles hin zur »Iphigenie« im Sinne der Entsühnung und Erlösung. In unserem Jahrhundert der Angst ist es wohl kein Zufall, daß Elektra als Figur wiederentdeckt wird.

Friedrich: Es ist interessant, wie sich in der Rezeption des Stoffes auch die Vorlieben der Adapten gegenüber Sophokles und Aischylos wandeln. Für Goethe war Sophokles das Vorbild. Bis hin zu Hofmannsthal war Sophokles der große Olympier, der in irgendeiner Form das klassische Ideal noch am stärksten erfüllte. Aischylos als Vorgänger und Euripides als Nachkomme waren jahrhundertelang in der deutschen Literatur- und Theatergeschichte Außenseiter. Mir scheint, daß die »Oresteia« des Aischylos tatsächlich nach dem Ersten und Zweiten Weltkrieg eine ganz besondere Bedeutung gefunden hat. Ich bin jetzt kein Statistiker, aber ich glaube, man könnte herausfinden, daß die »Oresteia« nach 1945 viel öfter gespielt wurde als je zuvor. Woran liegt das? Weil natürlich in der »Oresteia« die Nachfahren eines großen Krieges damit fertig zu werden haben, was der Krieg nicht nur beim Feind angerichtet hat, sondern bei ihnen selber: in der eigenen Familie, im eigenen Staat, in der eigenen Psyche. Und da kommen wir ziemlich genau auf das hin, was die Figur Elektras möglicherweise schon seit Beginn dieses Jahrhunderts so interessant macht. Auf der einen Seite ist sie der nahezu klassische Gegenpol zu Ödipus, der die Sohn-Mutter-Beziehung in beinahe Freudscher Vollendung verkörpert – sie, Elektra, dagegen das Tochter-Vater-Verhältnis. In Elektra–Agamemnon ist das Spiegelbild der psychoanalytischen Beweisführung gegeben. Aber dahinter steckt noch etwas anderes. Man kann das alles ja nicht nur von Freud oder nur von Jung her begreifen. Ich glaube, dahinter steckt noch, daß die Elektra vor allen Dingen deshalb eine aufregende Figur ist, weil sie in den Nachwehen eines Krieges Außenseiter geblieben ist, sich nicht dem neuen Arrangement, der neuen Etablierung einfügen möchte und eigentlich auf eine ungeheure Weise diejenige ist, die meint, Ungerechtes kann nicht einfach vergessen werden. Daß sie damit selber auf eine überraschende Weise wieder reaktionär ist, das ist eine weitere Folge. Durch das Sich-Verweigern, allen und allem gegenüber, ist sie so wie ein Fossil des alten Gedankens »Auge um Auge, Zahn um Zahn«. Wenn ich »reaktionär« sage, so meine ich es nicht so wie im heutigen politischen Sinne als etwas Negatives. Es gibt auch Ähnliches im thebanischen Sagenkreis. Diese Figuren – Ödipus, Elektra und Antigone –, sie alle sind wie eine große Familie abendländischer Archetypen. Auch Antigones sprichwörtliche Humanität hat reaktionäre Züge. Was liegt vor? Der Staat hat ein Interesse, die in einem Rebellenkrieg Gefallenen nicht zu bestatten, ihnen keine Heldenverehrung zu gewähren. Irgendwo ist das Interesse dieses Staates, wenn man es einmal genau sieht, verständlich. Antigone kehrt sich gegen die Interessen des sich gerade erst sichernden Staates im Übergang von der Gentilordnung zum Staatswesen und handelt konservativ. Sie ist eine individuelle Rebellin, aber aus reaktionärer Haltung. Gerade aus solchem Widerspruch signalisiert sie etwas ganz Aufregendes; sie signalisiert Humanität auch über das hinaus, was gerade modern oder progressiv erscheint. So wird Antigone eigentlich durch eine sehr begrenzte, dem religiösen Brauchtum verhaftete Handlung so etwas wie eine große humane Revolutionärin. Ähnlich ist es bei Elektra. Auch in ihrer Haltung finden sich reaktionäre Züge. Sie kommt in eine verteufelte Lage. Wenn wir noch Bachofen und Friedrich Engels in unseren Betrachtungskreis einbeziehen, dann ist Elektra die Verfechterin eines für sie schon traumatisch gewordenen Patriarchats gegenüber den von Klytämnestra extrem vertretenen Prinzipien des Matriarchats. Mit anderen Worten: Elektra verteidigt die Position des Mannes, des Patriarchen, des Vaters gegenüber den Ansprüchen der Würde der Frau: gegenüber der aus dem Matriarchat gewonnenen Stellung der Frau. Weil aber Kunst nicht nach dem soziologischen Schema verfährt, ist es nun besonders interessant, daß der matriarchalische Anspruch Klytämnestras von ihr selbst wieder pervertiert wird und Elektras Anspruch, den Vater zu rächen, lange nicht mehr nur als Kampf Matriarchat–Patriarchat zu sehen ist, sondern letztlich etwas bedeutet, das ganz aktuell ist: die Situation einer Nachkriegsgeneration, die den Anschluß an das weitere Leben nicht mehr gefunden hat und nicht mehr finden will, die selbst von Vorgängen der Befreiung, der Erlösung plötzlich ausgeschlossen ist, so daß am Ende der Ruf der Chrysothemis »Orest, Orest« völlig ohne Antwort verhallt. In Europa können wir ruhig die erste Hälfte unseres Jahrhunderts als die Zeit der großen Weltkriege zusammenrechnen. Daher finde ich, daß die »Elektra«-Geschichte auch ein Versuch ist, dieses Trauma von Krieg und Nachkrieg zu bannen.

Dusek: Jemand wie Sie, der »Ödipus« im Burgtheater gestaltet hat und »Elektra« im Film, der immer wieder klassische Stoffe der Antike aufs neue belebt hat, könnte uns vielleicht deutlich machen, welche Funktion die alten Mythen haben. Es kommt hier ja alles an tabuisierten Verbrechen vor: Der Inzest ist noch das harmloseste; Stellvertreter-Mord, Ritualmord, Menschenfressertum. Kein Kriminalphantast und kein Voyeur erfindet heute solche ungeheuerlichen Storys. Und das alles in Erzählungen der Homerischen Zeit, anekdotisch verbrämt und darum so besonders makaber, so besonders anschaulich. Was ist an den mythologischen Dingen so aktuell? Sie haben jetzt den Ödipus, die Elektra, die Antigone genannt, diese Figuren des klassischen Repertoires als eine Familie der abendländischen Archetypen. Wir wissen heute von Freud und von C. G. Jung, was an unaufgearbeiteten, traumatischen Vorgängen im Menschen verborgen ist. Das würde auf diese anekdotischen Ungeheuerlichkeiten der Mythen noch viel mehr zutreffen.

Friedrich: Sie haben völlig recht. Aber der Begriff, daß das klassische Figuren seien, trifft genau gesehen gar nicht zu. Denn die griechischen Tragiker waren ja in der seltsamen, interessanten Situation der Neugründung der Polis Athen, dieser ersten Demokratie in Europa, allerdings einer Demokratie der Sklavenhalter, einer oligarchischen Demokratie, und wenn man es genau nimmt, einer Elitendemokratie, zumindest einer Demokratie der Staatspensionäre. Diese Leute haben in diesen Figuren Charaktere, Figuren aus der unmittelbaren Vorzeit beschrieben, aus der unmittelbaren barbarischen Vorstufe der von ihnen geglaubten neuen Zivilisation. Und von der Position eines freilich nur vorübergehend gesicherten Staatswesens haben sie wie von einem Schiff heraus diese Meeresuntiere, diese Psycho-Monster besichtigt, die in die eigene Geschichte hineinreichten. Und sie haben sich selbst und ihren Zuschauern Angst gemacht vor diesen Figuren und taten so, als sei das ihre unmittelbare Vorgeschichte gewesen. Das Unerhörte liegt nun darin, daß die Griechen es fertigbrachten, mit diesen Figuren einen Verfremdungsprozeß einzuleiten, sie als Ungeheuer einer unmittelbaren Vergangenheit zu schildern, aber diese Verfremdung – wie immer bei der Verfremdung – einzusetzen als großen Annäherungsprozeß, um zu zeigen, daß in jedem von uns diese Dinge aus der unmittelbaren Vorzeit noch stecken. Am ehesten ist diese große Blütezeit des Theaters in Athen mit dem vergleichbar, was Shakespeare gemacht hat. Shakespeare zur Zeit des Elisabethanischen Englands glaubte ja ähnlich, unter Queen Elizabeth I. ein Staatswesen zu finden, in dem die Konflikte des Hundertjährigen Krieges, der Rosenkriege vorbei wären. Und die Ungeheuer, die Shakespeare als Richard III. oder Macbeth beschrieben hat, das waren ja auch Ungeheuer der Vorzeit. Etwas Seltsames: Man braucht offenbar, um Zivilisation zu bestimmen, die Menschen, die durch große, gewaltige Gedanken und Leidenschaften im zoologischen Garten der Psyche der Vorzeit stehen und sich da aufhalten. Und das sind Figuren wie Agamemnon, wie Elektra, wie Macbeth und wie Lear.

Dusek: Bei Aischylos ganz besonders, glaube ich, wird eine genaue Kenntnis der Mythen vorausgesetzt. Ein bißchen davon schlägt in den »Elektra«-Stoff hinein. Mir ist erst jetzt klar geworden, daß das »Bist doch selber eine Göttin« die Anspielung darauf ist, daß Klytämnestra von Leda abstammen könnte – Leda oder Nemesis, je nach Quellen verschieden. Offenbar etwas, das in der Antike wirklich bekannt war, aber das auch ein Hofmannsthal voraussetzen konnte; heute kann man es nicht mehr. Welche Kenntnis der Mythen konnte man damals wirklich voraussetzen? War das ein Elitentheater für die gebildete Schicht? In Ihrer Version der »Elektra« zeigen sie diese mutterrechtlichen Schlachtungskulte, die Blutorgien. Glauben Sie, daß es zum besseren Verständnis solcher Szenen notwendig ist, sich zu informieren, oder meinen Sie, daß diese Dinge assoziativ für sich sprechen? Ist der Unterschied von damals zu heute groß, war die Kenntnis einfach größer?

Friedrich: Ich glaube, daß auf jeden Fall damals die Kenntnis von diesen Stoffen so vorhanden war, wie beispielsweise im Mittelalter bei den Mysterienspielen die partielle Kenntnis der Bibel – vom Neuen Testament und vom Alten – vorausgesetzt wurde. Dabei ist der Begriff der partiellen Kenntnis wichtig: Nach Homer hat doch jeder Sänger, jeder Vortragende immer wieder selbst geändert. Es gab damals ja keine verbindliche Version der Mythologie à la Schwabs »Die Sagen des Klassischen Altertums«. Mythologie war stets sich veränderndes Erfahrungs- und Phantasiematerial, lebendige Vergangenheit, in die Gegenwart reichend. Wenn ich also antike Stoffe auf der Bühne oder wie nun im Film gestalte, geht es nicht so sehr darum, daß eine Kenntnis der Mythologie vermittelt werden sollte, sondern darum, was wir mitzuliefern haben, was in zweitausend Jahren aus diesen Grunderkenntnissen, aus den Archetypen geworden ist. Und da, denke ich, hat die Geschichte unerhört viel an diesen Tragödien mitgeschrieben. Es gibt überhaupt kein Stück aus der weiteren oder jüngeren Vergangenheit, an dem nicht die Menschen immer weiter mitgeschrieben haben. Kein Stück existiert so, wie es aufgeschrieben wurde. Wenn es gut ist und immer wieder aufgeführt wird, verändert es sich mit der Zeit, die weiter mitschreibt – also Erfahrungen von Krieg, Erfahrungen von Trümmern, Ruinen, aber nicht nur Ruinen als Dekor, sondern Ruinen als seelische Landschaft. Und da glaube ich, haben wir im 20. Jahrhundert einige zusätzliche Erfahrungen gemacht, die schlimm genug sind.

Dusek: Seit Beginn der Hochkulturen haben wir eine Ethik, die auf bestimmte Positionen hinausläuft: auf Humanität, Überwindung des Egoismus, auf Einhalten von Geboten, die den Garten Eden, das Goldene Zeitalter ja sofort umsetzen würden, wenn sie als Regeln verwirklicht würden. Doch wir bringen es jahrtausendelang nicht zusammen, obwohl wir uns immer wieder bemühen – durch Religion, Theater, durch Kunst. Die Spannung zwischen der Moral und dem, was die Menschen dann wirklich tun, woher kommt sie? Die Aggressionen, das Rudelverhalten, die Machtgier – sie decken sich mit dem, was in den Mythen schon beschrieben wird und was wir im Grunde nach wie vor tun. Ich glaube, daß allen zum Trotz, die immer wieder die Humanität beschworen haben, das Archaische, Grauenhafte viel stärker ist. Und vielleicht ist das ein Grund, warum eben ein Stoff wie »Elektra« so ungeheuer aktuell ist. Die Verzweiflung, die Aussichtslosigkeit, die »Rache ohne Erlösung«, dieses belastete Vater-Mutter-Verhältnis – alle diese höchst komplexen Dinge sind halt leider immer wieder Realität.

Friedrich: Der Mythos ist ein verfremdetes, künstlerisch gestaltetes Erfahrungsmaterial, und er ist nicht dadurch zu aktualisieren, daß man ihn dem 20. Jahrhundert auf den Leib schneidert. Er muß fremd, bedrohlich, vorzeitlich bleiben, um die Assoziationen der Warnung – Menetekel der Bedrohung – wirklich ausstrahlen zu können. Ihn zu schnell einzubetten, finde ich falsch, wobei ja nichts zu sagen ist gegen all die Versuche bis zu Giraudoux und anderen, die mit ihren Stücken bewiesen haben, daß diese Verhaltensweisen, diese Grundstrukturen, diese Archetypen eben in verkleinerter, verkleinernder Form auch tatsächlich in jedem Moment unseres bürgerlichen Lebens vorkommen. Diese Adaptionen finde ich deshalb anregend, weil sie dann wieder das Bedürfnis wecken und die Notwendigkeit erkennen lassen, daß wir uns mit den Originalen dieses Mythos konfrontieren. Und diese Konfrontation, die muß dann aktuell sein.

Dusek: Wann begannen Sie mit den konkreten Vorbereitungen?

Friedrich: Ich habe mit Karl Böhm Mitte der siebziger Jahre »Salome« gemacht, für UNITEL. Und nach Wunsch von Dr. Böhm ist bald schon die Idee entstanden, man müßte als eine Art Doublette zu diesem »Salome«-Film die »Elektra« einspielen. Ich selber habe das immer so ein bißchen vor mir hergeschoben, weil ich nicht besonders gern an diese »Elektra« heranwollte. Auf der Bühne habe ich sie nie gemacht. Ich habe da eine Scheu davor. Warum? Anders als bei der »Salome« macht die Funktion des orchestralen Apparates im Verhältnis zu den Stimmen und den stimmlichen Möglichkeiten eine weitgehende Verständlichkeit des gesungenen Vorganges so schwer, daß ich mir als Regisseur bei aller tiefen Verehrung und Erschütterung für diese Musik oft sagte: Warum muß ich eine Oper inszenieren, wo ich zwar sehe, daß die Leute singen, aber gar nicht höre, was sie singen? Ich vereinfache jetzt ein bißchen, aber im Unterschied zu »Salome« ist tatsächlich die Vermittlung dieser Exzesse des Emotionalen und Gedanklichen durch die Stimme im Zusammenhang mit einem Orchester weitaus schwieriger. Es hat mich nicht gereizt, das auf der Bühne auszuprobieren. Als ich mir darüber Gedanken machte, reizte es mich natürlich, das für den Film, für das Fernsehen zu testen, da ja durch die Tonaufnahme die Gefährdung, der diese Gesamtpartitur und ihre Sänger auf der realen Bühne ausgesetzt sind, weitgehend klug ausbalanciert werden kann. Das war ein entscheidender Grund, warum ich dann, nachdem ich mich so lange dagegen gewehrt hatte, gerne an diesen Film ging.

Dusek: Wann haben die Verhandlungen begonnen, gleich nach der »Salome«?

Friedrich: Das war 1974/75, dann kam 1978/79 der »Falstaff«. Und als dann der »Falstaff« gedreht war, wurde gefragt: Kinder, was ist mit der »Elektra«? Aber die eigentliche Arbeit an der »Elektra« war dann zeitlich doch sehr eng. Wir haben gedreht im Sommer 1981, die Aufnahmen mit Karl Böhm entstanden im Frühjahr. Und eigentlich erst seit November 1980 war es klar, daß das alles zustande kommt. Und da setzten fieberhaft eilig, aber in starker Konzentration die Vorbereitungen und konzeptionellen Überlegungen, vor allem was das Optische betrifft, ein. Das Drehbuch selber habe ich erst im April/Mai 1981 geschrieben, während der »Lou Salomé«-Produktion an der Münchner Staatsoper.

Dusek: Was sind die Hauptgedanken dieses Konzeptes, das dann vor allen Dingen mit Josef Svoboda und Pet Halmen zusammen entwickelt wurde?

Friedrich: Hier greift Verschiedenes ineinander. Da ist eine Welt, in der die Ruinen einer verlorengegangenen Zeit zu sehen sind, wo aber auch die sogenannte Neue Zeit sich mit all ihrer Fragwürdigkeit herausgebildet hat. So etwas wie ein moderner Glaspalast, so etwas wie eine merkwürdige Hochburg einer Versicherung, aber jetzt im doppelten Sinn eine Versicherung: auf die Zukunft, wie sie Klytämnestra mit Ägisth errungen zu haben glaubt. Und dann die Arbeitswelt. Damit stehen sich drei Themen in diesem Stoff gegenüber: Elektra, schmutzig, dreckig, haust gegenüber der Arbeitswelt, zu der sie auch ganz und gar nicht gehören will. Und diese Arbeitswelt bedient die neuen Herren, die in einer solchen glatten Burg, in einem glatten Schloß, in einem solchen Versicherungsgebäude hausen. Das alles hat nichts mit Modernisierung oder Aktualisierung zu tun, es hat alles nur damit zu tun, die seelischen Spielorte auch optisch genau voneinander abzugrenzen. Denn ein Hauptwunsch von mir: den Film von vornherein nur in Schwarz-Weiß zu drehen und durch Kopierung, durch Nachkopierung oder Hineinkopierung nur das Rot zu bekommen, das Rot des Blutes, das Rot der Schuld, das Rot des Menetekels. Es stellte sich heraus, daß das aus technischen Gründen nicht geht. Ich wollte dieses Konzept nicht wegen technischer Schwierigkeiten zu Tode reiten. Nach langen Überlegungen fiel die Entscheidung, Dekorationen und Kostüme weitgehend einfarbig oder in einer seltsamen Monochromität zu lassen, in der nur blau-graue und sepiahafte Töne aufeinander treffen und miteinander in eine Spannung geraten, so daß das jeweilige Rot zu diesem Blaugrau wie zu dem Sepia als eine Beunruhigung und Alarmierung immer hinzutritt. Das Rot, das von Anfang an da ist – wenn das Stück damit anfängt, daß die Mägde das Blut immer wieder wegschrubben müssen –, dieses Blut, das ist die Narbe, ist das Mahnmal. Das ist nicht zu beseitigen – aber vor allen Dingen ist es nicht aus den Köpfen der Menschen zu beseitigen. Man kann da als Filmarchitekt noch soviel rote Farbe hinmalen, das Allerwichtigste ist, daß das Blut in den Köpfen und Halluzinationen der handelnden Figuren vorhanden ist.

Das sind einige Eckideen der Konzeption. Und ich möchte gleich einen weiteren sogenannten Einfall hinzufügen: daß das Stück im Regen beginnt. Man muß sich ja ganz naiv überlegen, warum schrubben die gerade heute. Man kann das natürlich jeden Tag tun, aber wir spielen das Stück, und wir können nicht sagen, daß es jeden Tag getan wird – es muß in der Oper gerade heute passieren. Und wie ist das da unten in Mykene? Wenn es regnet, ist die beste Gelegenheit, zu waschen. Das ist ein äußerer Grund. Einen anderen Grund findet man in Maeterlincks »Pelléas und Mélisande«, wo im Vorspiel der Pförtner den Mägden, die saubermachen wollen, zuruft:

»Gießt Wasser aus, gießt Wasser aus,
gießt alles Wasser der Sintflut aus;
ihr kommt doch nie zu Ende....«

Das ist ein Motto, das in seiner großen epochalen Bedeutung diesem »Elektra«-Stoff, wie ich ihn sehe, genau entspricht. In unserem Film regnet es zu Beginn und dann wieder am Ende, als das Blut geflossen ist: das schuldige Blut des Ägisth und der Klytämnestra und ihrer Gefolgsleute, als das große Morden im Palast erfolgt ist.

Daraus entsteht das Schlußbild: daß Elektra stirbt und zusammenbricht in einem Meer von Blut und Regen. Daß also gerade die Elemente – das, was sie rächen wollte oder was sie immer gejagt hat, Blut, und das, was das Blut wegwaschen könnte, der Regen – ein neues Element ergeben, ein Blut-Regen-Gemisch, das ihr Grab wird. Gelöst ist diese Tragödie nicht. Eine Lösung gibt es nicht. Denn nun kommt – wenn ich vom Schluß sprechen darf – das zutiefst Erschütternde dieser Geschichte. Orest ist gekommen, um an seiner Mutter die Ermordung seines Vaters zu rächen. Er findet Elektra. Aber er findet Elektra in einem Zustand, den ein von Pylades – oder wie auch der Erzieher heißen mag – Erzogener nicht mag. Er sieht sie, erkennt sie als psychische Ruine, als im Grunde Wahnsinnige oder während dieser ganzen Leidens- und Wartezeit Krankgewordene. Wenn er sein Amt getan hat, wenn er die Rache vollzogen hat, wenn er dieses Argos befreit hat von den Schuldigen und wenn er sieht, wie Elektra tanzt und ganz wirres Zeug redet: »Schließt Euch an...«, da tut er etwas Böses. Da schließt der Befreier sich wieder in diesen Palast ein. Er schließt die Fenster und Tore und läßt Elektra mit der wieder herauslaufenden Chrysothemis draußen – wie man primitiv sagt – im Regen stehen. Etwas Fürchterliches: Die Befreier brauchen nicht mehr die, die in schlimmen Zeiten gelitten und alles durchgemacht haben bis hin zu dem Moment der Untüchtigkeit, um etwas Neues mitaufzubauen. Das ist auch eine Grausamkeit der geschichtlichen Lehre, die viele nach 1945 mitgemacht haben.

Dusek: »Rache ohne Erlösung« – dieser zweite Titel des Buches ist ja nach Beobachtungen während der Dreharbeiten entstanden. Elektra ist in ihrem Zerstörungstrieb vor allem selbst die Getroffene. Aber weiß Elektra zu diesem Zeitpunkt, daß der Bruder nicht mehr da ist? Sie stirbt doch in einem Moment, wo sie so kaputt ist, daß sie den Tod selbst will. Chrysothemis – sie bekommt noch alles mit. Sie ist die total Getroffene.

Friedrich: Elektra ist in diesem Moment, wo das erfolgt ist, was sie über Jahre ersehnt hat, in einem Zustand, der sie wirklich »entrückt«. Sie sieht in dieser Tat des Orest – wenn wir auch diese Worte von Hofmannsthal nehmen – eigentlich so etwas wie den Anbruch einer neuen, einer schöneren Zeit. Mir ging es darum, die Selbsttäuschung einer solchen Zukunftsromantik der Elektra zu zeigen. Und zu zeigen, wie gefährlich es ist, so vorschnell an Erlösung und Befreiung wirklich zu glauben. Sie glaubt daran, sie merkt nicht mehr, was um sie herum vorgeht. Es ist ja sehr oft so, daß, wenn die Tat geschieht, derentwegen man sich noch aufrechterhalten hat, dann der eigene Tod eintritt. Dieser Tod kann im Moment eintreten oder ist ein Prozeß wie bei Elektra.

Dusek: Wir haben jetzt sehr weite Bogen gespannt, aber ich würde gern aus ihrem Mund die Story der »Elektra« hören, und zwar so banal, daß man sie so wie eine Einführung in ein Programmheft schreiben kann. Was geschieht in »Elektra«?

Friedrich: Nachdem ein Krieg eigentlich schon lange vorbei ist und nachdem die Leute begonnen haben, sich neu zu etablieren, ihr Leben neu zu organisieren, haust die Prinzessin Elektra in einer selbstgewählten Verbannung in den Trümmern des alten Schlosses, das einst bewohnt wurde von ihrem Vater, von der ganzen Familie bis zu dem Moment, wo der Vater von der Mutter erschlagen wurde. Elektra lebt und will nur noch, daß diese Tat – dieser Mord oder dieser Totschlag, das wird von ihr nicht diskutiert – an ihrem Vater gerächt wird. Und zwar gerächt wird an der Mutter wie an deren Geliebten Ägisth, der der Mutter bei der Tötung des Vaters beistand. So lebt sie jahrelang in einer entwürdigenden Situation. Im Grunde in einem permanenten Hungerstreik, in einer permanenten Verweigerung von allem, was es gibt. Wie Leute in Gefängnissen, die alarmieren wollen. Dieses Fanal, dieses Beispiel will Elektra geben. Die Bemühungen ihrer Schwester Chrysothemis, die die Schwester wieder ins Leben zurückziehen will, fruchten nichts. Chrysothemis ist so etwas wie eine Mittlerin zu dem Leben, wie es entstanden ist, wie es nun Klytämnestra und Ägisth führen. Aber Elektra täuscht sich, wenn sie denkt, ihrer Mutter tut die Geschichte von damals nichts an. Auch ihre Mutter wird von den Schatten, von den Schuldgefühlen, von der Absurdität dieser Tat und der Widersprüchlichkeit der Argumente dafür und dagegen verfolgt. Es kommt schließlich zu der großen Begegnung zwischen Mutter und Tochter: Es ist der Versuch der Mutter, von der Tochter eine Befreiung aus dem eigenen Schuldkomplex zu erhalten. Und die Liebe der Mutter zu der Tochter, die da ins Exil – aber im eigenen Schloß – gegangen ist, ist eigentlich nicht zu überhören. Aber es zeigt sich, daß die Tochter kompromißlos ist, daß sie kompromißlos bleiben will und daß sie in ihrer träumerisch sich anerzogenen, aufdiktierten Haltung, den Vater rächen zu müssen, nicht das geringste Ohr für neue Entwicklungen hat, für neue Probleme, die von der Mutter an sie herangetragen werden. Sie ist bereit, als die vermeintliche Nachricht – eine Zeitungsente

– verbreitet wird, ihr Bruder sei tot, die Mutter selbst zu erschlagen. Aber ehe sie das tun kann, kommt ein Fremdling, in dem sie dann schließlich den erhofften, totgesagten Bruder Orest erkennt. Dieser Orest wird in den Palast gehen und das tun, was Elektra glaubte tun zu müssen. In dem Moment, wo Klytämnestra und Ägisth tot sind, erlischt in dieser Elektra die ganze Spannung, die sie bisher am Leben erhalten hat. In einem großen Jubeltanz feiert sie den Tod ihrer Mutter und deren Geliebten und weiß gar nicht, daß diese Feier ihr eigenes Begräbnis ist. Weiß nicht, daß sie, wenn der Bruder auf den Schutthalden von alter Schuld und Sühne möglicherweise eine neue Welt aufbauen will, bei einer solchen Neuorganisation gar nichts mehr zu tun, nichts zu sagen hat. Sie ist Opfer allemal von den fürchterlichen Widersprüchen, die in der Vergangenheit passiert sind. Und eigentlich ist ihr Opfer, ihre Selbstaufgabe das Menetekel für alle, die etwas Neues herausbilden wollen: Sie vergessen die Opfer, die ihnen den Weg wiesen. Wie schon gesagt: Der Befreier Orest erweist sich als konsequent. Er verschließt Fenster und Tore vor seinen beiden Schwestern. Es ist eine grausame Ab- und Ausgeschlossenheit, in der eine Tote zurückbleibt und die, die den Tod der Schwester betrauert. Wo ist Hoffnung? Wohin geriet das »Prinzip Hoffnung«? Das bleibt die Frage.

Dusek: Es gibt in unserem Jahrhundert kaum ein Stück, das so ganz und gar von den existentialistischen Ängsten durchsetzt ist. Weder Camus noch Sartre sind in ihren Stücken so nihilistisch wie diese Hofmannsthal-»Elektra«. Wodurch ist das so? Geht es von der Musik aus, kommt es vom Aufgreifen der alten Mythen, davon, daß Hofmannsthal gerade solch eine Kombination gegeben hat? Ich glaube, sowohl bei Ihrer Inszenierung als auch bei Hofmannsthal kommt etwas Interessantes heraus. Die sympathischste Figur in manchen Momenten ist eigentlich die Klytämnestra. Wenn nicht Chrysothemis, die das Leben bejaht. Aber das Leben, das so sinnlos verpufft, ist ja auch sehr trostlos; sie lebt, ohne zu wissen warum. Es ist ja nicht das befreiende Leben, sondern das angepaßte. Der Ruf nach Normalität bei den Aussteigern.

Trotz aller Schuld Klytämnestras müßte Elektra Mitleid mit ihr haben. Das Sich-Verweigern gegenüber der Mutter, das ist die neue Schuld, dort wäre Platz für das »Prinzip Hoffnung«. Das kommt aber in dem Stück nicht vor. Jetzt noch zur Vorgeschichte. Klytämnestra rächt ja auch nur schuldiges Verhalten. Agamemnon war bereit, die Tochter zu opfern. Ägisth ist der Sohn des Bruders, der seine eigenen Kinder von Atreus zum Mahl vorgesetzt bekommen hat. Ein ungeheuerlicher Vorwurf; denn wer denn darf das Recht der Blutrache haben wie der Sohn eines so grauenhaft Betrogenen – aus Rache für etwas, das wieder der Urgroßvater verbrochen hat. Die Schuld ist nicht von Klytämnestra vom Zaun gebrochen worden. Bei Elektra wäre ein Schritt möglich; und der kommt nicht.

Friedrich: Man könnte das weiterführen und könnte wieder Aischylos bemühen und feststellen, daß ja Agamemnon nicht nur die Opferung der Tochter von der Mutter zum Vorwurf gemacht wird, sondern auch, daß er zurückkommt mit einer Sklavin, mit einer scheinbaren Geliebten, mit der Kassandra. Klytämnestras Tat ist in der Vorgeschichte, so wie wir sie aus der Mythologie her kennen, die Tat eines großen Aufbegehrens einer verletzten, einer stolzen Frau. Das macht auch die »Orestie« von Aischylos schließlich so problematisch, wenn es um die Beurteilung der Tat des Orestes geht, daß beim »Freispruch« auf dem Areopag – welche große Vorschule der Demokratie und der demokratischen Justiz – die Stimmenzahl für oder gegen Orest gleich ist, einschließlich der Stimme Athenes. Bei uns wurde das Gesetz erst nach zwei Jahrtausenden mühsam durchgesetzt: In dubio pro reo – im Zweifel für den Angeklagten. Diese Tat des Orest – Muttermord – ist schon in der Mythologie etwas Abnormes gewesen. Und der Gattenmord wurde bei den alten Schriftstellern doch zumindest bei Klytämnestra psychologisch von ihrem verletzten Stolz her, von ihren Muttergefühlen her so weit begründet, wie das heute ein guter Strafverteidiger kaum besser machen könnte. Interessant ist, daß wir von dieser Vorgeschichte in der Oper von Hofmannsthal ganz wenig erfahren. Wir erfahren nur: Sie erschlugen ihn im Bade, sie und ihr Geliebter; in dem ersten großen Arien-Monolog der Elektra heißt es so. Dann erfahren wir, daß Orest außer Landes gegangen ist; man weiß nichts von ihm. Aber die wirklichen Motive der Klytämnestra spielen eigentlich für Hofmannsthal im Sinne einer juristischen Schuldminderung gar keine Rolle. Eine Rolle spielt die Grundfrage, wie die Bindungen zwischen Menschen in einer grausamen Zeit pervertieren, wie es ist, daß eine Tochter ihre Mutter so haßt, daß sie sie umbringen müßte. Wie es ist, daß die andere Tochter um diesen Haß weiß, aber es der Mutter nicht sagt. Im Grunde wird in dieser Oper alles getan, diesen Archetypus wieder vom Bildungs-Theater wegzubringen und ihn uns so anspringen zu lassen, von den Gefühlen, von den Exzessen her, daß wir aufschrekken und denken: Ist es nicht doch eine Geschichte, die heute in unseren Kreisen genau so möglich ist? Wir bedürfen nicht der Absicherung durch Kenntnis der Vorgeschichte, um das Ungeheuerliche mitzuvollziehen, daß eine Tochter den Tod ihrer Mutter will, weil dem Vater Schlimmes zugefügt wurde. Das ist bestes TV.

Dusek: Jetzt sind wir wieder beim Film. Sie haben das Konzept erarbeitet und während der Dreharbeiten im Detail ein wenig verändert. Ich glaube, eine vorgesehen gewesene zusätzliche Figur ist auch weg, über die wir die ganze Zeit noch nicht gesprochen haben: Iphigenie.

Friedrich: Ja, die ist weg. Ich wollte erst haben, daß Elektra an diese wunderschöne Zeit optisch denkt, sich rückerinnert an den Vater mit seinen drei Töchtern: so ein friedliches Familienfoto. Darauf haben wir dann aber verzichtet. Was bei diesem Film dann sehr wichtig wurde ist, daß ich stärker, als ich das im Drehbuch überhaupt vorzeichnen konnte, zusammen mit dem Kameramann vielfältiges Material hergestellt habe über all das, was wir Opferzug nennen, über all das, was zur Mordszene gehört. Vor allen Dingen aber auch über den Vater Agamemnon, der immer wieder als Toter erscheint. Viel öfters übrigens in der Endschnitt-Fassung, als es im Drehbuch vorgesehen ist. Und nicht in einer Form, daß man gleich erkennt: Aha, das ist der Geist. Sondern: Er scheint da unten in den Grüften, in den Gewölben, in denen Elektra haust, durchaus zu leben, mit ihr zu leben, beziehungsweise sie lebt mit ihm. Und wenn der Bruder kommt, ist er plötzlich an einer anderen Stelle dieses Labyrinths und scheint dazusein, so daß im Grunde die Frage, daß man ihn sühnen müßte, schon wieder zu einem fast absurden Appell wird, da er ja anscheinend lebt. Und in dem Moment, wo sie dann sagt »Agamemnon hört dich« – von diesem Moment an werden wir ihn nie mehr sehen; sie hat eigentlich im Grunde in ihrem Traum den Vater verloren. Das sind manchmal kaum beschreibbare Prozesse, die durch die Weiterarbeit an dem Film entstehen. Ein Film hat ja bei einem Regisseur drei große Stufen: die Vorbereitung bis hin zum Drehbuch, einschließlich optischer und aller anderen technischen Dinge; dann die Dreharbeiten und dann die Montage. Und der Schnitt ist auch bei diesem Film, wie sich herausgestellt hat, für die Mitteilung dessen, was wir gewollt und getan haben, ein unerhört wichtiger Vorgang geworden.

Dusek: Wir kommen jetzt gleich auf diese technischen Dinge zu sprechen. Ich würde sagen, wir haben sehr genau über die Phase 1 gesprochen, das ist das Erstellen des Konzeptes. Auch über die optische Umsetzung, die man in dem Buch nicht näher ausführen muß, weil man ja hundertfünfzig Seiten Fotos hat – davon die Hälfte in Farbe. Mehr kann man gar nicht tun. Wir haben die Story, die für das Umsetzen des ganzen Konzeptes notwendig war. Jetzt reden wir über Phase 2 und 3: Kampf mit der Technik. Aber vorher hätte ich noch eine Frage gestellt: Was ist das Labyrinth konkret? Gibt es da irgendwelche Vorbilder?

Friedrich: Ein bißchen – ja. Einer meiner größten Eindrücke war für mich Fellinis »Satyricon«. Da kommt ein Gladiator mit einem Ungeheuer in einem Labyrinth zusammen, und dann sehen wir plötzlich durch Kamerahochfahrt, daß auf einem anderen Schauplatz die Leute von oben vergnügt in das Labyrinth hinabschauen. Und man muß plötzlich feststellen, daß das, was dem einen Todesangst macht, für die anderen Voyeurismus bieten kann. Das ist eine der aufregendsten philosophischen Aussagen, die durch Film gemacht wurden. Es geht mir immer durch den Kopf: daß auch Elektra gewissermaßen in einem Labyrinth gefangen ist, in ihren Rachegefühlen, in denen sie sich schließlich selber verfängt, und den Weg nach außen und nach oben kaum so richtig findet. Das war maßgebend für die Tatsache, daß ich sie in den Trümmern unten habe leben, hausen lassen, dort, wo sie auch das Beil versteckt, dort, wo sie den Kopf der zerschlagenen Statue des Vaters eingewickelt trägt – wie mit dem Schweißtuch des Heilands –, und dort, wo ihr immer der Vater erscheint und zuschaut. Das ist das Labyrinth der alten Burg. Ich wollte einen geistigruinösen Raum schaffen.

Dusek: Diese »Elektra« hat ja doch, glaube ich, ein Maximum an technischem Aufwand gebracht, allein was die Größendimensionen betrifft, dazu Nebel, Wasser, Blut. Ist das bei Filmen so üblich, oder wollten Sie bewußt naturalistisch sein. Man arbeitet doch oft viel mehr mit Tricks.

Friedrich: Film erreicht die raffiniertesten Wirkungen oft durch einfachste Mittel. Sie zitieren den Regen. Natürlich weiß man, daß man nur über der Kamera eine Art Gießkanne und über dem Darsteller nochmals etwas Wasser braucht. Aber da das Atelier riesig groß war, so groß, wie in Wien kaum ein Filmatelier ist, war es nötig, mehr zu tun. Das alte und bewährte Verfahren reichte nicht aus, weil die Totalen und vor allen Dingen das Gegenlicht diesen Trick sehr bald entlarvt hätten. So wurden unzählige Rohre oben angebracht, und Sie haben ja selber zum Teil miterlebt, wie mühsam es war, zu erreichen, daß diese Rohre gleichzeitig regneten. Wenn wir im Freien gewesen wären – sagen wir, wir hätten in Mykene gedreht –, dann hätten wir den ganzen Sommer warten müssen, daß es einmal regnet, oder wir hätten ebenfalls eine Regenmaschinerie anbringen müssen. Vieles ist eine Geduldsfrage. Man kann natürlich bei den technischen Katastrophen kaum den Xerxes spielen, der die Ägäis peitschen ließ, weil sie die Brücken zwischen Kleinasien und Griechenland zerstört hat. Film ist ein komplexer Prozeß. Ich muß sagen, je schwieriger das alles war, desto mehr habe ich mich letzten Endes wohl gefühlt.

Dusek: Die Schwierigkeiten waren für Sie als Regisseur akzeptabel, und Sie haben sich subjektiv wohl gefühlt. Glauben Sie nicht, daß für die Sängerin der Hauptrolle, für die Darstellerin der Elektra, die Dreharbeiten mehr als erschöpfend waren? Es gibt ja kaum eine andere Filmfigur, die ununterbrochen im Bild ist und dadurch fast nie drehfrei hat. Außerdem hat ihr Konzept, Wasser, Nebel und Blut möglichst authentisch zu bringen, bedeutet, daß Frau Rysanek tagelang im Regen stand und trotz Playback ausgesungen hat. Und doch kam es trotz dieser unvorstellbaren physischen Belastungen zu Momenten, wo das ganze Team vergaß, daß hier ein Film entstand. Wo alles gebannt und hypnotisiert wurde, wie etwa bei der Erkennungsszene. Wo man merkte, daß die Tränen echt waren und die »Exzesse der Emotionen« nicht gespielt waren, und es möglich wurde, solchen Gefühlen direkt in die Seele zu blicken. Glauben Sie, daß Sie trotz dieser harten Anforderungen – schließlich wurde von frühmorgens bis tief in die Nacht hinein gedreht – diese Identifikation einer Sänger-Darstellerin mit ihrer Rolle erreicht haben, oder war das eine bewußte Methode zur Provokation einzigartiger Wirkungen?

Friedrich: Darauf zu antworten ist nicht leicht. Sie werden jetzt denken, daß ich ein Masochist bin. Es ist im Film so, daß man durch Fleiß und durch Einfühlung allein nicht immer das erreicht, was zu der Zerstörung einer Figur, für die Darstellung einer zerstörten Figur nötig ist. Es gibt einige weibliche und vielleicht etwas weniger männliche Sänger-Darsteller, die wie Leonie Rysanek aus äußerster physischer Beanspruchung Großartiges herausschleudern. Film ist etwas Furchtbares und zugleich Wunderbares. Daß die alle um fünf, sechs Uhr aufstehen müssen, daß sie müde werden, daß sie kaputt sind, daß sie auch kaputt gemacht werden, ist eine Voraussetzung dazu, daß die Haut unter der Schminke plötzlich transparent wird. Alles das, was unsere Schauspieler und Sänger eben natürlich haben müssen – daß sie wunderbar sind und schick sind und so weiter –, das alles abzubauen, ist nicht nur ein Fall des subjektiven Willens des betreffenden Darstellers. Das ist auch eine Frage der auferlegten, erzwungenen Umstände. Und daß die Strapazen so riesig sind und riesig waren, führte meiner Ansicht nach auch dazu, daß die Bereitschaft der Darstellerin Rysanek, beispielsweise dieses Leiden, diese Exzesse zu spielen, noch mehr belohnt wurde durch solche Vorgänge. Man muß im Film irgendwann alles verlieren, was bewußte Gestaltung ist, es muß alles durch die Schminke hindurch. Und das ist sehr oft bei Erschöpfung, durch Strapazen noch eher da – so schlimm das klingt. Aber es ist tatsächlich so, und deshalb bin ich ein Fan vom Playback-Verfahren, weil da Sänger etwas tun können, was sie eben auf der Bühne nie tun dürfen. Diese Verausgabung muß ja immer aufgeteilt und mit der Tonproduktion zusammengebracht werden. Natürlich gibt es manche Sänger auch auf dem Musiktheater, mit denen ich freilich am liebsten arbeite, die selbst auf die Gefahr hin, daß sie auf der Schallplatte schöner singen könnten, ein Bühnen-Musikereignis bieten, wo man erschüttert aus dem Theater geht. Das bequemere ist das kostümierte Konzert, aber nicht die Oper, die uns alle anpacken, ergreifen müßte. Jetzt hat der Film durch die Aufteilung in Musikaufnahmen und optische Aufnahmen die optimale Möglichkeit, die besten technischen Vorgänge für die Oper einzusetzen. Deshalb ist das Playback bei allen Negativa – ob man synchron ist oder nicht – der beste Weg, so etwas zu machen.

Dusek: Fürchten Sie nicht, daß Ihr Konzept – Elektra als menschliche Ruine zu zeigen – manch naiven Zuschauer am Fernsehschirm verschrecken wird?

Friedrich: Wenn ich zum Beispiel »Lulu« mache und an die letzte Szene in London in der dreiaktigen Version denke, wo Lulu diese heruntergekommene Straßendirne ist, dann tritt hier etwas Aufregendes ein: Bei solchen Abbildungen des Schrecklichen ist die Musik keinesfalls als Versöhnung zu vernehmen, aber die Musik macht das Unerträgliche auf eine bestimmte Weise wieder faß- und erfaßbar. Der Verzicht auf die Ausstellung des Gräßlichen würde die Musik und vor allen Dingen manchmal die von Richard Strauss zu früh in eine Gefälligkeits-Konsumebene oder -sphäre bringen. Dieser Gefahr, der Strauss ja zeit seines Lebens ausgesetzt war, wollte ich gegensteuern. Wenn das Optische, wenn das Theatralische nicht mit dazu beiträgt, beim Bayern Strauss das Elementare mit sichtbar zu machen, dann würde es seiner Musik etwas schlechter ergehen. Der peinigende Anblick einer Elektra auf dem Bildschirm, der hat nur in dieser Form wieder einen Sinn im Zusammenhang mit der Musik von Strauss und mit der Stimme, die aus diesem zerstörten Antlitz, aus diesem zerstörten Körper kommt. Und das ist tatsächlich das, was sich auf der Leinwand noch weitaus stärker erweist als auf dem Bildschirm, weil natürlich auch die Vergrößerung des Bildes dem musikalischen Gesamtapparat, dem Klang besser standhält als unser immer noch kleiner TV-Apparat.

Dusek: Eine Frage zu einer Szene, zu der wir überhaupt noch nicht gekommen sind, nicht einmal im Zusammenhang mit der Story. Das farbliche Gegengewicht zu Schwarz-Weiß ist nicht nur das Blut des Agamemnon-Mordes und der Blutorgie am Schluß, sondern auch die Schlachtung des Widders. Wie weit wollten Sie hier dramaturgisch gegensteuern? Wie stufen Sie diese Szene ein, die in diesem Buch natürlich auch optisch ausgeschlachtet wird, weil diese Szene farbig mehr hergibt für das Buch als viele Sepia-Szenen?

Friedrich: In dieser Szene herrscht zum ersten Mal das Rot vor. Es ist so, als wären in einem Kopiervorgang alle Bilder rot gefärbt. Aber die Farbgebung entstand schon bei den Drehaufnahmen. Es ist tatsächlich eine merkwürdige Feier in einer matriarchalischen Abgeschlossenheit, die bis zu diesen Unterbewußtseins-Vorgängen geht – Blutschuld, Menstruationsprozeß, Tieropfer –, die Träume und Ängste im Freudianischen Sinn aufdecken. Es ist ja überhaupt interessant, daß bis zu dem Moment, wo die beiden Diener auftreten – erst kommt der alte, dann der junge – kein einziger Mann erscheint. Also eigentlich die Hälfte des Filmes lang ist das ein Frauenstück. Und über alles hinaus, was wir besprochen haben, ist das natürlich auch der große Reiz dieser Oper, daß sie eine Frauengeschichte ist, wo die Männer Ägisth und Orest – bei allem Respekt – eigentlich nur Stichwortgeber oder Handlungsvorantreiber sind für Prozesse, die sich unter »Weibern« abspielen. Da ist natürlich diese Ritualszene ein wichtiger

Drehpunkt, wo die Gefährdung dieser Bräuche barbarischer Art wieder in moderne Perversionen umschlagen könnte und wir eigentlich genau durch diese Szenen die Brücke zwischen der Vorzeit und moderneren Formen von »Trip« finden. Das klammert diese beiden auseinanderlaufenden Epochen zusammen. Und wir wissen ja, daß diese rituellen Feiern, diese femininen Geheimklubs von der Antike bis in die Neuzeit immer der Ort waren, wo Frauen ihre Emanzipationsbestrebungen ebenso okkult wie aggressiv zelebrierten. Die Zerstörung Klytämnestras sollte sich im Grunde auch in dieser Szene, in der es auf eine merkwürdige Weise zeitgemäß pervers zugeht, reflektieren.

Dusek: Die »Elektra« ist doch auch aus einem zweiten Grund hochaktuell in der jetzigen Emanzipationsdiskussion. Man widerlegt heute Bachofen. Wir sagen, so matriarchalisch war die Welt nie, daß dann die Väter kamen und die Mütter verdrängt hätten. Wir entdecken diese Welt der Mütter immer nur als eine in den Refugien bestehende – in gewissen Kulturen stärker, woanders schwächer, aber sehr in diesen religiösen, mystischen, bacchanalen Kulten sich abspielend und eigentlich immer verdrängt. Dort, wo es Macht und Herrschaft gab, durch die ganze Weltgeschichte, behauptet die neue Wissenschaft, waren es immer die Männer. Egal ob matrilineare Namensgebung oder nicht, die Macht hatten die Männer. Die Ausweglosigkeit der Elektra ist ihre Vaterfixierung. Sie verteidigt das Patriarchat. Und wenn wir jetzt wieder zu dem dramaturgischen Schlüsselsatz kommen: Wo könnte Hoffnung sein? Offenbar ist hier wirklich auch von Hofmannsthal sehr früh etwas angelegt worden, das man so formulieren könnte: Warum ist Klytämnestra nicht bereit gewesen, das, was sie in der pervertierten Form treibt, wirklich zu tun, nämlich die Herrschaft zu übernehmen – eine andere, eine neue Herrschaft der Frau? Und warum gibt Elektra ihre Vaterfixierung nicht auf und erkennt, daß sie ja in einer Welt der Mächtigen nur als Ruine lebt? Dann gehörte dieses Stück doch in eine ganz brandheiße Diskussion. Denn wenn man so die Emanzipationsdiskussion verfolgt, dann läuft sie ja sehr oft darauf hinaus, daß, wenn Frauen nichts anderes tun als Herrschaftspositionen der Männer zu übernehmen, sie gar nichts verbessern, sondern nur verlorenes Terrain einholen. Die neue Hoffnung müßte sein, daß die emotionellen Fähigkeiten der Frau, die zumeist stärker entwickelt sind, ein neues Zusammenleben zwischen Menschen garantieren. Wäre das ein »Prinzip Hoffnung«, von dem wir vorhin gesprochen haben?

Friedrich: Auf jeden Fall zeigt diese »Elektra«, daß die Frauen eine Leidensfähigkeit haben oder sich auferlegen, gegenüber der die Männer – in meinem Film noch unterstrichen durch die absichtlich etwas distanzierte Darstellung des Orest – verständnislos sind. Wenn ich an den Satz des Aischylos denke: »Lerne erkennen durch das Leid«, dann haben diese Frauen – eigentlich alle in dieser Oper – die Aufgabe, durch das leidvolle Sich-Bekennen zu Vorgängen, die in der Vergangenheit und in der Gegenwart liegen, einen Aufruhr anzuzetteln, durch den die Zuhörer wegen der Frage von der Verteilung von Macht und sonstigen Besitzverhältnissen aufgerüttelt werden. Oft kann ja ein Stück eine Empfehlung geben, wie nun das »Prinzip Hoffnung« real einzulösen sei. Ich bin der Meinung, daß oft die tragische Erschütterung gerade dann, wenn ein »Prinzip Hoffnung« gar nicht vorgegeben ist, konkret das Bedürfnis weckt, an die Hoffnung zu glauben. Das ist die wirkliche Funktion der Tragödie. Und da es sich hier um die Tragödie des Frau-Seins, und zwar eigentlich nicht zwischen Mann und Frau, sondern unter Frauen handelt, ist das eine besondere Alarmierung, die keineswegs vorschnell in die Emanzipationsdiskussion eingebracht werden kann, die aber unendlich viel – wie Sie es nennen werden: als aktueller Mythos – mit der Frage der Position der Frau in unserer Welt zu tun hat. Es geht ja tatsächlich weder bei sozialen noch bei Geschlechtsrevolutionen darum, daß einfach die Machtposition, die Stühle an den Regierungsschreibtischen ausgewechselt werden. Das ist oft das Mißverständnis bei früheren Revolutionen gewesen und gleichermaßen bei vielen Umsturzunternehmungen in unserer Zeit. Und das ist auch das Mißverständnis von manchen heutigen emanzipatorischen Bestrebungen. Die Suche nach neuen Formen, nach neuen Denk- und Verhaltensprozessen parallel zu einer Veränderung von Machtpositionen, das ist eigentlich das Allerwichtigste. Sonst haben Veränderungen von Machtpositionen wenig Sinn.

Dusek: Sie haben einmal gesagt, Sie weigern sich, für ein Stück einen festen Zeitraum zu nennen, weil es neben der Entstehungsgeschichte die Stoffgeschichte, die Rezeptionsgeschichte und die Aufführungsgeschichte gibt. Sie haben auch am Anfang bei der Schilderung der drei Räume gezeigt, daß Sie sich zum Beispiel bei dem Labyrinth an antiken Vorbildern orientiert haben – da gibt es Säulen und dergleichen. Und bei dieser modernen Burg, der Versicherung auf die Zukunft, gibt es diese sehr glatte Fläche, die nicht genauer terminiert ist, aber doch sehr in die Gegenwart deutet. Und bei dem Arbeitsbereich zeigen Sie etwas, das man vielleicht am ehesten zu den Hofmannsthal-Regie-Anweisungen »Hinterhof-Atmosphäre« in Bezug bringen kann. Er meint da wohl die Hinterhof-Atmosphäre des 19. Jahrhunderts, die bedrückende Beengtheit der lichtlosen Fabriken, in denen die Leute arbeiten müssen.

Friedrich: Ein permanentes Bedrohtsein von der Welt der Underdogs.

Dusek: Sie arbeiten also mit sehr vagen stilistischen Zeiträumen. Was wollten Sie damit erreichen?

Friedrich: Ich mag es immer, wenn in einer Handlung drei oder vier Jahrhunderte oder auch tausend Jahre sich treffen. Opern-, Theater- oder Filmhandlungen – es kommt ganz auf den Stoff an – haben nicht immer eine bestimmte Jahreszahl. Bei »Tosca« beispielsweise bin ich sehr dafür, daß ganz klar wird, daß sie am 16. und 17. Juni 1800 in Rom spielt. Wenn man das einmal entdeckt hat, daß »Tosca« nur an diesen zwei Tagen stattfinden kann, muß man alles tun, die historische Authentizität des Stoffes herzustellen. Bei »Elektra« geht es ja nicht um eine historische Authentizität der Jahreszahl wegen, sondern es geht darum zu zeigen, daß Nachkriegszeit mitunter zweitausend Jahre dauern kann, daß das Bilden einer neuen Regierungszentrale ein Prozeß ist, der über achthundert Jahre gehen kann, und daß in der Arbeitswelt Unruhe und Forderungen entstehen, die sich als Probleme des Frühkapitalismus nicht erschöpfen. Fragen, die auch Hofmannsthal beschäftigt haben müssen bis zu dem Zeitpunkt, wo er »Elektra« geschrieben hat, so daß eben auch Unterdrückung, Ausbeutung in dem Stück sichtbar werden. Und daß die freiwillig aufgenommene Verbannung Elektras nichts mit der Situation der Mägde zu tun hat, für die sie wiederum eine Fremde und Feindliche ist. Bewußt also sind diese drei Spielorte in ihren zeitlichen Assoziationsmöglichkeiten einander schroff gegenübergestellt: die Machthaber, die Arbeitssklaven und dazwischen die asozial gewordenen Aristokraten. Die Spannung weist über das historische Mykene hinaus.

Dusek: Die Aktualisierungen des Stoffes, die eigentlich plötzlich alle im 20. Jahrhundert einsetzen, von Hofmannsthal herauf bis Sartre, Hauptmann, Giraudoux und O'Neill – das sind alles Rückgriffe auf die Antike. Ist für Sie der Film »Elektra« in einer ähnlichen Weise die Neugestaltung des Stoffes, die Neugestaltung mit Hilfe neuer technischer Möglichkeiten?

Friedrich: Ich glaube, daß der »Elektra«-Stoff in der Gestaltung von Hofmannsthal und Strauss einen ganz bestimmten Markierungspunkt erreicht hat in den Bearbeitungen dieses Stoffes von der Antike bis zum 20. Jahrhundert. Wenn es gelingen sollte, daß dieser »Film mit der Oper Elektra« über das Thema Elektra Aussagen trifft, die auf der Bühne so nicht zu treffen sind, dann würde sich erweisen, daß das Unternehmen Opernfilm über die pure Verbreitung von Opernerlebnissen, von der Bühne abphotographiert, eine Funktion darüber hinaus hat, an der ich natürlich sehr interessiert bin: nämlich festzustellen, daß Oper auch in anderen Medien Aussagen machen kann und Erlebnisse vermittelt, die zeigen, wieviel Unentdecktes in diesen großen Werken schlummert, solange sie in ihren Gattungskonventionen verharren. Schauen Sie: Die Schallplatte hat etwas getan; sie hat die Oper aus ihrer eigenen Bestimmung, für die Bühne geschrieben zu sein, erstmals getrennt und hat das nur Akustische in den Vordergrund gestellt. Von da ab haben die Leute auf einmal alle geglaubt, Oper sei nur eine akustische Angelegenheit und der Regisseur habe lediglich den akustischen Darbietungsprozeß szenisch zu organisieren oder zu illustrieren. Mehr nicht. Die Methode des Musiktheaters hat versucht, dieses Mißverständnis zu beseitigen und Oper wieder nach dem Willen ihrer Autoren zu verstehen. Nun hat aber kaum ein Komponist bis zum Jahr 1950 oder '60 eine Oper für den Film oder für das Fernsehen geschrieben; es gab nur Musicals und die Globolinks. Man kann nicht sagen, Strauss hat »Elektra« für den Film geschrieben. Aber der Film kann diesen Prozeß weiterführen, kann zeigen, daß Oper durch die Mittel des Theatralischen und nun des Filmischen nicht Erlebnisse auf Kosten oder gegen die Musik vermittelt, sondern daß sich Inhalt und Funktion der Oper auf eine überraschende Weise bewähren, sich weiterentwickeln in den technischen Medien und Interessen eines Publikums provozieren, die weit über elitäre Abgeschiedenheiten, über den Zirkel von Fachleuten hinausgehen. Darin sehe ich die große Chance von Oper im Film.

Dusek: Immerhin – dieser »Elektra«-Film ist unwiederholbar. Karl Böhm hat ein einziges Mal »Elektra« verfilmt; als einer, der die Staffette von Richard Strauss selbst weitergegeben hat. Sie haben noch nie »Elektra« inszeniert und wollen es vielleicht gar nicht mehr wiederholen. Und Leonie Rysanek wird die Elektra auch nicht auf der Bühne singen, weil sie erklärt hat, sie habe diese Rolle nur für diesen Film und für Karl Böhm gesungen. Das heißt: Diese Dreierkombination, die sich ja schon bei den Proben als sehr interessant und einzigartig abgezeichnet hat, ist auf alle Fälle unnachahmlich und spektakulär.

Friedrich: Das kann so am allerwenigsten der Regisseur selber feststellen. Daß dieser Film ein Dokument der letzten großen Arbeit von Karl Böhm geworden ist, daß er Künstler vereinigt, die auf freilich ganz unterschiedliche Weise in ihrem künstlerischen Leben sehr oft Berührungspunkte mit Karl Böhm und seinem Schaffen hatten, bekannte Namen, starke Persönlichkeiten – das macht den Film über alles andere hinaus, was wir besprochen und zu formulieren versucht haben, zu einem Manifest ganz besonderer Art. Und über alle diese erwähnten Dinge hinaus könnte ich mir vorstellen, daß dieser Film gerade auch hinsichtlich dessen, was Karl Böhm und die nochmalige Vereinigung vieler mit ihm früher zusammenarbeitenden Kollegen betrifft, so etwas wird wie ein aktueller Mythos. Und so ist dieser aktuelle Mythos aus dem Stoff plötzlich auch direkt von den Künstlern her in den Film hineingeraten, und ich freue mich, daß die Welturaufführung dieses Films am 26. September 1982 in Berlin anläßlich der Berliner Festspiele stattfindet, gemeinsam mit der Filmgesellschaft UNITEL, dem WDR und der Deutschen Oper veranstaltet. Auch das soll dann einen Teil unserer Ehrung und Verehrung für Karl Böhm bilden.

Dusek: Wenn man die Lebensgeschichte von Karl Böhm sieht, dann fällt auf, daß Böhm seit zwei, drei Jahren davon sprach, die »Elektra« machen zu wollen. Als sich das Projekt hinzögerte und er dann schon sehr krank war und mehrere Rückfälle hatte, war diese »Elektra« offenbar eine jener Aufgaben, für die er noch leben mußte. Und es ist kein Zufall, daß ab dem Punkt, wo der Großteil der Aufnahmen schon gelaufen war, ein schwerer gesundheitlicher Rückschlag eintrat; und als er dann gehört hat, die Dreharbeiten sind gelungen, als er noch Fotos gesehen hat und sich daran nochmals begeisterte wie vorher bereits an den Tonaufnahmen, da war sein Leben erfüllt. Man hatte bei ihm wirklich das Gefühl, er hat für diese »Elektra« noch gelebt. Und das ist doch etwas Ergreifendes und Schönes, ein Dokument zeigen zu können, mit dem immerhin ein Mensch wie Karl Böhm sein Leben abrunden durfte.

Friedrich: Die Götter führen uns tatsächlich manchmal seltsame Wege, die wir selten ein-sehen und beurteilen können. Wenn sie einen Weg so gnädig beenden lassen – wie den von Karl Böhm im Falle der »Elektra« –, dann ist das sicher eine Fügung. Und eine Gnade für uns, die wir daran mitwirken durften.

»ARIADNE AUF NAXOS«
von Richard Strauss

Musiktheater?
(1964)

Von Richard Strauss' »Ariadne auf Naxos« eine nach außen hin »revolutionäre« Aufführung zu erwarten, würde dem Wesen dieses Werks ganz und gar widersprechen. Sein Wert besteht in der Neuorientierung auf das Eigentliche der Oper, in der Besinnung darauf, was Gesang auf der Bühne und Musik im Theater im ursprünglichen Sinn der Kunstgattung bedeuten. Aus der Funktion, die »Ariadne auf Naxos« zu ihrer Entstehungszeit hinsichtlich der Opernentwicklung zukam, ist auch die gegenwärtige Bedeutung dieses so eigenartig sublimen Kunstwerks zu erkennen.

Anfang des 20. Jahrhunderts herrschte auf den Opernbühnen noch das Musikdrama in der Nachfolge Wagners vor. Die französischen Impressionisten suchten ebenso neue Wege wie der reifende Puccini oder wie vor allem Janáček. Strawinsky und Schönberg rissen ein, um Neues aufzubauen. Bald sollte Alban Berg auftreten. Die Unruhen und die Widersprüche im gesellschaftlichen Leben hatten schließlich auch die Oper ergriffen. Wie alles, befand auch sie sich in einer entscheidungsreichen Grenzsituation.

Strauss hat – trotz oder gerade wegen seines Epikuräer-Naturells – diese Grenzsituation durchaus empfunden, vor allem als Opernkomponist. Wie kaum ein anderes musikalisches Bühnenwerk am Beginn des Jahrhunderts zeugt »Salome« (1905) davon. Auch die archaische Apokalypse der »Elektra« (1909) und der wehmütig-ironisch von einer verlorenen Welt Abschied nehmende »Rosenkavalier« (1911) sind Dokumente eines solchen in der Zeitrealität verwurzelten künstlerischen Grenzgefühls. In »Ariadne auf Naxos« (1912–1916) hat Strauss seine eigene Entwicklung als Opernkomponist auf eine neue Stufe geführt. Zugleich hat er ein Resümee aus dem ganzen bisherigen Weg der Kunstgattung gezogen; in der Vielfalt und Widersprüchlichkeit der Formeln und Formen hat er auf das Grundwesen der Oper hingewiesen und so auf der Schwelle der neuen Versuche der anderen eine notwendige Selbstbesinnung der Oper vorgenommen.

Wodurch geschah das hauptsächlich? Gegenüber dem nach-wagnerschen Musikdrama hat »Ariadne auf Naxos« die sich dem klassischen Geist verpflichtende »Musizieroper« wieder voll in Funktion gesetzt. Zum ersten Mal auch in seiner eigenen Entwicklung hat Strauss den »wagnerschen Musizierpanzer« ganz abgelegt. Er löst den in der Spätromantik monumental und bis zur höchsten Klangraffinesse ausgeführten Orchesterapparat ab durch den transparenten Gestus eines siebenunddreißig Musiker umfassenden Solisteninstrumentariums. Die menschliche Stimme wurde wieder emanzipiert zum Hauptträger der musikalisch-dramatischen Begebenheiten. Daß dies in der Orientierung auf klassische Formklarheit und auf die sinnliche Imagination des Barocks erfolgte, verleiht »Ariadne auf Naxos« allerdings den Anschein des Zurückgewandten. In Wirklichkeit jedoch ist diese Zurückorientierung als Neuorientierung zu verstehen. Der Akt der Selbstbestimmung der Oper wurde ein Brückenschlag zwischen Altem und Neuem – unerläßlich in der spezifischen Umwelt am Anfang des Jahrhunderts. Bemerkenswert ist, daß Strauss die Errungenschaften der Tonkunst seiner Zeit in »Ariadne auf Naxos« keinesfalls aufgab.

Vielmehr verband er sie in überzeugender Weise mit ästhetischen Prinzipien des Barocks und der Klassik. Deshalb erscheint es nicht richtig, »Ariadne auf Naxos« museal oder stilparodistisch als verspätete Barockoper aufzuführen. Andererseits kann sie auch nicht Anlaß zu modernistischen Spielereien sein. Sie hat ihr Maß in dem Gleichgewicht zwischen Altem und Neuem, besitzt ihren Wert in der Verschmelzung der verschiedenartigsten Etappen und Spielarten der bisherigen Opernentwicklung. Buffa und Seria, Commedia dell'arte und heroisch-pathetische Oper, historisch-gesellschaftlich genau fixierte Realistik (»Vorspiel«) und zwischen Maskenspiel und Mythologie gespannte Kunstwelt (»Oper«) gehen eine Verbindung ein, die dieser Oper im Mikrokosmos des szenisch-musikalischen Vorgangs einen universellen Charakter verleiht. Wenn man überhaupt nach einem geistigen Paten für die in »Ariadne auf Naxos« gestaltete Einheit des Geistigen und Sinnlichen, des Ernsten und Heiteren, des Poetischen und Realen sucht, dann entdeckt man am ehesten den Atem Mozarts, der durch diese Partitur weht.

»Verwandlung« ist Thema, Ereignis und Schicksal dieser Oper. Wenn wir heute nicht die Urfassung von 1912 mit Molières »Bürger als Edelmann« und einem Zwischenspiel vor der eigentlichen Oper aufführen, sondern die »Neue Bearbeitung« von 1916, die unter Verzicht auf Molière das Zwischenspiel zu einem musikalischen Vorspiel ausdehnte und die eigentliche Oper geringfügig veränderte, dann deshalb, weil wir der allgemeinen Erkenntnis folgen, daß die Umgestaltung, die das Werk nach der wenig glücklichen Aufnahme von 1912 erfahren hat, eine echte Korrektur des ursprünglichen Vorhabens der Autoren darstellt und nicht etwa als Resultat einer Resignation darüber zu verstehen ist, daß die damalige Opernsituation die Parallelität von Schauspiel- und Operndarbietung nicht trug. Eine echte Korrektur insofern, als der Gedanke eines »Universaltheaters« zumindest in diesem Fall kaum eine Vermischung von Sprechtheater und Musiktheater realisieren konnte, sondern viel eher dadurch ins Allgemeinbewußtsein trat, daß man sich auf die universellen Möglichkeiten des Musiktheaters besann.

Das in der jetzigen Form vorliegende Vorspiel ist eine der reizvollsten Kostbarkeiten der Opernliteratur unseres Jahrhunderts. Aus genauer historischer Charakteristik erwächst ein farbiges Bild von den Hoffnungen und Nöten des Künstlervolkes um 1750, vom Höhenflug und von den Begrenzungen ihres schöpferischen Willens. Die banausenhafte Anordnung des Mäzens, Buffa und Seria gleichzeitig zu spielen, wird der Angelpunkt des Geschehens im Vorspiel und des aus ihm klar hervorwachsenden »Sonderfalls« dieser Operndarbietung. Über den von Strauss souverän gehandhabten Konversations- und Seccostil dieses Vorspiels erhebt sich in melodischer Kraft vor allem eine Figur: der junge Komponist. Ihm haben Hofmannsthal und Strauss die Grundidee des Werks in den Mund, ins Herz gelegt. Sein Bekenntnis zur »heiligen Musik«, das in seiner konkreten Bedeutung nur aus dem vorherigen Satz »Die Dichter unterlegen ja recht gute Worte, recht gute« zu verstehen ist, bestimmt die Haltung der ganzen Oper, die das »Geheimnis der Verwandlung« besingt. In ihrer Sinnhaftigkeit stößt sie in eine Region vor, wo – wir folgen Hofmannsthal – »die Worte des Textes zu Hieroglyphen geworden sind für Unaussprechliches«. Weil »Ariadne auf Naxos« sich darauf besonnen hat, daß das sonst und auf andere Weise »Unaussprechliche« eigentlich Gegenstand der Kunstgattung »Oper« ist, kommt dem Werk auch in der gegenwärtigen Auseinandersetzung um Wesen und Funktion der Oper besondere Bedeutung zu.

»Verwandlung« ist – entsprechend dem Thema – auch die dramaturgische Technik der eigentlichen Oper. Anfangs wird die im Vorspiel gegebene Ausgangssituation durchaus beachtet und beibehalten. Es gibt die – stellenweise ja »gestrichene« – Oper des Komponisten, daneben die Improvisationen der Zerbinetta-Truppe, die sich zunächst durchaus mit der Opernhandlung auseinandersetzen wollen, ehe dann die eigentliche Buffa-Nummer »Die ungetreue Zerbinetta und ihre vier Liebhaber« gespielt wird. Aber allmählich verlieren die Autoren die im Vorspiel gegebene Ausgangssituation aus dem Auge. Täten sie es nicht, dann hätten sie das Werk zur Stilparodie »verfremdet«. So aber verwandeln sie ein zunächst logisch faßbares Spiel mehr und mehr zum Mysterium des Eros. Auch Zerbinetta wird in diesen Verwandlungsprozeß einbezogen. Das macht die Struktur ihrer großen Arie deutlich. Zunächst wendet sie sich im improvisierten Recitativo an Ariadne-Primadonna. Der komödiantische Wettstreit umschließt die Polarität von Welten. Bei »Noch glaub' ich, mir selber ganz zu gehören« verliert sie sich singend in ihr eigenes Gefühl, das keine Trennung von Komödiantischem und Echtem kennt. Als sie entdeckt, daß die ursprüngliche Partnerin die Bühne verlassen hat, greift sie frech-verlegen zu Ausschnitten aus der fixierten Buffa-Nummer (»So war es mit Pagliazzo«), bis sie zu einer Erkenntnis gelangt, die in die inhaltlichen Dimensionen des Ariadne-Spiels vordringt und alles in die Sphäre einer »Così fan tutte«- oder »Falstaff«-Weisheit hebt: »Als ein Gott kam jeder gegangen«. Wer will sagen, ob sich nicht auch die Primadonna im Wettstreit mit der Widersacherin aus der Buffa verändert und verwandelt und zu einer Tiefe der Rollengestaltung findet, die sie vorher nicht kannte? Der Prozeß der Metamorphose ist total. Singend vollzieht sich zwischen Ariadne und Bacchus dieses Geheimnis der Verwandlung. Ariadnes Todessehnsucht wandelt sich zu Liebesbereitschaft. Bacchus empfängt durch die Liebe sein Gottesbewußtsein.

Es ist das Bedeutsame an »Ariadne auf Naxos«, daß sie die eigentlich gar nicht so mysteriösen Zusammenhänge zwischen den Begriffen »Liebe«, »Singen«, »Verwandlung« neu ins Bewußtsein gesetzt hat. Das Singen ist der am meisten angemessene, vielleicht einzige Ausdruck des in der Oper gestalteten Verwandlungsprozesses. Damit hat Strauss darauf aufmerksam gemacht, daß die Oper ihr Wesen dann voll ausschöpft, wenn sie bis zum »Unaussprechlichen« vorstößt, zu Dingen und Regionen, die durch das gesprochene Wort allein nicht mehr faßbar sind. Der Hymnus an die Leben schaffende und Leben verwandelnde Kraft des Eros, mit dem die Oper ausklingt, ist eine der Spuren, die das Schaffen von Richard Strauss in unserer Gegenwart hinterlassen könnte.

»DER ROSENKAVALIER«

von Richard Strauss

»Ein halb imaginäres, halb reales Ganzes«
(1981)

Der letzte Walzer? Jedenfalls: genug des Infernos, das mit »Salome« und »Elektra« entfesselt war. Wenige Jahre vor dem Ersten Weltkrieg, der nicht nur der k.u.k.-Monarchie ein Ende bereitete, beschwört der »Rosenkavalier« heiter-melancholisch den Abglanz einer verlorenen Epoche. Hofmannsthal hatte 1909 »ein komplettes, ganz frisches Szenar einer Spieloper gemacht« – aus einer vermeintlich heilen Welt, die heilen sollte. »Mozart, nicht Lehár« wollte Strauss. Aber immer wieder irritierte er Hofmannsthals »Zeit der Maria Theresia« mit dem Walzer, der wohl faszinierendsten Erfindung Wienerischen Weltgehörs nach Mozart und nach Beethoven. Das »Duidu« des Johann Strauß, beschwipste Variation über »diesen Kuß der ganzen Welt«, feiert in der »Walzer-Oper« des Richard Strauss das letzte schöne Fest.

Es liegt nahe, solch vorsätzlichen Anachronismus heutzutage auch szenisch zu nutzen und die »Komödie für Musik« in der Zeit spielen zu lassen, in der sie geschrieben wurde. Das ist kein inszenatorischer Mode-Gag, sondern eine Methode, die seit Erfindung der Oper üblich war: die Psyche der Opernfiguren anzusiedeln in der Zeit ihrer Musikalisierung. So gerät auch der von Hofmannsthal erfundene Brauch der Überreichung der silbernen Rose zu einem nostalgischen Trip in die Vergangenheit, in die »verlorenen Paradiese«. Vergangenes, Gegenwärtiges und Künftiges mischen sich und gehen ineinander über, alles Konkrete in der Schwebe haltend. So ist die »Zeit der Oper« von permanenter Aktualität. »Dahinter war der geheime Wunsch, ein halb imaginäres, halb reales Ganzes entstehen zu lassen« (Hofmannsthal).

Das Ausstellen des Anachronismus legt auch den Blick auf die psychologischen und sozialen Strukturen der Charaktere freier, die Strauss »famos, scharf gezeichnet« fand. »Brauche leider wieder sehr gute Schauspieler, mit den gewöhnlichen Opernsängern geht's schon wieder nicht.«

Zum Beispiel will Strauss die Marschallin als »eine junge schöne Frau von höchstens zweiunddreißig Jahren, die sich bei schlechter Laune einmal dem siebzehnjährigen Octavian gegenüber als alternde Frau vorkommt... Octavian ist weder der erste noch der letzte Liebhaber der schönen Marschallin.« Und auch bei Ochs fordert er Besonderes: »Ochs muß eine ländliche Don Juan-Schönheit von etwa fünfunddreißig Jahren sein, immerhin Edelmann (wenn auch etwas verbauert)... Er ist innerlich ein Schmutzian, aber immerhin noch so respektabel, daß ihn Faninal nicht auf den ersten Blick ablehnt.« Ochs erzählt auch, woher der frisch geadelte Faninal seinen Reichtum hat: Er betreibt umfangreiche Waffengeschäfte und »hat die Lieferung für die Armee«.

Das alles erweist sich vor dem Hintergrund des heraufziehenden Krieges und der Weltkatastrophe als überraschend zeitgerecht. Und typisch ist vor allem, daß die Jugend sich in solcher Zeit anachronistisch verhält, sich nostalgisch orientieren will. Im bestickten Rokokokostüm überbringt Octavian als Brautwerber die silberne Rose. Ein legitimer Nachfahre Cherubinos, sucht er zwischen den Salons und dem Kadettendienst seine Identität, bis er sich in den ausgestreckten Armen Sophies verfängt, die Hofmannsthal noch als »hübsches, gutes Dutzendmädchen... bürgerlich albern« bezeichnet hatte. Aber auch hier hilft Strauss, der Musiker, nach. In den Duetten zwischen Octavian und Sophie klingt viel von der Hoffnung einer Jugend, die von den Krisen um sie herum – den persönlichen und den politischen – keine Notiz nehmen möchte.

Im 3. Akt verläßt das Spiel die Paläste und wechselt in den Bereich der Posse, der Wiener Volkskomödie: ins Wiener Beisel. Dort feiern die einfachen Leute Fasching. Was schon der 1. Akt zeigte: Es ist die Zeit der Redouten. Man verkleidet sich, schlüpft aus seiner Haut in eine andere und vertauscht die Zeiten, die Stände, die Geschlechter, verdrängt Ängste und Melancholien. Halb imaginär, halb real: »eine Wienerische Maskerad'«. Und wirklich weiter nichts?

Ochs, diese bäuerisch-dionysische Irritation des alten Wien und irgendwie der niederösterreichische Vetter des Falstaff, wird davongejagt. Es bleiben die drei zurück, die den Sieg der Komödie über die tragische Gefährdung zu entscheiden haben: die Marschallin, Octavian und Sophie. Hofmannsthal selbst hatte schließlich Bedenken, ob der Schluß nicht zu breit geraten könnte. Selbstsicher widersprach Strauss: »Daß der Musiker dagegen an dem Schluß, wenn ihm überhaupt etwas einfällt, gerade seine besten und höchsten Wirkungen erzielen kann – dies zu beurteilen können Sie beruhigt mir überlassen.« Auf seinen letzten Wunsch erklang bei der Trauerfeier 1949 für Strauss in München dieses Terzett.

In der Stuttgarter Neuinszenierung fahren die Kulissen des Possenspiels nach der Austreibung des Ochs zur Seite. Das Theater macht sich »unsichtbar«, bildet den neuen imaginären Raum für den Klang, mit dem drei Menschen Abschied nehmen und einander neu finden – »in der richtigen Weis'«?

Der »Rosenkavalier« heute: ein Endspiel und ein Traumspiel zugleich. »Ist halt vorbei«. Ein Spiel, dazu da, unsere Träume festzuhalten und neu zu finden – gerade angesichts heraufziehender neuer Krisen. Das lohnt den zeitgemäßen Anachronismus der Oper.

»LA BOHÈME«
von Giacomo Puccini

Musiktheater – Schule der Phantasie
Gespräch mit Claus-Henning Eschrich
(1974)

Eschrich: Die alte Streitfrage: Wieder wird eine Aufführung in der Originalsprache erarbeitet. Bedeutet das nicht, daß der Mehrheit des Publikums die Möglichkeit genommen wird, den Ablauf des Stückes detailliert zu verfolgen und zu verstehen?

Friedrich: Natürlich machen wir Musiktheater, gerade damit das Publikum Vorgänge versteht, Informationen erhält. Gleichzeitig ist aber zu bedenken, daß diese Informationen beim Musiktheater auf poetische, ästhetische Weise zu vermitteln sind. Die jeweiligen Vorgänge werden nur zu einem bestimmten Teil durch das Wort erfaßt und vermittelt. Die entscheidende Transmission auf der Opernbühne ist und bleibt die Musik; dazu kommt als wesentlichster, korrespondierender Faktor die szenische Darstellung. Nur unter Berücksichtigung dieses Spannungssystems von Musik – Wort – Szene können wir untersuchen, wie Verständlichkeit zu erreichen ist, woran sie sich mißt.

Es ist nun einmal das Dilemma – und vielleicht ist Oper überhaupt ein Dilemma? –, daß man das ursprüngliche Wort-Ton-Verhältnis zerstört, wenn man Werke nicht in der Originalsprache aufführt, und das klassische wie das moderne Repertoire besteht nun einmal zum geringeren Teil aus deutschen Opern. Wir bemühen uns immer wieder um verbesserte Übersetzungen, aber das ändert nichts daran, daß eine übersetzte Oper eben nicht das Original ist. Nun kann man sagen: Wir spielen ja auch Shakespeare in Übersetzungen – aber das Wort-Ton-Verhältnis, von dem ich spreche, ist gerade der Kern, der Schlüssel für unsere Information, für die künstlerische Gestaltung von Vorgängen. Wir haben nun von Werk zu Werk, von Stadt zu Stadt, von Ensemble zu Ensemble zu entscheiden, welches Dilemma das tragbarere ist. Einem Argument muß bei der Entscheidung für eine russische, französische, italienische Originalfassung allerdings entgegengetreten werden: Wenn Interpreten kommen und sagen: »Man versteht ja eh nichts, also brauchen wir uns keine besondere szenisch-darstellerische Mühe zu geben – wir machen halt kostümiertes Konzert.« Fremdsprachige Aufführungen als Inkarnation des Kulinarischen, für die »Verständnis« geradezu eine Kunstabwertung bedeuten würde?

Ich meine es anders: Der Wegfall des Verständnisses durch das Wort zwingt alle Darsteller, alle Mitarbeiter, ihre gesanglich ausgedrückte Meinung um so präziser zu gestalten und auch die Mittel der physischen Darstellung noch präziser zu erarbeiten als bei Werken in deutscher Sprache, in denen man sich oft auf den Prozentsatz der Transmission durch Sprache allzusehr verläßt. Wir wollen nicht darüber sprechen, wieviel ein Publikum von deutsch gesungenen Opern versteht – das ist kein Argument, weil es unsere Pflicht wäre, so zu arbeiten, daß das Publikum hier mindestens 95 Prozent versteht – bei Stellen, die der Komponist verständlich haben will; es gibt natürlich Fälle, wo das gar nicht beabsichtigt ist, etwa bei der Judenszene in »Salome«.

Dem Nachteil einer fremdsprachigen Aufführung stehen auch durchaus Vorzüge gegenüber: der genannte pädagogische Vorzug für die Sänger und zudem die Pädagogik dem Publikum gegenüber, das so gezwungen ist, die Vorgänge um so aufmerksamer zu verfolgen, mit um so größerer Aufmerksamkeit Inhalten, die die Musik vermittelt, zu lauschen und damit seine Phantasie zu stimulieren. In diesem ästhetischen Aspekt ist ein humaner enthalten: Haben wir nicht die Pflicht, Menschen zu verstehen, deren Sprache wir nicht ohne weiteres beherrschen? In Deutschland hat sich ja sowieso seit Jahrzehnten eine gewisse Arroganz im ausschließlichen Gebrauch der eigenen Sprache breitgemacht; in der Regel sprechen wir weniger Fremdsprachen als beispielsweise die Skandinavier, die Holländer oder andere sogenannte kleinere Nationen. Immer wieder werden Werke der Filmkunst, des Fernsehens synchronisiert, eingedeutscht. Ich finde es aber jedesmal ein großes Erlebnis, diese Werke im Original zu verfolgen, weil durch die Kenntnis des Originals – auch wenn sich das äußere Verständnis vielleicht ein wenig verringert – ein größeres inneres Verständnis, ein Verständnis dem Werk gegenüber erzielt wird. Das Verständnis dem Wesen des Werkes gegenüber – darum geht es in unserer Arbeit überhaupt, und das schließt die Originalsprache nicht aus, sondern kann durch sie eher stimuliert werden.

Eschrich: Gerade in »La Bohème« gibt es eine Reihe ausgesprochener Konversationsszenen, die auf die Wortpointe, auf den verbalen Schlagabtausch hin angelegt und schon im Deutschen nicht immer leicht zu verfolgen sind. Warum schließt man das Publikum hier praktisch aus, statt es – der Ausdruck stammt von Walter Felsenstein – »mitspielen« zu lassen?

Friedrich: Freilich ist das Nicht-Verständnis bestimmter Wortwitze ein Manko; das ist aber beim »Don Giovanni«, der zu den Werken zu gehören scheint, die man überall ohne großen Widerspruch italienisch bringen kann, nicht minder so, denn die »Giovanni«-Rezitative sind ein Musterbeispiel für satirische Brillanz, ein geistiges Feuerwerk. Kann man darauf verzichten? Wir tun es bei den meisten Übersetzungen ins Deutsche, weil sie ein Merkmal der »Giovanni«-Rezitative, nämlich den Reim, der hier in seiner Geschliffenheit oft bis zur Absurdität geht, gar nicht realisieren können. Wenn wir Franzosen oder Italiener oder etwa auf dem Bahnhof in Stuttgart Türken beobachten, so können wir – das ist eine Sache der Aufmerksamkeit, auch der sozialen Aufmerksamkeit – sehr wohl untersuchen: Geht es ihnen im Moment um tiefer liegende Dinge, oder ist es eine mehr witzige Konversation. In der Konversation ist der Gestus ein anderer als der, den beispielsweise Puccini in seinen Arien vermittelt; und die Herausarbeitung dieses Gestus ist eine reizvolle Aufgabe.

Wenn man sich aber eingestehen muß, daß dennoch ein wichtiger Rest unverständlich bleibt, dann sollten Theater, die sich – aus welchen Gründen immer – für die Originalsprache entscheiden, ihre Publikationsmöglichkeit nutzen, die Information des Publikums auch mit anderen Mitteln zu vervollständigen. An der Hamburgischen Staatsoper, wo wir in dieser Spielzeit »Don Giovanni« und »Falstaff« im Original erarbeitet haben, ist die Dramaturgie dazu übergegangen, erstens im Programmheft eine neue Form von Handlungsnacherzählung mit eingearbeiteten wichtigen Signal-Texten, Dialogen wie Arien, zu veröffentlichen und zweitens mit dem Programmheft zusammen eine Rohübersetzung zu liefern. Beides kann der Zuschauer schon mit der Theaterkarte erwerben.

Das Mitspielen des Zuschauers – Felsensteins Forderung und Ziel – sollte erzielt werden durch Stimulierung von Phantasie. Es ist eine Gefahr bei Opernaufführungen, daß man Verständnis oktroyiert und dabei einen Phantasie-Raum für das Hören, für das Beobachten dezimiert; daß also Verständnis Phantasie tötet. Ein Mitspielen ohne Aktivierung der Phantasie ist nicht möglich, und der Raum für die Phantasie wird bei fremdsprachigen Aufführungen größer, wenn das Verständnis in der genannten Weise abgestützt wird. Die Oper – und Kunst überhaupt, glaube ich – ist eine permanente Schule der Phantasie. Und wenn ich das Leben um uns herum anschaue, scheint mir, daß es nicht die unwichtigste Funktion von Kunst ist, in unserer heutigen Zeit menschliche, poetische, soziale Phantasie und Aufmerksamkeit zu schärfen.

Eschrich: Bei einem Theaterstück haben wir es mit drei Ebenen zu tun: erstens der Zeit, in der das Stück spielt, zweitens der Zeit, in der das Stück entstanden ist, und drittens der Gegenwart, für die die Aufführung erarbeitet wird. Meinen Sie, daß der «Bohème»-Stoff heute noch mehr als ein historisch-distanziertes Interesse beanspruchen kann?

Friedrich: Die Historizität von Oper, die ja nicht nur durch die Handlung, sondern auch durch und in der Musik unüberhörbar ist, tritt gerade durch diese Musik immer wieder in eine echte Reibung zur Gegenwart. Es ist eine Eigenart von Musik, weniger historisch als unmittelbar gehört zu werden. Damit ist der Oper die Spannung zwischen Historischem und Aktuellem a priori immanent. Nun haben wir von Fall zu Fall bei den Werken zu entscheiden: Betonen wir das Historische, um gerade mittels Distanzierung Disproportionen zwischen Einst und Jetzt um so klarer auszustellen, oder nutzen wir die Historie, um Dinge, die uns momentan besonders interessieren, in der poetisch-historischen Verkleidung um so exemplarischer bezeichnen zu können. Beides sind nur zwei verschiedene Wege einer Sache. Die Historie als Verfremdung schließt – so wie es auch Brecht immer versteht – die aktuelle Wirkung nicht aus, sondern provoziert sie eigentlich. Indem ich für solche Aktualisierung bin, bin ich gegen aufgesetzte Modernisierung – also dagegen, »Carmen« so zu spielen, daß Escamillo ein Boxer ist, der im Buick vorfährt, oder mich von dem, was ich in »La Bohème« für hochaktuell halte, verführen zu lassen, das Stück im Paris der Studentenrevolten von 1968 spielen zu lassen.

Immerhin: Wir haben es in »La Bohème« mit vier jungen Männern zu tun, die ganz bewußt am Rande der Gesellschaft leben, ob aus eigenem Entschluß oder weil die Gesellschaft sie dahin drängte – das haben wir zu beantworten. Sie sind gefährdet durch verschiedene Dinge, sie sind nicht in der Lage oder bereit, sich anzupassen. Ich meine, das ist schon eine Frage, vor die junge Leute gerade heute immer neu gestellt werden. Puccini verherrlicht diese jungen Leute nicht, die sich nicht anpassen wollen oder können, er stellt sie »nur« dar, realistisch, unsentimental. Und er stellt neben sie noch einen ganz anderen Menschen, für den es nicht um Probleme der Rebellion oder Anpassung geht, sondern ums Leben, ums Überleben: Mimi. Mimi ist eine Halbproletarierin. Sie hat – was oft vergessen wird – anfangs mit der Bohème nichts zu tun, wird am Weihnachtsabend überhaupt erst mit dieser Gesellschaft konfrontiert. Die Freunde ihrerseits werden konfrontiert mit einem Menschen, dessen Not aus ganz anderen sozialen Ursachen resultiert als die ihre. Die Armut der Freunde ist ja mehr oder weniger eine selbstgewählte: Protest und Martyrium für die Freiheiten, die sie meinen. Für Mimi ist die Armut eine reine Frage der Verhältnisse, unter denen sie so lebt, daß sie nicht länger leben kann, sondern sterben muß.

Wenn ich heute Studenten sehe, wenn ich heutige Bohème betrachte, wenn ich untersuche, wie sich heute die intellektuelle Jugend gegenüber ärmeren Schichten der Bevölkerung verhält und wie es überhaupt mit dem Verhältnis zum Arbeiter steht – und in scheinbar romantischer Verkleidung ist Mimi eine junge Arbeiterin –, dann meine ich, können wir durch Puccinis Oper Informationen erhalten, die uns betreffen, uns vielleicht auch betroffen machen. Die Haltung der Bohémiens zu ihrem Elend und gegenüber Mimi, die Bedingungen ihres Dahinlebens – das muß nicht Kitsch sein oder Sozialmuseum, sondern geht uns an, ist aktuell. Dabei meine ich keine Aktualität, die aufgegagt werden muß, vielmehr die Aktualität, die Bestandteil von Kunst ist; denn es ist eine Eigenart von Kunst, Geschichte zu erzählen in Form von Geschichten von und über den Menschen. Wenn diese Geschichten gut sind, bleiben sie auch über ihre Entstehungszeit hinaus aktuell und exemplarisch.

Eschrich: Sie sprachen von der Lebens- und Überlebensfrage, der sich Mimi gegenübersieht. Wie beantwortet sich diese Frage für Musette?

Friedrich: Musette gehört ebensowenig zu dieser bürgerlichen Bohème wie Mimi. Sie ist der Antipode zu Mimi; immer wieder besteht sie Marcel gegenüber auf ihrer Freiheit – nicht so, wie es »moderne« Ehefrauen zu tun pflegen, sondern mit ganz eigenen Konsequenzen. Musette mag sich nicht etablieren, was für sie ja nur heißen könnte, daß sie in irgendeiner Wäscherei oder Fabrik für schlechtes Geld ausgenutzt, ausgebeutet wird. Mit ihren Reizen und ihrer Cleverness will sie höher pokern. Wir sollten ihre Prostitution – genauer ihr Call-Girl-Dasein – verstehen als individuellen Versuch dieser Pariserin zur Emanzipation. Auch das ist eine antibourgeoise Haltung, für die sie immer wieder teuer bezahlt, nämlich mit dem Schmerz der Liebe um Marcel. Diese Liebe spaltet sich ja: Sie liebt Marcel und ist im Interesse ihrer Emanzipation gezwungen, dieses Verhältnis durch käufliche Liebe immer wieder zu gefährden und zu zerstören. Ein sehr interessanter Versuch, meine ich, wie ein Mensch eine persönliche Rebellion versucht, um sich zu emanzipieren, dabei aber die Federn der eigenen Würde und des persönlichen Glückes lassen muß.

Eschrich: Wenn Sie nun für die Bohème-Figuren eine Nachgeschichte prognostizieren sollten – wie sähe sie aus? Wie wirkt sich Mimis Tod auf die Zurückgebliebenen aus?

Friedrich: Ja, man ist verführt, über die Perspektive der Figuren nachzudenken, bei diesem Stück eigentlich mehr noch als über ihr Herkommen. Murgers – in der Nähe Balzacs begreiflicher – Realismus sagt, daß diese so antibourgeoisen, so anarchischen Bohémiens früher oder später in das Establishment integriert, ja sogar Vertreter dieses Establishments werden. Puccini sagt darüber nichts. Ich meine nicht, daß Puccini damit weniger realistisch ist. Mit seinem offenen Schluß aktiviert er vielleicht Nachdenken. Die Jugend am Ende, am Scheideweg: Wohin geht sie, was macht sie, und was macht sie aus solchen Erlebnissen, wie sie die Bohémiens hier im Falle von Mimi gehabt haben?

Eschrich: In Ihren Thesen zur Musiktheater-Arbeit haben Sie vor der Gefahr einer »Verharmlosung bewegender Lebensfragen« gewarnt. Ich empfinde, daß gerade das in verschiedenen Szenen dieser Oper geschieht, wenn die Armut der jungen Leute eine romantisierende Verklärung erfährt – quasi nach dem Motto: So glücklich ist nur, wer nichts besitzt.

Friedrich: Ich sehe in der Darstellung dieser Armut nirgendwo den Wunsch der Autoren nach romantischer Verklärung. Vielmehr sehe ich in den Späßen, die diese Burschen treiben, wenn sie frieren, wenn sie nichts zu essen haben, einen frechen, trotzigen Überlebenswillen selbst in einer elenden Umgebung. Es wird der kreatürliche Protest ausgedrückt: Man läßt sich nicht unterkriegen. Da diese vier sehr klug sind und ihre Klugheit mit Witz verbinden, benutzen sie diesen

Witz als Sieg über die materielle Not. Daher hätte sich eine Aufführung sehr davor zu hüten, aus den Freundesszenen permanenten, klamottigen Studentenulk zu machen. Statt dessen müßte sie versuchen, aus dem intelligenten Schlagabtausch dieser Burschen die Methode zu entwickeln, wie man eine Zeitlang mit der Not lebt, ohne sich von ihr unterkriegen zu lassen.

Eine andere Dimension bekommt die Armut der Freunde durch die Gestalt der Mimi. Rudolf ist im 3. Akt auf dem Punkt einer verzweiflungsvollen Erkenntnis, wenn er zu Marcel sagt: »Liebe genügt nicht, damit Mimi am Leben bleiben kann.« Das ist für mich einer der Kernsätze des Stückes, denn hier wird formuliert, daß es für materielle Not keine romantischen Lösungen gibt. Liebe oder Mitleid allein genügen nicht, um schlechte Zustände zu verändern; da ist etwas anderes nötig. Daß Rudolf dann den fragwürdigen Weg geht, Mimi in die Arme eines reichen Grafen zu treiben, damit sie möglicherweise an der Côte d'Azur eine Kur machen kann, ist ein grelles Zeichen für humane Hilflosigkeit.

Eschrich: Gegenstand des musikalischen und gesanglichen Ausdrucks kann nur Wichtiges sein. Nun hat Puccini gerade die Welt des Alltäglichen zum genuinen Gegenstand seiner künstlerischen Arbeit erklärt. Ist da nicht ein Widerspruch?

Friedrich: Wenn Puccini sagt, daß ihn die kleinen Dinge und Geschichten interessieren, so sollte man das nicht als Verniedlichung verstehen, sondern im Umkreis eines Gerhart Hauptmann, eines Tschechow, eines frühen Gorki als progressive Ausweitung und Vertiefung bisheriger Opernthematik. Indem sich Puccini den Kleinigkeiten des menschlichen Alltags widmet, verengt er nicht die Thematik der Oper, sondern erweitert sie. Dinge, die scheinbar klein sind, gewinnen Bedeutung. Schein und Sein werden genau unterschieden. Die Opernbühne stellt sich in den Prozeß der Entwicklung einer sozialen Aufmerksamkeit. Nicht allein Helden oder abnorme Kreaturen sind oder bleiben Gegenstand von Kunst. Das scheinbar Kleine wird kunstwürdig. Auch und gerade in der Gosse, in einer Seitenstraße finden Tragödien statt. Und diese Tragödien sind für die Menschen, die davon betroffen werden, möglicherweise noch größer, als wenn sie Weltherrscher oder Leute betreffen, die im Mittelpunkt des Weltinteresses stehen. So gesehen ist »Bohème« meines Erachtens eine der wichtigsten Stationen der Opernkunst auf dem Wege der Gestaltung des menschlich-sozialen Details und steht in der Reihe von Werken, die von »Carmen« über »Jenufa« und »Wozzeck« bis zu »Porgy and Bess« reicht. Diese Linie könnte »permanente Vermenschlichung« heißen, auf der Musikbühne stattfindend und von ihr ausgehend. Für unsere Aufführung von »La Bohème« heißt das, sich vor Idealisierung ebenso zu hüten wie vor Verniedlichung. Wir können auch nicht die Kunstdimension Puccinis aufblähen. Doch was wir für »groß« befinden und was für »klein«, ist am Ende wohl nicht nur eine ästhetische Frage, sondern eine simpel humane.

»TOSCA«

von Giacomo Puccini

Ein Weg nach Wagner und Verdi
(1976)

Das große Übel mit Puccini besteht in seiner Popularität. Was – trotz aller elitären und esoterischen Thesen – das Werk eines Künstlers eigentlich auszeichnen sollte, wurde der Nachwirkung dieses Œuvres zum Verhängnis und ließ manche am Kunstgehalt Puccinis zweifeln: eben diese Popularität, die seine Opern in höherem Maß als die jedes anderen Komponisten der letzten hundert Jahre errangen. Eine paradoxe Folge davon war, daß sich die Bühnen bei Puccini-Einstudierungen allmählich – da der Kassenerfolg ja als gesichert gelten konnte – kaum mehr in besondere, vor allem nicht geistige Unkosten stürzten. Gedankenlosigkeit, Interpretenwillkür, schließlich reguläre Schlamperei bemächtigten sich seiner Opern, bis ein Puccini-Bild entstand, für das Sentimentalität, Verlogenheit, Kitsch und »Melodien-Service« die Synonyme wurden. Puccini mißriet zum Courths-Mahler der Opernbühne. Die Folgen der Popularität kehrten sich gegen deren Ursache.

Für ein präziseres Qualitätsbewußtsein in deutschsprachigen Landen sorgte zum Beispiel Herbert von Karajan mit seinem stringenten Einsatz für »La Bohème«. Ebenfalls in den fünfziger Jahren twisteten Schüler in der Aufführung einer norddeutschen Bühne zu Mimis letzten Lebenslauten, offenbar im Protest gegen eine zur Opernroutine degradierte Lebenswahrheit. Bei kaum einem anderen Komponisten ist die fortwährende Verwechslung von Werk und Wiedergabe so eklatant wie bei Puccini. Pseudokenntnis verdrängt noch immer genaue, sensitive Analyse. Und die vornehme Zurückhaltung der Musikwissenschaft – wie viele ergiebige, gründliche Untersuchungen gibt es schon in deutscher Sprache? – trug nicht dazu bei, der Verseichtung zu begegnen. Um so stärker ist die Praxis der Musikbühnen aufgerufen, Puccini aus den Dunkelkammern der Routine zu befreien. Und erst wenn seine Werke vielerorts wieder in höchstmöglicher Annäherung an seine aufregenden künstlerischen Intentionen aufgeführt werden, könnte begriffen werden, wie unersetzlich sein Beitrag für ein humanes Opernspielen ist, in dem sich menschliche Aufmerksamkeit und kulinarisches Vergnügen nicht gegenseitig ausschließen, sondern einander bedingen.

Freilich standen und stehen da deutschsprachige Bühnen vor einem besonderen Dilemma. Die gängigen Übersetzungen können selten die präzise Ästhetik Puccinis wiedergeben. Andererseits verzichten die Vorstellungen in der Originalsprache zu oft auf die konkrete menschlich-dramatische Motivierung. Puccini aber erschöpft sich nicht im »kostümierten Konzept«, duldet keine inhaltliche Verschwommenheit. Die Menschen und Situationen, die er gestaltete, waren neu, überraschend und sind auch heute oft bestürzend. Das erfährt man, wenn man zum Beispiel die herbe Poesie des »Tosca«-Textes im 3. Akt studiert oder wenn man sich vergegenwärtigt, welche Worte die originale Mimi erst stottert und dann immer mehr singend sagt, als sie dem Poeten Rudolf vom eigenen Leben erzählt. Es waren Kleinigkeiten, die mich bei meinen ersten Puccini-Inszenierungen – an der Komischen Oper Berlin »La Bohème« 1959 und »Tosca« 1961 – besonders aufregten: die Nachricht, daß die in der »menschlichen Wendung« der Muffszene am Schluß von »La Bohème« geschilderte humane Geste einer direkten Anweisung Puccinis an Giacosa und Illica entsprang, daß alles, was mit Mimis »Er kostet viel« zusammenhängt, Puccinis eigener präziser Menschenbeobachtung entstammt – und die Feststellung, daß der Text von Cavaradossis Arie im 3. Akt der »Tosca« Puccinis eigener Gegenvorschlag zu der Vorlage der Librettisten ist, die ursprünglich dem Maler-Rebellen vor seiner Hinrichtung ein pathetisch-patriotisches Credo in den Mund legen wollten. Statt dessen nun: Wortfetzen, ungereimte Sätze, die direkt, ohne literarisch-poetische »Brücke« zu einer Komposition führten, die jegliche bisherige Arienform und damit jedes Denk- und Gefühlsklischee durchbricht. »Ich sterbe in Verzweiflung.« Zukunftsvisionen von Rebellen – so meint wenigstens Puccini – sind am Ende kein Ersatz für die Todesangst der Kreatur, in der auch der Gekreuzigte aufschrie.

Zwei »Kleinigkeiten«, die auf Puccinis Begriff von Wahrheit hindeuten, Kleinigkeiten, die durch unzählige andere Beobachtungen zu ergänzen wären: zum Beispiel durch die Übereinstimmung zwischen Puccinis Musiksprache, speziell in der Tosca-Arie des 2. Aktes, und der Lebensgeschichte, die Sardou von Floria Tosca gibt und die übrigens – entgegen dem herkömmlichen Primadonnen-Klischee – auf einen ebenso einfachen wie sensitiven Charakter hindeutet, oder durch die genaue Fixierung der Situation, aus der »O dolci mani« entsteht, die ja wie kaum eine andere Stelle den zutiefst humanen Anlaß und Bezug der melodischen Magie Puccinis offenbaren kann. Floria Tosca steht unter dem Schock ihrer Tat. Cavaradossi versucht, ihn zu lösen, das Geschehene zu begreifen, bezeichnet sie als Vollstreckerin der Gerechtigkeit, sieht in ihr die Göttin der Revolution – und kniet am Ende dennoch ratlos, demütig vor der Frau, die nur aus individueller Bedrohung tat, was niemand sonst wagte. Gesang drückt aus, was Worten allein nicht faßbar ist. Solche Passagen entdecken den Kern des Phänomens der Puccinischen Kunst: singend, mit einer »zu Herzen gehenden« Weise zu protestieren gegen die vielerlei Erscheinungen von Bedrohung, Gefährdung,

Zerstörung des Humanen gerade auch im kleinen, von der offiziösen Welt kaum registrierten Lebensbereich.

Gut, das ist von der Umgebung des Naturalismus oder des »Verismo« mitgeprägt. Aber aus dem historischen Umkreis stilistischer Prägungen klingt immer noch ganz direkt, eigentlich ganz unmaniriert Puccinis Appell, aufmerksam zu sein gegenüber allen Details unseres Lebens – als Mixtur von humanem Engagement, künstlichem Kalkül und elementarer Leidenschaft. Entkleidet man Tucholskys Wort »Puccini ist der Verdi des kleinen Mannes« des ironischen, auf zeitbedingte »Wiedergabe«-Wirkungen zielenden Anlasses, so erfaßt es ziemlich genau die von Puccini vollzogene Revolution der Opernbühne. Die alten Helden waren müde geworden. Mimi zum Beispiel ist innerhalb der Normen des damals Üblichen ein völlig neuer Frauentypus auf der Bühne des Drame lyrique. Und wenn Rudolf im 3. Akt singt: »Um sie am Leben zu erhalten, genügt nicht Liebe allein«, dann offenbaren Aufschrei und Resignation eine wesentliche Bedingung der humanen Aufmerksamkeit Puccinis: die soziale. Das Mitleid, das er komponierte, begnügt sich nicht mit abstrakten Gesten, sondern zielt auf Unruhe, Veränderung. Aus den »kleinen Dingen«, die Puccini mit modernem Understatement als seinen Gegenstand bezeichnete, werden »große«, sofern wir das nur wollen.

Nur wenn man den Zusammenhang zwischen Puccinis direkt und indirekt vom Geist Zolas, Hauptmanns und Gorkis beeinflußter Stoffwahl und seiner Kompositionsweise beachtet, deren Entwicklung von »Manon Lescaut« bis zu »Turandot« allein schon erstaunlich ist, kann man dem Musiker Puccini gerecht werden. Es wird, scheint mir, zu selten darauf hingewiesen, daß es wenig einbringt, Puccini nur als Verdi-Nachfolger zu bezeichnen und ihn in die Verismo-Schablone zu pressen. Bekanntlich war er ein großer Wagner-Verehrer, aber alles andere als ein Epigone. Vielmehr tat er etwas, das sich nach dem Nebeneinander der Titanen Wagner und Verdi für die Oper als dringend notwendig herausgestellt hat: Er schuf eine sehr persönliche Verbindung aus einigen Errungenschaften beider. Alle gewonnenen Verfeinerungen der Harmonie und alle Differenzierungen der Instrumentation verarbeitend, »erlöste« er dennoch die Stimme aus der orchestralen Verflechtung und gab ihr zugleich ein weitaus gebrocheneres, klangsensibleres Accompagnato im Orchester als der radikale Lakoniker Verdi. Auch so erwies er sich als notwendiger Nachfahre seiner italienischen Komponisten-Ahnen, die vor dreihundert Jahren die Oper erfunden hatten, gerade durch die Befreiung des Individuums zur vokalen Existenz, zur humanen Stimme.

Nichts weniger als das ist schließlich auch die ästhetische Thematik der »Tosca«. Die drei Protagonisten beanspruchen Freiheit in jeder persönlichen Variante: als dynamisch-subjektiven Machtanspruch (Scarpia), als auf Veränderung zielendes rebellisches Ethos (Cavaradossi), als private, schlichte und zugleich grenzenlose Liebe (Tosca). In einer Zeit epochaler Umwälzungen gewinnen solche Haltungen exemplarische Sinnfälligkeit. Je nachdem, wie wir uns und Puccini in dieser Zeit begreifen, bleibt »Tosca« eine Schauerromanze oder gerät zum Menetekel des Themas »Freiheit«. Jedenfalls bezahlt jeder der konträren Partner dieser Dreiecksgeschichte mit dem Tod. Ihr Sterben nimmt keine Erlösungsgloriole für sich in Anspruch, sondern ist bitter, entsetzlich, definitiv.

Der Gestus, den Puccini der Musikbühne aufgab, ist ebenso brutal wie zärtlich, intelligent wie sentimental, präzise wie träumerisch. Er möchte unbedingt Lebenswahrheit, Genauigkeit des auch musikalischen Details, soziale Aufmerksamkeit, den poetischen Klang des scheinbar Alltäglichen, das Heroische mit Kalkül, den Kontrast zwischen engagierter Leidenschaft und distanzierter Lakonik. Und immer wieder und vor allem: die Demut vor der Dämonie des Singens, in der wir in seltenen Sternstunden den Sinn und die Metaphysik unserer individuellen und gesellschaftlichen Existenz begreifen oder erahnen, unseres kleinen, großen Daseins.

»DON QUICHOTTE«
VON JULES MASSENET
(1978)

Manche Bühnenwerke lassen sich erst von der Schlußszene her entschlüsseln. Solch analytische Dramaturgie bestimmt auch Massenets »Don Quichotte«. Die Figur, wie der französische Komponist sie schildert, erfüllt sich im Sterben. Das Scheitern des seltsamen Humanitätsapostels widerlegt aber weniger ihn selbst, sondern signalisiert die Endzeit der Welt, die ihn umgibt: Fin de siècle.

Und es scheint auch, als fände Massenet erst in der berühmt gewordenen Sterbeszene wieder zur Identität mit den Dimensionen des Cervantesschen Originals, von dem er sich vier Akte lang manchmal recht weit entfernt hat. Klug hüten sich Massenet und sein Librettist Cain davor, eine Dramatisierung des großen spanischen Epos zu wagen. Sie reduzieren manches, verwandeln dabei die Geschichte und geben dem Ritter von der traurigen Gestalt einen spezifischen persönlichen Aspekt. Mittels solcher Verfremdung der klassischen Vorlage gelangen sie zu einer ebenso amüsanten wie kritischen Darstellung der eigenen Epoche und deren fragwürdigem Selbstverständnis anhand der Außer-Ordentlichkeit des Mannes, der sich »Don Quichotte« nannte.

Schon die Entstehungsgeschichte zeigt, daß kein Anlaß besteht, diesen Opern-Don-Quichotte als szenisch-musikalische Illustration des Romanhelden von Cervantes zu begreifen. Er ist ein Nachfahre von ganz eigener, aufschlußreicher Prägung. Denn nicht so sehr am Roman des Spaniers orientierten sich Massenet und Henri Cain, als sie für Schaljapin und die Uraufführung in Monte-Carlo eine Oper planten, sondern mehr an einem Schauspiel, das 1904 von der Comédie Française erstmals gebracht wurde.

Von dessen Autor Le Lorrain weiß man nicht viel. Er war eine morbide Sternschnuppe am schillernden Himmel des Paris um die Jahrhundertwende. Schustersohn aus Bergerac, war er aus der Provinz in die Metropole geflohen. Dort schlug er sich als Bohémien mühsam durch. Er soll selbst wie ein Abbild des Ritters von der traurigen Gestalt erschienen sein. Die Premiere seines zwiespältig aufgenommenen Werkes konnte der Schwerkranke nicht besuchen. In die zweite Aufführung ließ er sich auf einer Trage bringen. Am nächsten Tag lieferte man ihn in ein Spital ein, wo er im Alter von achtundvierzig Jahren starb.

Immerhin ist es bemerkenswert, daß der berühmte Massenet, Mitglied der Académie Française, stark von dem Werk seines so viel elenderen Kollegen berührt wurde. In seiner Autobiographie schreibt er: »Was mich bezauberte und zu dem Entschluß brachte, dieses Werk zu komponieren, war der geniale Einfall von Le Lorrain, das derbe Dienstmädchen Cervantes' in eine frivole und schöne Dulcinea zu verwandeln. Die berühmtesten französischen Dramatiker kamen nicht auf diesen Gedanken.« Der Komponist der »Manon« und des »Werther« entdeckte also in der phantastischen Konstellation des sonderbaren Schwärmers zur umschwärmten Edelkurtisane den für ihn reizvollen Ansatzpunkt, die Geschichte von Don Quichotte und seinem Ende auf der Musikbühne anders und neu zu erzählen.

Die Opernfabel, wie sie Massenet und sein Librettist im Auge hatten, schildert in fünf Akten fünf verschiedene Schauplätze. In einem spanischen Städtchen des 16. Jahrhunderts huldigt die Menge, die sich zum Markttag versammelt hat, der Kurtisane Dulcinea, deren gefälliger Gunst die vier Liebhaber Juan, Rodriguez, Pedro und Garcias am nächsten zu stehen scheinen. Als Don Quichotte und Sancho Panza auf Rosinante und dem Esel eintreffen, werden sie als altbekannte Gestalten mit fröhlichem Gelächter begrüßt. Der Ritter beschenkt die Armen, um dann der Dame seines Herzens ein Ständchen zu bringen. Belustigt über seine Liebesanträge, fordert sie ihn auf, das ihr von Banditen geraubte Collier zurückzuerobern. – Auf dem Ritt durch die Mancha kümmern Don Quichotte die ernstgemeinten Warnungen und Proteste Sanchos nicht.

Als im Nebel Windmühlen auftauchen, glaubt er feindliche Giganten zu sehen und kämpft gegen sie. – Im Gebirge stellt er die Banditen. Aber er wird schnell überwältigt und soll getötet werden. Von seinen Reden aber zeigen sich die Banditen so erschüttert, daß sie ihm den Schmuck Dulcineas ausliefern und um seinen Segen bitten. – Während eines Festes im Palatio Dulcineas überbringt Don Quichotte das Collier. Als er um ihre Hand bittet, lacht sie ihn aus und gibt sich ihm als Dirne zu erkennen. Don Quichotte ist dem Spott der Gesellschaft preisgegeben. Sancho stellt sich schützend vor den gebrochenen Ritter. – In einem Hohlweg rasten Quichotte und Sancho. Über ihnen glänzen die Sterne. Der Sterbende verheißt seinem Knappen als Lohn für die treuen Dienste die Insel der Träume. Den Gesang Dulcineas im Ohr, entschläft er.

Ohne Zweifel kann und will diese Geschichte mit den Dimensionen des Romans nicht wetteifern. Was als Willkür, fast Simplifizierung gegenüber Cervantes erscheinen mag, entpuppt sich jedoch bei näherem Hinsehen als intelligenter Versuch, durch notgedrungenen Verzicht auf bedeutende Motive des Romans eine Konzentration zu erreichen, die dennoch etwas von der großen Geschichte dieser Figur auf die damalige Musikbühne bringen konnte. Dabei ist – bei einem Seitenblick auf jüngere »Literatur-Opern« – bemerkenswert, daß die Autoren nicht einfach nur »wegließen«, sondern eine Variierung und Metamorphose der Gestalt anstrebten, die es erlaubte, in ihr Gedanken, Empfindungen und Atmosphäre der eigenen Zeit mittels Musik auszudrücken.

Ausgelöst wird die Opernhandlung durch die Begegnung Don Quichottes mit Dulcinea. Daß der entscheidende dramaturgische Motor nichts anderes als der Auftrag zur Wiedereroberung des Colliers ist, bedeutet fraglos eine Beschränkung der Beweggründe, die den Helden des Cervantes in Marsch setzten. Dennoch gewinnt dadurch die Opernfigur als leitendes Motiv das, worin alles andere einfließt: Liebe. Daß dabei aus dem schlichten Bauernmädchen, in dem Don Quichotte seine Dulcinea sah, eine mondäne Stadtkurtisane wird, ist charakteristisch für die »Urbanisierung« und Verbürgerlichung, die der ganze Stoff bei den Franzosen erfuhr. Die recht willkürliche Einfügung des Mühlenkampfes im Libretto von Cain mag man noch hinnehmen. Spätestens aber die Räuberszene zeigt, wie der ursprünglichen Opernversion doch ironische Brechung gut täte. Denn die Autoren nahmen der Banditenszene nicht nur die Schärfe, die in der – freilich ganz anders angelegten – Verbrecherepisode des Romans herrscht; sie zeigen wirkliche Banditen echt überwältigt von der Redegewandtheit des Apostels in der Ritterrüstung. Hier offenbart sich genau der Massenetsche Typus eines Don Quichotte, den Louis Schneider 1926 »eine Art Prediger und Apostel des Guten« nannte. Die starke Lyrisierung der Gestalt, die Reduktion ihres phantastischen, grotesk-kühnen und überschwenglich-tapferen Charakters auf das Idealistisch-Schwärmende, Predigerhafte, Träumerische treten als wichtigste Kennzeichen der Umdeutung zutage, wie sie die Oper von 1910 vorgenommen hat.

Unser Entschluß, diese Figur nun auch szenisch real in die Umgebung zu stellen, die ihre Metamorphose geprägt hat, also in eine Monte-Carlo-ähnliche Welt um 1910, bietet sich um so mehr an, je stärker wir daran interessiert sind, Massenets Oper gegenüber der Größe des literarischen Originals abzugrenzen und sie als eigene Schöpfung fürs Musiktheater zu bewerten, der heutiges Interesse gelten kann. Beließe man Massenets Don Quichotte in der szenischen Umwelt eines Alt-Spaniens, das Cervantes-Nähe suggeriert, würde viel vom Eigenwert und der Faszination verlorengehen, die er gerade dadurch erhält, daß er eine Opernfigur geworden ist, die ebenso für wie gegen das Fin de siècle zeugt. Vor allem aber ist Massenets Musik so sehr dem eigenen Zeitgefühl und -geschmack verhaftet, daß wir heute ihren sensiblen Reiz und ihre szenische Präzision wohl am ehesten dann realisieren können, wenn die Bühne die Zeit, die das Werk behandelt, nicht verleugnet, sondern als Zeit der Handlung dramaturgisch nutzt und optisch zeigt. Die Neufassung nimmt sich vor zu erzählen: Ein Mann, der sich Don Quichotte nannte, tritt mit seinem Begleiter in eine Stadt der Jahrhundertwende, die ihn nicht mehr losläßt. Nach einem letzten Abenteuer der Liebe erleidet er hier den Tod. Ein doppelbödiges Endspiel. Eine Donquichotterie 1910.

Die Ansiedlung der legendären Figur in der Entstehungszeit der Oper und in der Umwelt ihrer Uraufführung zieht die Konsequenz aus der Umfunktionierung, die bereits Massenet vorgenommen hat. Diese besondere Form historischer Konkretisierung möchte vor allem dem spezifischen Zeitgefühl entsprechen, wie sie die Musik so empfindsam und genau zum Ausdruck bringt. Mit solch modischen Unternehmungen, wie beispielsweise »Carmen« in die dreißiger Jahre unseres Jahrhunderts zu verlegen, hat die Methode nichts zu tun, nach der unsere Neufassung verfährt. Eher regeneriert sie ein altes Operngesetz, das erst im 19. Jahrhundert verlassen wurde: daß Figuren auch aus fernerer Vergangenheit in Kostüm und Gestus als Menschen jener Zeit dargestellt und begriffen wurden, deren Musik sie singen.

Aus solchen Erwägungen möchte unsere Neufassung Vergleiche und Querverbindungen zu Cervantes noch konsequenter vermeiden, als sie das Libretto ursprünglich vorsah – zugunsten der Vergegenwärtigung des spezifischen Einfalls der Franzosen. Die Handlung wird konzentriert auf nur einen Spielort: die Stadt. Und sie umspannt nur die wenigen Stunden, die zwischen dem Auftritt des grotesken Schwärmers und seinem Ende liegen. »Einheit des Ortes, der Zeit und der Handlung« wird hergestellt im Interesse ironischer Brechung in der Haltung eines epischen Theaters, das die Begebenheit stets erkennbar als Spiel ausweist, freilich mehr und mehr als böses Spiel, das die Gesellschaft mit dem Sonderling treibt. Ohne daß eine Note von Massenet ausgelassen oder verändert wurde, also durchaus partiturgerecht und mit nur wenigen textlichen Akzentuierungen, setzt die Neufassung die ursprüngliche Story Henri Cains fort durch folgende Handlung auf der Bühne.

Als das neue Jahrhundert anbrach, hat sich ein Mann aufgemacht, um auf alte Ritterart und nur begleitet von einem Gefährten Gerechtigkeit und Liebe in aller Welt durchzusetzen. Sie bezeichnen sich selbst als Don Quichotte und Sancho Panza. Mit ihrem Ritt durch die Lande wollen beide durch das Exempel der subjektiven Tat helfen, aufrütteln. Mancherorts hat man von dem seltsamen Paar gehört. So werden sie auch bald »identifiziert«, als sie in eine der ruchbarsten Städte der damaligen Zeit einreiten. In der begehrtesten Kurtisane dieses modernen Babels glaubt der Mann, die Dame seines Herzens gefunden zu haben: Dulcinea. Sie ist über die Anträge des merkwürdigen Bewerbers ebenso belustigt wie verwundert. Um ihn loszuwerden, trägt sie ihm auf, ein Collier zurückzuerobern, das ihr nie geraubt wurde. Die Bereitschaft des Fremden, sich sofort auf den Weg zu begeben, wollen die Galane der Kurtisane und die übrige Gesellschaft nutzen für pervertiertes Amüsement. Sie lassen den absonderlichen Narren nicht aus der Stadt heraus und verfolgen seinen absurden Ritt zunächst als

Zuschauer. Sancho durchschaut die Absicht der anderen und versucht immer wieder, seinen Freund von hier wegzubringen. Da greift die Gesellschaft direkt in das Spiel ein und gaukelt der Phantasie des von seiner Aufgabe Besessenen Giganten und Windmühlen vor. Schließlich übernehmen die Herren selbst die Rollen der von ihm gesuchten Banditen und heucheln Rührung und Bekehrung. Ein Liebhaber der Kurtisane übergibt dem »Ritter« seinen eigenen Halsschmuck, damit er, der verrückte »Bote«, ihn als Geschenk der Dame bringe. Das Lachen der »Banditen« mißdeutet dieser Quichotte als reuevolles Weinen. Segnend breitet er die Hände über Leute, denen menschliches Empfinden nur noch Anlaß zur Manipulation ist. Die »Inszenierung« der Gesellschaft scheint aufzugehen, wenn dieser Mann den Schmuck tatsächlich zu seiner vermeintlichen Dulcinea bringt. Als die Kurtisane aber, berührt vom seltsamen Wesen des Fremden, sich von ihren bisherigen »Freunden« abkehrt, rächt sich die Gesellschaft und überhäuft den Gebrochenen mit Hohn und Spott. Sancho schleudert den Lachenden seine drohende Anklage entgegen, ehe er seinen Freund hinwegführt. Der gescheiterte Idealist stirbt zwischen Schutt und Müll in einem Hinterhof dieser Stadt, die sein Ende besiegelt hat.

So erzählt unsere Aufführung im Stil einer »traurigen Operette« von den Abenteuern, den Träumen und dem Sterben eines Mannes, dessen naive Utopien am kühlen Zynismus einer spätbourgeoisen Gesellschaft zerschellen. Und wohl auch im Sinne Massenets erzählt sie vom Ende der Möglichkeiten, ein Don Quichotte zu sein in einer Welt, die immer selbstgefälliger wird und unempfindlicher gegen Ideale, die nur noch von einzelnen besessen vertreten werden, kommen sie närrisch daher oder auch gefährlicher. Das alles vielleicht ein Märchen, gemischt aus Scherz, Satire, Wehmut und dennoch etwas Hoffnung. Mit dem Decrescendo des vollen Einsatzes an theatralischen Mitteln strebt die Aufführung jedenfalls kontrapunktisch ein Crescendo der inneren Bereitschaft an, humaner Utopie wenigstens bei ihrem Scheitern zu lauschen. Angesichts der arrivierten Monotonie des internationalen Opernrepertoires lohnt es sich vielleicht, das heutige Musiktheater auch für solche Klänge ein wenig in Anspruch zu nehmen.

»PELLÉAS UND MÉLISANDE«
von Claude Debussy

Kein Land, keine Zeit
(1984)

»Symbolisches Theater«, wie Maeterlinck wollte, heißt, hinter die Oberfläche der Erscheinungsbilder und Vorgänge zu gelangen. Der Begriff war historisch Antithese zu Naturalismus einerseits und positivistischem Heroenkult andererseits. Er kann heute nicht als Aufforderung dazu verstanden werden, symbolistische Purzelbäume zu schlagen oder Verundeutlichung, Verwirrung zu zelebrieren. Wir müssen immerhin die Geschichte erzählen, um die es geht, die Geschichte von Pelléas und Mélisande, wir müssen die Charaktere sehr präzis erfinden und zeichnen, allerdings unter Einbeziehung aller Parallelvorgänge, Hintergründigkeiten, Unterbewußtseinsstrukturen.

Der Schauplatz ist »Allemonde«, schon das ein Symbol. Alter mundi? »Man sieht den Himmel nicht«, klagt später Mélisande. Die Gärten sind dunkel, die Wälder dicht und finster. Andreas Reinhardts Grundbau ist von dunklen Baumsäulen beherrscht, abendländische Kulturpartikel, schief geworden, verkrustete Natur. Wenn wir genau hinsehen, entdecken wir Gebeine an den Säulen. Eine Pyramide ist zur Grabkammer der ersten Frau Golos geworden, Obelisken sind da, ein zerstörtes Schiff. Ein Totenreich, Endzeit, Fin de siècle. Was viele Inszenierungen verschweigen, wollen wir aufzeigen: Es herrscht Hungersnot. Die Leute sterben dahin. Pelléas spricht davon, Golo auch. Ist Arkel darüber erblindet?

Die Familie der Schloßbewohner ist wie eine »geschlossene Gesellschaft«. Eine der Hauptfiguren, der kranke Vater von Pelléas, taucht nie auf. Man weiß nicht, woran er wirklich leidet. Und ob Golo seine erste Frau umgebracht hat, bleibt ebenfalls offen. Sein Jähzorn, seine Brutalität sind gefährlich. Im Gegensatz dazu halten manche Pelléas für nicht so ganz richtig im Kopf. Der kleine Yniold scheint Arkel auch nicht recht nachfolgewürdig. Genoveva ist hier stumm geworden, fast stumm. Deshalb ist die Partie klein, die Rolle groß.

Solch eine Familie braucht Blutzufuhr, Jugend, Leben, Frische. So umkreisen alle Mélisande wie Vampire. Sie wird von Golo gerettet. Aber sie soll die andern retten. Woher sie kommt, sagt sie nicht. Literarisch Gebildete wissen, daß eine der Frauen Blaubarts auch Mélisande hieß. Ein Wesen, das sein Geheimnis nie ganz lüftet. Eine Krone ist ins Wasser gefallen. War sie eine Prinzessin, eine Mätresse? Auch Lulus Herkunft ist verschleiert ...

Sie wird der Katalysator dieser Gesellschaft, schließlich so etwas wie eine Märtyrerin. Arkel knüpft an ihre Mutterschaft die Hoffnung: »Du wirst für die neue Zeit, die ich voraussehe, das Tor öffnen.«

Alles ist anders in dieser Oper, fremd, unbekannt. Maeterlinck will das »Drame statique«. Ein Widerspruch in sich? Freilich auch hier die Antithese: gegen laute Affekte und billige Effekte. Und gegen die scholastische Emotionsdramaturgie. »Drame statique« meint wohl auch, die Existenz des Menschen als schließlich ohnmächtig zu erkennen gegenüber dem »wahren Endzweck unseres Lebens« (Mozart): dem Tod. Es ist dies der Keim zum Existentialismus, meldet auch Skepsis an gegenüber der leichtfertigen Benutzung des Begriffs »Utopie«. Meint, daß am Ende der Zeiten die Zeit stehenbleibt.

Debussy will in der Oper eine Musik, die aus dem Schatten kommt, die schweigsam ist. Eine schweigsame Musik?! Auf jeden Fall eine Musik der feinen Untertöne, Zwischenklänge. »Es wird in der Oper heutzutage zuviel gesungen«, meinte Debussy. Weniger vornehm hätte er »schreien« sagen können und wäre noch immer aktuell. Musik soll das »Unaussprechbare« ausdrücken, nicht sich marktschreierisch gebärden. Solche Auffassungen haben ihm freilich den Vorwurf der Monotonie eingehandelt. Dem müssen wir entgegenarbeiten wie der vermuteten Langeweile. Arbeiten wir die Kontraste stark heraus. Seien wir sensitiv, rationell, grausam – wie es die Leute im Stück sind. Spielen wir präzis, und denken wir vor allem immer daran, daß das Publikum kaum versteht.

Singen wir menschlich. Dann wecken wir vielleicht »symbolisches« Verständnis. Auf jeden Fall hoffentlich Neugier und Phantasie.

»Pelléas und Mélisande« ist ein vornehmes Plädoyer für die Empfindsamen, für die Schwachen. Lauter Aktivismus, verkörpert in Golo, führt sich selbst ad absurdum. Die Scheuen, Geschlagenen, die Outsider rücken ins Zentrum. Pelléas und Mélisande sind das Paar, das der Oper den Titel gibt. Es ist eine im Theater nicht allzu häufig gestaltete Art von Liebe. Sie hat Angst vor der Präpotenz des Maskulinen. Pelléas ist geschlechtlich ambivalent. Darauf basiert die Annäherung zwischen beiden. Vor allem deshalb auch unsere Pelléas-Besetzung mit einem Tenor. Eine Liebe, die in kein Schema paßt. Eine Oper, die sich jeder Schablone entzieht.

»JENUFA«

von Leoš Janáček

Konzentrierter Realismus
(1964)

1956: »Das schlaue Füchslein« in der Inszenierung Walter Felsensteins. Acht Jahre später: »Jenufa« als zweite Janáček-Einstudierung der Komischen Oper, die dreiundfünfzigste Opernpremiere seit Eröffnung des Hauses (1947) und zugleich letzte Neuinszenierung im alten Bühnenhaus vor der Rekonstruktion, nach der dem Schaffen Janáčeks weitere besondere Aufmerksamkeit zu widmen sein wird; geplant ist »Katja Kabanowa«. Denn seine Opern gehören zu den bedeutendsten Materialien eines progressiven, humanistischen, volkstümlichen Musiktheaters. Fortsetzung, Weiterführung bisheriger Janáček-Begegnung, Brückenschlag zu weiterer – das mußte den Standort dieser »Jenufa«-Arbeit mitbestimmen.

Hierbei wäre das Wort »Janáček-Pflege« kaum zutreffend. Ist das heutige Musiktheater wirklich schon auf dem Punkt, Janáček »pflegen« zu dürfen oder zu können? Uns scheint: Moral und Technik unserer Kunst, mit Janáčeks Vorstellungen und Forderungen konfrontiert, müßten sich diesen mehr und mehr annähern – zum Nutzen heutiger Musiktheaterkunst. Für uns ist der Prozeß einer Janáček-Einstudierung kein akademisch-ästhetischer, sondern ein alle Fragen unseres Lebens und unserer Kunst aufregend in Frage stellender Versuch. Auch das bestimmte den Standort dieser Inszenierung.

Und darum schließlich: Methodische Erfahrungen der beispielhaften »Füchslein«-Arbeit konnten und mußten verwertet werden. Aber für den Standort der »Jenufa«-Arbeit war zu berücksichtigen, daß »Jenufa« – wenngleich das Werk eines Fünfzigjährigen – im Opernschaffen Janáčeks durchaus Frühstadium bedeutet, ringende Auseinandersetzung, kühnes Experiment gegenüber dem Werk der Reife, dem »Schlauen Füchslein«. Mit ihm hatte Felsenstein als Meister eine weise, hochpoetische Bühnendichtung geschaffen. Der nahezu expressive, herbe, konzentrierte Realismus der »Jenufa« verlangte jedoch eine andere Gestaltungsweise. Sie durfte sich auf nichts »Verläßliches«, auf keine Tradition stützen, wenn die gegenwärtige Bedeutung Janáčeks nackt und unmittelbar aufgedeckt werden sollte.

Wie immer halfen Quellenstudium und historische Forderungen den Weg da-

hin bahnen, wie die »Jenufa«-Partitur zu lesen, zu verstehen und schließlich im menschlichen Bühnenereignis vorzustellen sei. Einen der wichtigsten Hinweise dafür gibt Janáček selbst:
»In der Zeit, als die ›Jenufa‹ komponiert wurde, berauschte ich mich an der Melodik gesprochener Worte... Verstohlen horchte ich auf die Sprache der Vorübergehenden, las deren Gesichtsausdruck mit den Augen ab, suchte gierig jede Schwingung der Stimme zu erhaschen, beobachtete die Umgebung der Sprechenden, die Gesellschaft, die Tageszeit, Licht und Dämmerung, Kälte und Wärme. Einen Abglanz dessen fühlte ich in der notierten Wortmelodie. Wie viele Varianten der Melodie desselben Wortes fand ich! Hier strahlte und strömte sie, dort verhärtete sie sich und stach. Aber ich ahnte in der Melodie des Wortes etwas noch viel Tieferes – etwas, das nicht offenbar, nicht erfüllt war. Ich fühlte in der Sprachmelodie den Ablauf innerer, geheimgehaltener Vorgänge. Ich erfaßte in ihnen die Trauer und das Aufblitzen der Freude, die Entschiedenheit, das Schwanken. Kurz, ich fühlte in der Sprachmelodie das ›Geheimnis der Seele‹.«

Das Schaffen Janáčeks gestattet nicht, mit dem Begriff »Seele« metaphysisch zu spekulieren; er beinhaltet vielmehr – durchaus in Anlehnung an die von Janáček genau studierte und hochgeschätzte russische Literatur des ausgehenden 19. Jahrhunderts – ein humanistisches Postulat in konkreter nationaler und sozialer Bindung. Diese Erkenntnis bestimmte den Grundgestus der Inszenierung, in der Psychotechnik ebenso wie in der Verwendung nationaler Elemente und deren sozialer Begründung. Gesellschaft und Natur waren als »Umgebung der Singenden« mit den Mitteln heutigen Theaters neu anzugeben. »Strahlen« und »Strömen«, »Verhärten« und »Stechen« – diese Begriffe formulieren die Unbedingtheit, unter deren Gesetz die Handlungen der »Jenufa« zu verstehen und zu vollziehen sind.

Ziemlich genau wird Janáčeks ästhetische und philosophische Position aus seinem Verhältnis zur literarischen Vorlage der Oper erkennbar, dem Schauspiel »Ihre Ziehtochter« von Gabriela Preissová. Die zahlreichen Striche und Kürzungen, die er im Schauspieltext vornahm, entsprechen nicht nur dem üblicherweise einleuchtenden Erfordernis der Textkonzentration für die Oper. Vielmehr verabschiedete sich Janáček von einer Menge äußerer, milieugebundener, manchmal nahezu pittoresker Motivierungen und strebte statt dessen eine konzentrierte dramatische Zwangsläufigkeit an, die weniger Detail-Erklärungen braucht, sondern sich aus der Stellung der Personen zueinander, zum behandelten Thema und aus ihrer sozialen Position ergibt. Hier nun, scheint uns, hat eine Inszenierung anzusetzen. Die »nach innen« verlagerte Zwangsläufigkeit der Handlungen der Personen war wiederum erkennbar zu machen, nicht äußerlich zu verdeutlichen, sondern mit den Mitteln des heutigen Musiktheaters anschaulich und hörbar werden zu lassen.

Bei einer vergleichenden Analyse zwischen Schauspiel und Libretto half das Schauspiel, Vorgeschichte, personelle und zeitliche Zusammenhänge der Fabel genauer zu erfassen, als dies infolge der knappen Libretto-Angaben möglich war. Es galt, sich die Fabelkenntnisse zu verschaffen, die Janáček hatte, bevor er seine Oper komponierte. Nur so kann auch die eine neue künstlerische Qualität schaffende Funktion seiner Komposition begriffen werden.

Zu dem aus dem Schauspiel abzulesenden Fabelmaterial gehört: Warum und seit wann Jenufa in der Mühle arbeitet; wie die auf den ersten Blick verwirrenden familiären Beziehungen tatsächlich aussehen; woran der Mann der Küsterin gestorben ist – wie sein Bruder, der Vater Stewas, an der Trunksucht, was für die neuralgischen Reaktionen Jenufas und der Küsterin auf Stewas Betrunkenheit wichtig ist –; wie es weiterhin zu der Sonderstellung der Küsterin im Dorf kam; daß Jenufa beispielsweise ursprünglich dem Laca versprochen war, sich aber dann, als Laca zum Militär mußte, in Stewa verliebte, und so weiter. Verzichten kann man lediglich auf das Motiv, daß Jenufa als Stieftochter der Küsterin die Cousine Stewas, nicht Lacas wäre.

Die personellen Fakten der Preissová dramaturgisch verwertend, mußte stilistisch die Inszenierung den Schritt, den Janáček über die Vorlage hinausgeht, mit vollziehen. Das heißt: Steigerung des Naturalismus zu einem expressiven Realismus, Sprengung heimatlicher Milieugrenzen zugunsten psychologisch-gesellschaftlicher Vertiefung und Verallgemeinerung, Aufwertung des Sonderfalls zum Gleichnisfall. Die Bauernfiguren werden unverwechselbare Individuen und zugleich Gleichnisfiguren einer menschlichen Grundsituation. Ihre Handlungen streifen das Zufällige einer sich aus dem Landstrich ergebenden Konstellation ab und offenbaren eine soziale wie kreatürliche Notwendigkeit. Der enge, konkrete Kreis dieses mährischen Dorfes ist nicht nur Abbild nationalen Lebens, sondern wird Sinnbild menschlich-sozialen Schicksals. Das »Drama aus dem mährischen Bauernleben« steigerte und vertiefte Janáček zur »Ballade vom menschlichen Leben«. Die Vorgänge vollziehen sich in archaischer Wucht und erinnern in ihrer Lakonik wie in ihrem Pathos an die antike Tragödie.

Pathos klingt manchen Theaterleuten heute suspekt. Aber die Erinnerung daran, daß der ursprüngliche griechische Wortsinn die Begriffe »Leiden« und »Leidenschaft« untrennbar verbindet, läßt die Philosophie der »Jenufa« im neuen Licht erscheinen. Das aus Leidenschaftlichkeit entstandene Leid fordert leidenschaftlich die Überwindung des Leidens. Es ist die Prüfung, die Jenufa besteht und aus der sie gereifter und stärker hervorgeht. So könnte als Motto des Werkes der Satz aus dem Chorlied des »Agamemnon« von Aischylos gelten, daß der Mensch durch das Leid lernt und durch das Leid erkennen wird. Diese uralte Weisheit variiert Janáček, indem er die Kraft zeigt, die zur Überwindung des Leides hilft: die soziale Gesundheit und die Kraft der Liebe, beides in Laca personifiziert. An seiner Seite kann Jenufa hinausgehen aus der Dunkelheit und Enge. Zusammen werden beide an dem neuen Leben mitbauen, das sie brauchen. So verleiht Janáček der ursprünglich »dörflichen Schauer-Romanze« den herben Charakter einer optimistischen Tragödie. Die Lakonik, mit der er dieses Thema gestaltet, verhindert Sentimentalität und Romantik. Sie macht sein Werk im Umkreis ähnlicher Stoffe und ähnlicher Themen wahrhaft modern. Dieser gedankliche Standort – hier nur ungenügend darzulegen – mußte optisch Gestalt werden.

Der Bühnenbildner Reinhart Zimmermann und der Regisseur entschieden sich für eine artinaturalistische und antiillusionistische Bühnengestaltung. Stein und Holz sind die zwei beherrschenden Material-Eindrücke auf der Bühne. Es gibt kein szenisches Raumdetail, das aus anderem Material wäre. Die riesigen Teile, aus denen der Rundhorizont besteht, bilden eine Stein-Holz-Verbindung archaischer Präsenz. Zum Horizont korrespondiert vertikal eine die linken Prosceniumslogen verkleidende mächtige Holzwand. Die angeschrägte Spielfläche wurde geschaffen durch ein »steinernes« vieleckiges Rund, das vorn in die ersten Parkettreihen reicht und das auch das Orchester umschließt. Infolgedessen sitzen die Instrumentalisten nicht zwischen Bühne und Publikum, sondern sind – auch optisch – einbezogen in den Spielraum eines Theaters, das dem Zuschauer vehement, ohne Guckkasten-Illusion, »zu Leibe« rücken will. Die Arrangements »explodieren« im Zuschauerraum und werden von der Bühne aus wiederum häufig beiderseits über das Orchester nach vorn gezogen. Aber nur zweimal wird die verbreiterte Orchesterbrüstung umspielt: im Tanz des 1. Aktes, wo die rustikale Vitalität alle »Schranken« sprengt, und im Nachspiel des Schlußduetts vom 3. Akt, wo Lacas Weg zu Jenufa ebenso alle üblichen Schranken sprengt.

Für den Spielraum des 1. Aktes kommt hinzu: ein im Durchmesser 5 Meter großes Mühlenrad, vor dem Horizont stehend und sich langsam den 1. Akt über drehend. Dann: ein hoher schmaler Steg, der von der hinter dem Mühlrad angenommenen Mühle zu einem links vorn anzunehmenden Speicher führt. Eine kleine Brücke führt rechts hinten, über den anzunehmenden Bach, von der Spielfläche nach außen. Nur noch eine Leiter am Steg und rechts vorn ein alter Mühlstein. Auf einem solchen nahezu leeren Spielraum wirken die Arrangements nackt, in ihrer Nacktheit doppelt kontrollier- und überschaubar. Die Darsteller konnten sich nirgendwo »anlehnen«. Alle Konzentration galt der Partner-Spannung, die oft – auch geographisch – auseinandergenommen wurde. Eine Diagonale von links vorn, dem ersten Standpunkt der wartenden Jenufa, nach rechts hinten zur Brücke bildet die Achse der Spielfläche, die den Platz vor der Mühle zum theatralischen Kraftfeld besonderer menschlicher Handlungen machen will.

Im 2. Bild werden auf die »steinerne« Spielfläche mächtige Holzbohlen gelegt, die den Innenraum schaffen, über dem ein mächtiger, kreuzähnlicher Plafond lastet. Auf Fenster und Türen – zwischen Steinpfeiler eingelassen – war dramaturgisch nicht zu verzichten. Das Gemach Jenufas wird durch eine Tür hinter dem rechten Bühnenportal angegeben, zu dem zwei dreistufige Treppen führen. Hinten ein Herd, ganz links vorn eine Truhe, ein Ikonen-Bild und der karge Holzsessel der Küsterin bilden die erforderlichen Möbel neben dem alles beherrschenden 6 Meter langen Tisch. Er »bindet« die Menschen in diesem »Gefängnis«, so lange dies dramaturgisch geht, und »trennt« sie wieder als eine Art »Barriere«, die Grenzsituationen dieses Aktes mitschaffend. Sparsame Arrangements entsprechen dem Inhalt dieses Aktes und dem für ihn gefundenen Raumprinzip.

Der großflächige Innenraum gestattet, beim Chorauftritt im 3. Akt auf solche Notlösungen zu verzichten wie das Transparent-Machen der Zimmerwände. Das den Hintergrund bildende große Tor wird von den Dorfbewohnern aufgesprengt, als sie die Wurzeln des von ihnen entdeckten Verbrechens hier suchen. So öffnet das Volk den Weg, durch den Laca und Jenufa am Schluß ins Freie gehen können. Die im 2. Akt geschlossenen Fenster sind nun im 3. geöffnet, und da der lange Tisch aus der Mitte vor die linke Fensterfront gerückt ist, wird wiederum eine freie Spielfläche geschaffen, die – der inhaltlichen Agogik der Oper entsprechend – eine Synthese zwischen den Arrangements-Prinzipien gestattet, die sich durchaus unterschiedlich im 1. und im 2. Akt gegenüberstanden.

Jan Skalickys Kostüme bekennen sich dort zur dezenten Folklore, wo auch Janáček sie hochspielt: im Rekrutenchor des 1. Aktes und im Brautchor des 3. Aktes. Das Verhältnis dieser authentischen Kostümzitate zu den Erfindungen im übrigen veranschaulichen durchaus den Standort der Inszenierung hinsichtlich der Aufdeckung des Sozialen im nationalen Bereich, wobei eine klare Abgrenzung gegenüber einer folkloristischen Kostümschau ebenso erforderlich schien wie gegenüber einer gleichförmigen, pessimistischen Düsternis. Alles, was in den Bereich der optischen Gestaltung fällt, kann jedoch nur ein Mittel sein für die Hauptaufgabe: die lebendige Fixierung der menschlichen Charaktere und Handlungen, herausgelesen aus der Partitur.

Unter diesem Aspekt sind die Orchester-Vorspiele zu den einzelnen Akten nicht einfach symphonisch zu verstehen, sondern als Regulator der nicht immer so klaren Fabellinie. Deshalb entschied sich die Inszenierung für folgendes Prinzip: Bevor die eigentliche Bühnenhandlung beginnt, werden – vor allem durch eng gebündeltes Licht in der sonst noch dunklen Bühne – die Grundsituationen vorgestellt, aus denen dann die Handlungen entstehen und durch die sie auch wieder verständlich werden. Anders: Das Thema der einzelnen Akte wird bildlich angegeben.

Vorspiel 1. Akt: Wenn sich die aus riesigen Holzplatten bestehenden Vorhangteile auseinandergeschoben haben, wird zunächst das sich drehende Mühlrad angeleuchtet. Dann setzt das Xylophon ein, das Orchester-Vorspiel beginnt. Es erzählt von der immer fortschreitenden Bewegung, die das Leben der Menschen vorantreibt und vor die die Entscheidung der Menschen gestellt ist, also auch Jenufas Grundsituation: Im 22. Takt erhellt sie ein greller Scheinwerfer, wo sie, ganz vorn, auftritt, »unter uns«, bis sie dann zur Brücke läuft, in die Bühnenmitte zurückkommt und den Prolog formuliert: Ein Mädchen wartet auf den Mann, von dem sie ein Kind bekommen wird. Die nächsten Stunden entscheiden über Glück und Wehe. Erst nach diesem »Prolog« wird die ganze Spielfläche erleuchtet. So wird die Grundsituation des Mädchens in die konkrete Umwelt Jenufas gestellt – auf einen Vulkan, auf dem widerstrebende Interessen und Leidenschaften die tragische Katastrophe zu exponieren scheinen.

Vorspiel 2. Akt: Die Holzteile, drückend und gefahrvoll, schieben sich hier erst während des Vorspiels auseinander. Im 28. Takt fällt ein greller Lichtstrahl auf das Mädchen, das an das verschlossene Fenster gepreßt ist, deren Sehnsucht nach außen drängt. Ihre Hände greifen nach dem schmalen Lichtstrahl über ihrem Kopf. Sie ist »gefangen«. Zwei Takte später erhellt ein Scheinwerfer die starr stehende Küsterin: die Frau, die das Mädchen zur Gefangenen gemacht hat und die sich selbst fangen wird im Teufelskreis von Liebe zur Ziehtochter, Abhängigkeit von bigotten Moralprinzipien, die sie als Küsterin selbst vertritt, und einem ausgeprägten Matriarchats-Stolz. Erst einige Takte später wird der »Raum« gezeigt, in dem sich diese Grundsituation »bewegen« wird und zum Kindesmord führt.

Vorspiel zum 3. Akt: Keine lustige Hochzeit wird angestimmt. Die Komposition stört die aufkommende Heiterkeit immer wieder durch die schwelenden Konflikte. Eine Nuance in der Tempowahl des Dirigenten entscheidet darüber, ob dieses Vorspiel fabelfördernd musiziert wird. Wieder öffnen sich erst im 50. Takt die Holzteile. Aus der Dunkelheit leuchtet zuerst ein vergrößerter Rosmarinkranz unterhalb des Plafonds auf, dann fällt Licht auf die unter ihm sitzende Jenufa, dann auf Laca, der sie stumm, lange anblickt. So ist die Grundsituation analytisch zusammengefügt, die Gedanken der Zuschauer hinleitend zu der Hauptfrage: Können, werden beide heiraten? Mit dieser Themenstellung sollte bewußt einer erfahrungsgemäß oft eintretenden falschen Fabelorientierung entgegengewirkt werden: daß nämlich das Schicksal der Küsterin, emotionell den Zuschauer stark packend, auch das primäre Thema sei. Das aber bleibt: Leid, Prüfung, Bewährung, »Rettung« Jenufas, jetzt gebunden an die Frage: Hält die Liebe Lacas allem stand? Die Antwort, die Janáček gibt, verdeutlicht seinen eigentlichen Humanismus.

All dies war selbstverständlich kein optischer Selbstzweck, sondern Voraussetzung dafür, die Handlungen und die Charaktere der Menschen zu fixieren und sinnfällig werden zu lassen. Für die dafür anzuwendende Methode wurde ein

Gesichtspunkt ausschlaggebend, der sich aus einer operngeschichtlichen Besonderheit des Werkes ergibt. Janáček hat in »Jenufa« ein auf der Opernbühne lange vorherrschendes Klischee von der Einfachheit und Unkompliziertheit ländlicher Bevölkerung totaler widerlegt als irgendein Vorgänger. Sich von letzten Nachklängen bukolischer Idylle distanzierend, entdeckte er – nach Smetanas »Verkaufter Braut« den operngeschichtlich nächsten, entscheidenden Schritt tuend – an einem tragischen Thema die Dialektik zwischen Einfachheit und Kompliziertheit dieser Menschen, besser: zwischen Gesundheit und Vitalität einerseits und innerem Konfliktreichtum, Gefühls- und Gedankenfülle andererseits. Was in der Regel bis dahin nur Angehörigen oberer Schichten auf der Opernbühne gestattet schien, historischen Helden oder Extremgestalten der Gesellschaft, was dann auch für Angehörige bürgerlicher Schichten, in Einzelfällen sogar für Halbproletarier wie Mimi erobert wurde, wurde von Janáček nun neu und mit elementarer Schärfe bei anonymen Dorfbewohnern entdeckt und für sie postuliert: die großen Leidenschaften. Diese Erkenntnis verbot nicht nur jedwede Variante von Volksschema in der Aufführung, sondern stellt prinzipiell im Bereich heutiger Spielweisen auf dem Theater eine durchaus aktuelle Aufgabe. In »Jenufa« schließt die elementare Emotion die Präzision der Rollengestaltung und die Logik der Fabelführung nicht aus, sondern bildet deren unerläßliche Voraussetzung – mehr noch: Sie schafft die Vitalität der humanistischen Idee Janáčeks und verleiht ihr die moralische Gesundheit. Durch die Lakonik der Musiksprache werden diese elementaren Emotionen konzentriert und gestrafft. Hieraus erklärt sich die in der »Jenufa«-Aufführung der Komischen Oper erkennbare Darstellungsweise. Nicht ausgeklügelte Kunstformen, sondern die jedem Darsteller angemessene unbedingte Wahrhaftigkeit der Rollengestaltung bildeten das oberste Prinzip.

Zur Rollengestaltung im einzelnen nur noch folgendes: Die physische Linie in der Darstellung der Küsterin mußte sich – dem dramaturgischen Aufbau entsprechend – bis zu ihrem Monolog im 2. Akt bis zum Punkt der Schizophrenie steigern; nach ihrem Wiederauftritt sinkt diese Linie ab, und wo sie krank zu sein scheint, liegt die Wurzel ihrer Gesundung: der Erkenntnis. Die Darstellerin der Jenufa hatte nicht das Leiden der Titelfigur zu spielen, sondern in sich all das zu aktivieren, was die Gründe für dieses Leiden erklärt und was schließlich zu dessen Überwindung führt. Laca durfte nicht als positiver Held vorgestellt werden. Zwischen seinen emotionellen, gar nicht intellektuell gelenkten Ausbrüchen des Anfangs bis zu seiner bewußt getroffenen Entscheidung am Schluß führt der weite, dialektische Prozeß einer menschlichen Entwicklung, die nicht verkürzt werden darf durch Plakatierung des Positiven. Umgekehrt lag der Fall bei Stewa. Die für ihn gefundene Rollenkonzeption widersprach traditionellen Vorstellungen am augenfälligsten. Er durfte schon deshalb kein oberflächlicher

Bauern-Schönling sein, weil dies die Verständlichkeit der Liebe Jenufas zu ihm mindern würde – und damit den ganzen dramatischen Konflikt. Seine männliche Kraft, sein erotisches Fluidum, sein »dionysisches« Temperament galt es hervorzukehren als einen durchaus positiven Teil des Menschenschlages, den uns Janáček vorstellt. Um so stärker werden dann seine soziale Position im Dorf wie seine Erziehung als Bedingungen für sein späteres, schuldhaftes Verhalten erkennbar. Janáček kennt keine Kategorisierung in positive und negative Helden. Auch Stewa ist ein Irrender, Schuldiggewordener, der nicht zu verurteilen ist, sondern dessen Handlungen und Motive zu beurteilen sind. Diese Möglichkeit unterstrich die Inszenierung durch eine Veränderung gegenüber dem Libretto: Stewa läuft im 3. Akt nicht Karolka nach, sondern bleibt bis zum bitteren Schluß. Dann geht er zusammen mit der Küsterin, sich nötigenfalls dem Gericht zu stellen.

Solch dramaturgischer Verschärfungen bediente sich die Inszenierung auch in anderen Fällen, zum Beispiel in der Rollendurchführung der Barena: Sie liebt Laca und spekuliert auf eine Hochzeit mit ihm; hinsichtlich der »Erfindung« einer dramaturgischen Funktion für das Tanzlied im 1. Akt: das Hineinziehen der widerspenstigen Jenufa in den Sog des die Leidenschaft hochpeitschenden Tanzes, und dergleichen. In der Partitur wurden aber keinerlei Veränderungen vorgenommen. Janáčeks »Jenufa« braucht nicht bearbeitet zu werden. Aber seine Menschensicht war für uns neu zu entdecken. Das machte eine weitgehende Neuübersetzung notwendig, deren Folge auch eine Wiederherstellung originaler Gesangsnotenwerte war. Vor allem aber wurden auf der Grundlage des Klavierauszuges der Brünner Urfassung all jene Striche wieder geöffnet, die von Kovařovic stammen, auch manche, zu denen sich Janáček selbst gezwungen sah. Rudolf Vasata hat die in der gedruckten Partitur nicht enthaltenen Passagen aus der im Prager Nationaltheater liegenden Kopie der Urpartitur herausgezogen und einige Takte, die nur im ursprünglichen Klavierauszug zu finden sind, nachinstrumentiert. Wahrscheinlich ist die Partitur Janáčeks in der Komischen Oper in einer seit der Uraufführung bisher nicht aufgeführten Vollständigkeit zu hören. Maßgebend dafür waren aber nicht so sehr philologische Interessen, sondern die die ganze Inszenierungsarbeit beherrschende Absicht, Janáček so »ungeglättet« wie möglich, so unbedingt »verhärtend« und »stechend«, wie es unserem Vermögen entsprach, in unser Kunstbewußtsein und in unser Leben treten zu lassen.

»AUS EINEM TOTENHAUS«
von Leoš Janáček

Notate aus Gesprächen mit Götz Friedrich
(1978)

Ein Interview mit Professor Götz Friedrich, der nun bereits zum dritten Mal am Opernhaus Zürich inszeniert und es auch weiterhin in regelmäßiger Folge tun wird – »Eugen Onegin« und »Ein Engel kommt nach Babylon« gingen voran, »Lulu« in der dreiaktigen Fassung wird folgen –, läßt sich nicht in der gängigen Form eines Frage- und Antwortspiels führen; denn zu vielseitig interessiert und engagiert zeigt sich der Gesprächspartner, als daß man mit kurz und bündig formulierten Statements bedient würde. Alle Probleme, die man anschneidet, werden sofort in größere Zusammenhänge gerückt: diejenigen der Gattung Oper zum Beispiel in den umfassenderen Bereich der Vergegenwärtigung uns heute und jetzt betreffender Sachverhalte auf dem Theater, wobei den Opernregisseur Friedrich immer stärker das Medium Film als Ausdrucksträger und, im guten, notwendigen Sinne, als populärer Vermittler der Oper fasziniert. Selbst ein im Augenblick noch als Abenteuer empfundener Plan zu einer »Ödipus«-Inszenierung am Burgtheater besteht – dies alles Zeichen für Götz Friedrichs permanente Suche nach den besten und den richtigen Ausdrucksmitteln bei seiner Arbeit als Regisseur. So beharrt er auch nie auf einer einmal gefundenen Lösung. Das heißt: Die Repetition eines Regiemodells gibt es bei ihm nicht, statt dessen aber immer wieder den Versuch einer Weiterentwicklung, stets auch in neuer Besetzung und Ausstattung. Hierbei bezeichnet Friedrich »Figaro«, »Così fan tutte« und »Falstaff« als die zentralen Opern, denen er sich immer wieder zur Auseinandersetzung stellen muß. Zugleich, und da erweist sich Janáčeks »Totenhaus« als fruchtbarer Ausgangspunkt, verbindet Götz Friedrich jede Werkinterpretation mit einem ausgreifenden Verweis auf unsere Welt und unsere Lebensbedingungen. Das ist Theaterarbeit, die unsere Existenz reflektiert, um sie dann auf der Bühne im Rahmen einer Inszenierung zur Darstellung zu bringen.

»Appell an die Menschlichkeit«

Janáčeks Oper kann man gar nicht anders spielen, denn bei ihm erhalten Wörter und Sätze, die sonst abgenutzt und verbraucht klingen, wieder ihren vollen menschlichen, auch symbolischen Sinn. Das Zentrum des Werkes bilden drei große Erzählungen, Lebensbeichten, aus denen wir nicht nur erfahren, um was für Verbrechen es sich handelt, sondern auch, wie es zu ihnen gekommen ist, warum der einzelne schuldig geworden ist. Diese Berichte lassen uns nicht irgendwie sentimental-unverbindlich mittrauern, sondern fordern unsere Aufmerksamkeit gegenüber dem Leiden anderer heraus.

»Ein Report, der Betroffenheit auslöst«

Wir müssen feststellen, daß unser Interesse keinen idealistischen Verbrechern gilt, sondern Kriminellen, Gewalttätern und Mördern, auch Terroristen und Anarchisten, denen noch heute ein bürgerlich-humanes Verständnis weitgehend versagt bleibt. Die Straftaten werden nicht beschönigt, das Kollektiv der Gefangenen wird nicht in einer Art romantischer Solidarität gezeigt, sondern im Zustand der Aggression, der Bösartigkeit, der Dumpfheit und der kurzen hektischen Fröhlichkeit. Daher wäre es falsch, zwei Stunden lang einen seelischen Sarg über die Bühne zu tragen, genauso falsch aber auch, die immer wieder ausbrechende Lustigkeit einzelner zu benutzen, um zu zeigen, daß alles nicht so schlimm ist. Richtig ist vielmehr, darauf hinzuweisen, daß beides in einem schrecklichen kausalen Verhältnis zueinander steht, was Janáček auch komponiert hat. So folgt der bacchantisch-sexuellen Theaterszene der großen Pantomime, in der der Mimustrieb der Sträflinge auflebt, ein neuer Ausbruch aufgestauter Gewalttätigkeit, der fast zu einem Mord führt.

»Du sollst Dir kein Bildnis machen«

Ähnlich wie bei der Inszenierung von Schönbergs »Moses und Aron« besteht auch bei der Arbeit am »Totenhaus« die große Schwierigkeit darin, ob die Oper überhaupt in der Lage ist oder sein darf, ein solches Geschehen auf die Bühne zu bringen. Ob unsere Phantasie, unsere Theatermittel, unsere Ehrlichkeit und unsere Uneitelkeit groß genug sind, weil wir da so etwas wie eine Matthäus-Passion machen? Das ist die Herausforderung, meine Furcht, aber auch der unerhörte Reiz, wobei ich wieder entdecke – und ich sage das nicht anbiedernd –, wie das Ensemble des Opernhauses gerade bei solchen unbequemen, ja antiopernhaften Stoffen eigene große individuelle Qualitäten entwickelt, die nicht meßbar sind mit dem Maßstab des schönen Tons, sondern unter die Kategorie dieser undefinierbaren Übereinstimmung des Humanen mit dem Ästhetischen fallen.

»Einer flog über das Kuckucksnest«

Die Brücke zum Verständnis dieses Werkes reicht von Dostojewski und Tolstoi über Janáček, unsere KZ-Traumata bis zu Jack Nicholson. Die Assoziationskette sollte so offen wie möglich sein.

»Wie groß oder wie klein sind die Gefängnisse, in denen wir leben?«

Mit Josef Svoboda wurde eine Optik entwickelt, bei der die sozusagen klassische Schranke eines Lagers, der Stacheldrahtzaun, wandert. Er ist einmal vorn, dann hinten, dann in der Mitte. Dadurch entsteht ein merkwürdiger, beunruhigender Eindruck, und die Frage drängt sich auf: Wo sitzen nun eigentlich die Gefangenen? Durch einen zu starken Realismus wäre einer der wichtigsten Gedanken dieses Werkes gefährdet: Daß auch dieses Straflager nur ein Mikrokosmos unserer Welt ist, in dem echte zwischenmenschliche Beziehungen zwar selten sind oder nur in der Negation existieren, aber eben doch auch als Beispiele für Verhaltensweisen außerhalb dieses konkreten Gefängnisses stehen können, denn – hier liegt ein Hinweis auf Heinrich Böll nahe – wir wissen noch immer nicht so genau, wie groß oder wie klein die Gefängnisse sind, in denen wir leben.

»Die Inszenierung wird nicht zu realistisch angelegt sein«

Es wird darauf verzichtet, den genauen historischen Angaben Dostojewskis zu folgen, auch darauf, die Beschreibung des Arbeitslagers bei Janáček zu realisieren. Die Zwangsarbeit der Lagerinsassen hat den Begriff der Arbeit pervertiert zur sinnlosen Tantalus- und Sisyphus-Arbeit. Ein unveräußerlicher Teil der Selbstverwirklichung des Menschen, ein Menschenrecht ist verkommen zum sinnlosen Schleppen von Eisenbahnschwellen von einer Seite auf die andere. Arbeit erbringt nichts Produktives mehr, ist auch keine Bestrafung mehr. Hier geht die Inszenierung bewußt über Dostojewski hinaus.

»Lohengrin« von Richard Wagner. Bayreuther Festspiele 1979. Bühne: Günther Uecker, Kostüme: Frieda Parmeggiani. Karan Armstrong (Elsa), Peter Hofmann (Lohengrin)

»Tristan und Isolde« von Richard Wagner. Deutsche Oper Berlin 1980. Bühne: Günther Schneider-Siemssen, Kostüme: Inge Justin. Spas Wenkoff (Tristan), Gerd Feldhoff (Kurwenal). – »Aus einem Totenhaus« von Leoš Janáček. Deutsche Oper Berlin 1981. Bühne: Josef Svoboda, Kostüme: Jan Skaličký

»Lulu« von Alban Berg. Deutsche Oper Berlin 1982. Ausstattung: Andreas Reinhardt. Karan Armstrong (Lulu), Günter Reich (Jack the Ripper). – »Orpheus in der Unterwelt« von Jacques Offenbach. Deutsche Oper Berlin 1983. Ausstattung: Andreas Reinhardt. William Pell (Morpheus), Carol Malone (Cupido), Peter Maus (Merkur), Astrid Varnay (Juno), Hans Beirer (Jupiter), Janis Martin (Diana)

»Aida« von Giuseppe Verdi. Deutsche Oper Berlin 1982. Ausstattung: Pet Halmen. Luciano Pavarotti (Radames). – »Parsifal« von Richard Wagner. Bayreuther Festspiele 1982. Ausstattung: Andreas Reinhardt

Les Troyèns« von Hector Berlioz. Hamburgische Staatsoper 1982. Ausstattung: Ekkehard Grübler. – Die tote Stadt« von Erich Wolfgang Korngold. Deutsche Oper Berlin 1983. Ausstattung: Andreas Reinhardt. Karan Armstrong (Marietta), James King (Paul)

»Wozzeck« von Alban Berg. De Nederlandse Operastichting Amsterdam 1983. Bühne: Andreas Reinhardt, Kostüme: Jan Skalický. Karan Armstrong (Marie), Bodo Brinkmann (Wozzeck). – »Un re in ascolto« von Luciano Berio (Uraufführung). Salzburger Festspiele 1984. Bühne: Günther Schneider-Siemssen, Kostüme: Rolf Langenfass. Patricia Wise (Protagonista), Theo Adam (Il Re), Karan Armstrong (1. Audizione)

Die Walküre« von Richard Wagner. Deutsche Oper Berlin 1984. Ausstattung: Peter Sykora. Simon Estes (Wotan). – »Götterdämmerung« von Richard Wagner. Deutsche Oper Berlin 1985. Ausstattung: Peter Sykora. René Kollo (Siegfried)

»Boris Godunow« von Modest P. Mussorgski. Zürich (Hallenstadion) 1984. Bühne: Günther Schneider-Siemssen, Kostüme: Jan Skalický. – »La forza del destino« von Giuseppe Verdi. Bayerische Staatsoper München 1986. Bühne: Hans Schavernoch, Kostüme: Lore Haas

»Der verlorene Traum von der Freiheit«

Die szenische Realisation erfolgt in engster Korrespondenz mit der musikalischen, denn Bohumil Gregor ist während der ganzen Proben anwesend. Am Ende gibt es keinen versöhnlichen Schlußhymnus auf die Freiheit. Der Adler ist gestorben und kann nicht mehr davonfliegen. Diesen kargeren, unpoetischen, pessimistischen Schluß der Oper kann Gregor aus der Urfassung der Partitur des »Totenhauses« belegen, die er im Brünner Janáček-Archiv nach den dortigen Unterlagen wiederhergestellt hat. Aber erst die bitterste Hoffnungslosigkeit weist auf die Notwendigkeit einer Hoffnungsmöglichkeit. Das soll mit dieser Inszenierung des »Totenhauses« erzählt werden.

»HERZOG BLAUBARTS BURG«

von Béla Bartók und

»ERWARTUNG«

von Arnold Schönberg

Dialoge mit dem Unbewussten

(1985)

Schon die zeitliche und geo-kulturelle Nähe der Entstehung von »Herzog Blaubarts Burg« und »Erwartung« legt eine Zusammenbindung gerade dieser beiden Werke in einer Aufführung nahe. 1911 und 1909 komponiert, dokumentieren beide Stücke auf besondere Weise das Fin de siècle der k.u.k.-Monarchie, vielfältige geistige und künstlerische Fäden aufnehmend und weiterspinnend, nicht zuletzt die aufreizenden Anstöße Sigmund Freuds.

Musikalisch und theatralisch überschneiden sich die seinerzeit ebenso modernen wie modischen Elemente des Symbolismus und Expressionismus und kennzeichnen eine Avantgarde, deren Haltung sich noch zuspitzt durch die Wahl der einaktigen Form, wie sie zum Beispiel auch Strauss mit »Salome« und »Elektra« zum Aufbrechen überkommener Opernstrukturen benutzte, wobei »Erwartung« schon durch das Konzept des Monodrams am konsequentesten in neue Bereiche des psychoanalytischen Musiktheaters vorstößt.

Eine gemeinsame Aufführung beider Werke rechtfertigt sich indes erst wirklich, wenn eine korrespondierende Thematik zu inszenieren ist. Sie ergibt sich aus der Suche, dem Kampf, dem Leiden und der Leidenschaft zweier Frauen, die – beide einander ähnlich und doch ganz gegensätzlich – ihre Erfahrungen durchleben auf dem Weg der Selbstverwirklichung, der Selbstfindung gegenüber männlicher Präpotenz.

Richard Wagner, einer anderen Generation als Bartók und Schönberg angehörend, hat das Thema unseres Abends gleichsam vorformuliert, als er in seinem Essay »Das Weibliche im Menschlichen« 1882 schrieb: »Gleichwohl geht der Prozeß der Emanzipation des Weiblichen nur unter ekstatischen Zuckungen vor sich.« Ein – freilich ungerader, widersprüchlicher – Weg von Kundry über Salome zu Judith und der Frau in »Erwartung«, weiter über das Paar Elektra/Chrysothemis und Turandot/Lui zu Lulu? Lou-Salomé befand sich in der Nähe, auch Alma Mahler, etwas weiter entfernt Clara Zetkin oder Rosa Luxemburg. Der Lebensweg und Berufsweg von Marie Pappenheim selbst mutet wie ein Roman darüber an, wie die mutige Emanzipation einer Frau immer wieder durch die Ängste und Bedrohungen eingeholt wird, die aus der Zeitgeschichte kommen.

Die Wege der Erfahrungen von Judith und der Frau in »Erwartung« verlaufen umgekehrt. Beide Rollen sind gegensätzlich angelegt. Die Inszenierung gewinnt daraus so etwas wie ein psychologisches Krebsgangprinzip und greift damit der seriellen Entwicklung im Musiktheater voraus beziehungsweise auf sie zurück.

Tapfer betritt Judith die dunkle, tiefe Burg Blaubarts. Ihr Gestus ist aktiv. Sie will erfahren, heilen und geheilt werden, retten und errettet sein. Was wir gemeinhin unter »Liebe« verstehen, erscheint verdrängt von ihrem femininen Elan oder darin aufgehoben, wenngleich sie öfters formuliert: »Ich liebe Dich.« Tür um Tür öffnet sie in Blaubarts Burg, sprich: Seele. Aus dem Dialog zwischen Mann und Frau erwächst, auf den ersten Blick, ein Kampf der Geschlechter, in Wirklichkeit die Dialektik im psychoanalytischen Prozeß. Indem sie immer mehr über Blaubart erfährt, enthüllt sie genauer den Grund ihrer Ängste und Erwartungen: die »Kunde«. Der Erfahrungsprozeß, gleichzusetzen mit psychotherapeutischer Arbeit, wirft beide, Mann und Frau, wechselweise auf und nieder. Mühsam schleppt sie sich in die lebendige Todesstarre. Aber auch Blaubart hat sich erschöpft. Oft sind die psychotherapeutischen Prozesse ein Pyrrhus-Sieg. Ewige Nacht.

Gegensätzlich sind Haltung und Entwicklung der Frau in »Erwartung«. Zwar sucht auch sie. Aber sie ist voller Angst, erscheint anfangs schwach und zerbrechlich. Was ist mit ihrem geliebten Mann geschehen? Sie findet ihn tot, erschossen. Stammen die Schüsse, die am Anfang, noch bevor die Musik einsetzt, die Stille zerreißen, von ihr? Dann würde sich auch der Titel »Erwartung« umkehren. Ihre Suche ist gleichzeitig Flucht vor dem Unbewußten. Aber ihr Davonlaufen wird ein Hinlaufen zum Tod. Den Geliebten suchend, sucht sie sich selbst. Fliehend vor etwas Entsetzlichem, das zu entdecken sie sich fürchtet, will sie entkommen und kommt doch zu sich. Ihre Energie kann und will schließlich der Wahrheit nicht ausweichen. Hier wird nicht Psychoanalyse vorgeführt, wie im »Blaubart«, sondern Schönbergs Monodram ist der psychoanalytische Prozeß selbst. Spielt es da eine Rolle, ob es den Toten wirklich gibt oder nicht? Er, der Mann, ist tot, und wenn er es nur in der Vorstellung, der Erfahrungssuche der Frau wäre. Die mögliche Schuld einer anderen Person nimmt sie sogar als ihre eigene an. Sie beweint den Geliebten und beklagt seine Untreue, wütend, exzessiv. In hektischen Raffungen und Bewußtseinstürzen durcheilt sie die Landschaft ihrer Erinnerungen, ihrer Liebe. Leidvoll macht sie die Erfahrung des Todes und gelangt zur Erkenntnis ihrer Einsamkeit. Gewinnt sie daraus ihre neue Kraft?

Schönberg gibt die Momentaufnahme der Psyche, die er musikszenisch zerlegt, zerdehnt: analysiert. Damit behauptet er eine der besten Eigenschaften der

Oper seit altersher und rettet sie in die Zukunft des Musiktheaters. Sein Werk ist Prozeß der Psychoanalyse und dessen Protokoll zugleich. Damit ist es ebenso bahnbrechend wie in den künstlerischen Anforderungen halsbrecherisch.

Dialoge mit dem Unbewußten: Was ist Traum, was Wirklichkeit? Was ist Halluzination, was konkret? Sicher nicht zufällig werden »Blaubart« und »Erwartung« häufiger noch im Konzertsaal aufgeführt als auf der Bühne. Aber es läßt sich nicht leugnen, daß die Autoren beide Werke für das Theater konzipiert haben – kühn gegen die Konvention gerichtet, Alternatives provozierend.

Von Béla Balázs stammen genaue Anweisungen für die Ausführung, die sein späteres filmisches Denken antizipieren. Und Schönberg hatte für die Aufführung an der Berliner Kroll-Oper 1930 sogar ein eigenes Bühnenbild-Modell angeboten: zwei sich gegeneinander bewegende Drehscheiben, szenischer Kinetik sich annähernd. Nichtsdestoweniger insistiert er gegenüber Ernst Legal, es müsse »ein wirklicher Wald sein und kein bloß ›sachlicher‹«. Und bezüglich der ebenfalls an der Kroll-Oper vorgesehenen »Glücklichen Hand« ergänzt er: »Ich bin kein Freund sogenannter stilisierter Dekorationen (welcher Stil?) und liebe es, in den Bildern die gute, geübte Hand eines Malers zu sehen, der einen geraden Strich gerade macht und sich nicht an Kinderzeichnungen und der Kunst der wilden Völker ein Beispiel nimmt.« Wie problematisch es oft ist, die bühnenoptischen Wünsche eines Komponisten getreulich zu befolgen, wird um so deutlicher, wenn wir Schönbergs kurze Zeit danach für die »New York Times« gegebene treffsichere ästhetische Definition seiner von ihm auch »Kurzoper« genannten »Erwartung« beherzigen möchten: »In ›Erwartung‹ the aim is to represent in ›slow motion‹ everything that occurs during a single second of maximum spiritual excitement, stretching it out to half an hour.« An den meisten, auch musikalischen, Bühnenwerken schreibt die Zeit seit der Uraufführung weiter mit. Primär gilt uns ein solches Werk als bleibend, als Kulturvermächtnis, das nicht uns standzuhalten hat, sondern demgegenüber wir standzuhalten haben. Die anderen Werke, die bei neuerer Betrachtung Auskünfte über solche ästhetische Dialektik nicht hergeben, werden vergessen oder kommen ins reiche, prächtige Opernmuseum. »Blaubart« und »Erwartung« gehören zweifellos zu den Schöpfungen, die, aus dem Anfang unseres Jahrhunderts stammend, nun, da es sich seinem Ende zuneigt, durchaus geeignet scheinen, befragt zu werden, was wir aus der Spannung zwischen Traum und Wirklichkeit – dem Kunstthema des Jahrhundertbeginns – mitnehmen können und sollen ins nächste Jahrhundert, das ein nächstes Jahrtausend wird. In solche Befragung sind freilich auch die Werke Zemlinskys, Schrekers und Korngolds einzubeziehen.

Allerdings können wir heute stilistisch – Schönberg: »... welcher Stil?...« – den damaligen Symbolismus und Expressionismus nicht museal repetieren. Dies um so weniger, als die Entwicklung des Theaters gerade in jüngster Zeit darauf zielt, sich aus den verschiedensten -ismus-Kategorien, die die ästhetisch-ideologischen Kämpfe dieses Jahrhunderts bestimmten, zu befreien: hin zu einer neuen, autochthonen Eigenwirklichkeit, die nicht abbildet, sondern ist und die Richtungen, Ideologien nicht bedient, sondern Freiheit beim Wort nimmt, indem sie in jeweils offenen Assoziationsvorgängen Protokolle und Modelle unserer bewußten und unbewußten Ängste, Sehnsüchte, Erfahrungen schafft.

Ein solches Theater sollte, denke ich, besonders gern mit der permanent widersprüchlichen Überschneidung, Überlagerung von Traum und Wirklichkeit, von Konkretem und Unbewußtem arbeiten. Damit würden wir freilich nichts anderes tun, als uns eine der ursprünglichen Aufgaben und Chancen des Theaters zu vergegenwärtigen. Ist Hamlets Vater auferstanden, oder ist er ein Geist? Erscheint der Komtur wirklich, oder ist er eine Halluzination Don Giovannis? Sind Blaubarts Frauen tot oder lebendig? Findet die Frau in »Erwartung« den Toten tatsächlich, oder ist das alles nur eine Vision?

Es ist gut und notwendig, daß sich das Theater da nicht vorschnell entscheidet. So konnte es zum Raum psychoanalytischer Prozesse werden, lange schon, bevor Sigmund Freud zu wirken begann. Aber Freuds Arbeit hat uns bewußtgemacht, daß Theater ein großangelegter, gesellschaftlicher psychotherapeutischer Vorgang sein kann, der ebenso unzuverlässig wie unverzichtbar ist. Unzuverlässig meint: Eindeutigkeit, eindeutige Erfolge sind nicht garantiert. Aber Vieldeutigkeit als Alternative wäre Dilettantismus. Es geht allein um die Erziehung zur Phantasie – uns, unserer Vergangenheit und unserer Zukunft, unserem Sein und Anderssein gegenüber. Solche Schule der Phantasie erscheint mir unverzichtbar, heute vielleicht mehr denn je. Und auf jene Dimensionen, die Musik dabei öffnet und strukturiert, sollten wir am wenigsten verzichten wollen.

Die Bühne zu »Herzog Blaubarts Burg« illustriert nicht die Musik, sondern ist der Raum der psychoanalytischen Vorgänge, die vom Komponisten bezeichnet werden. Die Türen – vertikale wie horizontale – öffnen die Kammern zu Blaubarts Seele ebenso, wie sie die Kunde bloß- oder widerlegen, die zu Judith gedrungen ist. Es sei nicht verschwiegen, daß der Bühnenbildner Hans Schavernoch und ich anfangs durchaus eine Jugendstil-Villa im Auge hatten, in der ein Sonderling namens Blaubart, wie ihn später zum Beispiel Friedrich Dürrenmatt und Peter Rühmkorf weiter verbürgerlichten, sein Unwesen treibt. Dann aber entschieden wir uns dafür, einen balladesken Raum der Maskulinität zu bilden, zumal in Korrespondenz zu »Erwartung«, wo die festen Mauern dieses Raumes zerbrochen werden, sein Boden zerborsten ist und verwirrt, bedeckt mit rotem Laub und bestückt mit Zeichen der Erinnerung der Frau an ihre Liebe. Wenn man so will, ist die »Erwartung«-Bühne die Verkehrung, die Umwandlung des ummauerten maskulinen Raums von »Blaubart« in eine offenere, feminine Seelenlandschaft. Architektur zerbirst in neu begriffene Natur. Die Burg zerbricht zum Wald.

So unterstreicht die Szenographie die folgerichtige Zuordnung beider Werke in unserer Aufführung. Der psychoanalytische Dialog des »Blaubart« erzwingt im Monodram »Erwartung« den Dialog mit dem Unbewußten. Von Adorno allerdings gewinnen wir einen Hinweis, der das Thema unseres Abends in jene weiteren Zusammenhänge stellt, die ein Grundphänomen unseres Jahrhunderts treffen: »Schönberg ist auf den gesellschaftlichen Charakter der Einsamkeit gestoßen, indem er diese bis ins Extrem festhielt.« Die letzten Worte der Frau, die ihren Charakter wiederum an das Schicksal Judiths binden – »... ich suchte ...« – lassen den Schluß offen. Die Suche setzt sich fort. Und die Dialoge gehen weiter.

»MOSES UND ARON«
von Arnold Schönberg

Ein Grenzfall des Musiktheaters
(1973)

Durch die Verbindung von höchstem Ideengut und sublimster Kunsttechnik ist »Moses und Aron« eine permanente Herausforderung an das gegenwärtige Musiktheater und dessen Publikum, zu testen, wie weit es sich von »alten Bildern« des Illusionismus und des Kulinarischen zu entfernen in der Lage und fähig ist, vorzudringen zu einer ungewohnten, ungewöhnlichen Erfassung konsequenter Gedanklichkeit. Die thematische Grundfrage des Werkes nach der Realität und Realisierungsmöglichkeit einer Idee berührt Grundprobleme unseres Jahrhunderts. Damit rührt sie auch an die Grundfesten des üblichen Opernspielens.

Aber »Moses und Aron« stellt nicht nur die Mittel und Methoden der konventionellen Oper in Frage. Indem das Werk Fragment geblieben ist, stellt es schon wieder den eigenen Weg, wie er bis Ende des 3. Aktes konzipiert war, in Frage – mit einer Ehrlichkeit, die auf die Notwendigkeit einer Übereinstimmung von Kunst und Gesinnung hinweist. Man kann zahlreiche Vermutungen darüber anstellen, warum Schönberg seinen Textentwurf für den 3. Akt nicht ausgeführt, nicht komponiert hat. Zu den vielfältigen Gründen gehört sicher das Unbehagen daran, daß sich mit der Bestrafung Arons ein »Bild« bequemer und befriedigender abgerundet hätte, als es die bis dahin verwirklichte Konsequenz des Werkes und nicht zuletzt die Erfahrung aus den Zeitereignissen zu gestatten schienen.

Bekenntnis zum Fragmentarischen

Indem die Inszenierung der Wiener Staatsoper 1973 – wie die erste szenische Aufführung des Werkes 1957 in Zürich – dort endet, wo Schönberg seine Komposition 1932 abgebrochen hat, also mit dem 2. Akt, bekennt sie sich zum Fragmentarischen als dem höchsten Ausdruck einer Kunsthaltung, die nicht mit ästhetischen Mitteln »fertige Lösungen« anbietet, wo es darum geht, das Bewußtsein für das noch Ungelöste oder vielleicht sogar Unlösbare im gesellschaftlichen Leben und in dessen künstlerischer Widerspiegelung zu wecken, wachzuhalten. Die Legitimation, das Fragment in dieser Fassung aufzuführen,

gab Schönberg selbst. Er schrieb am 27. November 1950 an Francesco Siciliani, den Artistischen Direktor des Maggio Musicale Fiorentino:
»Ich höre von Ihrer Absicht, meine Oper ›Moses und Aaron‹ innerhalb des Maggio Musicale Fiorentino aufzuführen, mit größter Freude. Jedoch, es sind nur der erste und zweite Akt komponiert, und der dritte existiert nur als Text. Es kommen also folgende Möglichkeiten in Betracht: 1.) nur die beiden ersten Akte aufzuführen, den dritten aber a) wegzulassen, oder b) nur gesprochen darzustellen. (Es ist ein Dialog zwischen Moses und Aaron, dem, nach Aarons Tod, ein langer Monolog Moses' folgt.) 2.) Nur die Szene »Tanz um das Goldene Kalb« (im zweiten Akt) oder 3.) den ganzen zweiten Akt aufzuführen...«

Daß Arons Bestrafung – von Schönberg als Thema des 3. Aktes konzipiert, dann aber in den weiteren zwanzig Jahren seines Lebens nicht ausgeführt – in dieser Inszenierung ausbleibt, ist eine naheliegende Konsequenz aus dem Grundgefüge der musikalischen Dramaturgie Schönbergs und verlangt Folgerungen auch für die szenische Darstellung bis ins Detail von Gestus und Kostüm. Denn gegenüber dem alttestamentarischen Stoff bilden die Akzentuierung der Aron-Gestalt und die geistige Dynamisierung der Beziehung zwischen Aron und Moses den entscheidenden Kunstgriff, durch den Schönberg das Thema in die Polarität analytischer Dramatik spannen konnte. Viel von dem, was in der Bibel Moses selbst eignet, überträgt Schönberg auf Aron. Indem dieser wesentliche Züge des Volksführers und Religionsstifters erhält, wird die Moses-Figur gleichsam auf ihren alarmierenden Kern geführt und erscheint als unmittelbare Personifikation der Idee des »unerbittlichen Denkgesetzes«.

Dialogisches Theater als Mittel der Analyse

Ein Schlüssel für das Verhältnis beider zueinander sind die Worte, mit denen der Moses der Oper Aron begrüßt: »Du Sohn meines Vaters, Bruder des Geistes, aus dem der Einzige sprechen will.« Hieraus ist für die beiden Gestalten auf der Musikszene eine spezifische Wirklichkeit zu gewinnen: Aron erscheint wie der andere Teil, wie das zweite Ich des Moses, dessen historische Funktion durch Schönberg aufgefächert, gespalten wird zugunsten der Analyse – nach Ansicht des Komponisten ein Prozeß der Erkenntnis wie der Kenntlichmachung. Was andere »Interpretation« nannten und nennen, heißt ihm »Analyse«. Sie findet ihre Drehpunkte in den großen Dialogen zwischen Moses und Aron nach ihrer Begegnung in der Wüste und später nach dem Tanz um das Goldene Kalb.

Für die Gegenüberstellung von Denkhaltungen, in denen Grundfragen nicht nur der Religion, sondern menschlicher Existenz und Erkenntnismöglichkeit überhaupt eingefangen werden, hat Schönberg das Mittel verdoppelter musikalischer Verfremdung gewählt. Moses, der »denken, aber nicht reden« kann, »spricht« in vorgezeichneten Tonintervallen und rhythmischen Strukturen; Aron, sein »Mund«, »singt«. Solche Technik ist weder in der Operngeschichte noch in Schönbergs eigenem Schaffen neu. Aber in »Moses und Aron« wurde sie mit verblüffender Folgerichtigkeit zu höchster Entsprechung von philosophischem Thema und musikszenischer Gestaltungsmöglichkeit geführt. Die Gegenüberstellung, Überlagerung, gegenseitige Störung und dennoch innig verschlungene Einheit von Sprech- und Gesangsstimme sind unmittelbar Ausdruck eines die Brüder sowohl einenden wie trennenden Gedankenkampfes.

Eine dialogische Analyse von solcher Form und solchem Format erbringt für die Entwicklung der Mittel zeitgenössischen Musiktheaters neue Aspekte, speziell hinsichtlich der Funktion des Singens auf der Bühne. Wenn in den überkommenen Auffassungen der Gesang – noch immer nach den Prinzipien der Affektlehre – als Steigerung des gesprochenen Wortes zu begreifen ist, dann wird diese Tradition in den Dialogen zwischen Moses und Aron kritisch bestätigt und gleichzeitig aufgehoben. In der Faszination des Aronschen Gesangs ist permanent die Gefahr der Verdrängung, gar Verfälschung des Gedankens enthalten; und der Sprachgestus des Moses wiederum macht kenntlich, daß es sich hier nicht um mangelnde Emotionalität handelt, sondern um gedankliche Konzentration, deren stilisierter Ausdruck sich in permanenter – kritischer wie sehnsüchtiger – Affinität zum Gesang befindet.

Der Sprachgestus des Moses stellt den Gesang in seiner bisherigen Form als spezifisches Gestaltungsmittel der Oper in Frage. Aber er stellt sich am Ende auch wieder selber in Frage, wenn Moses erkennt, daß ihm »das Wort« fehlt. Es ist ein anderes Wort als das, was Aron »sang«. Aber es muß auch in anderer Sprache gesagt werden, als Moses sie fand. So sind »Moses und Aron« und das Musiktheater, wie Schönberg es entwarf, am Ende des 2. Aktes in jene Grenzsituation geführt, in der die theologischen, gesellschaftsbezogenen und autobiographischen Züge des Werkes kulminieren.

Die Rolle des Volkes

Dialogisches Musiktheater, wie es in den Szenen Moses/Aron entsteht, wird zum dialektischen Musiktheater durch ein konkretes Drittes: das Volk. Unverkennbar läßt Schönberg das Volk zum wesentlichen Bezugspunkt des Gottesbegriffes und zum lebendigen Kriterium der Auseinandersetzung zwischen Moses und Aron werden. Religiöse und soziale Aspekte verbinden sich, wie es im Auftrag an Moses erkennbar wird: Befreiung aus der ägyptischen Sklaverei und Einswerden mit dem neuen Gottesbegriff bedingen einander.

Aber gerade das Problem, wie das Volk den mosaischen Gedanken erfassen kann und wie es als »auserwähltes Volk« zu leben hätte, läßt die Einheit Moses' und Arons auseinanderklaffen. Nur wenn das Volk als tatsächlich handelndes Element, konkret reagierend und Aktionen fordernd, begriffen und dargestellt wird, erschließt sich der besondere Aspekt des Schönbergschen Werkes, gerade im Volk so etwas zu sehen wie den »gesellschaftlichen Test« auf die Ideen des Moses und deren Realisierungsmöglichkeit.

Groß sind die Belastungen und Hoffnungen, denen dieses Volk ausgesetzt ist, die Situationen, die es durchlebt auf der Suche nach der eigenen, besseren Bestimmung. Um dies darzustellen, scheint ein oratorischer Stil nicht zutreffend zu sein. Daß die Bühne als Vollzugsraum des individuellen und gesellschaftlichen Handlungsprozesses gebraucht wird, macht »Moses und Aron« gerade durch Volksszenen bewußt. So ist mit spezifischen szenischen Mitteln die konfliktreiche Reaktion des Volkes Israel auf die mosaischen Gedanken und die Aronsche Auslegung in den verschiedenen Stationen sinnfällig zu machen: Angst und Kleinmut in der Gefangenschaft bis zum Aufbruch in die Freiheit; Unsicherheit, Zersetzung in eben dieser Freiheit, die sich hier als Rückfall in Stammesfehden, in Anarchie darstellt; Entfesselung unmittelbarer sinnlicher Bedürfnisse und deren Umschlag in Selbstzerstörung beim Tanz um das Goldene Kalb; und schließlich der Marsch ins »gelobte Land«. »Darf Aron, mein Mund, dies Bild machen?« fragt der Moses Schönbergs unter der Last prophetischen Wissens 1932, vor dem Beginn von Ereignissen, die in ihrer Grauenhaftigkeit und deren Beantwortung ohne Beispiel in der menschlichen Geschichte sind. Wo wäre, was wäre das Wort, das aus der Hoheit des ethischen Gesetzes in die Praxis des gesellschaftlichen Lebens und seiner Prozesse reichte? Das sich dem Volk »verständlich«, es im eigentlichen Sinne glücklich machen könnte?

Die geistige Optik

Ebensowenig wie »Moses und Aron« lediglich als musikszenische Illustration biblischer Ereignisse zu begreifen ist, kann auch die Bühne für die Aufführung dieses Werkes historisch illustrieren. Vielmehr hat sie kenntlich zu machen, daß es sich bei »Moses und Aron« um ein gewaltiges Werkfragment aus der ersten Hälfte unseres Jahrhunderts handelt, das ebenso historisch wie aktuell erscheint. Die geistige Optik bestimmt sich aus dem Versuch, die drei zeitlichen Ebenen einer solchen Aufführung bewußtzumachen: die legendäre Stoffwelt; die Entstehungszeit der beiden Akte Ende der zwanziger und Anfang der dreißiger Jahre; den Zeitpunkt der Inszenierung 1973. Wenn auf solche Weise Historisches als aktuell und Aktuelles als historisch begriffen wird, kann die Bühne ein spezifisches Zeitbewußtsein vermitteln, in dem die drei Zeitebenen sichtbar gemacht und zugleich aufgehoben werden in einer neuen szenischen Wirklichkeit.

Die anzuwendenden Mittel entstehen aus der Notwendigkeit, Illustrationsstreben (Aron) und abstrahierenden Rationalismus (Moses) ausgetragen zu sehen mit jenem wechselnden Gewicht, das die Dramaturgie des Werkes erfordert, gespannt in Kontraste, wie sie zwischen Wüste, Gefangenschaft und dem Tanz um das Goldene Kalb bestehen. Weder Illusions- noch puritanische Abstraktionsbühne, sondern Funktionsbühne für die Suche nach der Realisierung des Gedanklichen ist die Absicht der Optik entsprechend dem Thema des Werkes. Sie will der Vollzugsraum werden für ein Musiktheater, das sich selbst an die Grenze seiner Existenz- und Ausdrucksmöglichkeit führt.

Der konservative Revolutionär

So scheint es von weher, wissender Konsequenz, daß der Mann Moses, wie Schönberg ihn schuf, am Ende allein steht und in der Anmut des verzweifelnd Sehnsüchtigen sagt, fragt: »O Wort, du Wort, das mir fehlt.« Vielleicht liegt die Tragik einer solchen Grenzsituation begründet in der Selbstvermutung Schönbergs: »Ich bin ein Konservativer, den man gezwungen hat, ein Radikaler zu werden.«

»WOZZECK«

von Alban Berg

Permanenz der Aktualität
(1981)

Permanenz der Aktualität

Die Bühne unserer Inszenierung ist nicht zeitlos, das wäre das falsche Wort, aber sie möchte eine Permanenz der Aktualität vermitteln. Es ist die Permanenz zweier Grundsituationen: Garnison und Armut. Wenn wir diese Permanenz der Aktualität zeitlich mehr einkreisen in die Zeit um den Ersten Weltkrieg, dann nicht, um zu modernisieren, sondern weil wir auch gern dem alten Opern-Interpretationsgesetz folgen, daß Stoffe meist in der Zeit spielen, in der sie komponiert worden sind. Wenn man weiß, daß Alban Berg durch seine Erfahrungen als Soldat im Ersten Weltkrieg besonders von Erscheinungen wie »Hauptmann« und »Doktor«, »Schöpsenfleisch« und »Kaserne« geängstigt, nahezu paralysiert wurde, dann denke ich, ist das eine richtige Ortung, die zugleich zurückweisen kann auf das Jahr 1820 oder voraus auf das Jahr 1980. Eine definitive Jahreszahl für die Zeit der Handlung wäre einengend für die Permanenz der Aktualität.

In welcher Bühnenrealität bewegt sich das Stück?

Andreas Reinhardt hat verbrannte Erde gebildet, er hat hohle, dunkle Häuserfassaden aufgerichtet, Menetekel einer Welt, wie sie aussehen könnte, wenn diese Art von Militär, die uns vorgeführt wird, hemmungslos weiterfunktioniert hätte. Die schreckliche Perspektive der Verwandlung einer solchen Welt in eine Ruinenlandschaft liegt meiner Ansicht nach schon im Stück. Es ist, als ob wir von den späteren Folgen einer früheren Konstellation von menschlicher Entfremdung im kafkaesken Sinne zurückblenden zu übersehbaren Tagen, bevor die allgemeine Zerstörung eintrat. Zuerst wird das Gehirn zerstört, dann die Welt vernichtet.

Simultandramaturgie und absurde Schauplatzkombinationen

Das Bühnenbild hält sich an die episch-dramatische Erzählweise des Stückes in Bildern, wie Berg sie nach Georg Büchner konzentrierte. Beim Übergang zwischen dem 2. und 3. Akt kommen wir zu einer Technik der Simultan-Dramaturgie, zu einer Auflösung der Bilddramaturgie des episch-musikalischen Theaters, wie es Berg vorschwebte, wobei wir in die Nähe von absurden Schauplatz-Kombinationen gelangen. Marie liest die Bibel in dem nun geteilten Raum, in dem noch Wozzeck in der Kaserne ist: Beide zusammen sind auf der Bühne. Wozzecks und Maries Weg zum Teich ist ein direkter Weg, der nicht durch Fallen eines Vorhangs unterbrochen wird. Der Weg von der Leiche Maries zurück in das Wirtshaus ist ein direkter Sprung, und dieses Wirtshaus ist auch nicht mehr das Wirtshaus von vorher, sondern ein Alptraum, eine Phantasmagorie. Am Ende sind es auch nicht mehr die Kinder, die Ringelreihen spielen und Maries Kind zur Leiche der Mutter rufen, sondern nur Frauenköpfe, Frauenstimmen – wie eine Vervielfachung der Marie selbst –, die das einsame und vereinsamte Kind von der Bühne wegzitieren. Vereinsamung auch für das Kind und Vereinsamung schließlich für den Narren, der das »Hopp, hopp!« des Kindes übernimmt in einer seltsamen Aufforderung an das Publikum, das mit dem »Hopp, hopp!« anfangen soll, was es mag.

Die Konsequenz: das Stück ohne Pause zu spielen.

Ich halte wenig von einer Regiepraxis, die schon a priori die von den Autoren gewünschten Schauplätze meidet oder collagiert, während ich, und das läßt sich von meinem ersten Berliner »Troubadour« an verfolgen, den Schritt bevorzuge, mit einer Inszenierung erst einmal die Exposition zu akzeptieren, die die Autoren ästhetisch und dramaturgisch gegeben haben, um im Laufe des Stückes das Werk mehr und mehr zu öffnen für theatralisch-dramaturgische Überlegensweisen, zu denen auch die Autoren nachweislich hindrängen. Im »Wozzeck« ist dies eine Öffnung des Werkes zu einer Form hin, die schließlich, in der Tradition Büchners, Bernd Alois Zimmermann aufgegriffen hat mit seinem Begriff von der »Kugelgestalt der Zeit«. So etwas zeichnet sich bei Berg schon von der Mitte des 2. Aktes an ab. Das begründet die Öffnung der »Wozzeck«-Dramaturgie hin zu einer absurden, surrealistischen Schauplatz-Kombination von der Mitte des Stückes an, wo der zunehmende Prozeß der Bewußtseinsspaltung erzählt wird. Die Entwicklung unserer Szenographie beabsichtigt von diesem Drehpunkt an die Überlagerung und Vermischung zwischen subjektiver und objektiver Sicht des Bühnenraumes. Nicht die Geschichte Wozzecks wollen wir illustrieren, sondern die Ambivalenz zwischen dem, was man normalerweise sieht, und dem, was man sieht, wenn man sich einläßt mit den Dämonen des gepeinigten Ichs.

»LULU«

von Alban Berg

Du sollst Dir kein Bildnis machen
(1982)

Es ist seit jeher Chance und Fluch des Theaters, das biblische Gebot zu mißachten: »Du sollst Dir kein Bildnis machen.« Von Beginn an vermenschlichte das Theater die Götter. Das trug dazu bei, daß wir uns unser Bild vom Menschen, von uns selbst machten. Freilich: Es wurde immer wieder geändert, ergänzt, verworfen, neu modelliert. Und bleibt unvollständig. Fragment auf jeden Fall.

So wie Lulu. Hier wird nicht eine Göttin vermenschlicht, vielmehr wird ein Straßenmädchen vergöttert – als erotisches Idol. Vorübergehend. Bis, wie Adorno sagt, »die organisierte Menschheit keinen Spaß versteht« und Lulu vom Piedestal stößt. Findet sie in der Gosse, als Straßenmädchen in London zu ihrer Identität zurück? Fast scheint es so. Falls der Tod eine Korrektur des Lebens wäre. Oder des Bildes, das man sich zeitlebens von jemandem machte.

Nachdem der Tierbändiger Lulu zunächst als Schlange vorgestellt hat, erscheint sie innerhalb der »organisierten Gesellschaft« im 1. Bild der Oper als Modell für ein Gemälde. Dr. Schön hat ein Bildnis seiner mit einem Medizinalrat verheirateten Geliebten beim Maler bestellt. Das unvollendete Ölbild begleitet die Stationen von Aufstieg und Fall der Lulu wie ein ironisch-romantischer Kommentar, wie der schließlich vergebliche, auf jeden Fall fragmentarische Versuch, den Erdgeist zu bannen, festzuhalten.

Das Bildnis Lulu formt sich am ehesten aus der Begehrlichkeit und Angst der Männer und der Frau, die sie vergöttern, dann erpressen und schließlich vernichten. In vieler Hinsicht ist sie so etwas wie die plebejische Schwester Giovannis. Sie ist die Inkarnation des femininen Eros, wie jener verdammt ist, den maskulinen Eros zu typisieren. Beide sind nicht eigentlich aus sich selbst heraus zu begreifen, zu definieren. Giovannis Arie »Fin ch'han del vino« gibt ein ähnlich irisierendes Psychogramm wie Lulus »Lied« im 2. Akt. Eher sind die anderen dazu bestimmt, im Sextett 19 und im Finale ein Bildnis von Giovanni zu skizzieren. Auch Berg wählt im Quartett der London-Szene noch einmal die überkommene Ensemble-Form, dem Bildnis von Lulu beizukommen. Aber während der spanische Grande, zum Anarchisten verkommen, sich seiner Be- und Verurteilung in den mysteriösen Tod entzieht, während für seine Bestrafung der Geist des Komturs bemüht wird, ist Lulus Tod trivial, kriminell. Ein Kranker bringt sie um. Jack the Ripper heißt die Wiedergeburt Dr. Schöns, den Lulu wirklich, am meisten geliebt hat.

Die Parallelen zwischen Don Giovanni und Lulu, zwischen Mozart und Berg sind ebenso faszinierend wie ernüchternd. Der maskuline Eros wurde, aus der Aristokratie kommend, asozial. Der feminine Sex, aus der asozialen Anonymität kommend, arrivierte zeitweilig, bevor ihn die »organisierte Gesellschaft« in die Gosse zurückverweist. Da rächt sich einer, dem die Pornographie zur Passion geriet. Und macht gerade dadurch Lulus Lebensgang zur Passion.

Denn Lulu ist nie eigentlich Täterin, eher Opfer. Auf jeden Fall Katalysator all derer, die Sex als bürgerlichen Ausgleichssport betreiben, weil sie den Eros als humanes Identifikationsprinzip verloren haben. Mozart drohte den Bürgern solche Entfremdung an. Berg durchmißt sie qualvoll, ehe er der Geschwitz vergönnt zu singen »Lulu, mein Engel« und doch offen läßt, ob sie endet mit »Verflucht«.

Ich habe »Lulu« bisher dreimal inszeniert. Im Dänischen Fernsehen 1969 als Film in der zweiaktigen Fassung mit den damals üblichen Ergänzungen durch die Variationen und das Adagio. Als 1979 Cerhas Herstellung des 3. Aktes fertig war, inszenierte ich in Zürich die zweite europäische Aufführung als »Zirkus Mensch« mit Motiven eines psychiatrischen Klinikums. In London 1981 geriet die Menagerie zum »Weltgefängnis«, aus dem die einzelnen Menschen-Tiere vergeblich auszubrechen versuchen und dessen Trostlosigkeit durch Lulus Tod bezeichnet wird. Jetzt, in Berlin, scheint sich, nachdem der Ton einer mythologischen Groteske angestimmt wurde, so etwas wie die Pathologie der Psyche unserer gefährdeten Zivilisation abzuzeichnen.

Schon Wedekind fand bloße Sozialkritik ungenügend. Er irritierte durch mysteriöse und bizarre Absurditäten. Berg griff all die grotesken Motive auf, verstärkte sie noch, machte sie greller und insistierte doch auf einer ihm gemäßen Grundhaltung, die er bereits im »Wozzeck« exemplifizierte: Mitleid mit der gejagten, ausgelieferten Kreatur. Wenn Wedekind »Lulu« als eine skandalöse Story vorstellt, wird die Geschichte bei Berg zum Skandal für die humane Sozietät.

Lulu weiß nichts von Emanzipation. Aber es gibt kaum eine Figur auf dem Theater, die für solche Befreiung mehr durchlebt hat. Vielleicht einfach nur deshalb, weil sie nicht, wie Giovanni, glücklich sein, sondern glücklich machen wollte. Das macht den ganzen Unterschied. Lulus Begriff von Freiheit jagt allen anderen Angst ein. Ihre Passion – das ist der Protest. Bevor Jack the Ripper Lulu umbringt, zerschneidet er das Bildnis, das sich die Bürger von ihr hatten machen lassen. Sie verlacht diese Zerstörung. »Du sollst Dir kein Bildnis machen.« Auch das bezeichnet Lulus Freiheit. Aber ihr Todesschrei reißt ein Stück vom Himmel weg. Wer wirft den ersten Stein?

»PORGY AND BESS«

von George Gershwin

Zwanzig Notizen zu einer Aufführungskonzeption
(1969)

Entscheidend erscheint bei »Porgy and Bess«: Wird das Werk von farbigen oder weißen Sängern aufgeführt? Da sich in unserem Falle eine durchgehende Besetzung der Partien mit Farbigen ausschließt, erhebt sich mit Nachdruck die Frage: Können unsere Sänger diese Oper aufführen, wie können sie sie aufführen? Die Antwort darauf hat entscheidende methodische Konsequenzen, verlangt aber zunächst eine Klärung über unsere Einstellung zu dem Werk »Porgy and Bess« sowie eine Klärung der Stellung dieses Werkes in der modernen Operngeschichte.

Die Klassifizierung von »Porgy and Bess« als »Neger«-Oper unterstreicht die human-revolutionäre Bedeutung dieses Werkes, kann diese Bedeutung aber nur zum Teil erfassen. Unter europäischen Verhältnissen und unter den heutigen gesellschaftlichen Bedingungen würden sich sicher neue Aspekte ergeben, wenn wir die »Neger«-Oper als Volksoper verstehen und aufführen, Volksoper im einfachsten und im weitesten Sinne.

Stoff, Dramaturgie und Musik sind einzuschätzen unter Berücksichtigung der spezifischen Bedingungen Nordamerikas – im sozialen Bereich ebenso wie im künstlerischen. Bis zum 10. Oktober 1935, dem Datum der Uraufführung von »Porgy and Bess«, hatte es die typisch amerikanische Oper nicht gegeben. Die europäische Oper wurde als vorwiegend kulinarische Importware angeboten und konsumiert. National eigenständig war die Form der Musical-Comedy entstanden, in sich wiederum zahlreiche Formen des musikalischen Theaters vereinend: Vaudeville, Minstrel-Show, Burleske, Revue und so weiter. Unter diesem Aspekt offenbaren sich die besonderen Vorzüge von »Porgy and Bess«. Er erklärt aber auch gewisse Nachteile, zumindest die Eigenheiten in der Dramaturgie und in der musikalischen Durchführung.

George Gershwin hatte seit 1919 verschiedene Musicals geschrieben, die nicht nur durch ihre Songs mehr und mehr Bedeutung erlangten, sondern deren Thematik die damaligen konventionellen Grenzen des Musicals oft sprengten, zum Beispiel »Strike up the band«, »Of thee I sing«. Sein Entschluß, das Musical weiterzuentwickeln zur gebundenen musikalischen Form, also eine Oper zu schreiben und dafür einen nationalen Stoff zu nehmen, der zeitgenössisch ist und darüber hinaus durch die künstlerische Gestaltung von Schicksalen der farbigen Bevölkerung einen besonderen sozialen Zündstoff enthält, dieser Entschluß ist nicht hoch genug einzuschätzen. Bei dem Versuch, das Musical in der bisherigen Form zu überwinden, hat Gershwin natürlich auch Anleihen bei der europäischen Oper gemacht, die inzwischen wohl in der musikalischen und formalen Entwicklung, sicher aber nicht in der sozialen Verantwortung und im humanen Engagement über den Stand hinausgeschritten war, den »Porgy and Bess« manifestiert.

Ähnlich dem Schritt, den Mozart vom Singspiel zur Oper ging, ist Gershwins Entwicklung vom Musical zur Oper zu bewerten. Und wie es falsch wäre, der »Zauberflöte« die Züge der Volkstheater-Tradition zu nehmen, so falsch wäre es auch, aus »Porgy and Bess« Musical und Jazz zu eliminieren. »Porgy and Bess« würde opernstilistisch entstellt, wenn man das Werk aufführen würde im Sinne einer nach-puccinischen Operntradition. Die Benutzung und Umschmelzung von amerikanischer Volksmusik, Spirituals, Blues, Jazz und dergleichen ist musikalisch wie dramaturgisch erkennbar und erlebbar zu machen. Die neue Qualität, die aus der Verbindung und der Verschmelzung so vieler Traditionen und Stile entstand, würde am ehesten im Sinne eines heutigen Musiktheater-Erlebnisses Wirklichkeit werden, wenn wir den Begriff »Volksoper« auf neue Weise anwenden und realisieren in dieser DDR-Erstaufführung.

So wie der Begriff »Volksoper« die ästhetischen und stilistischen Widersprüchlichkeiten des Werkes erklären oder klären kann, so kann er das auch gegenüber dem sozialen Aspekt, auf dem diese Oper und alle ihre künstlerischen Probleme basieren. Mit den Hauptfiguren betreten völlig neue »Helden« die Opernbühne. Die permanente Evolution der Musikszene im Hinblick auf die Neuerschließung sozialer Welten hat mit »Porgy and Bess« eine entscheidende Etappe erreicht. Die beiden Hauptfiguren: ein Krüppel, der bettelt, eine Hure, die keine ist. Diese zwei und alle anderen sind farbige Bürger der USA. Gerät die Geschichte aber nicht in die Nähe der Sozial-Kolportage? Die Haltung der Autoren zu dem Thema und zu den Menschen ihres Landes und dieses sozialen Milieus war nachweislich ernst und ehrlich. Dies vorausgeschickt, ist einzuräumen, daß etwas von Kolportage wohl allen Versuchen anhaftet, die unter Verzicht auf verfremdende Ästhetisierung vorstoßen zu denen, die am Rande der Gesellschaft leben, die ausgestoßen sind oder ausgestoßen erscheinen, deren charakterliche Geschlossenheit, deren soziale Situation jedoch eine Veränderung der Verhältnisse postulieren.

Nur durch die Erkenntnis und Herausstellung des Sozialen erklärt sich in »Porgy and Bess« die Bedeutung der Verwendung des Negermilieus. Es sind keine Phantasiegestalten, von bourgeoiser Sozial-Romantik veredelt oder diffamiert. Es sind Menschen einer bestimmten Herkunft, eines bestimmten Glaubens, eines bestimmten sozialen Standes. Wird das Soziale solchermaßen erkannt und herausgestellt, dann ergibt sich sogar die Möglichkeit, das Stück aufführen zu lassen von Weißen oder von Weißen und von Farbigen. Und dieser Versuch würde die Klassizität und die Modernität der Humanität dieses Werkes zu beweisen haben; denn die Rassenfrage entpuppt sich allerorten im sozialen Bereich als Klassenfrage. Eine Aufführung, die nur von weißen Sängern getragen wird oder in der Sänger der verschiedensten Nationalitäten und Hautfarben zusammen spielen, könnte testen, ob der Realismus des Werkes nicht größer ist als sein Naturalismus, ob also über die Hautfarbe hinaus das Thema und seine Durchführung nicht allgemeingültig, als für viele Länder und Völker geltend verstanden und aufgeführt werden kann.

Die Catfish Row der Oper ist freilich ein ganz bestimmter Platz in einer ganz bestimmten Umwelt, und seine Bewohner sind ursprünglich natürlich als Farbige gemeint. Zugleich ist aber Catfish Row Mikrokosmos einer Welt. Der Platz und seine Bewohner stehen natürlich in einer Verbindung zur Außenwelt, sind aber ebenso eine in sich geschlossene Gemeinschaft: eine Welt in der Welt. Darin sind Glück, Schmerz, Liebe, Verbrechen, Tod, Geburt, Hoffnung, Enttäuschung wie überall in der Welt, dennoch zugleich nackter als sonst in der Welt, nackter wahrnehmbar, weil ästhetisch in einem von der Gattung Oper nicht abgenutzten Milieu spielend.

Bei der Analyse der Verhaltensweisen dieser Menschen überrascht allerdings die Verbindung einer modern-sozialen Haltung mit einem archaischen Gestus, der aus ihrer Herkunft stammen mag beziehungsweise aus ihrem unbewußten Verhältnis zur Herkunft aus fernem Land, aus ferner Vergangenheit, aus Afrika. Dadurch ist das Verständnis der Welt »draußen« bei diesen Menschen oft merkwürdig gefiltert: Es ist eine Mischung von Skepsis, Hinnahme und eigenem Wertbewußtsein. Eine Bewußtheit, die zu bestimmten sozialen Maßnahmen aufbrechen würde, gibt es noch kaum. Der soziale Anspruch tritt vorwiegend in Form einer totalen Naivität auf. Diese Naivität reguliert auch das Verhältnis dieser Menschen zur Religion und macht den Anspruch auf soziale Veränderung objektiv wahrnehmbar.

Ist Catfish Row ein solcher Mikrokosmos innerhalb einer konkreten sozialen Welt, dann könnten seine Bewohner sogar austauschbar erscheinen: als Verfolgte, Ausgestoßene, Arme jeder Hautfarbe, jeder Rasse, jeder Nationalität. Das könnte auch für die Besetzungsfrage wichtig sein. Die Oper zeigt eine Etappe in der Entwicklung, die von der Sklaverei zur wahren Freiheit im gesellschaftlichen Umkreis führt, die aus Leidenden und Duldenden Gestalter ihres eigenen Lebens und der Gesellschaft macht. Der tiefe Glaube, in dem sich das Ethos dieser Bewohner von Catfish Row konzentriert, die Lebensbejahung und das sichere

Bewußtsein der eigenen Menschlichkeit sind das große Pfand, das die Menschen in »Porgy and Bess« für die Zukunft, für die Veränderung der Verhältnisse besitzen.

Freilich müßte dieser Aspekt der Einordnung des in »Porgy and Bess« wiedergegebenen Standpunktes in die große gesellschaftliche Entwicklung auch in einer Aufführung erkennbar werden. Das könnte zum Beispiel dadurch geschehen, daß die Zuschauer beim Betreten des Hauses Musik hören, gesungen von Mahalia Jackson, Ella Fitzgerald und anderen, und daß dann am Schluß, am Ende der Vorstellung, jenes Lied gesungen wird, das den Aufbruch dieser Menschen in die soziale Tat lange Zeit gefördert und begleitet hat: »We shall overcome!«

Zu Beginn der eigentlichen Vorstellung sollten sich die Darsteller auf der Bühne versammeln und – vielleicht mit Schmutz aus einer Mülltonne, an der Porgy sitzt – das »Mal« geben, einen Strich auf die Stirn, der aussagen soll: Nun spielen wir Neger ohne es zu sein, nun geben wir uns das Kain-Zeichen, nun versuchen wir, die innere und äußere Welt unserer schwarzen Brüder und Schwestern uns zu erspielen, ohne daß wir doch Neger sind, aber weil wir Menschen sind. Ein solches Sich-ein-Mal-Geben, ein solches Sich-An-Malen könnte im Sinne uralten Theaters wie ein kultischer Akt die Aufführung eröffnen. Oder eine andere Variante für eine Exposition: Die auf die kurze Orchester-Introduktion folgenden Improvisationen des Klavierspielers und die hinzutretenden Jazzvokalisten werden dafür genutzt, daß sich das Kollektiv der Solisten, Chorsänger und Tänzer sammelt und sich alle Bewohner von Catfish Row den Rhythmus dieses Stücks, dieser Musik, den Rhythmus ihres Bühnenlebens geben, tanzend und singend, ehe jeder seinen Spielort – seine Wohnung – betritt und dann mit Claras Song die eigentliche Handlung beginnt. Diese Variante würde auf jede naturalistische oder stilisierte »Neger«-Schminke verzichten und statt dessen die »White men« mit einem besonders auffallenden, ganz maskenhaften Weiß versehen.

Ob wir uns das Mal geben oder wir für uns den Rhythmus finden – auf jeden Fall erscheint diese oder jene Variante als Exposition notwendig und reizvoll im Sinne der humanen Parteinahme und im Sinne der Einschätzung unserer eigenen psychologischen und physiologischen Fähigkeiten gegenüber einem Werk, dessen schönste Aufführungen bisher von Farbigen stammen. Aber das Werk ist von einem Weißen geschrieben worden, einem Juden. Und diese Herkunft und Haltung sollten wir bei der Interpretation berücksichtigen und nachvollziehen – kritisch und produktiv.

Drei Schauplätze gibt es: Catfish Row, die Kittiwah Islands und den Raum in Serenas Haus. Auch aus der Novelle geht hervor, daß diese Catfish Row ein einst von spanischen Besitzern gebauter Häuserkomplex ist, der, nachdem ihn die einstigen Herren verlassen haben, von den Farbigen bezogen wurde und nun aus einem großen Gewirr von Türen, Fenstern und Treppen besteht, die später hinzugebaut wurden. Auch die Industrialisierung der Umwelt hat ihre Spuren in diesem Block hinterlassen, der vielleicht einmal ein Lagerschuppen oder ähnliches war. Bestimmend für das Bühnenbild ist der Eindruck einer in sich geschlossenen Welt, aus der nur ein großes Tor in die Außenwelt führt – jenes Tor, durch das die Menschen von Catfish Row hinaus- und hineingehen und durch das am Schluß Porgy zu seiner großen Reise startet. Die hochgezogenen Häuserwände und Treppenbauten umrahmen die eigentliche Spielfläche und lassen sie frei wie eine Orchestra im altgriechischen Theater. – Serenas Raum ist als Versammlungssaal der Gemeinde dennoch nur so groß, daß alle Bewohner von Catfish Row gerade darin Platz haben. Enge muß suggeriert werden. Die Wände zu diesem Bühnenbild werden in den stehenden Grundbau hineingestellt, beziehungsweise an Zügen heruntergelassen. – Das Bühnenbild der Insel darf nicht freie Natur vermitteln, sondern muß – schon den vielen Hinweisen im Stück entsprechend – einen freien Platz darstellen, der umgeben ist von Dickicht, von vielleicht archaisch großen Bäumen, von wilder exotischer Fauna. Die Bewohner von Catfish Row zieht es hierher, weil ihnen vielleicht ein Urinstinkt die Erinnerung gibt an die von ihnen einst verlassene Heimat. Diese Natur gibt und vermittelt nicht die Befreiung, sondern ist eher der Fluchtort des sich noch in starken Bindungen und Abhängigkeiten vollziehenden Lebens dieser Menschen: Bindungen und Abhängigkeiten sowohl sozialer wie mythologischer Art. Den »Ausblick« geben die Lieder dieser Menschen, gibt am Schluß Porgys Start in die Welt. Die Skepsis, daß dieser Krüppel mit seiner Ziege sein Ziel erreicht, ist eine Bedingung für den Glauben, daß alle diese Menschen und alle ihresgleichen durch das Tor zu ihrer eigentlichen Befreiung schreiten. Bestimmend bleibt jedoch auch beim Bühnenbild der Wunsch, mehr die soziale Konkretheit zu betonen als ein bestimmtes geographisches oder historisches Milieu und diese soziale Konkretheit in das Modellhafte des Theaters zu bringen, so daß das Typische dieser Menschen und dieser Welt und die Allgemeingültigkeit des Besonderen erlebbar wird.

Es besteht kein Grund, den Anweisungen des Originals, auch was szenische Details betrifft, nicht zu folgen. Es erfolgen in unserer Inszenierung keine Umstellungen oder ähnliches. Allerdings sind einige Striche erforderlich, sowohl aufgrund der sonst zu langen Aufführungsdauer als auch zugunsten der Eliminierung einiger musikalischer Passagen, die Wiederholungen darstellen und manchmal den Charakter der Reminiszenz im traditionellen Sinne haben oder in die Nähe von Filmmusik kommen. Diesen Strichen fallen aber keine Szene und keine Figur der Oper zum Opfer. Sie sollen nur raffen und konzentrieren.

Gerade bei diesem Werk und bei diesem Musikstil erscheint eine Aufführung in deutscher Sprache besonders schwer und fragwürdig. Angesichts der prinzipiell angestrebten Transfiguration des Werkes in eine Volksoper, die auch in unseren Breitengraden direkt und populär wirkt, ist auf eine deutsche Übertragung dennoch nicht zu verzichten. Sie wird im Probenprozeß handhabbar zu machen sein. Bewußt wählt sie einfache Floskeln der täglichen Umgangssprache. Künstlichkeit muß sich bescheiden verbergen hinter dem Wortausdruck, der den sozialen Gestus aufdeckt. Es zeigte sich auch, daß die Übertragung spezieller amerikanischer Ausdrücke ins Deutsche nicht wörtlich vollzogen werden kann, sondern daß sie durch Entsprechungen zu ersetzen sind.

Die Spielweise der Darsteller muß durch die stilistische Herkunft des Werkes, durch den starken Rhythmus der Musik und durch das Milieu geprägt sein. Dem darstellerischen Detail kommt eine große Bedeutung zu. Bewegungsstudien für alle Darsteller – Soli wie Chorsoli – vor Aufnahme der szenischen Proben sind unumgänglich. Anzustreben ist ein stark rhythmisch geprägter konzentrierter Realismus in der Spielweise. In der Ausführung der Gesangspartien ist die weitestmögliche Palette der Ausdrucksmöglichkeiten anzustreben, entsprechend den vielen stilistischen Bestandteilen, die die Partitur verschmolzen hat. Schlichtheit und Wahrheit des gesanglichen Ausdrucks ist wichtiger als die Attitüde – selbst die, die aus dem Versuch stammt, amerikanische Interpretationsmuster zu kopieren. Das Vorbild eines Sammy Davis jr. zum Beispiel, des Filmdarstellers des Sporting Life, kann nur dazu führen, daß für Manfred Krug die ihm am meisten gemäße und für die Rolle günstigste Ausdrucksform gefunden wird. Sie ist auch dann beziehungsweise erst dann richtig, wenn sie sich von dem Davis-Modell entfernt. Das gilt gleichfalls für die mehr gesanglich ausgeprägten Rollen wie Porgy, Bess, Serena und Clara.

Der Inszenierungsstil strebt eine Verbindung zwischen psychologisch-sozialer Konkretheit und bestimmten Haltungen und Arrangements an, die die mythologische Kraft dieses Werkes transparent machen. Dazu eignen sich die Klagegesänge nach dem Tod von Robbins, aber auch das Lied der Fischer und andere Passagen, sogar der Chorsatz zu Porgys »I got plenty o 'nutting«. Der Naturalismus muß bei »Porgy and Bess« künstlerisch, das heißt realistisch eingesetzt werden und gewinnt dann seine Bedeutung, wenn durch ihn der Mythos dieser Geschichte nicht verdeckt, sondern offengelegt wird.

Der Begriff »Mythos« umfaßt die Einstellung dieser Menschen zum Leben als einer im jeweiligen Moment beschlossenen Kontinuität zwischen Vergangenheit und Zukunft. Er konzentriert sich auf die Liebe zwischen dem Bettler Porgy und der Dirne Bess. Die Schlüsselszene für den Charakter der Bess ist die Auseinandersetzung mit Crown auf der Insel. Hier offenbart sich ein Charakter, der bei aller Gebrochenheit und gewerblichen »Entstellung« von größter Schönheit ist, ohne daß das Rätsel der Entscheidungen dieser Frau völlig geklärt wird. Sucht man innerhalb der Opernliteratur eine Beziehung, so bietet sich am ehesten Carmen als Schwester der Bess an. Dennoch ist der Charakter dieses Mädchens Bess unverwechselbar, mit keiner anderen Opernfigur zu vergleichen und auf der Opernbühne absolut neu. In der Beurteilung der Figur müssen analytische Züge ein klischeehaftes Mitleid überwiegen. Diese analytische Härte ist besonders geboten, da in unseren Ohren die Musik manches verweichlichen könnte, was Gershwin hart, ursprünglich, elementar gemeint hat. Der Bettler Porgy ist wie ein proletarischer Salomo in dieser besonderen Welt, Kind und Weiser in einem. Vor allem an die Klugheit, Hilflosigkeit und an den Glauben dieses Menschen ist der humane Aussagewert einer »Porgy and Bess«-Aufführung gebunden.

Die Aspekte der Rollen und des ganzen Werkes sind zu vielschichtig, als daß sie hier beschrieben werden können. Sie sollten sich im Spiel vollziehen – in einem Spiel, in dem sich Ernst und Humor, Großes und Kleines, Tragisches und Komisches verbinden und einander als schematisierende Gegensätze aufheben in Hinblick auf ein neues Bild vom Menschen, auf ein neues Bild von ihm auf der Musikbühne und auf eine neue Ästhetik davon. Humor wird ausgestellt als Philosophie der Armut und zugleich erkennbar gemacht als tiefe Überzeugung der Unterdrückten, daß Befreiung möglich ist. Privates Mitleid muß entwickelt werden zu einer Erschütterung, der das Postulat nach gesellschaftlich verändernder Tätigkeit immanent ist. Jenes »We shall overcome« ist das – gesungene oder ungesungene – Motto der Aufführung, das Motto all dieser Menschen, die glauben und wissen: Wir werden darüber hinwegkommen, wir werden »nach drüben« kommen, wir werden es erreichen, jenes »Promised land«, von dem in dieser Oper so oft gesungen wird. Es ist jenes »bess're Land«, von dem auch schon Sarastro sang und dessen utopische Gestalt überall auf der Erde um so eher Wirklichkeit wird, je eher und umfangreicher die Menschen aller Hautfarben gleichberechtigt werden und gleichgestellt sind in der Chance und der Pflicht, das Leben auf dieser Erde für alle menschenwürdig einzurichten. Die Oper »Porgy and Bess« weist innerhalb der allgemeinen Zusammenhänge, die wir stets im Auge haben müssen, auf die Größe im Kleinen hin, auch auf die innere Welt – auf das, was im Kopf, im Herzen und in der Brust jener Menschen lebt und kämpft, die am ehesten aufgerufen sind und aufrufen, das »Promised land« allerorten und immer wieder neu Wirklichkeit werden zu lassen.

PS: Diese konzeptionellen Notizen wurden bereits Anfang 1969 entworfen und geben Einblick in ein sehr frühes Stadium der Vorarbeiten zu unserer Inszenierung. Sie sind also in Einzelheiten nicht als verbindlich anzusehen.

»PORGY AND BESS«

Von der »Neger«-Oper zur Volksoper

(1970)

Von vornherein sieht sich jede europäische Interpretation von »Porgy and Bess« mit der Frage konfrontiert: Können weiße Darsteller das spezifische Idiom dieser Musik, das auf dem Lebensgefühl und -rhythmus der farbigen Amerikaner aus den Südstaaten basiert, überhaupt erfassen und zum Ausdruck bringen? Recht bald zeigt sich, daß dies nicht nur ein Problem der Besetzung und der Schminke ist. Die Frage weist über den Bereich des Ästhetisch-Methodischen hinaus.

»Als ich an der Musik zu arbeiten begann, entschloß ich mich, keine originale Volksmusik zu gebrauchen, weil die Musik aus einem Guß sein sollte. Deshalb schrieb ich meine eigenen Spirituals und Volkslieder. Diese sind aber dennoch Volksmusik – und folglich ist ›Porgy and Bess‹, da auch in der Form opernhaft, eine Volksoper.« Vor und während der Komposition seiner Oper studierte Gershwin das Leben und die Gesänge der Charleston-Neger. Er lebte in den Sommermonaten 1934 in der Hütte einer Fischersiedlung auf Folly Island, einer kleinen Insel vor Charleston, auf der sich viele alte Bräuche noch erhalten hatten. Mit Du Bose Heyward ging Gershwin auf die Plantagen, wo die Gullah-Neger arbeiteten, in ihre Kirchen, auf ihre Dorfplätze. Heyward berichtet: »Der Gullah-Neger ist stolz auf das, was er ›Shouting‹ nennt. Das ist ein kompliziertes rhythmisches Fußstampfen und Händeklatschen – zweifellos afrikanischen Ursprungs –, das als Begleitung der Spirituals dient. Ich werde nie die Nacht vergessen, als George bei einer Negerversammlung auf einer entlegenen Insel bei ihrem ›Shouting‹ mitzumachen begann. Und am Ende übertrumpfte er zum größten Vergnügen aller sogar den besten ›Shouter‹. Ich glaube, er ist der einzige weiße Mann in Amerika, der das fertigbrachte.«

Trotz dieser Studien und seines großen Einfühlungsvermögens konnte und wollte Gershwin keine authentische »Neger«-Oper schreiben. Der Unterschied zwischen »Porgy and Bess« und dem heutigen »Black theatre« ist – auf eine einfache Formel gebracht – der, daß nicht das Schwarz-Sein als das Besondere der Bewohner von Catfish Row herausgestellt wird, sondern ihr Mensch-Sein. Die rassische Herkunft wird als Bedingung der konkreten sozialen Existenz gezeigt, nicht als von ihr isoliert propagiert. Aus dieser Dialektik erwächst der spezifische Wahrheitsgehalt dieser Volksoper. Es ist durchaus eine Bestätigung dieser Dialektik, daß Gershwin immer wünschte, die »Negroes« sollten von schwarzen Darstellern verkörpert werden. Nach Überwindung erheblicher Schwierigkeiten wurde dieser Wunsch bei der Uraufführung in Boston 1935 ebenso realisiert wie bei den späteren Aufführungen in New York und anderen amerikanischen Städten. Überblickt man die Rolle, die der Neger und die Neger-Schauspieler damals auf den Bühnen Nordamerikas spielten, so wird die revolutionierende Bedeutung dieses Vorgangs offenkundig. Er griff von der Bühne in den Zuschauerraum über. Als »Porgy and Bess« zum Beispiel 1936 im Nationaltheater von Washington gespielt wurde, waren die Barrieren der Rassendiskriminierung auch im Parkett beseitigt: Frei von den sonst üblichen Sonderbestimmungen füllten die farbigen Besucher das Theater. Nach den ersten größeren Erfolgen wurde es Ende der dreißiger Jahre ziemlich still um »Porgy and Bess«.

Erst während des Krieges, in dem die »Black men« neben den weißen Soldaten gegen den deutschen und japanischen Faschismus kämpften, gab es neue Aufführungen. Seine weltweite Verbreitung erfuhr das Werk durch die hervorragende Interpretation der 1952 gegründeten Everyman Opera Company. Auf Tourneen durch die ganze Welt, von Mexiko bis Moskau, wurde »Porgy and Bess« begeistert aufgenommen. Im Programmheft der Everyman Opera stand unter Hinweis auf die dreißiger Jahre: »Leider war aber zu jener Zeit das amerikanische Publikum noch nicht reif genug, um zu verstehen, daß Neger auch Menschen sind, und konnte es nicht verwinden, daß ein Weißer sich mit deren Problemen befaßte.« 1956 löste sich die Truppe auf.

Der in diesem Programmheftsatz unterstrichene humanitäre Wert des Werkes wird seit dem Erstarken der Bürgerrechtsbewegung in den letzten Jahren verschiedentlich in Zweifel gezogen. Viele Neger, die heute mehr und mehr die Bezeichnung »Schwarze« für sich vorziehen, sehen in »Porgy and Bess« ein »weißes« Werk der Anmaßung, Verfälschung oder Verniedlichung. Offenkundig wurde das auch, als Hollywood 1957 die Oper verfilmen wollte und mehrere prominente Darsteller, wie Harry Belafonte, die Mitarbeit ablehnten. Interessanterweise befinden sich aber auch unter denen, die schließlich mitspielten – voran Dorothy Dandridge, Sidney Poitier und Sammy Davis, jr. – manche, die aktiv am Kampf der amerikanischen Schwarzen um volle Gleichberechtigung teilnahmen und teilnehmen.

Angesichts der komplizierten Situation, die heute für die Bewertung von »Porgy and Bess« entsteht, ist es doppelt erforderlich, sich auf einen Grundzug der realistischen Kunstpraxis zu besinnen: Nur aus der Berücksichtigung der konkreten historischen Bedingungen, unter denen ein Kunstwerk entstand und die es widerspiegelt, kann sein zeitgenössischer Wahrheitsgehalt erschlossen werden. Der Wahrheitsgehalt von »Porgy and Bess« wurde durch die historische Entwicklung nicht widerlegt, sondern eher aktiviert. In der heutigen Situation bedeutet das, daß das Werk um so eher als Volksoper besonderer Art anerkannt werden kann, je mehr und je konsequenter die in verschiedenen Gruppen operierenden Schwarzen den Bürgerrechtskampf in den USA als große soziale, alle werktätigen Massen umfassende Volksbewegung begreifen und organisieren.

Eine Aufführung bei uns muß diese Aspekte berücksichtigen, ohne sich darauf beschränken zu dürfen. Könnten sich nicht einige der mannigfaltigen Schwierigkeiten, die naturgemäß für eine hiesige Interpretation gelten, für die Freisetzung des Werkgehalts sogar als Chancen erweisen? – Schon die erste europäische Inszenierung von »Porgy and Bess« deckte aufgrund besonderer politischer Umstände den humanen Gestus des Werkes in einer gerade für uns aufschlußreichen Beziehung auf: Kopenhagen 1943. Der geplanten Aufführung am Königlichen Theater kündigten die faschistischen Okkupanten und Kollaborateure Boykott und Gewaltmaßnahmen an. Eine Gazette wetterte gegen die »Schweinerei am Königlichen Theater« und bezeichnete das Werk als »jüdische Negeroper mit Urwaldgeschrei und Bauchtanz«, als »armselige Repräsentation der amerikanischen Kultur«. Theater und Publikum ließen sich jedoch nicht irritieren. Erst nach zweiundzwanzig Aufführungen wurde die Absetzung durch die Androhung, das Theater zu bombardieren, erzwungen. »Porgy and Bess« war zu einem Symbol des antifaschistischen Widerstands geworden. In die offiziösen Sondermeldungen blendete sich immer wieder ein geheimer Widerstandssender ein – mit Sporting Lifes Vers »It ain't necessarily so« (»Es ist nicht unbedingt wahr«, oder wie wir übersetzten: »Wer's glaubt, der ist selber dran schuld«). Nach der Befreiung Dänemarks wurde die Oper demonstrativ wieder in den Spielplan aufgenommen.

Am 18. Mai 1945 fand in Moskau eine konzertante Aufführung statt, am 14. Juni eine szenische Einstudierung, begleitet nur von Klavier und Trommel. Im Juni 1945 folgte Zürich. Andere europäische Bühnen – Stockholm, Wien, Oslo, Brno – versuchten sich in den nachfolgenden fünfundzwanzig Jahren auf verschiedene Weise und mit unterschiedlichem Erfolg an »Porgy and Bess«. Vorherrschend war der Trend, um einige hervorragende farbige Solisten das einheimische Ensemble zu gruppieren. Erst allmählich wurden die Weichen gestellt für den Weg, an die Stelle von Imitation die eigenständige und eigenschöpferische Interpretation und Transfiguration zu setzen.

Meine Inszenierung an der Komischen Oper Berlin sieht in den bisherigen Erfahrungen, die mit »Porgy and Bess« gemacht wurden, die prinzipielle Einsicht bestätigt, daß alle Rassenfragen, wo sie politisch akut werden, sich als Klassenfragen erweisen. Diese Erkenntnis wurde zum Hebel der künstlerisch-methodischen Arbeit. Demnach stehen nicht die Fragen der Hautfarbe oder Schminke im Vordergrund. Ausschlaggebend wird die Entschlüsselung des mensch-sozialen Aussagewertes. Das entspricht dem Schritt vom Naturalismus zum Realismus. So erweist sich gerade in unserem Umkreis der Begriff »Volksoper« als Kriterium dafür, daß Oper durch die Aufmerksamkeit gegenüber den Rechtlosen, Unterdrückten und Ausgebeuteten nicht an ästhetischem Reiz verliert, sondern gerade aus solcher Haltung Schönheit, Kraft und Humor gewinnt.

Was ist Catfish Row? Der Roman bezeichnet die Katzenfisch-Gasse als einen einst von spanischen Kolonialherren gebauten Häuserkomplex in der Nähe des Hafens. Später könnte sich hier auch eine Fabrik eingenistet haben. Jetzt ein Slum, in dem diese Menschen unter getto-ähnlichen Zuständen leben. Schauplatz des Alltäglichen. Brutstätte echter und fehlgeleiteter Leidenschaften. Asyl der Ausgestoßenen. Sammelbecken der Solidarität. Keimzelle eines möglichen Aufbruchs. Aus sozialer Konkretheit erwächst das Exemplarische. Es umspannt Archaik und Modernität. Das soziale Milieu wird zum Modell. Dieses Modell ist nicht austauschbar, aber im Sinne echter Kunst assoziativ und gleichnishaft für den Lebensbereich von Ausgestoßenen, Armen und Verfolgten jeder Hautfarbe, jeder Rasse, jeder Nationalität. So wird Catfish Row der Mikrokosmos einer Welt, die aus Leidenden und Duldenden Gestalter der eigenen Geschicke und Geschichte macht, der Markierungspunkt auf dem weiten Weg der Menschheit von Sklaverei zur wahren Freiheit.

Und was ist Kittiwah? Wirklich Insel der Hoffnung? Kein Weg, sondern Ausweg. Vorübergehende Zuflucht dieser Menschen aus einer Zivilisation, die nicht die ihre ist und nicht die ihre sein kann, in eine Natur, die nicht mehr ihre Heimat ist. Reminiszenz von Ursehnsüchten, die von Sporting Lifes berühmt gewordenem Spottlied ebenso in Frage gestellt und kritisiert werden wie religiöse Bigotterie.

Den wirklichen Weg weist das Tor, das Catfish Row mit der Außenwelt verbindet. Wenn sich Porgy am Schluß mit seinem Ziegenwagen aufmacht, um in New York Bess zu finden, kulminiert gerade in der Absurdität, in der Unvernunft dieses Aufbruchs die Spannung zwischen Realität und Utopie, durch die diese Oper lebt und mit der ihre Menschen leben. Diese Spannung allerdings ist den Menschen in »Porgy and Bess« bewußt, sie wissen: »I'm on my way!«. Porgys Start ruft auf, daß sich alle auf den Weg machen müssen, auf einen vernünftigen Weg: gemeinsam.

Die ästhetische Kategorie der Volksoper wird durch das dramaturgische Verfahren unterstrichen, daß die Geschichte von Porgy and Bess nicht isoliert erzählt wird, sondern im engen Zusammenhang, in ursächlicher Verknüpfung mit der Existenz der anderen. Da sind beispielsweise: der Baumwollpflücker Crown, dessen imponierende physische Kraft brutalisiert wird, der »Big boy« als Idol und Gefahr zugleich; der Fischer Jake, der seinen kleinen Sohn später studieren lassen möchte und der sich des Verdienstes wegen waghalsig dem Unwetter ausliefert; der Rauschgifthändler Sporting Life, den die Unerträglichkeit dieses sozialen Elends in den Glamour der Dekadenz treibt; Serena, für die der Glaube Vorrecht der Rechtlosen ist: In der Religion sucht sie für sich und ihresgleichen Zuflucht aus dem Elend, Formulierung des Lebenskampfes. Dazu all die anderen: der alte Honigverkäufer Peter, die junge Mutter Clara, Hafenarbeiter, Fischer, Baumwollpflücker, Gelegenheitsarbeiter und ihre Frauen, Mütter und Töchter. Diese kollektive Existenz ist nicht Background oder Folie des Einzelschicksals, sondern ihr künstlerischer, weil gesellschaftlicher Bestandteil. Erst aus dieser Bindung heraus erfährt die Liebesgeschichte zwischen Porgy und Bess jene schmerzliche Schönheit, die in der Geschichte der Oper nicht zuletzt deshalb ihresgleichen sucht, weil ein solches Paar und eine solche Liebe, ästhetisch noch nicht abgenutzt, ungewöhnlich sind: die von anderen als Hure gescholtene Frau, deren elementare Glückssuche unerfüllt bleibt unter Bedingungen, die noch keine Übereinstimmung zwischen dem »kleinen« und dem »großen« Glück gestatten, und der Krüppel und Bettler Porgy, ebenso hilflos wie kraftvoll, listig wie naiv, plebejischer Salomo und Narr zugleich. Dieses ungleiche Paar individualisiert und konzentriert die aus Leid, Humor und Glauben bestehende besondere menschliche Wahrheit, die »Porgy and Bess« insgesamt beherrscht und die den zeitgemäßen ästhetischen Wert der Oper ausmacht – nicht unabhängig von den Entstehungsbedingungen, aber über sie hinausreichend.

Folgerichtig kommunizieren sich in unserer Aufführung farbige und weiße Darsteller in dem Wunsch und in dem Bewußtsein, aus dem sozialen und rhythmischen Gestus des Werkes seine gleichnishafte Wahrheit und seinen ästhetischen Reiz neu zu realisieren. Verfremdende Distanzierung trifft nicht die Farbigen, sondern die »White men«, die die Bewohner von Catfish Row als Fremde, manchmal sogar als Feinde betrachten, als Herren oder als Angehörige der herrschenden Klasse, gegen die man sich abschirmt und mit denen man nicht kollaborieren möchte. Mit ästhetischen Mitteln wird der gesellschaftliche Aspekt denunziert: Niemals läßt Gershwin diese »White men« singen. Die praktische Konsequenz daraus zieht unsere Aufführung dadurch, daß die Weißen wirklich »white«, gemeint ist »fremd«, geschminkt werden. Dieses typisierende Weiß gestattet zu vermeiden, daß diejenigen, die Gershwin in ihrer konkreten Menschlichkeit vorstellt, »verschwärzt«, exotisch oder distanzierend »koloriert« werden. Eine solche Schminkbehandlung ist freilich mehr als ein Trick. Sie soll die Menschen, um deren äußeres und inneres Leben es diesem Opern-Musical geht, in die Nähe von Assoziationen rücken, die Darsteller und Publikum heute und hier verbinden.

Diese »Rückung«, Transfiguration, Übertragung des Werkes in unsere gesellschaftliche und künstlerische Realität – methodisch-ästhetisch und politisch begriffen – muß sich notgedrungen auch auf den Text erstrecken. So wünschenswert es dem oder jenem erscheint, den ursprünglichen Sprachklang beizubehalten, scheint es uns doch unentbehrlich, dem humanen Informationswert von »Porgy and Bess« auch durch das uns verständliche Wort zum Verständnis zu verhelfen.

In den fünfunddreißig Jahren seit dem Entstehen von »Porgy and Bess« hat sich gezeigt, daß sich der Begriff »Neger-Oper« aufhebt in dem Begriff »Volksoper«. Er gewinnt gerade heute neue Bedeutung durch seine aus progressiver Volksverbundenheit gewonnene humane Perspektive. Die Menschen in »Porgy and Bess« nennen sie »Promised land« und singen davon, wenn sie zum Fischfang ausfahren, wenn sie einen Toten betrauern, wenn sich einer von ihnen auf den Weg macht. Es ist ein langer, ein großer Weg. In ihn möchte sich auch unsere Aufführung einreihen – um des nicht mehr nur utopischen, sondern realen Zieles einer »bess'ren Welt« willen, die allerorten zu schaffen alle Menschen aufgerufen sind, gleich welcher Hautfarbe und Nationalität.

»DIE SOLDATEN«
von Bernd Alois Zimmermann
(1976)

Seit der Niederschrift der »Soldaten« von Bernd Alois Zimmermann sind sechzehn Jahre vergangen, elf seit der Uraufführung des lange Zeit »im Rahmen eines Opernbetriebs unspielbar« geltenden Werkes in Köln. Die weiteren vier Inszenierungen bisher – in Kassel, München, Düsseldorf und Nürnberg – erbrachten wichtige Einsichten für den Umgang mit diesem ebenso komplexen wie komplizierten Werk. Die unterschiedlichen Erfahrungen veranlassen uns zu einer durchaus eigenständigen Interpretationshaltung bei dem Versuch, Zimmermanns Vorstellungen von der »Kugelgestalt der Zeit«, seine Idee von der Oper als »totalem Theater« vor allem als Entwurf einer neuen Polyphonie zu begreifen und zu verwirklichen: statt Pluralität der Mittel einen dynamischen polyphonen Prozeß, der nicht nur klangliche und szenische Elemente strukturiert, sondern auch das Verhältnis der neuen Musik zur alten neu befragt. Solche ästhetische Besonderheit ist zugleich Welt-Anschau.

Stets hat man sich auseinanderzusetzen mit der Disproportionalität zwischen der »kleinen«, der kleinbürgerlichen Story und den großen Dimensionen, in die Zimmermann die Geschichte stellt. Allerdings läßt schon der Beginn der Oper erkennen, daß die Moritat vom Aufstieg und Fall des Bürgermädchens Marie zum Menetekel gerät. Die Kanonstruktur des Preludio verweist bereits auf das Ende. Der Tod – Mozart: »der wahre Endzweck unseres Lebens« – spielt immer mit. Und wir erkennen bald, daß dem Humanisten Zimmermann keine Geschichte zu klein ist, um nicht in ihr das Alarmierende menschlicher Existenz aufzudecken: Bedrohung der Kreatur in einer auf Aggression orientierten Welt.

Der Fabelanlaß: Die Suche nach dem Glück wird dem Mädchen Marie zum Verhängnis, weil sie zur »sozialen Karriere« pervertiert, »gnädige Frau« werden will. Dabei kollidiert sie mit den Exkrementen der Frustration eines Offizierskorps, das auf ebenso groteske wie gefährliche Weise die Absurdität dieser historischen – und wie Zimmermann meint: »»zeitlosen« – Einrichtung verkörpert: Ausgebildet und erzogen, Aggressionen zur Führung – und doch wohl auch Verhinderung – von Kriegen einzusetzen, kehren die Soldaten in Friedenszeiten – bisweilen militärisch mißverstanden als Untätigkeit – die angestauten Aggressionen nach innen, gegen die eigene Bevölkerung: gegen sich selbst. In diesem Stück gegen die Mädchen, die Wehrlosen.

Unter solchem Aspekt klagen Zimmermanns »Soldaten«, genau besehen, keinen Stand an. Sie führen Klage über einen Zustand, in dem physischer und psychischer Terror zur Tagesordnung gehört. Die Mittel, die Zimmermann für seinen »Bericht über eine Situation« aktiviert, drohen oft die individuelle Geschichte zu erdrücken, zu überrollen. Die einzelne Figur, die Solostimme hat es schwer, sich gegen die Häufung klangtechnischer Attacken durchzusetzen. Aber gerade dieses Dilemma macht den ästhetischen Drehpunkt des Zimmermannschen »totalen Theaters« aus. Es ist nicht nur Element, sondern Inkarnation seines Generalthemas: Vergewaltigung.

Unüberhörbar bleibt in der Fülle der Klangereignisse und szenischen Prozesse die Suche nach dem, was bei Lenz »innere Einheit der Handlungen« – anstatt der äußeren Einheit von Ort, Zeit und Handlung – heißt, was aber sicher schon dem Stürmer und Dränger weit mehr bedeutet als nur dramaturgische Technik. Schönberg bricht seine epochale Suche im »Moses und Aron«-Fragment ab mit dem gesprochenen »O Wort, du Wort, das mir fehlt«. Zimmermann grundiert das Klangchaos der Schlußszene mit dem Tonus rectus des Paternosters. Die letzten vernehmbaren Worte seiner Oper sind: »sed libera nos a malo«.

Notwendige Voraussetzung jeder szenischen Affinität zu den Gedanken und Vorstellungen Zimmermanns war und bleibt die Simultanbühne, die Überschneidung und Durchkreuzung der verschiedenen Handlungsabläufe und Zeitebenen darstellt. Doch sollte nun solcher Simultanität auch der letzte Rest von Statik genommen werden, der möglicherweise durch Zimmermanns subjektive Theatererfahrungen an ihr haftet und der auch nicht durch drei Filmleinwände hinreichend aufgehoben würde. Zeifellos reizen manche Angaben Zimmermanns – speziell den umfangreichen Einsatz von Film betreffend – zur Filtrierung und Weiterdichtung zugunsten eines totalen Theaters, wie es heute vollziehbar wäre.

Die Hamburger Aufführung strebt durch die Ausnutzung von drei in verschiedene Segmente gegliederten, aus der Unterbühne emporfahrenden Podien eine kinetische Simultanität an, die eine wirklich polyphone Erzählweise als Prozeß und in Permanenz gestattet. Die genau kalkulierten Bewegungen der Bühnenelemente, der Protagonisten und der Gruppen, zusammen mit Licht und nunmehr sparsamer eingesetzten Projektionen und Filmsequenzen, ergeben das Kontinuum von Raum und Zeit, das im Sinn Zimmermanns immer neue Aspekte und Perspektiven andeutet. Selbst ein so oft wiederkehrender Spielort wie Weseners Haus oder Maries Zimmer erscheint niemals wieder als das, was er vorher war, weil er sich nicht nur selbst verändert hat, sondern sich auch die räumlichen und zeitlichen Dimensionen änderten. Kein Vorhang trennt – außer zur unvermeidlichen Pause – Akte und Szenen. Die Vorspiele, Überleitungen und Zwischenspiele geben Anlaß, die Fabellinie zu kontrapunktieren, sie mit Uniformierten aus verschiedenen Zeitepochen zu überlagern, vor allem aber auch Unterbewußtseinsvorgänge zu signalisieren. Solch ein kinetisch gehandhabtes Simultanprinzip kulminiert in der 1. Szene des 4. Aktes, dem »zweiten Kaffeehaus«, das wir »Maries Alptraum« nennen: Vergangenes, Künftiges, Gegenwärtiges, tatsächliche Erlebnisse und Traumatisches, Sehnsüchte und Angstvisionen geraten in den Strudel sich überstürzender Situationen. Grelle Blitzlichter erhellen das Thema »Vergewaltigung« auf Spielorten, die sich, von Zimmermanns Dreizahl ausgehend, vielfach multiplizieren.

Im Gegensatz dazu steht die lakonische Lösung, die uns für die Schlußszene angemessen erschien und die den Gestus unserer Aufführung schließlich klarstellen sollte: gerade mittels der »entfesselten« Elemente des Theaters permanent die Konzentration auf das humane Geschick herauszufordern. Am Ende leisten wir Verzicht auf die optische Illustration der chaotischen Klänge. Die Anekdote ist zur Apokalypse geworden, durch die der Trommler Tod schreitet.

Zu den Elementen, die Zimmermann seinem »totalen Theater« zugesellen wollte, gehören auch Musical und Zirkus sowie »alle Formen des Bewegungstheaters« einschließlich Tanz und Pantomime. Es bleibt seine unvergleichliche Leistung und unsere Verpflichtung, das, was er Pluralismus nannte, zu integrieren in eine Polyphonie modernen Musiktheaters, das uns möglicherweise besser begreifen läßt, was Oper in ihren größten Beispielen immer war, ist und sein wird: Spektakulum und Passion.

»DER LETZTE SCHUSS«
von Siegfried Matthus
(1967)

Das moderne Musiktheater wird die Kunstgattung »Oper« von dem Ruf der Unverbindlichkeit befreien, weil die klassisch gewordenen Werke ihres traditionellen Repertoires mit jeder neuen Begegnung und Analyse tiefer und aktueller den künstlerischen Sinn enthüllen, der ihrer theatralischen Sinnenhaftigkeit eigen ist. Demnach ist die Uraufführung einer Oper weniger in Hinblick auf das Ereignis selbst bedeutsam als darin, daß sie Gelegenheit bietet zu prüfen, inwiefern Gefahr und Schein der Unverbindlichkeit von vornherein vermieden und dem Sinn neuzeitlichen musizierenden Theaters bewußt – dennoch aber sinnenhaft – der Weg bereitet wurde.

Eine Oper, die zur Feier des fünfzigsten Jahrestages der Großen Sozialistischen Oktoberrevolution geschrieben wurde, deren Handlung fast ebenso weit zurückliegt wie jene Tage, von denen die Erschütterung der Welt ausging – ist sie überhaupt zeitgenössisch im eigentlichen Sinne? Von der Antwort auf diese Frage hängt das Urteil darüber ab, ob eine Uraufführung am Musiktheater dessen Neuerertum neue Qualität gibt.

Das von dem revolutionären sowjetischen Schriftsteller Boris Lawrenjow entworfene und novellistisch vorgezeichnete Sujet wurde nicht äußerer Gefälligkeit wegen zum Gegenstand der Oper von Siegfried Matthus. Die Wahl dieses Stoffes will vielmehr als ästhetisches Programm verstanden werden. Die Bewährung der Liebe – jenes nachgerade spezifischen Themas unserer spezifischen Form des Theaters – im gesellschaftlich gebundenen Konflikt ist auf der Opernbühne zumindest seit »Figaros Hochzeit« nicht neu, und auch der klassenkämpferische, subjektiv militante Zug in der theatralisch-musikalischen Darstellung solcher Themen hat seine Vorbilder. Neu ist es ferner nicht, ein plebejisches oder sozial deklassiertes Mädchen zur Opernheldin zu machen. Entscheidend an unserem Versuch ist vielmehr: Das Fischermädchen Marjutka, Soldat der Roten Armee und Kämpferin der sozialistischen Revolution ist in keinem Augenblick der Handlung Spielball dritter Kräfte, ist nichts weniger denn passives Spiegelbild historischer Miseren oder mitleidheischenden Milieus. Sie ist aktive Gestalterin ihres eigenen Daseins und desjenigen ihrer Epoche; in ihr sind ein »Ich will« und ein »Ich muß« von Natur aus, und aus solcher Notwendigkeit formt sich ihr eigenes Menschentum wie dasjenige der dort im Entstehen begriffenen sozialistischen Gesellschaft.

»Natur«, menschliche Natur: Wenn die sozialistische Revolution eine Seele hat, so ist sie das Urtümliche, unmittelbar Menschliche, das gleich vielen anderen den Intellektuellen Lawrenjow nach eigenem Bekenntnis aufwühlte, erregte, beschämte und überzeugte. Marjutkas Menschentum, suggeriert Lawrenjow, nimmt seine Kraft von der Kraft der Millionen, die sich erhoben von den Fischbänken, von den Ambossen, aus den finsteren Kohlengruben und aus quälender Gutsherren-Fron. Und deshalb sei diese Kraft alles andere denn theoretisch; weil die Nöte und Freuden unzähliger Generationen sie gezeugt haben, ist sie unermeßlich und maßlos, erhaben und animalisch zugleich. Daß in Marjutka das revolutionäre Bewußtsein und ihr ursprünglich-menschlicher Daseinsanspruch, der sich in dem »naiven« Liebesspiel mit dem Gardeleutnant Goworuch-Otrok äußert, vereint sind, macht die Humanität dieser Gestalt aus, und Humanität in solcher Umgebung ist unseres Wissens neu auf der Opernbühne.

In jenem Jahr 1919 war es auch in der symbolhaften Abgeschiedenheit einer Aral-Insel nicht möglich, Feindliches durch bloße Humanität zu vereinen. Doch geht es nicht um die Darlegung solcher Wissenschaft. Die Oper will sinnfällig machen, wie in dem revolutionären Typ, den dieses Mädchen verkörpert, bereits die heitere Kraft der Zukunftshoffnung wohnt, die das in ihr scheinbar Unvereinbare dereinst vereinen und auch den Klassenfeind in diese Zukunft hinüberziehen möchte. Der Oper ist in solcher Heldin tatsächlich ein Kriterium besonderer Gegenwartsnähe gegeben. Mit ihr wird das ewige Plädoyer der Kunst versucht.

»DIE VERSUCHUNG«
von Josef Tal

Ein Lehrstück?
(1976)

Josef Tal vermehrt mit seinem jüngsten Werk »Die Versuchung« nicht die gegenwärtig wieder ansteigende Zahl von Literatur-Opern um eine weitere, sondern vertraute einem Originallibretto von Israel Eliraz bei der Komposition eines Lehrstücks eigener Art. Die Autoren verzichten auf eine individualisierende Fabel, die auf gewohnte Weise Spannung erzeugt, ebenso wie auf detaillierte, lokal oder sozial konkretisierte Informationen, wie mancher sie bei einem Lehrstück erwarten mag.

Hauptfigur ist die Gruppe, die von ihr entdeckte Gestalt des Mannes möglicherweise nur ein Phantom. Dessen Inkarnierung gibt Anlaß für eine szenisch-musikalische Geschichte, die behandelt: Überdruß, Hoffnung, Manipulation, Korrumpierung, humane Zerstörung und wieder, dennoch, Hoffnung. Archaische Geschichts- und Bewußtseinsstrukturen werden unter dem unmittelbaren Eindruck gegenwärtiger gesellschaftlicher Erfahrungen und Entwicklungen neu befragt – getestet in einem Musiktheater-Spiel, das sich am ehesten in Form der Parabel vollziehen läßt.

Ob sich die Gruppe, aus der Stadt ausbrechend, wirklich in ein Gebirge begibt oder ob der Berg eine Art Psycho-Klinikum zur Selbstfindung ist, ob der Schnee gefrorenes H_2O ist oder »Stoff«, Droge – dies und später so viel anderes bleibt der Entscheidung des phantasievoll mitspielenden Zuschauers überlassen. Es ist die Eigenart dieses Lehrstücks, nicht mit erhobenem Zeigefinger Informationsüberfütterung zu betreiben, sondern die Assoziationsbereitschaft heutiger Interessenten anzusprechen. Jedenfalls verfolgt unsere Inszenierung nicht den Ehrgeiz, die oft verschlüsselten Zeichen, Bilder und Klänge dieser »Versuchung« unmißverständlich zu dechiffrieren. Eindeutigkeit blockiert ja bisweilen die Fähigkeit, die Vielfalt von Assoziationen wahrzunehmen, wie sie ein solches Parabelspiel bereithält.

Das heißt freilich nicht, daß die Situationen der Parabel verschwommen wären oder unklar. Die dramaturgische Konstruktion ist durchaus ersichtlich. Der 1. Akt spielt auf dem Berg, der 2. in der Stadt. Auf die Exposition folgen im 1. Akt die vier Lektionen der Gruppe gegenüber dem Mann, bis er die Korruption als Essenz aller Lehren aus dem heutigen gesellschaftlichen Bereich begreift und lieber sterben möchte, ehe er der schrecklichen Versuchung ausgeliefert würde, diese Lehren anzuwenden, die Ideale zu praktizieren. Im 2. Akt, in der Stadt, erteilt er der Gruppe seine Gegenlektionen. »Verkehrt«, in der Verkehrung demaskieren sie die unausgegorenen Ideale, desillusionieren messianische Erwartungen im politischen oder religiösen Bereich und können dennoch nicht verhindern, daß die übriggebliebenen Mitglieder der Gruppe am Ende auf den Rudimenten ihrer Hoffnung, ihres »Berges«, sich zusammenfinden, um noch einmal, von neuem zu suchen.

Die Grenzen zwischen Realität und Traum sind in diesem Lehrstück nicht klar gezogen, sondern gehen ineinander über. Denn Traumata haften an der Wirklichkeit wie an der Utopie. Das ist Josef Tals Lebenserfahrung und Kunst. Für den Interpreten erwächst daraus dramaturgisch eine Montagetechnik der szenisch-musikalischen Sequenzen, in der sich die Handlungslinien überlagern, überkreuzen, wachhaltend immer die Frage, ob das, was wir sehen und hören, nun tatsächlich so ist oder etwas anderes bedeutet.

Die von Peter Gradenwitz hervorgehobene Eigenart in Josef Tals Gestaltungsweise, mit dramatischen Situationen zugleich auch deren Reflexionen zu komponieren, scheint mir in der »Versuchung« besonders ausgeprägt. Jedes scheinbar aktuelle Bild wird irritiert, bereichert oder relativiert durch Erinnerungen, Reminiszenzen an Vergangenes. Und daraus werden Menetekel für die Gegenwart und die Zukunft gewonnen. Viel Sarkasmus, Ironie und schwarzer Humor kommen dabei ins Spiel. Aber durchaus ernst gemeint seitens der Autoren ist die Einsicht des Johannes Kolumbus in die Schuld der Gruppe: »Du sollst Dir kein Bildnis machen«; was am Ende nicht ausschließt: Auch keine noch so bittere Erfahrung berechtigt zum Verzicht auf einen neuen Versuch, die nächste Versuchung. – Ein Lehrstück? Durch den reflektiven Gestus gerät der theatralisierte Alptraum fast zum Mysterienspiel.

»EIN ENGEL KOMMT NACH BABYLON«
von Rudolf Kelterborn
(1977)

Dies Babylon, wohin ein Engel das Himmelskind Kurrubi bringt, ist weder das alte, historisch belegte Babylon noch etwa das heutige New York, Moskau, Paris oder Peking. Und doch von allem ein wenig. Denn jede Vergangenheit birgt in sich akute Gegenwart, und in jeder Gegenwart wirken Strukturen der Vergangenheit – in diesem Spiel in der paradoxen Verflechtung und Überlagerung unterschiedlichster Denkaspekte und Verhaltensweisen.

Dies Babylon ist Metapher und zugleich permanentes Trauma. Ein Ort, wo Himmel und Erde aufeinanderstoßen. Wo die Gnade des Himmels nicht verstanden, nicht gebraucht und darum verworfen wird. Wo statt dessen Weltverbesserer zu Usurpatoren pervertieren, mit persönlicher Enttäuschung ihre Hybris entschuldigend, die zum Himmel schreit. Unsere Bühne, die Musiktheater gewordene Komödie Dürrenmatts, wird von einer großen Spirale beherrscht, die aus dem All zur Erde führt und die Nebukadnezars Idee imaginiert, den Weg von oben durch den Turmbau zu bahnen, seinen Thron tausendfach vergrößernd, mittels Versklavung der Menschheit.

Aber über diese Spirale hat zuvor der Engel das Mädchen Kurrubi zur Erde gebracht, die »Gnade«, der die Babylonier entsagen. Und über die Spirale entschwindet der Engel am Ende, heiter-beladen von den Wundern dieses Planeten, – ein verkehrter Astronaut? – in die kosmische Unendlichkeit, in der eine Minute so viel zählt wie dreitausend Jahre irdischer Geschichte. Trost und Ausrede in diesem Spiel?

Dürrenmatts neuer Text gibt der Musik viel Raum, erlaubt neue poetische Auslegung. Die Komposition bindet die Paradoxien zu neuem spielerischen Vollzug, ihr Klang konkretisiert Figuren und testet die Gedanken auf ihren sinnenhaften Gehalt. Die Uraufführung schlägt den Ton einer absurden Ballade an. Er kreist um den Bettler Akki, der den »lyrischen Gegenstand« Kurrubi schließlich in die Wüste führt, ihn vor Babylon zu retten und ihn unseren Träumen zu bewahren.

Es sind viele Irritationen, die unserem Denken und Fühlen zugemutet werden, weil ein Engel nach Babylon kam. Der vielleicht wichtigste Rest, der bleibt: die humane Solidarität als Spezifikum der Liebe, personifiziert in Akki und Kurrubi, die beide vom Himmel verlassen und von der Stadt verstoßen sind. Eine ungleiche Paarung von närrischer Weisheit und verwundetem Glauben. Eine Oper nach Dürrenmatt.

»LOU SALOMÉ«

von Giuseppe Sinopoli

Probennotate
(1981)

Szenisch-musikalisch eine ungewöhnliche Form. Keine lineare Fabelerzählung, keine überkommene Entwicklungsdramaturgie, vielmehr Spotlights auf Erscheinungs-, Traum- und Gedankenbilder: epische Collage, Montage von Strukturen. Das stellt einen besonderen Anspruch an die sofortige Präsenz der Sänger-Darsteller. Oft ist die Rollengestaltung in kürzesten Szenen zu profilieren.

Die neue Oper und ihre Dramaturgie lassen keinen Anspruch auf biographische Authentizität erkennen, auch nicht auf Folgerichtigkeit der historischen Chronologie. Angestrebt wird statt dessen für das Musiktheater eine episch-lyrische Form, in der sich Entwicklungen und Reminiszenzen überlagern, Wirkliches mit Unterbewußtem mischt. Das Schicksal von Lou Salomé ist künstlerischer Anlaß einer Anatomie deutscher Kulturgeschichte, Gegenstand für den sensiblen Report einer Krise, Traum und Trauma zugleich.

Die Oper spannt das Lebensbild dieser Frau in die Polarität von Geburt und Tod. Ihr Geburtsjahr, ein »Hoffnungsdatum«: 1861, als in Rußland die Leibeigenschaft aufgehoben wurde. Ihr Todesjahr, ein »Schreckensdatum«: 1937. Der Traum von Freiheit scheint pervertiert in der Entfesselung von Barbarei.

Freiheit, Befreiung wird zum Ausgangsthema der Oper. Es ist das Lebensthema von Lou Salomé. Sie »arbeitet« es durch mit allen Zweifeln, aller Not. Als der Vater gestorben, ihr Gott verloren ist, sucht sie nach Menschen, mit denen, durch die sie Wahrheit erfahren und Freiheit gewinnen kann. Diese Suche ist nicht intellektuell eingeengt, sondern kreatürlich-total. Sie ist im spezifischen Sinn weiblich. So gerät für Lou Salomé die Suche nach der Wahrheit auch immer zur Suche nach Liebe.

Die historisch verbürgten, in der Oper aber frei montierten Begegnungen mit Paul Rée, Nietzsche, Rilke und Freud sind die notwendigen, lust- wie opfervollen Erfahrungen, die diese Frau sammelt auf einem langen, widerspruchsvollen Weg, der sie zur Emanzipation besonderer Art führt. Sie hat sich der Suche nach Gott, der Suche nach Freiheit und der Suche nach Liebe gestellt. Am Ende fragt sie: »Wozu?« Sie stirbt »gerade noch rechtzeitig«.

Aus dem allgemeinen Menschheitstraum von Freiheit, unter dessen Stern sie geboren war, rettet sie in die Nacht der barbarischen Umwelt die individuelle Würde, Würde als persönlichstes Manifest von Frei-Sein. Durch welche Stationen? Über welche Höhen, durch welche Tiefen? Das gilt es szenisch zu erzählen.

Prolog: Wir beginnen mit Lou Salomé als alter Frau. Sie sitzt auf dem Schaukelpferd, Symbol aus ihrer Kindheit wie der Pierrot. Sie denkt, träumt zurück. Aus dem Untergrund tauchen mit einer ungewissen Hoffnung auf Freiheit die Menschen von 1861 empor. Unsere Oper beginnt da, wo Fidelio endet. Freiheit wovon, Freiheit wofür? Die Zweifel Lou Salomés und die Fragen eines langen Lebens greifen auch auf den Chortext über. Dennoch – im Kindheitstraum fühlt Lou Salomé die Möglichkeit: »Alle Menschen werden Brüder.«

St. Petersburg: Das Lebensspiel beginnt. Die altgewordene Frau verwandelt sich zum jungen Mädchen. Ihr »Alter ego«, eine Schauspielerin, spricht für sie. Das »Vor-Spielen« als Mittel, sich Erfahrungen zu vergegenwärtigen, wird so in die Aufführung eingebracht. – Die Dekorationsteile zeigen in ihren Disproportionen Lous Kindheitstraum: Zwischen großen Säulen-Portalen stehen Zimmerwände wie aus der Puppenstube. In schneller Montage folgen die wichtigsten Szenen aufeinander, die in der Kindheit Lou geprägt haben. Die starke, nahezu erotische Liebe zu dem Vater. Sie stellt sich krank, um mit ihm zusammensein zu dürfen. Als er stirbt, verliert sie, was ihr bisher intakt zu sein schien; sie verliert auch das Bild von dem väterlichen Gott. – Die Erzählung des alten Dieners von den beiden armen Leuten, die nicht eingelassen wurden und die man am nächsten Morgen tot vor der Villa fand. Lou durchschaut das Gleichnis nicht, das der Diener bauernschlau gebraucht. Er sprach von einem Schneemann und dessen Frau. Aber die Geschichte hat Lou geschockt. Sie will lernen, sie will verändern. Aber wo ist der Mensch, der ihr den Weg weist? – Der Pastor Gillot überrumpelt sie mit seiner Erziehung. Lange wird nach dem zutreffenden Gestus dieser Szene gesucht.

Endlich Vorschlag: Lou kommt auf den Diwan, hinter dem Gillot steht. Er reicht ihr die Bücher in einer zwingenden Mechanik; die Bücher häufen sich auf ihrem Schoß. Als sich Gillot über sie beugt, bleiben sie liegen. Man fragt sich, war es Sokrates, Descartes oder Gillot, der sie entjungfert hat? Die erotische Attacke im pädagogischen Gestus zieht Lou an und stößt sie ab. Im Keim ist gerade in diesem Kindheitserlebnis ihre spätere Problematik enthalten.

Zürich: Die Professoren Biedermann und Kinkel artikulieren ihren Text auf schwyzerdütsch. Lous Mutter hat viel von der stolzen Hilflosigkeit russischer Aristokraten außerhalb der Grenzen ihres Landes. – Die große Bücherwand, unter der Lou lernt, ist schräggestellt und droht sie zu erschlagen. Lou als weiblicher Faust. In selbstzerstörerischer Unaufhaltsamkeit lernt, liest und schreibt sie. In der Arie komprimieren sich mehrere Monate Erfahrung, Schicksal. Sie sehnt den Tod geradezu herbei. In den Kantilenen ist etwas von Mimis morbider

Liebessehnsucht. Singend durchlebt sie die Todeserfahrung. Die Diagnose: Blut-Husten. – Die Inszenierung entwickelt ihre spezifische Simultantechnik.

Rom, Peterskirche: In Rom soll sich Lou erholen. Sie gerät in ein Zentrum abendländischer Kulturtradition und -rebellion. In der Peterskirche findet sie in liebender Sympathie zu Paul Rée, der im Beichtstuhl seine atheistischen Schriften verfaßt. – Die zunächst vorgesehene Statisterie wird gestrichen, damit nicht parallele Konventionen zum Akt »Tosca« entstehen. – Sehr zärtlich, sehr dankbar, sehr gelöst ist Lou, wenn sie Paul Rées Hand nimmt und an ihre Wange führt: »Mit Ihnen zusammen, Paul Rée, bin ich zum ersten Mal richtig frohsinnig geworden.« – Gerade als Lou sich Paul Rée preisgeben will, erscheint Nietzsche, von Lous Gönnerin, Malwida von Meysenbug, herbeigeführt. Mit der tiefen Verbeugung, die später von den Turiner Ärzten als besonders charakteristisch beschrieben wird, begrüßt der thüringische Philosoph, der in Basel lehrt, die aristokratische Jüdin aus Rußland. Die Quartett-Fuge beschwört bis zur Grenze der musikalischen Karikatur das Faszinierend-Bedrohliche dieser Begegnung unter der Kuppel des Petersdoms. Malwida empfiehlt, ins Freie zu gehen.

Bibliothek: Die Bibliothek als Arbeitsfeld, aber auch als Mausoleum forschend-philosophischen Geistes. Die vier Denker – Nietzsche, Paul Rée, Rilke und Friedrich Carl Andreas – sitzen wie Säulenheilige der deutschen Literaturgeschichte zwischen den hochgezogenen Bücherfronten. Sie hängen wie Vögel zwischen Himmel und Erde. Ihr Kommunikationsstreben unterstreicht nur ihre Vereinsamung. Lou ist und bleibt auf der Erde. Viel emanzipatorischer Stolz ist in ihr, unter diesen Männern zu sein, aber dann entlarvt sie die Krise der Intelligenz. Mit ihrer »Turandot«-Ballade attackiert sie die Männer, provoziert die Verwandlung des »Wolkenkuckucksheims« zur Bordell-Atmosphäre. Ein Striptease fordert die Philosophen heraus. Sie steigen von ihren »Säulen« herab und umringen Lou begehrlich. Klischees aus der Kehrseite deutscher Kulturgeschichte drängen sich auf: das Luzerner Foto, auf dem Lou Paul Rée und Nietzsche mit der Peitsche zügelt, oder auch »Professor Unrat«. Die Dekadenz mißt sich am Sex. Und die geistigen Größen der Jahrhundertwende waren gern kitschanfällig. – Der Walzer steigert die Stimmung ins Obskure. Das szenische Arrangement zitiert »Gruppenbild mit Dame«. Alle drohen in der Orgie des fröhlichen Wahnsinns abzugleiten. Da zerspringen die Spiegelwände. Der Vogelmensch erscheint. Nietzsche sieht Zarathustra. Der Gedankenblitz – ein Wahnsinn?

Pension in Berlin: Das Arbeitslibretto sieht vor: schäbiges Zimmer, Ahnung von Stundenhotel. Was die Dramaturgie in der Bibliothek ankündigte, vollzieht sie hier: weitgehende Befreiung von der biographischen Authentizität zugunsten der Vermittlung eines Frauencharakters, der zu seiner Ausarbeitung auch das Hineintauchen in die Tiefen des Lebens braucht, das Studium der Gosse. »Ich habe mein Leben lang gearbeitet«, sagt Lou Salomé in ihrer Schlußarie. Und zu dieser Arbeit gehört auch das Sammeln von Erfahrungen im nichtstandesgemäßen Milieu. – Wir unterstreichen: Sie lebt, schreibt, arbeitet in einer Absteige, inkognito. Eine Frau auf der Suche nach sich, nach der Wahrheit. Nach einer Wahrheit auch, die nicht in Büchern steht. Lebensneugier nach totaler Erfahrung. Denn das Thema der Oper kann heißen: das Sammeln weiblicher Gesamterfahrungen auf dem Weg zum weiblichen Ich. – In diesem Umkreis kommt es zum wichtigen Konflikt: Lou Salomé hat sich zu entscheiden zwischen Paul Rée, mit dem sie hier zusammenlebt, und Friedrich Carl Andreas, der sie heiraten will. – Ein Teil biographischer Wahrheit kommt wieder ins Spiel. Friedrich Carl Andreas verletzt sich, um Lou Salomés »Ja« zu erpressen. – Sie befleckt sich mit dem Blut des Mannes. Als so Gezeichnete trennt sie sich von Paul Rée. Der hinterläßt ihr: »Barmherzig sein, nicht suchen!« – Vor der Hochzeit mit Andreas ist Lou allein wie nie zuvor.

Monte Sacro: Wer eine biographische Linie sucht – hier ist sie gänzlich zerrissen. Denn der historisch verbürgte Spaziergang mit Nietzsche liegt fünf Jahre vor ihrer Ehe mit Andreas. – Traum und Trauma auch dieser Monte Sacro in seinem rötlichen Schein. – Der Bühnen-Berg weist der Szene den Weg. Beide gehen auf den Gipfel zu, aber nur Lou kann und will wieder zur Erde hinab. Nietzsche verharrt auf dem Gipfel, von dem er nur abstürzen könnte. Er bleibt einsam zurück. Sein Wahnsinn erwacht. – Die Intimforscher der Literaturgeschichte haben bisher nicht sagen können und wollen, was an diesem Tag zwischen Lou und Nietzsche wirklich passiert ist. Wir wissen nur, daß die Chance der größten Annäherung den Anstoß zur Entfremdung brachte. Dies, nicht mehr und nicht weniger, bleibt darzustellen. – Als die Sonne am höchsten steht, tritt Nietzsche Zarathustra entgegen. Lou ist von diesem »Anderen« in Nietzsche ebenso fasziniert wie geängstigt. Geistiger Egoismus sprengt menschliche Beziehungen. Lou will sich, ihr Frei-Sein retten. Sie verläßt Nietzsche und geht zur Erde zurück.

Privathaus in Berlin: In direktem Anschluß an den Monte Sacro und unter dem einsamen Nietzsche gespielt, macht diese Szene die Relativität von Zeit und Raum erkennbar. Der biographisch Interessierte erinnert sich: Mehr als fünf Jahre liegen zwischen Monte Sacro und Berlin. – Lou kann sich von dem Bild Nietzsches nicht befreien. Im Wachtraum versucht sie, das Erlebnis Nietzsche zu bewältigen. »Ein Antlitz...«. – In zeitlich gedrängtester Form die Szene einer Ehe. Friedrich Carl Andreas beobachtet und umschleicht seine Frau, die ihm nicht angehört. Im Schlaf will er sie vergewaltigen. Lou erwacht aus der Hingabe, sieht Andreas und erkennt, daß sie ihn in der Umarmung erwürgen wollte. Sie bricht weinend zusammen. Ihrer Suche ist das eheliche Glück versagt.

Sibirien: Lou ist in die weite, unendliche Schneelandschaft entflohen. Eine

Emigration aus der europäischen Zivilisation in ihre Heimat, die sie nicht wiederfindet. In der Liebe zu Rilke will sie mit ihm das Erlebnis dieser weiten Unendlichkeit, in der die Sonne aufgeht, finden. – Die Darsteller schreiten durch und über die weißen Tücher. Auch hier wächst die Realität zum Traum. Annäherung und Entfernung wechseln sich ab. Singend erleben sie Unbegrenztes. – Aber diese Loslösung aus der Welt schreckt Rilke.

Vision Wiener Café: Er reagiert verzweifelt-bizarr. Die vulgären Klänge und Bilder des Wiener Cafés holen ihn ein und zerren ihn zurück. Das Fin de siècle als makabres Vexierbild. Darin Rilke als wunderbarer, edler Dreckfink. Seine sexuelle Ambivalenz deutet sich an. Wiederum: ein Säulenheiliger der deutschen Literatur in der Not, die Dekadenz zu verdrängen. Die surreale Szene ergänzt sich: Nietzsche spielt Klavier, Lou Salomé beginnt zu tanzen. – Rilke verscheucht den Alptraum. Einsam, traurig kommt er vor den Vorhang, um seine letzte Strophe zu singen.

Lous Haus in Göttingen: Die Dramaturgie überspringt zwei Jahrzehnte. Das »Erlebnis Freud« wirkt nach. Lou Salomé praktiziert als Psychoanalytikerin. Aus früheren Tagen ist Malwida von Meysenbug um sie als Helferin und Freundin. – Der Patient, den Lou am Ende ihres Arbeitstages empfängt, wird vom Darsteller Nietzsches gespielt. Nietzsche war zum vermeintlichen Zeitpunkt dieser Szene in Göttingen seit über dreißig Jahren tot. – Der Patient legt sich auf das Sofa. Die analytische Behandlung kehrt sich um. Lou spricht in ihrer Arie mit Klavier, dem Instrument Nietzsches, von sich: »Wie seltsam, daß die Liebe, kaum daß ich sie denke, fühle, sich unentrinnbar an ein anderes Gefühl will binden.« – Der Patient erfährt, daß Lou fürchtet, ihrer Freiheit wegen zur hingebenden Liebe nie fähig gewesen zu sein. Und doch war es Liebe, die sie suchen, denken und arbeiten ließ. – Das Arzt-Patient-Verhältnis verwirrt sich. Als der Patient hört, daß Lou Nietzsche vielleicht nie hat lieben können, krümmt er sich und schreit auf. Der psychiatrische Raum wird Austragungsort schärfster Gegensätze.

Die Narrentürme: Nietzsche, in die Zwangsjacke gesteckt, stößt Fetzen seiner großen und kleinen Gedanken hervor. Lou verhüllt ihr Gesicht. An ihrer Stelle ist ihr zweites Ich im Raum, die Schauspielerin aus dem Prolog. Schnippisch, kalt, auch etwas blaustrümpfig und emanzipatorisch agitierend, hält sie den Nietzsche-Texten entgegen, was Lou Salomé im Lauf ihres Lebens geschrieben hat über die Rolle der Frau, über das Verhältnis zum Mann. – Über das Seil, das zwischen die beiden Narrentürme gespannt ist, tanzen der Pierrot (Nietzsche) und das Mädchen (Lou). Nietzsches Wahn bricht in ätzendem Spott gegen die Frauen aus. Der Pierrot auf dem Seil tanzt wild, bis er abstürzt.

Apokalypse: Der zwanzigstimmige Chor wird vom Blatt gesungen. Die Sänger und Sängerinnen stehen zwischen den zerbrochenen Klavierflügeln, die

Nietzsches Wahnsinn begleiteten. – Der Menschheitstraum vom Prolog hat sich verkehrt in das Menetekel. Aufblitzende Zeichen, Bewegungen, Episoden der sich ausweitenden Barbarei (Ballett und Statisterie). Der Chor singt Klage und Anklage in alten hebräischen und lateinischen Texten. Bücher werden verbrannt. Das Feuer, das zerstört, war einst das Feuer, das Prometheus in die Welt stahl. – Auch Lous Haus in Göttingen wird verwüstet. – Die alte Dame wartet gefaßt, mutig. Der Zugriff des Infernos erreicht sie noch nicht.

Göttingen 1937: Die Wände des Hauses schieben sich zusammen. Sie drohen, sie zu erdrücken, und bilden doch Schutz. – Glassplitter werden in den Raum geschüttet. Es gab sie, als Zarathustra in der Bibliothek erschien. Mit einem davon wollte Friedrich Carl Andreas sich töten. Und in einem anderen hatte sich Lou einst narzißtisch gespiegelt. Aber Tausende mehr gab es in der »Reichskristallnacht«. – Die alte Dame stellt den umgeworfenen Stuhl wieder auf. Sie ist erfüllt von innerer Ruhe, von einer merkwürdig gelösten Feierlichkeit. Sie sitzt auf ihrem Stuhl wie eine Russin vor der Hochzeit, bereit, vom Bräutigam abgeholt zu werden. So wartet Lou Salomé, daß der Tod sie gnädig zu sich nimmt. »Noch rechtzeitig.«

»UN RE IN ASCOLTO«
von Luciano Berio

Erinnerungen an die Zukunft
(1984)

Das war bald klar: Eine Oper ist das nicht. Oper, wie sie überliefert ist, wie die meisten sie mögen – als menschliche Geschichte, eine Fabel darstellend, mit dramatischen Strukturen, in den Gesang gesteigerten Emotionen. Aber was dann? Ein Stück mit Musik. Pures Musiktheater. Ein Dialog mit dem Material. Anti-Oper? Berio meint: »eine musikalische Handlung«.

Solche Formulierungen, Positionsbezeichnungen kennen wir, seit zu Anfang dieses Jahrhunderts Komponisten wie Schönberg, Berg, Busoni, Cage, später Zimmermann und noch später Ligeti zum Beispiel und Rihm und Reimann Werke verfaßten, die das Musiktheater stets von neuem in Frage stellten. Opern über die Oper. Und auch, gerade »Tristan und Isolde« wollte Wagner als »Handlung in drei Akten«. Neue Befragung der Oper jedesmal.

Was ist Berios Vorteil, was die Chance seiner Position? Er stellt die Frage nach einem Musiktheater, das aus der Vergangenheit kommt und für die Zukunft taugt, fragt ebenso radikal wie zweifelnd. Radikal – was den Verzicht auf die herkömmliche Geschichte betifft. Zweifelnd – was statt dessen zu erzählen ist – zumal, wenn man, wie er, sich zu der diskontinuierlichen Kontinuität musikalischer Entwicklungen bekennt und wenn die Beziehung zur Bühne sich in Naivität und Skepsis spaltet.

Denn da sind ja Concertati (Ensembles), Duette und Arien, darunter ein Duett zwischen einem Schauspieler und einem natürlich stummen Pantomimen. Berio begreift sich aus der Dialektik zwischen Überkommenem und Künftigem, aus der ironischen Brechung auch der Jetzt-Position. Worum geht es? Um die Überprüfung des szenischen und musikalischen Materials. Und das hat zumindest immer zwei Seiten, meistens noch sehr viele mehr. Die Diagnose der Oper wird zum Spielmodell. Das Material selber spielt, stellt sich als musikalische Handlung dar – auf der Suche nach dem »anderen Theater«, das ein König des Theaters erlauschen, erhorchen möchte.

Die Prospero-Figur ist fatal. An sie binden sich Rudimente der Fabelkonvention. Prospero läßt Szenen probieren, ein Theater spielen, um in diesem Spiel sein alternatives Theater, den anderen Klang zu entdecken. Alles ist Probe. Man ist auf der Insel. Einbrüche der Außenwelt negiert dieser Prospero wie Brecht oder Felsenstein den 17. Juni 1953. Als er das Theater besichtigt, das der Regisseur für ihn entfesselt hat, kollabiert er. Der 2. Akt ist »nur« Sterben und im Abschiednehmen versuchte Rettung einer Utopie. Fatal nenne ich es, weil sich in Prosperos Figur Berios Biographie, der Versuch künstlerischer Selbstanalyse eines Musikerschicksals spiegelt. Berio braucht Prospero, um sich zu definieren. Das ist vermessen und legitim, banal und groß.

Denn er hat ja wirklich eine Chance. Viele von uns beschäftigt gegen Ende dieses Jahrhunderts die Frage, wohin geht das Musiktheater, wie geht es mit ihm weiter? Noch immer beunruhigt uns der letzte Satz von Schönbergs Moses: »O Wort, du Wort, das mir fehlt.« Wo mag Berios Suche den Hafen finden?

»Audizioni« nennt Berio die Klangangebote, die drei Sängerinnen dem Prospero machen: der Sopran, ein Mezzo, die Kolorateuse. Die Arie der Protagonistin faßt die Audizioni zusammen und deckt die Fatalität von Berios Prospero auf: daß sich das Lauschen, das Horchen immer auch mischt mit persönlichsten Sentiments, persönlichsten Erfahrungen und Wünschen. Was aber wäre ohne Liebe, ohne Eros Musik? Da ist das Persönlichste einzubringen und zu respektieren.

Der Regisseur ist ein armes Schwein. Er hat Bilder, Szenen zu entwerfen, die am Ende doch nichts wert sind. Die verworfen werden auf der Suche nach dem »anderen Theater«. Noch einmal kommt Schönbergs »Moses und Aron« in den Sinn: »Du sollst Dir kein Bildnis machen.« Eine Schlüsselszene im Werk von Berio, das Duett zwischen Prospero und dem Regisseur, nimmt den Konflikt zwischen Idee und Realisation, zwischen Utopie und Praxis auf und spielt ihn aus: »Du wolltest doch« – »Möglich, aber« – »Ein reges Treiben« – »Ich, nein, dachte an die Stille« – »Aber Du sagtest, als wäre ein Sturm« – »Ein Sturm vielleicht, oder eine Revolution, aber friedlich«.

Eine Probe das alles. Ein Experiment. Ein Versuch. Suche. Am Ende unseres Jahrhunderts wird das Material »Musiktheater« besichtigt, und wenn wir auf den Kalender schauen, ist es bald das Ende eines Jahrtausends. Das macht Berios Position und Ingenion aus. Da treiben Clowns ihr Wesen und Opernsänger ihr Unwesen. Seiltänzer durchmessen die Lüfte, und Artisten beschwören die Commedia dell'arte, deren Traditionen der Schauspieler – Venerdi, Freitag genannt, nachdem er bei Shakespeare Caliban war – an sich reißt. Ariel, der Stumme, wird vom sterbenden Prospero zu seiner »ersten freien Tat« angespornt: »Singe, Ariel! Singe!« Und der Sopran spielt das letzte »Addio« selbst am Klavier. Was nehmen wir mit für die »Erinnerung an die Zukunft«?

Salzburg ist ein gefährlicher, gefährdeter Platz für eine derartige Befragung des Musiktheaters. Oder ist er der einzig richtige? Ich bleibe dabei: Der Regisseur ist ein armes Schwein. Kalkulierte Ästhetik hat sich auseinanderzusetzen mit deren Negierung, hat sich zu reduzieren gegenüber einer Anti-Oper-Haltung, aus der dennoch immer wieder die Sehnsucht, die Liebe nach einem Singen und Musizieren neuer, vielleicht sinnvollerer Art herauszuhorchen ist. Da ist es unausbleiblich, daß sich der Konflikt zum Kompromiß entwickelt. Wie doch eigentlich immer am Ende in den besten Fällen der Geschichte und vor allem auch der Operngeschichte.

Radikal ist die Hoffnung, daß Musiktheater überlebt. Zweifelnd, verzweifelt ist die Frage: Wie? Womit? Das ist vielleicht die notwendige Entdeckung im Umgang mit Luciano Berio. Und nachdem ich in der Probenarbeit mit Liebe und Skepsis auf ihn gehört habe, auf ihn horchte, nachdem ich seine diversen, sich entwickelnden Äußerungen zum Werk studierte, frage ich: Ist es nicht doch Oper, was auch er meint?

INTERVIEWS

Gespräch mit Imre Fabian
»BERLIN IST AUCH EINE CHANCE«
(1984)

Fabian: Herr Professor Friedrich, in unserem Gespräch möchte ich diesmal drei Themenbereiche berühren. Erstens: konzeptionelle Überlegungen für ein Operntheater in Berlin und für Berlin in einem der höchstsubventionierten Häuser der Bundesrepublik. Zweitens: eine grundsätzliche Frage, die in meinen Gesprächen in den letzten Monaten zwischen Stockholm und Zürich, Hamburg und Wien immer wieder auftauchte: der Konflikt eines international renommierten Künstlers in der führenden Position eines großen Theaters. Wo liegen die Vor- und wo die Nachteile dieses Doppelberufes? Schließlich möchte ich auf den Regisseur Götz Friedrich und seine kreative Arbeit zu sprechen kommen.

Zum ersten Bereich: Unter welchen spezifischen Bedingungen macht man Musiktheater im westlichen Teil Berlins?

Friedrich: West-Berlin ist, wie wir wissen, ein besonderer Ort. Es hat sich in den letzten Jahren, wie mir scheint, herausgestellt, daß diese Stadt nicht nur so eine Art Vorposten ist, sondern im Fadenkreuz von Ost und West, Nord und Süd liegt, politisch vorbestimmt, Begegnungsplatz, Begegnungsstätte zu sein, weltoffen und nicht abgekapselt. Weltoffen und tolerant auch im Sinne der besten Berliner Traditionen, die man in der Vergangenheit vorfindet oder wenn man auf 1987 vorausschaut, wenn diese Stadt ihr siebenhundertfünfzigjähriges Bestehen feiern wird. Leider wird sie dieses Jubiläum, wie wir feststellen werden, immer noch zweigeteilt begehen. Diese Feiern werden auch die Wunden erneut ins Bewußtsein bringen, die Gräben, die nach wie vor durch diese Stadt laufen, die Wunden in Deutschland und in Europa sind. Möglicherweise sind solche Gedanken immer wieder ein Stimulans, mit allem, was man tut, mit jedem Wort, das man sagt, dazu beizutragen, daß diese Wunden einmal geschlossen werden und dieser besondere Ort Berlin seine große historische Chance wahrnehmen kann, vor allem auf den Gebieten der Wissenschaft und Kunst der große Umschlagplatz deutscher und europäischer Kultur zu werden. Das sind Gedanken, die mich bewegen, wenn ich in Berlin arbeite, die meine Arbeit auch mitbestimmen. Es ist ja bekannt, daß ich von 1953 bis 1972 bei Felsenstein gearbeitet habe, von 1973 bis 1981 fest in Hamburg und sonstwo in der Welt. Diese Rückkehr in den anderen Teil von Berlin erscheint mir wie eine Art Hegelsche Synthese. Ich versuche in meiner Arbeit das, was ich historisch selber miterlebt habe, zum künstlerischen Ergebnis werden zu lassen.

Fabian: Sie sprachen von Offenheit, von Liberalität, von Vielseitigkeit, von Chance. Sie ist in der gegebenen Situation, wie wir wissen, in beiden Richtungen gefährdet und blockiert. Nach Osten sind die Grenzen alles andere als offen, Richtung Westen befindet sich die Stadt in einer Inselsituation, die Gefährdungen mit sich bringen kann. Ist die Gefahr der Isolation vorhanden?

Friedrich: Sie ist da. Sie ist für gewisse Kulturschaffende und ihre Kritiker als permanente Gefahr eines großstädtischen Provinzialismus vorhanden oder auch in der Form allzu schneller Selbstzufriedenheit. Sie ist da und zu beobachten, wenn es darum geht, junge Chorsänger und Orchestermitglieder zu bekommen, die für dasselbe Geld dann doch lieber in Hamburg oder München, sogar Frankfurt oder Stuttgart arbeiten, weil sie bestimmte Strapazen des Lebens, sei es nur bei der sinnvollen Gestaltung der Freizeit, nicht in Kauf nehmen wollen. Permanent die Transitstrecken zu benutzen, kann schwer zur angenehmen Routine werden. Das sind zweifellos Standort-Nachteile.

Aber ich muß immer wieder daran denken, daß aus solchen Nachteilen, einer solchen geographischen und politischen Situation Energien freigesetzt werden sollten, die in den von Ihnen genannten Begrenzungen zu einer größeren Denkwachheit stimulieren. Berlin unternimmt große Anstrengungen, um auf dem Gebiet der wissenschaftlichen Forschung wieder führend zu sein. Ich halte es überhaupt nicht für eine Einschränkung, daß Berlin, trotz der positiven wirtschaftlichen Entwicklung seit etwa einem Jahr, vor allem eine Kulturstadt zu sein habe. Wenn wir Kultur nicht als Ornament verstehen, eine Art Keuschheitsband, das man um sich schlingt, oder als Alibi, als fünftes Rad am Etatwagen. Mir scheint, daß die Kunst dort, wo sie als Artikulation einer Stadt so herausgefordert ist wie in Berlin, vielleicht einmal auch Vorreiter werden könnte, Vorreiter von sich noch zu vollziehenden politischen Prozessen. So jedenfalls sehe ich die Funktion der Kunst in dieser Stadt. Mir scheint, daß innerhalb dieses Kreises die Oper ganz und gar nicht im Abseits steht. Die Deutsche Oper Berlin ist die einzige Opernbühne des Landes Berlin – in Ost-Berlin gibt es noch die Staatsoper und die Komische Oper –, und sie hat sehr interessante Aufgaben. Erstens muß sie Oper für Berlin machen, und dies so gut, daß die Leute auch aus anderen Städten nach Berlin kommen. Sie hat den guten Namen dieser Stadt nach außen hin zu vertreten. Damit ist ihr eine lokale, eine nationale und – wie ich meine – internationale Aufgabe auferlegt. Dieses Haus ist im August 1961 eröffnet worden, kurze Zeit, nachdem der Mauerbau den Riß zementierte. Es befand sich plötzlich in der Situation, daß es ausschließlich die Oper der West-Berliner wurde. Da wurde nolens volens klar, daß die Position dieser Oper in starkem Maße mit der Situation der Stadt zusammenhängt und daß ihr eine starke internationale Geltung zufiel.

Fabian: Ist die Deutsche Oper Berlin in die bundesdeutsche Theaterlandschaft integriert, oder nimmt sie eine Sonderstellung oder gar eine Außenseiterposition ein?

Friedrich: Das müßten Sie, Herr Fabian, am besten beurteilen. Ich kann nicht sagen, daß wir eine Sonderposition einnehmen, denn in vieler Hinsicht gelten bei uns, bis zu tarifgesetzlichen Angelegenheiten, Fragen des Etats, der Honorierung des Orchesters und des Chors, Gesetze, die auch in Hamburg oder in München gelten. Es hat sich auch eingebürgert, Berlin, Hamburg und München auf dem gleichen Etat-Level zu sehen. Daß unsere Eintrittspreise unter dem Preisniveau von München und Hamburg liegen, ist eine besondere Leistung dieses Landes und seiner Regierung. Die Auslastung des Hauses liegt, selbst bei abnehmender ökonomischer Leistungsfähigkeit mancher Besuchergruppen und bei steigenden Preisen, bei 85 Prozent. Das ist bei der manchmal kühnen Gestaltung unseres Spielplans geradezu frappierend und zeigt die Aufgeschlossenheit eines großen Teils des Berliner Publikums. Es beweist auch, daß es ein starkes Bedürfnis nach Oper gibt. Wenn man bedenkt, daß wir dreihundertachtzehnmal im Jahr spielen, daß die Oper 1885 Plätze hat, so ist das schon eine eindrucksvolle Bilanz.

Fabian: Ich fragte Sie, in welchem Maße Ihr Haus in die bundesdeutsche Theaterlandschaft integriert ist. Kann man andererseits von einer indirekten Herausforderung aus dem östlichen Teil der Stadt und von deren zwei, sehr erfolgreich arbeitenden Musiktheatern sprechen? Oder ist die Mauer so dicht, daß selbst die Gedanken nicht überschlagen?

Friedrich: Die Gedanken kommen sicher herüber, auch einzelne Personen finden zu einem Gedankenaustausch. Aber tatsächlich sind die Staatsoper Unter den Linden oder die Komische Oper im anderen Teil der Stadt von West-Berlin weiter weg als Zürich, Hamburg oder Stuttgart. Es gibt keine Spielplanabstimmungen, keine kollegialen Informationen über künftige Pläne. Ein Versuch, die beiden Intendanten der Ost-Berliner Opernbühnen bei der Vorbereitung der Pläne in den beiden Teilen Berlins vielleicht 1987 an einen Tisch zu bekommen, hier oder im anderen Teil der Stadt, ein Versuch, den ich angeregt habe, hat bisher nicht einmal zu einer Antwort geführt. Solche Erfahrungen machen einen dann doch wieder traurig. Aber wenn wir an all die Bemühungen seit 1947 denken und daran, was man noch unternehmen muß, dann glaube ich, daß nichts unversucht bleiben sollte, um die Verbindungen zu Ost-Berlin, zur DDR und den anderen osteuropäischen Ländern voranzubringen. Und wenn wir uns entschieden haben, ein neues Werk von Siegfried Matthus nach seiner Dresdner Uraufführung noch in dieser Spielzeit nachzuspielen, dann ist das unsererseits nicht bloß eine Geste, sondern der Versuch, unsere Bereitschaft und Offenheit für einen solchen Gedankenaustausch, auch für einen Austausch von Sängern, klarzumachen. Denn es ist ja wirklich absurd, daß wir bei Erkrankungen Kollegen aus Neapel, Madrid oder Barcelona einfliegen lassen müssen, aber kaum jemanden, falls er nicht Ausländer ist, von der Staatsoper Berlin bekommen.

Fabian: Verfügen Sie über Informationen darüber, ob Ihr West-Berliner Publikum die Opernproduktionen in den Theatern des östlichen Teils der Stadt verfolgt?

Friedrich: Unser Publikum besucht die Aufführungen sowohl in der Komischen Oper als auch in der Staatsoper. Daher gibt es natürlich eine Art Konkurrenz. Nur eine Konkurrenz in Form einer Einbahnstraße ist keine wirkliche. Ich finde es famos, daß die beiden westlichen Sender, SFB und RIAS, korrekt und regelmäßig über Opernereignisse in Ost-Berlin berichten. In der anderen Richtung funktioniert dieser Informationsfluß wohl nicht so.

Um den Blick noch einmal zurückzuwerfen auf die einmalige Zeit Ende der zwanziger Jahre, als diese Charlottenburger Oper, einst Deutsches Opernhaus genannt, die Linden-Oper und die Kroll-Oper in Konkurrenz zueinander arbeiteten, und auf die kurze Zeit nach dem Zweiten Weltkrieg, als die Ebertsche Städtische Oper, Felsensteins Komische Oper und die Staatsoper Unter den Linden in dieser Konkurrenz standen – damals war Berlin eine unerhört lebendige, große Opernstadt. Seit 1961 haben wir in diesem Hause einen großen Teil auch jener Tradition aufzuarbeiten, die geschichtlich verlorengegangen ist. Eine Tradition, die sich nicht nur auf die engere Geschichte der Charlottenburger Oper über Städtische Oper zur Deutschen Oper beruft, sondern den Anspruch stellt, das Wirken vieler progressiver Künstler in dieser Stadt zu früheren Zeiten in unseren Arbeiten weiterleben zu lassen und weiterzureichen. Der Spielplan der Städtischen Oper galt in den fünfziger und sechziger Jahren vornehmlich der Aufarbeitung der Moderne, was diesem Haus einen spezifischen Rang in Berlin zuwies.

Fabian: In welchem Maße ist heute an einem Haus dieser Größenordnung ein Repertoire-Angebot noch möglich? An mehreren großen Theatern war und ist man bestrebt, durch die Reduzierung des Angebots die Qualität der Aufführungen anzuheben.

Friedrich: Es stellt sich für uns die Frage, wie wir vorhandene Arbeitskräfte, die bei Gott nicht mehr reduziert werden dürfen, rationeller und künstlerisch effektiver einsetzen können. Es ist richtig, daß bestimmte Produktionen, wenn man eine Qualität durch Kontinuität, gerade in einer Anfangsphase, wo sich Inszenierungen einspielen und sichern müssen, bewahren will, in Serien gespielt werden müssen. Neuinszenierungen werden bei uns in Serien von sechs bis acht Aufführungen gegeben, Wiederaufnahmen in einer Reihe von fünf bis sechs Vorstellungen. Wir versuchen, bestimmte Besetzungen von Werken vier- bis fünfmal im

Monat anzubieten. Andererseits sind wir keine sklavischen Anbeter des Seriensystems, sondern durchsetzen die partiellen Stagione mit einzeln gestreuten Repertoirevorstellungen. Denn das muß man auch im Auge behalten: In einer Woche zwei oder höchstens drei Werke anzubieten, ist in Berlin zu wenig. So halten wir unseren Spielplan in, wie ich glaube, guter Ausbalancierung des Seriensystems mit dem Repertoireprinzip. Wir haben fünfundsechzig Opern im Fundus, aber es stehen nur dreißig auf dem Jahresspielplan. Einige werden später vom Spielplan genommen, andere wieder aufgefrischt. Unsere Staatstheater haben nach meinem Empfinden die Verpflichtung, bestimmte Inszenierungen zu bewahren. Einen »Palestrina« wird man nicht alle fünf Jahre neu inszenieren, doch ist es gut, ihn auf Abruf im Magazin, in den Regiebüchern und in den Computern zu halten.

Fabian: Als Sie Ihr Amt angetreten haben, zählte die Anhebung des Niveaus der Repertoirevorstellungen zu Ihren wichtigsten Vorhaben.

Friedrich: Drei Intendantenjahre haben noch nicht gereicht, dieses Vorhaben hundertprozentig zu erfüllen. Aber etwa siebzig Prozent dieses Versprechens sind eingelöst.

Fabian: Sie sind, Herr Friedrich, ein sehr erfolgreicher Intendant. Salopp formuliert: der richtige Mann am richtigen Haus. Dennoch: Ist ein Spannungsverhältnis, eine Konfliktsituation zwischen dem Regisseur und dem Theaterleiter nicht vorprogrammiert? Daran schließt sich meine nächste Frage an. Was braucht ein großes Theater heute: einen Manager an der Spitze oder einen Künstler mit Managerfähigkeiten? Wie kann man die künstlerischen Ambitionen eines kreativen Menschen mit den Verpflichtungen des Intendanten in Einklang bringen?

Friedrich: Sie sprachen vom richtigen Mann am richtigen Theater. Ich hätte das Angebot des damaligen Kultursenators Dr. Sauberzweig und die inzwischen abgeschlossene Vertragsverlängerung, die Kultursenator Dr. Hassemer vorgenommen hat, nicht angenommen, wenn es, neben den Motiven, über die wir schon gesprochen haben, nicht ein Haus und Mitarbeiter gäbe, die, wenn sie mit einer machbaren Disposition versehen werden, zu Höchstleistungen fähig sind; mit einem Orchester, das mehr und mehr auch von den Schallplattenfirmen als eines der besten Theaterorchester erkannt wird; mit einem Chor, der gerade dabei ist, den Weggang von Walter Hagen-Groll sehr gut zu verkraften; und natürlich auch mit dem festen Stamm von hervorragenden Ensemble-Mitgliedern. Als einen Glücksfall kann ich die vorzügliche Zusammenarbeit mit dem Generalmusikdirektor unseres Hauses, Jesus Lopez Cobos, bezeichnen, den ich für einen idealen musikalischen Partner der Bühne halte.

Das einzige, was ich bei dieser Doppelaufgabe als Negativum empfinde, ist meine Situation als Regisseur im eigenen Hause: Daß ich, wenn ich inszeniere, nie zu einem Intendanten oder zu irgend jemandem im Theater gehen kann, um ihm damit zu drohen, daß ich abreisen werde. Das ist das Schlimmste. Daß ich in der Hochspannung, in der man sich meistens als Regisseur befindet, nicht die lieben, hartnäckigen Intendanten am Kragen nehmen kann und sagen: »Wenn Du mir diese Bedingungen nicht erfüllst, muß ich die Arbeit niederlegen.« Ich kann ja nicht meinen eigenen Leuten sagen: »Ich lege die Inszenierung nieder.« Ich kann mir auch keine optimalen Probebedingungen schaffen, weil ich mir zum Ehrgeiz gemacht habe, und das kann jeder Regisseur, der hier gearbeitet hat, bestätigen, daß ich mir keine besseren Arbeitsbedingungen herausnehme. Die anderen haben es viel leichter, denn sie können in mein Zimmer rasen und sich beschweren. Das geschieht denn auch ausgiebig.

Und nun zur Intendanz: Einer, der zwanzig Jahre bei Felsenstein gelernt hat, der jene Berliner Theatertradition, die mit Max Reinhardt angefangen und sich über Ebert, Gründgens, Tietjen, Felsenstein bis zu unseren Tagen fortgesetzt hat, leibhaftig erfuhr, ein solcher Regisseur, finde ich, kann Intendant sein. Denn in keinem anderen künstlerischen Beruf lernt man alle Zweige des Theaters so gründlich kennen wie als Regisseur. Die Kenntnis von Schwierigkeiten, von Problemen, auch von Möglichkeiten, ist die Voraussetzung dafür, Dinge auch verbessern zu können. Ich könnte Ihnen keine Antwort darauf geben, ob der dirigierende, der Regie führende oder der Manager-Intendant der richtige ist. Es geht nur darum, gute Theaterleiter zu haben, Leute mit Energie und Phantasie, die auch mit Menschen umgehen können. Ein Rezept, eine Berufsvoraussetzung gibt es meiner Meinung nach nicht. Juristische, wirtschaftspolitische Kenntnisse kann man sich dabei erwerben. Im übrigen stecke ich im Moment viel zu viel im »Ring« und bin viel zu sehr Wotan, um nicht mit ihm zu sagen: »Selbst muß der Freie sich bilden«, selbst muß einer Intendant sein wollen und müssen.

Es ist uns in Berlin gelungen, bei vielen Menschen, auch bei vielen Politikern, Interesse an diesem Haus zu erringen. Von selbst kommt das nicht. Daß unser Etat nicht so bedroht ist wie in anderen Städten, liegt nicht daran, daß wir in Berlin sind oder daß die Berliner Kulturpolitiker a priori freigebiger sind als andere, sondern daran, daß bestimmte Politiker in Berlin eine Antenne für unsere Leistungen haben und zu der Einsicht gekommen sind, daß es sich lohnt, für jede Mark bei ihren politischen Freunden oder auch Gegnern für dieses Theater zu kämpfen. Daß es in Berlin ein positiveres Echo und ein besseres Umfeld für die Oper gibt, ist bemerkenswert. Und da weiß ich gar nicht, muß man dazu Manager sein oder ist es auch ein bißchen Regie. Mir macht Herausforderung Spaß. Wenn ich zu den Proben gehe, bitte ich darum, mich mit den Fragen der Theaterleitung nur dann zu belästigen, wenn das Haus innerhalb dieser drei Stunden kurz vor dem Abbruch steht. Sonst reicht es, wenn ich die Dinge nach der Probe erfahre. Die Probebühne muß Labor bleiben können.

Was das Spannungsverhältnis zwischen Intendanz und künstlerischer Kreativität anlangt, haben Sie am ehesten zu beurteilen, ob Einbußen an Kreativität in meinen Regie-Arbeiten festzustellen sind. Meine Lust am Inszenieren ist unverändert. Die einzige Gefahr, die ich wirklich sehe, ist die Gefährdung der Gesundheit. Andere Sorgen habe ich nicht. Die Künstler-Intendanten haben die Chance, hervorragende Mitarbeiter zu suchen, an die man viel delegieren kann. Wobei ich einer von denen bin, die sich leider nichts aus der Hand nehmen lassen, was die Arbeit für meine Mitarbeiter nicht immer erleichtert. Aber ich hoffe, daß sie's mir verzeihen.

Fabian: Abschließend eine Frage zur Person. Herr Friedrich, Sie haben in den letzten zwei Jahrzehnten viel geleistet und das auf einem konstant hohen Niveau. Sie zählen zu den führenden Opernregisseuren unserer Zeit. Sie sind in einem Alter, wo man zur Neubesinnung, zur kritischen Überprüfung der eigenen Leistung neigt, zu einer neuen Reflexion des bislang Geleisteten. Könnte man es so sehen, daß durch die Verpflichtungen des Intendanten Götz Friedrich der Regisseur Friedrich gezwungen ist, die Zahl seiner Inszenierungen zu reduzieren, und daß diese Reduktion dem Prozeß des Neubewertens der eigenen künstlerischen Leistung indirekt – oder auch direkt – zugute kommt?

Friedrich: Ich sehe das, Herr Fabian, durchaus in der Richtung, die Sie in Ihrer Beobachtung im Auge haben. Wenn ich vorhin sagte, das einzig Negative an dieser Doppelfunktion sei, daß ich mich als Regisseur bei der Theaterleitung nicht beschweren kann, dann ist das Positive zweifellos die Tatsache, daß durch die Intendanz der Regisseur Friedrich nicht verschlissen, sondern möglicherweise gerettet wird. Einfach schon durch die Auflage, die mir mein Vertrag mit dem Land Berlin gibt, daß ich nur eine geringe Zeit außerhalb Berlins arbeiten darf. Es ist eine konkrete Tageszahl, die mir für auswärtige Inszenierungen gestattet ist. Wenn man auf eine Inszenierung sozusagen warten muß, wird Inszenieren zur Erholung. Wenn Sie an meine »wilden« Jahre zwischen 1972 und 1981 denken, wo ich manchmal sechs bis sieben Inszenierungen im Jahr gemacht habe, so sind es zur Zeit höchstens drei bis vier. Ich meine, daß es mir gut bekommt. Man wird mit der Zeit auch wählerischer. Mein Interesse gilt zunehmend neuen Werken und Uraufführungen.

Ich hoffe, daß sich einmal auch mein Lebenstraum erfüllt, nämlich Filme zu machen. Damit meine ich nicht nur Opernfilme. Ohne Musik kann ich nicht arbeiten. Die verschiedenen Ausflüge ins Schauspiel haben mich, und auch andere, unbefriedigt gelassen. Ich glaube schon, daß der Beruf des Regisseurs etwas mit Musizieren zu tun hat, ich habe es einmal »szenisches Musizieren« genannt. Ich halte nichts vom Begriff »Regietheater«, ich sehe vielmehr szenisches Musizieren als meine Berufsaufgabe an. Was das jeweils im einzelnen bedeutet, müssen die Inszenierungen zeigen oder erweisen.

Gespräch mit Imre Fabian
»DIE OPER ZEIGT SICH IN DEN MEDIEN
VON EINER NEUEN SEITE«

(1985)

Fabian: Zum Thema »Oper in den Medien« läßt sich ein ganzer Fragenkatalog aufstellen, sowohl an den Intendanten der Deutschen Oper Berlin als auch – und dies im besonderen – an den Regisseur, der Rezeptionsgeschichte auch in diesem Bereich mitgeschrieben hat.
  Friedrich: Daß ich ein Faible für Oper in Film und Fernsehen habe, ist bekannt. Vierzehn Inszenierungen von mir wurden bisher im Fernsehen gezeigt, entweder von der Bühne übertragen oder für den Film produziert. Seit meinen Regie-Anfängen setze ich mich mit der Medienwirksamkeit des Musiktheaters auseinander. Noch in der DDR habe ich 1965 »Tosca« in einer deutschsprachigen Aufführung fürs Fernsehen inszeniert. Die zweite Regie, die ich überhaupt machte, galt einer Fernseharbeit: Suppés »Schöne Galathée« 1959. Mich hat die Aufgabe, Werke, die für die Musikbühne geschrieben worden sind, in der »Brechung« ihrer audiovisuellen Wiedergabe neu zu sehen, neu zu interpretieren, immer sehr gereizt. Weil in den Stücken, die menschliche Geschichten mit Musik erzählen, sich ganz neue Aussagen und ästhetische Dimensionen erschließen.
  Natürlich gibt es Werke, die eher als andere für eine Neuüberprüfung durch den Film geeignet sind. In diesem Sinne sind die Opernfilme »Salome«, »Falstaff« und »Elektra«, die ich für UNITEL gedreht habe, sicher besonders aufschlußreich. Denn in ihnen wurde nicht Bühne einfach verfilmt, sondern die Geschichten, durch Musik erzählt, erhielten durch Kamera- und Montagetechnik, durch die optische Dramaturgie zum Teil ganz neue Aspekte. Ein Beispiel ist der Schluß des »Elektra«-Films, wo der Tanz Elektras in einem Morast aus Regen und Blut vor dem hermetisch verschlossenen Palast stattfindet. Aus einer engen Öffnung schaut der als Befreier begrüßte Orest zu, wie seine Schwester zu Tode kommt. Die Rufe der Chrysothemis beantwortet er nicht. Die neue Ordnung weist Märtyrer von sich. Solche tragische Erbarmungslosigkeit ist mit Bühnenmitteln vielleicht nicht so zwingend darstellbar. Und daß der ganze Palast sozusagen von Blut weint – das sind Bilder, die nur im Film möglich sind. Bei alledem liegt die Faszination gerade darin, daß ein Opernwerk gegenüber solchen neuen Möglichkeiten optischer Gestaltung nicht versagt, im Gegenteil immer weitere

Seiten seiner inhaltlich-ästhetischen Struktur offenbart. Im Grunde bestätigt sich nur die Unverwüstbarkeit der Oper in ihren unausschöpfbar schöpferischen Aspekten, die wie Spiegelungen eines vielfach beobachteten Kristalls sind. Mein Glaube an die Oper, an die Gattung hat sich, seitdem ich Opern für Film und Fernsehen inszeniert habe, gestärkt und vertieft. Diese Medien fordern uns positiv heraus und zwingen uns zu einer neuen Sicht der Auseinandersetzung.

Fabian: Das wäre der anregende, künstlerisch fruchtbare Aspekt im Umgang mit den Medien. Die Gefahr der Vereinfachung zugunsten eines durchschnittlichen Publikumsgeschmacks und die der sich verselbständigenden Optik, die sich selbst genügt und nicht dem differenzierenden Ausleuchten dramatischer Vorgänge dient, würde ich dennoch nicht unterschätzen.

Friedrich: Diese Einwände betreffen nicht prinzipiell die Chancen der Kunstgattung Oper im Film.

Fabian: Hinzufügen möchte ich noch die Gefahr der Kommerzialisierung. Beim Fernsehen spricht man ja nur von den berühmt-berüchtigten Einschaltquoten, eine Mentalität, die verheerend wirken kann.

Friedrich: Sind die Theater denn gefeit gegen die Zwänge der Kommerzialisierung? Denken wir an den Kult um die internationalen Opernstars und das Gerangel der führenden Opernhäuser um sie, dann müssen wir doch zugeben, daß auch da der durch Schall- und Bildplatte gestützte Kommerz kulminiert – übrigens mit heftigster Unterstützung durch die Fachpresse. Ihre Reserve den Medien gegenüber müßte also die Oper selbst betreffen und all das, was sie aufgrund ihrer Widersprüche so »mediengerecht« macht. Ich habe relativ lange Zeit gebraucht, um zu erkennen, daß dieses Doppelgesicht der Oper, Kunst und Jahrmarkt der Eitelkeiten zugleich zu sein, also Spektakel und Kunst und Musik zu verbinden, durchaus zum Reiz der Oper gehört und nicht selten ihre Sternstunden ausmacht. Aber ich teile durchaus Ihre Meinung, daß wir stärker hervorzeigen müssen, welches menschliche Antlitz die Schminke der Show oft verbirgt. Es ist zweifellos nicht nur zu wünschen, sondern dringend zu fordern, daß die Opernfilme auch die Härten, die Furchen und die musikdramaturgischen Strukturen stärker hervorkehren. In der Schlußfuge des »Falstaff« habe ich in dem Film, den ich mit Sir Georg Solti gedreht habe, mit dezidierter Kameraführung auf solche Furchen im Antlitz des Narren und auf die ganze musikalische Struktur hingewiesen. Es wurde eine sehr spannende Szene, die erzählt, was die Fuge schildert: Daß verschiedene Menschen aus verschiedenen Interessen in verschiedenen Widersprüchen wechselvoll, jedoch gemeinsam zu der Aussage gelangen, alles sei Spaß auf Erden. Ich denke, da wurde demonstriert, daß die Kameraführung und der Schnitt musikalische Vorgänge vielseitig berücksichtigen und auf spezifische Weise bloßlegen können.

Etwas ganz anderes als die Opernfilme ist die Dokumentation einer Bühnenaufführung. Den Aspekt der Reportage, der Dokumentation und der Information sollte man dabei immer im Auge haben. So realisiert sich Fernsehen im ursprünglichen Sinne zur aktuellen Reportage. Aber daß auch sie zur Kunst werden kann, belegen Opernübertragungen. Das Zusammentreffen der Absichten, der Musik ihren Rang zu geben und optisch spannend wie informativ zu sein, entscheidet über die Qualität solcher Aufführungs-Reportagen. Dabei denke ich besonders an die Übertragungen der »Toten Stadt« aus der Deutschen Oper Berlin und des »Lohengrin« aus Bayreuth, die Brian Large realisiert hat. Sie sind für mich schöne Beispiele für die Popularisierung der Oper in den Medien auf hohem künstlerischem Niveau. Die extra für den Film produzierte Oper und die Reportage einer Aufführung sind zwei grundverschiedene Dinge. Aber zwischen ihnen gibt es unzählige Berührungspunkte.

Freilich scheiden sich an einem entscheidenden Punkt die Geister. Nämlich, daß im Opernfilm der Gesang nicht live produziert wird. Demgegenüber halten die Bühnenaufführungen in der Regel den Moment des Singens fest. Daran müssen wir vor allem arbeiten, daß mit dem Playback-Verfahren der direkte Moment der singenden Menschengestaltung nicht aufgehoben wird. Es gibt jedoch viele Beispiele, wo die Benutzung der optimalen akustischen und optischen Möglichkeiten – im Arbeitsprozeß getrennt – dennoch zur mediengerechten Steigerung führt.

Fabian. Die Medien stellen optische Ansprüche an die äußere Erscheinung der Darsteller. Wie wir wissen, decken sich beide Bereiche, kompetente, schöne Stimme und attraktives Aussehen, nur in seltenen Fällen miteinander. Bei einem mediengerechten Darsteller spielt immer mehr, auch auf der Bühne, der zweite Aspekt eine entscheidende Rolle.

Friedrich: Ich bin der Meinung, daß die meisten unserer Operndarsteller durchaus in der Lage sind, ihre Partien auch im Film oder im Fernsehen als Rollen zu gestalten. Daß bestimmte Begabungen mehr für die Bühne als für die Medien geeignet sind, das hängt mit der Vielfalt und der Vielseitigkeit des musikalischen Theaters zusammen. Aber bei allen Überlegungen muß eines gelten: Nicht der Sänger hat sich auf die Kamera einzustellen, sondern die Kamera auf den Gesang. Das ist für mich der wichtigste Grundsatz, wenn wir den Gesang auch im Fernsehen und Film als besonderen, gesteigerten humanen Ausdruck bewußtmachen wollen. Und dazu gehört dann eben der Schweiß, das Anschwellen der Adern, die physisch-psychische Ekstatik. Das zu glätten ist ganz schlimm. Und schlimm wäre außerdem, wenn Opernfilme weit hinter der Qualität der allgemeinen Filmentwicklung zurückbleiben würden. Daß wir zum Beispiel eine Postkarten-»Schönheit« liefern, die wir bei einem Film, der kein Musikfilm ist, nicht dulden würden. Oder daß wir Opernsänger veranlassen, weit unter Stummfilmniveau zu agieren. Daß Oper überhaupt permanent mit »schö-

nem Schein« verwechselt wird. Das stellt die Frage nach den Geschmacksvorstellungen, die die Abteilungsleiter beim Publikum vermuten.
Fabian: Abteilungsleiter, die darüber zu entscheiden haben.
Friedrich: Wir müssen als Intendanten hellhörig sein. Ähnliches verlange ich von den Abteilungsleitern in Fernsehanstalten. Damit Oper nicht »verschönt«, verzuckert und zum Postkarten-Klischee vereinfacht wird. Die Gefahr besteht, daß wir, um Oper populär zu machen, hin und wieder im Fernsehen eine Opernauffassung popularisieren, die von wichtigen Künstlern heutzutage auf der Bühne nicht goutiert wird.
Fabian: In letzter Zeit konnte man wiederholt beobachten, daß Bühnenaufführungen von Anfang an für die Fernsehübertragung konzipiert werden und auf den eigentlichen Zuschauer im Theater kaum Rücksicht nehmen. Werden wir immer mehr Fernsehinszenierungen in den Theatern vorgesetzt bekommen?
Friedrich: Das sollten Einzelfälle bleiben. Aber Ihre Frage berührt doch das Problem, was unsere öffentlich-rechtlichen Anstalten für die Durchsetzung des Neuen auch auf dem Gebiet der Oper tun. Es gibt bis heute beispielsweise keine Fernsehaufzeichnung von Zimmermanns »Soldaten«. Eigentlich ein Skandal. Wenn dann doch eine Uraufführung aus dem Theater im Fernsehen übertragen wird, halte ich es für besonders legitim, wenn der Regisseur in seiner Inszenierung auch die Fernsehübertragung bedient. Ich denke dabei an die Inszenierung der von Einem-Oper »Jesu Hochzeit« von den Wiener Festwochen. Vom ORF könnten die deutschen Anstalten in dieser Beziehung manches lernen. Große Repertoirewerke fürs Fernsehen an einer Bühne zu inszenieren, halte ich allerdings für deplaziert.
Fabian: Die letzte Frage an den Intendanten Götz Friedrich. Wie sehen Sie die Möglichkeiten, die Perspektiven einer intensiveren Zusammenarbeit zwischen den Theatern und dem Fernsehen?
Friedrich: Ich glaube, daß uns in Deutschland noch die Fachleute fehlen, die in genauester Kenntnis wirtschaftlicher und künstlerischer Gesichtspunkte die Kooperation zwischen den Bühnen und den Fernsehanstalten regulieren, koordinieren und finanziell zu vertretbaren Ergebnissen führen können. Da sind uns die angelsächsischen Länder weit voraus. Das liegt bei uns sicher an verschiedenen Dingen, am Überlappen von öffentlich-rechtlichen Kriterien, von Tarifgesetzen beispielsweise, auch von wirtschaftlichen Interessen von Privatfirmen. Allerdings ist jetzt viel Bewegung in diese Landschaft gekommen. Der Berliner Senat hat, anderen Bühnen wie München folgend, insofern eine gute Voraussetzung geschaffen, als die kollektiven Gruppen wie Orchester, in nächster Zukunft auch der Chor und das Ballett, eine jährliche Pauschale erhalten, mit der für ein oder zwei Übertragungen a priori die Rechte abgegolten werden. Das ist je Stadt verschieden. Die Verhandlungen werden aber sicher nicht leichter werden. Es

gibt im Tarifbereich wie in der freien Honorarbestimmung allzu viele anachronistische Ansprüche. Sie juristisch abzusichern und ihnen eine künftige Verfahrensgrundlage zu geben, bleibt das Wichtigste bei dem Problem, das wir besprechen.

Es ist meine feste Überzeugung, daß in der Entwicklung der Medien Oper einen wichtigen Platz einnehmen muß. Aber nicht um jeden Preis. Und damit meine ich auch den künstlerischen Preis. Wir dürfen nicht aus dem Auge verlieren, daß die Bühnen immer noch eine entscheidende Verantwortung tragen, als Werkstatt der Oper. Wenn wir das wissen, reguliert sich unser Verhältnis zu den viel mächtigeren und reicheren Medienvertretern. Aber wir sollten die künstlerischen und die wirtschaftlichen Positionen nicht verwischen und nicht vermengen. Schon deshalb nicht, weil die permanente Weiterentwicklung und Erneuerung von Oper, trotz des Faibles für Film und Fernsehen, an den Bühnen stattfindet und nirgendwo sonst.

ZUM GEDENKEN

NACHRUF AUF WALTER FELSENSTEIN

Spiel mit der Realität
(1975)

Der Tod des Theaterleiters und Regisseurs Walter Felsenstein markiert das Ende einer Epoche, die er maßgebend mitprägte, nicht nur einer Episode. Wiener Bürgerlichkeit entwachsen, durchlief er eine erfolgreiche, aber zunächst nicht außergewöhnliche Karriere als Schauspieler, dann als Regisseur des Sprechtheaters und später der Oper, gelegentlich auch des Films. Die Reichstheaterkammer verdrängte ihn für Jahre aus Deutschland. Erst im Krieg konnte er, von George gerufen, nach Berlin zurückkehren. Dort war er nach 1945 zur Stelle, als es um den Neuaufbau aus Trümmern ging, Neuorientierung auch für das Theater. Das aus langjähriger Erfahrung entwickelte präzise Programm eines Theatermannes begegnete produktiv den Interessen einer sich neu formierenden Gesellschaft, als am 5. Juni 1947 Major Dymschitz von der sowjetischen Militäradministration mit Zustimmung aller alliierten und deutschen Behörden dem fünfundvierzigjährigen Walter Felsenstein die Lizenz zur Leitung der neugegründeten Komischen Oper überreichte. Felsenstein nutzte die historische Chance. Mit der »Fledermaus« eröffnete er das neue Haus: »Opéra comique« als progressive Antithese zur »Grande opéra« – unter welchem Namen sie auch aufträte.

Das neue, das eigene Haus provozierte Felsensteins Fähigkeiten zu außergewöhnlicher Entfaltung. In unmittelbarer Nähe zu Bertolt Brecht und als keineswegs absoluter Antipode zu Wieland und Wolfgang Wagners Neu-Bayreuth, beeinflußt von Jürgen Fehlings Berliner Arbeiten und unter dem bleibenden Eindruck früherer Begegnungen mit Aufführungen von Stanislawski und Meyerhold, schuf Felsenstein mit fast jeder seiner Inszenierungen Modelle für ein Musiktheater neuen Stils. Zahlreiche Bewunderer sahen darin nicht weniger als die Revolutionierung der Kunstgattung Oper. Andere lehnten eine Re-Theatralisierung solcher Art entschieden ab. Besonders feinsinnige Kritiker lobten Felsensteins Arbeit und die Komische Oper als singuläres, schnell vergängliches Unikum. Sollten diese Feinsinnigen am Ende recht behalten?

Man müßte sehr genau und kritisch Rückschau und Umblick halten, um heute recht zu ermessen, was sich seit der Jahrhundertmitte durch Felsenstein verändert hat. Selbst einem, der wie ich zwanzig Jahre lang in seiner unmittelbaren

Nähe gelernt und gearbeitet hat, kommt inzwischen fast selbstverständlich vor, was vor allem durch ihn klar und bewußt wurde: Daß Oper nicht ein blödsinniger Tummelplatz von Schlamperei, Gedankenlosigkeit oder kulinarischer Eitelkeit ist, sondern einen tiefen Sinn birgt, auch und gerade in ihren scheinbar unsinnigsten Kombinationen; daß sie Theater ist, Theater besonderer Art, gehorchend dramaturgischen Gesetzen und verpflichtet menschlicher und gesellschaftlicher Wahrheit, aber durch Musik »anders« als Sprechtheater; daß die in der Oper gespielte Musik erst dann »schön« ist, stimmt, richtig ist, wenn sie in Beziehung zur Szene, zum Vorgang auf der Bühne tritt; daß der Musikbühne die Fähigkeit zugemutet wird, Spielstätte zeitgemäßer Formen und Inhalte zu sein; daß sich jede Gesellschaft ihrer zivilisatorisch-humanen Verpflichtung begibt, die nicht versucht, ein in die Zeit wirkendes Musiktheater zu erhalten oder zu schaffen.

Felsensteins Gestus: szenisches Musizieren. Alle dirigentischen und inszenatorischen Aktivitäten sollten der Hauptfigur im musizierenden Theater dienen: dem singend-handelnden Menschen. Die Kernfrage jeder methodischen statt modischen Erneuerung bestand für ihn darin, »das Musizieren und Singen auf der Bühne zu einer überzeugenden, wahrhaften und unentbehrlichen menschlichen Äußerung zu machen«.

Dem widmete er auf den Proben tatsächlich den Hauptteil an Aufmerksamkeit und zeitlichem Aufwand. Mit dem Dirigenten und den Sängern analysierte er in ausgedehnten Tischproben die detaillierten Vorschriften des Komponisten. Die Rollenerarbeitung entsprach dem Weg zum rollengerechten Sinn. Warum gesungen wird, war stets Bestandteil der Frage, wie gesungen werden soll. In der »Humanisierung des Bühnengesangs« sah Felsenstein die wichtigste Bedingung dafür, daß Musiktheater Bestandteil und Instrument der gesellschaftlichen Humanisierung würde.

Eine Utopie? War auch die Idee vom Musiktheater nicht neu, so erwies es sich doch als verheißungsvoll ungewöhnlich, die Idee mit der permanenten, alltäglichen Praxis zu konfrontieren: Musiktheater Institution werden zu lassen. Diesem Test stellte sich Felsenstein achtundzwanzig Jahre lang als Intendant und Chefregisseur der Komischen Oper – ein in der jüngeren Theatergeschichte seltenes Beispiel an Kontinuität und Konsequenz. Hier im eigenen Haus galten keine Ausreden mehr. Die Überprüfbarkeit der Idee schloß auch immer die Gefahr ein, Grenzen und Schwächen zu offenbaren. Als wertvollstes Instrument seiner Arbeit schuf sich Felsenstein ein in der Zusammensetzung vielfältiges und dauerhaftes Ensemble, das er durch probenbereite, erfahrungsneugierige Gäste und »Stars« oft komplettierte. Hans Reinmar, Elfride Trötschel und Werner Faulhaber gehörten jahrelang zu Felsensteins Team. Unermüdlich hielt er Ausschau nach jungen oder noch unbekannten Sängern. Solchen, die seine Mitarbeiter oft als »noch nicht fertig« ablehnten, widmete er sich in wochenlangen Testproben.

Und er geriet in dankbare Emphase, wenn seine Protagonisten aus seiner Regie mehr machten, als er es sich erträumt hatte. Geduldiger oft als streng, behutsamer oft als unerbittlich kritisierend, war er ein recht gütiger Diktator seines Ensembles, als dessen eigentlicher »Star« der darstellerisch unübertreffliche Chor der Komischen Oper galt. Das Ensemble als Wahrer der Idee mit allen Chancen, mit allen Begrenzungen.

Auch dies eine Utopie? Naturgemäß war Felsensteins Wirken über die Dauer von fast dreißig Jahren den politischen Entwicklungen ebenso verbunden wie unterworfen. War die Komische Oper anfangs eine Experimentierstätte mit gesamtdeutschem Anspruch, so änderte sich das mit der die deutschen Dinge verändernden Politik. Loyal gegenüber der Gesellschaft, die ihm solche Arbeitsmöglichkeiten bot, tat Felsenstein viel dafür, gegenseitige Isolation in der deutschsprachigen Kulturlandschaft zu überwinden, wenigstens aufzuhalten. Auch nach 1961 war die Komische Oper das Berliner Theater, an dem die meisten West-Berliner mit ihren Ost-Berliner Kollegen zusammenarbeiteten. Bis heute blieb das Haus in der Behrenstraße einer der markantesten Treffpunkte für Künstler und Besucher aus Ost und West – nicht »neutrale Insel« innerhalb der DDR, aber mit autochthonem Kunstanspruch Volkstheater und manchmal Welttheater, zweihundert Meter östlich des Brandenburger Tors.

Auch all dies schließlich eine Utopie? Felsenstein wußte, daß manche den Realismus zu gern nur als Stil verstehen wollten. Freilich arbeitete Felsenstein mit realistischen Mitteln, wo das Werk Betroffensein von der Realität verlangt. Die Zigarettenarbeiterinnen in »Carmen« betreten nicht als schicke Operettendiven die Bühne, sondern werden aus einer Arbeitshölle ausgespien, schwitzend, schmutzig. Den Jägerchor im »Freischütz« kontrapunktieren die hungrigen Blicke der nach langem Krieg ausgemergelten Bauern auf die opulente Fürstentafel. Die böhmischen Landleute in der »Verkauften Braut« türmen echtes Heu, ehe sie zur Kirmes tanzen. Die lebendige Sau aber, die Felsenstein über die »Vogelhändler«-Szene hetzte, wurde ein drastisches Symbol der Selbstironie im Umgang mit dem Realismus-Stil. Taminos und Paminas verbrannte Kleidung nach der Feuer- und Wasserprobe stellte beschreibende Theatermittel prinzipiell in Frage.

Die stärksten Impulse vermittelte Felsenstein, wenn er Realität in die Menschen brannte, das Künstlerische vitalisierte. Unvergeßlich bleibt die Sturmszene am Anfang von »Othello«: Entfesselte Naturgewalt wirkt auf die Menschen ein und springt von ihnen über in den Zuschauerraum.

Anders die Natur im »Schlauen Füchslein«, dem vielleicht zauberischsten Regie-Poem Felsensteins: nicht realistische Abbildung, sondern Mikrokosmos der Welt, traumhaft komprimierte Natur-Demut. Und Eros immer wieder als Sphäre und Dynamik szenischen Musizierens: frivol bei Offenbach, lyrisch im »Freischütz«, elementar-zerstörerisch bei Verdi, heiter, klar und doch beunruhigend bei Mozart. Felsensteins Musiktheater konnte ebenso poetisch wie skurril sein, so magisch wie absurd. Die Komik schließlich, mit der Felsenstein in der »Fledermaus« begann und die im Auftrittslied des Ritters Blaubart kulminierte, bewahrte den grüblerisch Besessenen oft davor, sich ins Tragische zu verlieren, rief ihn zurück in die Realität und erlaubte ihm, über sich selbst zu lachen. Der scharfe Analytiker blieb immer sinnlicher Komödiant, der Magier der Szene auch ihr Diener.

So besagt das Adjektiv »realistisch« schließlich nichts anderes als die Überzeugung, daß Musiktheater etwas mit der Wirklichkeit zu tun hat und verständlich in sie wirken muß, ein kostbares Instrument humaner Selbstverwirklichung, vielen zugänglich, von manchen genutzt.

Sollte auch dies Utopie sein? Oft zweifelte Felsenstein selbst an den Realisierungsmöglichkeiten eines solchen Musiktheaters. Wenn es in den letzten Jahren stiller um ihn zu werden schien, liegt der Grund dafür nicht zuletzt in seiner eigenen Unbedingtheit: Wer so wie er die Möglichkeiten musikalischen Theaters ausgeschritten und getestet hat, mußte sich selbst am schmerzlichsten der Grenzen bewußt werden, die der Gattung und der eigenen Arbeit, sei sie noch so groß konzipiert, durch die Zeit gezogen werden. Er zögerte immer häufiger mit eigenen Neuinszenierungen in Berlin. Statt, wie ihm enge Mitarbeiter nahelegten, »Boris Godunow« zu machen, setzte sich der Siebzigjährige für »The Fiddler on the Roof« ein und brachte danach Kodálys »Háry János« heraus. Er übernahm auch wieder Sprechtheaterarbeiten, in München und – der Kreis schließt sich – am Wiener Burgtheater. Es schien, als ob er noch einmal mit seinen letzten Energien die Universalität des Theaters persönlich unter Beweis stellen wollte. Daß Mozarts »Figaro« seine letzte Neuinszenierung an der Berliner Komischen Oper wurde, gehört zu den versöhnlichen Aspekten dieses vollendeten Lebens.

ZUM FÜNFJÄHRIGEN TODESTAG VON GÜNTHER RENNERT

Traditionsgebundene Aktualität
(1983)

Als Günther Rennert 1975 an der Universität München vor Studierenden über das »anachronistische Großunternehmen Oper« sprach, bezeichnete er als Voraussetzung einer sinnvollen Tätigkeit für das Musiktheater »Wille und Intelligenz, Wachheit und Fleiß – und etwas Glück«. Er selbst hat sich sein Leben lang zu diesen Eigenschaften erzogen – angespornt von einem hohen Idealismus, den er aber stets in eine erregende Spannung zur starken eigenen Skepsis brachte, immer der Irrationalität der Oper auf der Spur, die den Doktor juris gerade auch aufgrund seiner ausgeprägten Ratio faszinierte. So kam es, daß ihm oft auch Glück beschieden war.

Die heutige Opernszene hat allen Anlaß, sich seines Wirkens bewußt zu bleiben, seine Konzepte zu studieren, sich an seinen oft wegweisenden Arbeiten zu orientieren. Über Jahrzehnte hat er die Entwicklungen im Musiktheater maßgeblich mitgeprägt; in seiner kühnen, manchmal auch kühlen analytischen Sensibilität hat er sich den Lagern der radikalen Moderne ebenso versagt wie der Menge der Opern-Konservatoren. Im Zusammenhang mit seiner Münchner »Ring«-Inszenierung bekannte er sich zu »traditionsgebundener Aktualität«. Das kennzeichnet Gesinnung und Methode: Oper als dynamisches Mit- und Gegeneinander aller in ihr wirkenden Elemente zu begreifen, durch sie Vergangenes ebenso zu vergegenwärtigen wie Gegenwärtiges auf das Maßstäbliche, auf das Modellhafte hin zu prüfen. Seine Bemühung, in der Verbindung von Altem und Neuem Musiktheater zeitgemäß zu spielen, galt nichts anderem als dem Ziel, die permanente Aktualität der von ihm so geliebten Kunstgattung Oper zu beweisen.

Er diente, lernte von der Pieke auf. Für eine kurze Zeit begegnete er 1936 in Frankfurt am Main auch Walter Felsenstein, war sein Assistent und wurde von ihm mit Regie-Aufgaben betraut. Als Felsenstein 1975 starb, bekannte Günther Rennert: »Es ist kein Zweifel, daß jeder, der in Felsensteins Nähe arbeitete oder gar sein Assistent war, von ihm lernen konnte, Ausgangspunkte zu finden, Ansätze systematisch auszubauen, darüber hinaus zu erfahren, daß Oper ein Theater sui generis ist mit eigenen, immanenten dramaturgischen Gesetzen, in denen Text und Musik in einer besonderen Relation zueinander stehen.«

Mit Felsenstein teilte Günther Rennert die Überzeugung, daß Oper zu einem lebendigen, gedanklich tiefen und sinnlich faszinierenden Musiktheater zu entwickeln sei, das der Zeit entspricht und auf andere Zeiten aufmerksam, neugierig macht. Mit der ihm eigenen scharfen Phantasie und kontrollierten Spiellaune hat Günther Rennert einen Musiktheaterstil von ganz eigener Prägung geschaffen, in dem die großen tragischen Werke der Klassik ebenso neu befragt wurden wie vor allem die Spieloper zu neuer Geltung kam, besonders in Form seiner jahrzehntelang so beliebten Rossini-Bearbeitungen. Ganz sicher aber spiegelt sich Rennerts Suche nach neuen Formen und Inhalten zeitgenössischen Musiktheaters am ehesten wieder in der hohen Zahl von Uraufführungen und deutschen Erstaufführungen, die er als Regisseur betreute beziehungsweise als Intendant inspirierte. Unter den von ihm inszenierten Uraufführungen finden sich Werke wie Wolf-Ferraris »La Dama Boba«, Orffs »Kluge« 1943 in Frankfurt am Main, »Pallas Athene weint« von Ernst Křenek, in Stuttgart Orffs »Ödipus der Tyrann« und Egks »Der Revisor«. Zu seinen wichtigsten deutschen Erstaufführungen gehören von Einems »Dantons Tod« und »Der Prozeß«, Brittens »Bettleroper« und »Ein Sommernachtstraum«, Menottis »Konsul« und Sutermeisters »Raskolnikow«.

Auf Nummer Sicher setzte Rennert nie. Er wollte, brauchte das Experiment – freilich kontrolliert und immer maßvoll. Im Sprechtheater führte er Regie bestimmt nicht nur, um sich von der Oper wieder für die Oper zu erholen. Vielmehr wollte er selbst erfahren, was manchen seiner Generation Überzeugung war: Daß es keine sich gegenseitig ausschließenden Fachgrenzen zwischen Oper und Sprechtheater gibt, sondern daß beide zusammen mit dem Tanz einen Begriff von der aufregenden Universalität des europäischen Theaters vermitteln, das heute in vielfacher Hinsicht auf dem Spiele steht.

Das nachhaltigste Experiment seines Lebenswerks ging Günther Rennert zweimal ein: die Idee vom Musiktheater mit der Institution des Opernbetriebes zu verbinden. Von 1946 bis 1956 war er Intendant der Hamburgischen Staatsoper, von 1967 bis 1976 Staatsintendant der Bayerischen Staatsoper München. Er hat als Theaterleiter wichtige Zeichen gesetzt – auch alarmierende. Die Sorge, wie sich die suchende, forschende, schöpferische Phantasie in der »Fabrik« erhält und entwickelt, hat ihn nie losgelassen. Bei seinem Abschied vom Münchner Intendantenamt machte er keinen Hehl daraus, wie versessen er darauf war, wieder als freier Regisseur arbeiten zu können.

Ich habe in Hamburg lange nach seiner Intendanz gearbeitet. In die Bayerische Staatsoper lud er mich für »Tosca« und die Uraufführung von Josef Tals »Versuchung« ein. An beiden Häusern bin ich in vielen Bereichen auf Spuren seiner klugen Leitung, seiner Leistung gestoßen. Die wichtigste Spur war vielleicht die der ethischen Qualität.

Nach seinem Intendanten-Abschied waren ihm, der seine Gedanken-Kunst-Freiheit über alles stellte, nur noch zwei Jahre vergönnt. Seine letzte Regie-Arbeit wurde »Der Rosenkavalier« in Salzburg, wo er so oft gearbeitet hat und wo die Erinnerung vor allem seine unvergleichliche »Così fan tutte«-Inszenierung als Muster begnadeter Leichtigkeit festhält, in der sich – mit Mozart im Bunde – »Wille und Intelligenz, Wachheit und Fleiß« aufheben können zur Beglückung.

Aber wie meinte er selbst? »Der Augenblick der theatralischen Wirklichkeit ist unwiederholbar.« Eine gute, eine bestürzende Einsicht. Sie enthält Günther Rennerts Bekenntnis zum Wunder und zur Flüchtigkeit des musikalischen Theaterereignisses. Es ist ebenso einmalig, wie es vergänglich zu sein scheint. Der Mut zu solcher Demut ist ein gutes Testament. Es ist eine Aufforderung an alle, die das Musiktheater in die Zukunft retten wollen als schönstes Instrument, das Menschen erfunden haben, um sich selbst besser zu finden.

NACHRUF AUF OSCAR FRITZ SCHUH

Ein universeller Theatermann
(1984)

Persönlich bin ich ihm nur einmal begegnet: Anfang der siebziger Jahre leitete er die Wiederaufnahme-Proben zu seinem Kopenhagener »Don Giovanni«, als ich dort »Eugen Onegin« inszenierte. Die Gespräche mit ihm hinterließen in mir den Eindruck eines ebenso spontanen wie klugen, dynamischen wie toleranten universalen Theatermannes. Als er an Felsensteins Komischer Oper in Berlin 1950 »Gianni Schicchi« und Milhauds »Armen Matrosen« inszenierte, studierte ich noch. Aber seltsam: Für ihn – wie viel später für mich – war die Komische Oper Ausgangspunkt für eine langjährige Tätigkeit in Berlin.

Wien und Salzburg waren die anderen Gegenpole seiner Arbeit. Vor kurzem sah ich in der Wiener Staatsoper seine mit Caspar Neher erarbeitete »Wozzeck«-Inszenierung aus dem Jahre 1955. Nachdem ich selbst »Wozzeck« inzwischen mehrere Male inszeniert habe, konnte ich in Schuhs Regie Entdeckungen über das Werk, über die Figuren machen, die mir vorher verstellt waren. Im Wiener »Wozzeck« bleibt die Auffassung einer Generation eindrucksvoll formuliert, wie sie noch heute aktuell ist.

Oscar Fritz Schuh bildet zusammen mit Walter Felsenstein und Günther Rennert die Trias der Regisseure und Theaterleiter, die um die Mitte des Jahrhunderts die Weichen gestellt haben für ein Musiktheater, das, politischen Katastrophen entwunden, einen wesentlichen Bestandteil des Versuchs darstellt, unsere Kultur – bisweilen durchaus kritisch überprüft – in die Zukunft zu retten.

Wie Felsenstein und Rennert war Schuh aber nicht nur der bewahrende und zugleich erneuernde Opernregisseur, sondern – vielleicht noch ausgeprägter als seine beiden Kollegen – universeller Theatermann. Die Zahl der von ihm initiierten und inszenierten Ur- und Erstaufführungen im Schauspiel ist Legende.

In Berlin, Köln und Hamburg hinterließ er bleibende Spuren. Und wenn er in späteren Jahren »auf die Straße« ging, ist das ebenso alarmierend wie richtungweisend: Die alternative Szene ist auch für die gestandenen Theaterleute noch immer unerläßliches Korrelat, erinnert sie doch – zumindest wie Schuh es betrieb – an die Quellen des europäischen Theaters, an die Ursprünge im Mittelalter.

Der Weg dieses ungewöhnlichen Theatermannes wird von Gipfelstürmen ebenso gekennzeichnet wie durch die Suche nach den Ursprüngen, nach den Quellen. Bei allen Widersprüchen und mit allen Schwankungen blieb er konsequent einem auf der Spur: der Welt der Geheimnisse. Dies bestimmt, wie er in seinen Erinnerungen »So war es – war es so?« bekennt, seine Theatersuche.

Eine der wichtigsten Stationen auf Schuhs Weg ist und bleibt Berlin. Und jeder, der heute in dieser Stadt Theater macht, darf in ihm einen Freund, einen Bundesgenossen und ein Vorbild bei dem permanenten Versuch betrachten, den Schnittpunkt zweier Welten zum wichtigen künstlerischen Austragungsort akuter Auseinandersetzungen, aber auch Verständigungen zu machen. Welches Forum wäre dafür besser geeignet als das Theater?

VERZEICHNIS DER ERSTVERÖFFENTLICHUNGEN

Das Singen auf der Bühne. Nach: Theater der Zeit 1, 1958

Die Handlung als Kriterium. Nach: Jahrbuch der Komischen Oper Berlin 3, 1962/63

Sieben Forderungen an den Regisseur. Nach: Opernwelt 10, 1968

Zeit für Oper: Musiktheater in Berlin, Musiktheater für Berlin. Ansprache zur Eröffnung der Spielzeit der Deutschen Oper Berlin im August 1981

In dubio pro arte. Referat zum Thema »Kulturelle Freiheit – für wen?« auf dem kulturpolitischen Kongreß des Bundesverbandes der Deutschen Volksbühnen-Vereine e. V. in Nürnberg am 5. Juli 1982

Rückblick auf das Wagner-Gedenkjahr 1983. Vortrag an der Freien Akademie der Künste in Hamburg am 19. Januar 1984

Deus ex machina? Nach: IBM-Nachrichten, Juli 1985

Sind Festspiele anachronistisch? Nach: Welt am Sonntag, 21. Juli 1985

»Die Heimkehr des Odysseus« von Claudio Monteverdi. Nach: Programmheft der Komischen Oper Berlin, 1966, zur Inszenierung in den Kammerspielen des Deutschen Theaters Berlin

»Die Hochzeit des Figaro« von Wolfgang Amadeus Mozart: Eine sozusagen neue Art von Schauspiel. Nach: Programmheft der Salzburger Festspiele 1968

»Die Hochzeit des Figaro«: Jugendlichkeit oder Das Wagnis der Befreiung. Ein Dialog mit Hans Mayer. Nach: Programmheft der Deutschen Oper Berlin, 1978, auf der Grundlage der NDR-Sendung über »Mozart auf dem Theater« im Mai 1978

»Don Giovanni« von Wolfgang Amadeus Mozart: Ein aristokratischer Rebell. Nach: Programmheft der Hamburgischen Staatsoper, 1973

»Cosi fan tutte« von Wolfgang Amadeus Mozart: Ein Mikrokosmos. Nach: Jahrbuch der Komischen Oper Berlin 3, 1962/63

»Cosi fan tutte«: Spiel als Wahrheit. Nach: Programmheft der Hamburgischen Staatsoper, 1975

»Die Zauberflöte« von Wolfgang Amadeus Mozart: Die populäre Maskierung eines Mythos. Nach: Programmheft der Hamburgischen Staatsoper, 1977

»Fidelio« von Ludwig van Beethoven. Nach: Programmheft der Bayerischen Staatsoper München, 1978

Carl Maria von Weber. Nach: Günter Zschacke (Hg.), Carl Maria von Weber, Lübeck 1985

»Der Freischütz« von Carl Maria von Weber. Artikel für das Programmheft der Covent Garden Opera London, 1977

»La damnation de Faust« von Hector Berlioz: Der verdammte Faust. Nach: Programmheft der Deutschen Oper Berlin, 1984

»Les Troyens« von Hector Berlioz: Große Oper in Shakespearischem Stil. Nach: Welt am Sonntag, 17. Oktober 1982

»Tannhäuser« von Richard Wagner. Gespräch mit Dr. Leo-Karl Gerhartz. Interview im Hessischen Rundfunk am 21. Juli 1972

»Tannhäuser«. Gespräch mit Walter Bronnenmeyer. Nach: Nordbayerischer Kurier, 13. Juli 1977

»Lohengrin« von Richard Wagner: Das allertragischste Gedicht oder Die neue Irritation. Nach: Opernwelt, Jahresheft 1979

»Die Meistersinger von Nürnberg« von Richard Wagner: Komödie und demokratisches Modell. Bemerkungen zur Inszenierung an der Königlichen Oper Stockholm, 1977

»Der Ring des Nibelungen« von Richard Wagner: Welttheater als bürgerliches Parabelspiel. Nach: Opernwelt, Jahresheft 1976

»Das Rheingold« von Richard Wagner: Von Anfang und Ende. Nach: Programmheft der Hamburgischen Staatsoper, 1980

»Die Walküre« von Richard Wagner: Der Fall Wotan oder Wotans Fall. Nach: Programmheft der Deutschen Oper Berlin, 1984

»Parsifal« von Richard Wagner: Ein Mysterienspiel in Günther Ueckers szenischem Raum. Nach: Programmheft der Württembergischen Staatsoper Stuttgart, 1976

»Parsifal«: Lauter geheimnisvolle Beziehungen. Nach: Programmheft der Bayreuther Festspiele 1982

»Orpheus in der Unterwelt« von Jacques Offenbach: Musikalisches Welttheater – ironisch verfremdet. Nach: Programmheft der Deutschen Oper Berlin, 1983

»Hoffmanns Erzählungen« von Jacques Offenbach: Phantastisch und trotzdem wahr. Nach: Programmheft der Komischen Oper Berlin, 1958

»Rigoletto« von Giuseppe Verdi: Skizze des szenisch-musikalischen Dramas. Nach: Programmheft des Theaters der Freien und Hansestadt Bremen, 1963

»Der Troubadour« von Giuseppe Verdi: »Obwohl es auf das Datum nicht ankommt«. Nach: Programmheft der Komischen Oper Berlin, 1966

»Die Macht des Schicksals« von Giuseppe Verdi: Grenzprobleme des Musiktheaters. Nach: Theater der Zeit 12, 13 und 14, 1965

»Die Macht des Schicksals«: Eine heillose Geschichte. Nach: Programmheft der Bayerischen Staatsoper München, 1986

»Aida« von Giuseppe Verdi: Narren und Nomaden in den Ruinen der Zeit. Nach: Programmheft der Deutschen Oper Berlin, 1982

»Othello« von Giuseppe Verdi: Vom Lauf der Zeiten unberührt. Nach: Programmheft der Komischen Oper Berlin, 1959

»Falstaff« von Giuseppe Verdi: Die Fuge und der Narr. Nach: Programmheft der Württembergischen Staatsoper Stuttgart, 1985

»Eugen Onegin« von Peter Tschaikowski: Die Oper als Lyrische Szenen. Nach: Programmheft des Opernhauses Zürich, 1976

»Carmen« von Georges Bizet: Ein Archetypus des Menschlichen. Nach: Programmheft des Theaters der Freien und Hansestadt Bremen, 1965

»Salome« von Richard Strauss: Grenzfälle. Nach: Programmheft der Württembergischen Staatsoper Stuttgart, 1977

»Elektra« von Richard Strauss. Gespräch mit Peter Dusek. Nach: Peter Dusek und Helmut Koller, Das Buch zum Film »Elektra«, Monte-Carlo 1982

»Ariadne auf Naxos« von Richard Strauss: Musiktheater? Nach: Theater der Zeit 11, 1964

»Der Rosenkavalier« von Richard Strauss: Ein halb imaginäres, halb reales Ganzes. Nach: Programmheft der Württembergischen Staatsoper Stuttgart, 1981

»La Bohème« von Giacomo Puccini: Musiktheater – Schule der Phantasie. Gespräch mit Claus-Henning Eschrich. Nach: dabei, Organ der Kulturgemeinschaft des DGB Stuttgart, Mai 1974

»Tosca« von Giacomo Puccini: Ein Weg nach Wagner und Verdi. Nach: Programmheft der Bayerischen Staatsoper München, 1976

»Don Quichotte« von Jules Massenet. Nach: Programmheft der Hamburgischen Staatsoper, 1978

»Pelléas und Mélisande« von Claude Debussy: Kein Land, keine Zeit. Nach: Programmheft der Deutschen Oper Berlin, 1984

»Jenufa« von Leoš Janáček: Konzentrierter Realismus. Nach: Komische Oper Berlin (Hg.), Wege zum Musiktheater, Berlin 1965

»Aus einem Totenhaus« von Leoš Janáček. Notate aus Gesprächen mit Götz Friedrich. Nach: Programmheft des Opernhauses Zürich, 1978

»Herzog Blaubarts Burg« von Béla Bartók und »Erwartung« von Arnold Schönberg: Dialoge mit dem Unbewußten. Nach: Programmheft der Staatsoper Wien, 1985

»Moses und Aron« von Arnold Schönberg: Ein Grenzfall des Musiktheaters. Nach: Programmheft der Staatsoper Wien, 1973

»Wozzeck« von Alban Berg: Permanenz der Aktualität. Nach: Programmheft des Opernhauses Zürich, 1981

»Lulu« von Alban Berg: Du sollst Dir kein Bildnis machen. Nach: Programmheft der Deutschen Oper Berlin, 1982

»Porgy and Bess« von George Gershwin. Zwanzig Notizen zu einer Aufführungskonzeption. Nach: Jahrbuch der Komischen Oper Berlin 9, 1969

»Porgy and Bess«: Von der »Neger«-Oper zur Volksoper. Nach: Programmheft der Komischen Oper Berlin, 1970

»Die Soldaten« von Bernd Alois Zimmermann. Nach: Programmheft der Hamburgischen Staatsoper, 1976

»Der letzte Schuß« von Siegfried Matthus. Nach: Programmheft der Komischen Oper Berlin, 1967

VERZEICHNIS DER ERSTVERÖFFENTLICHUNGEN

»Die Versuchung« von Josef Tal: Ein Lehrstück? Nach: Programmheft der Bayerischen Staatsoper München, 1976

»Ein Engel kommt nach Babylon« von Rudolf Kelterborn. Nach: Programmheft des Opernhauses Zürich, 1977

»Lou Salomé« von Giuseppe Sinopoli. Probennotate. Nach: Programmheft der Bayerischen Staatsoper München, 1981

»Un re in ascolto« von Luciano Berio: Erinnerungen an die Zukunft. Nach: Programmheft der Salzburger Festspiele 1984

Gespräch mit Imre Fabian: »Berlin ist auch eine Chance«. Nach: Opernwelt 11, 1984

Gespräch mit Imre Fabian: »Die Oper zeigt sich in den Medien von einer neuen Seite«. Nach: Opernwelt, Jahresheft 1985

Nachruf auf Walter Felsenstein: Spiel mit der Realität. Nach: Die Zeit, 17. Oktober 1975

Zum fünfjährigen Todestag von Günther Rennert: Traditionsgebundene Aktualität. Nach: Bayerische Staatsoper München (Hg.), Festschrift für Günther Rennert, München 1983

Nachruf auf Oscar Fritz Schuh: Ein universeller Theatermann. Nach: Opernwelt, Jahresheft 1984

BIOGRAPHISCHES IN STICHWORTEN

1930	am 4. August in Naumburg an der Saale geboren als Sohn des Rechtsanwalts und Notars Ernst Friedrich und seiner Frau Gerda, geb. Hagen
1949	Abitur nach humanistischer Schulbildung am Domgymnasium in Naumburg
1949–1953	Studium der Theaterwissenschaften am Deutschen Theaterinstitut Weimar (Abschluß mit Diplom)
1953–1972	Mitglied der Komischen Oper Berlin, zunächst als Dramaturg und Regie-Assistent
seit 1957	Erster Regie-Assistent und Wissenschaftlicher Mitarbeiter des Intendanten Walter Felsenstein
seit 1959	Regisseur und Erster Szenischer und Wissenschaftlicher Mitarbeiter des Intendanten
1968–1972	Oberspielleiter der Komischen Oper Berlin
1973–1977	Oberspielleiter der Hamburgischen Staatsoper
1977–1981	Chefregisseur der Hamburgischen Staatsoper; Principal Producer des Royal Opera House Covent Garden London
seit 1981	Generalintendant und Chefregisseur der Deutschen Oper Berlin
seit 1984	zudem Intendant und Geschäftsführer am Theater des Westens Berlin

BÜHNENINSZENIERUNGEN
(ML = Musikalische Leitung; BK = Bühnenbild/Kostüme)

1958 Nationaltheater Weimar: »Così fan tutte« von Wolfgang Amadeus Mozart, ML Gerhard Pflüger, BK Jochen Schube/Karl Zopp

1959 Komische Oper Berlin: »La Bohème« von Giacomo Puccini (in eigener Übersetzung), ML Harold Byrns, BK Rudolf Heinrich

1960 Komische Oper Berlin: »Fra Diavolo« von Daniel François Esprit Auber (in eigener Neufassung), ML Robert Hanell, BK Heinrich Kilger
Staatstheater Kassel: »Die Zauberflöte« von Wolfgang Amadeus Mozart, ML Paul Schmitz, BK Waldemar Mayer-Zick/Hannelore Kuschnitzky

1961 Komische Oper Berlin: »Tosca« von Giacomo Puccini (in eigener Übersetzung), ML Robert Hanell, BK Rudolf Heinrich
Komische Oper Berlin: »Così fan tutte« von Wolfgang Amadeus Mozart (in eigener Übersetzung), ML Kurt Masur, BK Reinhart Zimmermann/Eva Sickert

1963 Komische Oper Berlin: »Salome« von Richard Strauss, ML Kurt Masur, BK Jiří Prochazka/Jan Skaličký
Theater der Freien und Hansestadt Bremen: »Rigoletto« von Giuseppe Verdi, ML Gabor Ötvös, BK Wilfried Minks

1964 Theater der Freien und Hansestadt Bremen: »Ariadne auf Naxos« von Richard Strauss, ML Hans-Walter Kämpfel, BK Karl-Ernst Herrmann
Komische Oper Berlin: »Jenufa« von Leoš Janáček (in eigener Übersetzung), ML Rudolf Vašata, BK Reinhart Zimmermann/Jan Skaličký

1965 Theater der Freien und Hansestadt Bremen: »Die Macht des Schicksals« von Giuseppe Verdi, ML Hans Wallat, BK Wilfried Minks
Ebenda: »Carmen« von Georges Bizet (in der Urfassung), ML Hans Wallat, BK Josef Svoboda/Indra Hirschova

BIOGRAPHISCHES IN STICHWORTEN 383

1966 Theater der Freien und Hansestadt Bremen: »Don Giovanni« von Wolfgang Amadeus Mozart, ML Hans Wallat, BK Josef Svoboda/ Jan Skaličký
Ebenda: »La Bohème« von Giacomo Puccini, ML Hans Wallat, BK Karl-Ernst Herrmann
Komische Oper Berlin: »Die Heimkehr des Odysseus« von Claudio Monteverdi (in Neufassung), ML Gert Bahner, BK Reinhart Zimmermann/Eva Sickert
Ebenda: »Der Troubadour« von Giuseppe Verdi, ML Gert Bahner, BK Josef Svoboda/Jan Skaličký

1967 Theater der Freien und Hansestadt Bremen: »Salome« von Richard Strauss, ML Hans Wallat, BK Reinhart Zimmermann/Susanne Raschig
Komische Oper Berlin: »Der letzte Schuß« von Siegfried Matthus (Uraufführung), ML Gert Bahner, BK Reinhart Zimmermann/ Eva Sickert

1968 Theater der Freien und Hansestadt Bremen: »Die Hochzeit des Figaro« von Wolfgang Amadeus Mozart, ML Hans Wallat, BK Karl-Ernst Herrmann/Susanne Raschig
Kongelige Teater, Kopenhagen: »Simone Boccanegra« von Giuseppe Verdi, ML Giuseppe Patané, BK Reinhart Zimmermann/ Jan Skaličký

1969 Komische Oper Berlin: »Aida« von Giuseppe Verdi, ML Gert Bahner, BK Reinhart Zimmermann/Eleonore Kleiber
Kongelige Teater, Kopenhagen: »Die Heimkehr des Odysseus« von Claudio Monteverdi, ML Paul Jørgensen, BK Reinhart Zimmermann/Eva Sickert
Norske Opera Oslo: »Falstaff« von Giuseppe Verdi, ML Arvid Fladmoe, BK Reinhart Zimmermann/Jan Skaličký

1970 Komische Oper Berlin: »Porgy and Bess« von George Gershwin (deutschsprachige Erstaufführung), ML Gert Bahner, BK Reinhart Zimmermann/Susanne Raschig
Kongelige Teater, Kopenhagen: »Eugen Onegin« von Peter Tschaikowski, ML Gerd Albrecht, BK Reinhart Zimmermann/ Jan Skaličký

1971	Deutsches Theater Berlin: »Der tolle Tag« von Pierre Augustin Caron de Beaumarchais, BK Reinhart Zimmermann/Susanne Raschig Kongelige Teater, Kopenhagen: »Der Troubadour« von Giuseppe Verdi, ML Bruno Bartoletti, BK Reinhart Zimmermann/Jan Skaličký Komische Oper Berlin: »Don Quichotte« von Jules Massenet (in eigener Neufassung), ML Karl-Fritz Voigtmann, BK Reinhart Zimmermann/Eleonore Kleiber
1972	Komische Oper Berlin: »Noch ein Löffel Gift, Liebling?« von Siegfried Matthus (Uraufführung), ML Gert Bahner, BK Reinhart Zimmermann/Eleonore Kleiber Nederlandse Operastichting, Holland Festival: »Falstaff« von Giuseppe Verdi, ML Michael Gielen, BK Reinhart Zimmermann/Jan Skaličký Bayreuther Festspiele: »Tannhäuser« von Richard Wagner, ML Erich Leinsdorf, BK Jürgen Rose Drottningholmer Schloßtheater: »Così fan tutte« von Wolfgang Amadeus Mozart, ML Sergiu Comissiona, BK Kerstin Hedeby Kungliga Teatern Stockholm: »Jenufa« von Leoš Janáček, ML Rudolf Vašata, BK Reinhart Zimmermann/Jan Skaličký
1973	Staatsoper Wien: »Moses und Aron« von Arnold Schönberg, ML Christoph von Dohnányi, BK Rudolf Heinrich Nederlandse Operastichting, Holland Festival: »Aida« von Giuseppe Verdi, ML Edo de Waart, BK Reinhart Zimmermann/Jan Skaličký Hamburgische Staatsoper: »Don Giovanni« von Wolfgang Amadeus Mozart, ML Horst Stein, BK Toni Businger Ebenda (in der »Fabrik«): »Das Testament« von Villon/Pound (Erstaufführung), ML Hans Ludwig Hirsch, BK Toni Businger
1974	Hamburgische Staatsoper: »Falstaff« von Giuseppe Verdi, ML Anton Guadagno, BK John Gunter/Harold Waestnage Nederlandse Operastichting, Holland Festival: »Tristan und Isolde« von Richard Wagner, ML Michael Gielen, BK Heinrich Wendel/Jan Skaličký Ebenda: »Le nozze di Figaro« von Wolfgang Amadeus Mozart, ML Michael Gielen, BK Gunilla Palmstierna-Weiss

Württembergische Staatsoper Stuttgart: »La Bohème« von Giacomo Puccini, ML Silvio Varviso, BK Toni Businger/Heidi Wanninger
Royal Opera House Covent Garden London: »Das Rheingold« von Richard Wagner, ML Colin Davis, BK Josef Svoboda/Ingrid Rosell
Ebenda: »Die Walküre« von Richard Wagner, ML Colin Davis, BK Josef Svoboda/Ingrid Rosell
Hamburgische Staatsoper: »Le nozze di Figaro« von Wolfgang Amadeus Mozart, ML Gary Bertini, BK Toni Businger

1975   Hamburgische Staatsoper: »Don Quichotte« von Jules Massenet, ML Ralf Weikert, BK Reinhart Zimmermann/Eleonore Kleiber
Nederlandse Operastichting, Holland Festival: »Orpheus in der Unterwelt« von Jacques Offenbach, ML Franz Allers, BK Toni Businger/Jan Skalický
Royal Opera House Covent Garden London: »Siegfried« von Richard Wagner, ML Colin Davis, BK Josef Svoboda/Ingrid Rosell
Hamburgische Staatsoper: »Così fan tutte« von Wolfgang Amadeus Mozart, ML Aldo Ceccato, BK Toni Businger

1976   Hamburgische Staatsoper: »Der Freischütz« von Carl Maria von Weber, ML Marek Janowski, BK Günther Schneider-Siemssen/Aliute Meczies
Ebenda: »Die Soldaten« von Bernd Alois Zimmermann, ML Hans Zender, BK Josef Svoboda/Aliute Meczies
Württembergische Staatsoper Stuttgart: »Parsifal« von Richard Wagner, ML Silvio Varviso, BK Günther Uecker
Bayerische Staatsoper München: »Tosca« von Giacomo Puccini, ML Jesus Lopez Cobos, BK Rudolf Heinrich
Ebenda: »Die Versuchung« von Josef Tal (Uraufführung), ML Gary Bertini, BK Andreas Reinhardt
Opernhaus Zürich: »Eugen Onegin« von Peter Tschaikowski, ML Gerd Albrecht, BK Toni Businger/Jan Skalický
Royal Opera House Covent Garden London: »Götterdämmerung« von Richard Wagner, ML Colin Davis, BK Josef Svoboda/Ingrid Rosell

1977   Royal Opera House Covent Garden London: »Der Freischütz« von Carl Maria von Weber, ML Colin Davis, BK Günther Schneider-Siemssen/Aliute Meczies

Teatro alla Scala, Mailand: »Moses und Aron« von Arnold Schönberg, ML Christoph von Dohnányi, BK Rudolf Heinrich
Württembergische Staatsoper Stuttgart: »Salome« von Richard Strauss, ML Silvio Varviso, BK Andreas Reinhardt
Hamburgische Staatsoper: »Die Zauberflöte« von Wolfgang Amadeus Mozart, ML Horst Stein, BK Ernst Fuchs
Opernhaus Zürich: »Ein Engel kommt nach Babylon« von Rudolf Kelterborn und Friedrich Dürrenmatt (Uraufführung), ML Ferdinand Leitner, BK Josef Svoboda/Jan Skalický
Grand Théâtre de Genève: »La Bohème« von Giacomo Puccini, ML Nello Santi, BK Toni Businger/Heidi Wanninger
Kungliga Teatern Stockholm: »Die Meistersinger von Nürnberg« von Richard Wagner, ML Berislav Klobučar, BK Günter Schneider-Siemssen/Aliute Meczies
Deutsche Oper Berlin: »Falstaff« von Giuseppe Verdi, ML Michael Gielen, BK Timothy O'Brien/Tazeena Firth

1978   Bayerische Staatsoper München: »Fidelio« von Ludwig van Beethoven, ML Karl Böhm, BK Erich Wonder/Susanne Raschig
Royal Opera House Covent Garden London: »Idomeneo« von Wolfgang Amadeus Mozart, ML Colin Davis, BK Stefanos Lazaridis
Hamburgische Staatsoper: »Die Fledermaus« von Johann Strauß, ML Theodor Guschlbauer, BK Andreas Reinhardt
Nederlandse Operastichting, Holland Festival: »Don Giovanni« von Wolfgang Amadeus Mozart, ML Hans Vonk, BK Andreas Reinhardt
Opernhaus Zürich: »Aus einem Totenhaus« von Leoš Janáček, ML Bohumil Gregor, BK Josef Svoboda/Jan Skalický
Deutsche Oper Berlin: »Le nozze di Figaro« von Wolfgang Amadeus Mozart, ML Daniel Barenboim, BK Herbert Wernicke

1979   Hamburgische Staatsoper: »Manon Lescaut« von Giacomo Puccini, ML Silvio Varviso, BK Günther Schneider-Siemssen/Aliute Meczies
Württembergische Staatsoper Stuttgart: »Così fan tutte« von Wolfgang Amadeus Mozart, ML Silvio Varviso, BK Herbert Wernicke
Ebenda: »Pelléas und Mélisande« von Claude Debussy, ML Silvio Varviso, BK Andreas Reinhardt
Bayreuther Festspiele: »Lohengrin« von Richard Wagner, ML Edo de Waart, BK Günther Uecker/Frieda Parmeggiani

Opernhaus Zürich: »Lulu« von Alban Berg, ML Ferdinand Leitner, BK Wolfgang Roth/Jan Skaličký

1980 Hamburgische Staatsoper: »Macbeth« von Giuseppe Verdi, ML Christoph von Dohnányi, BK Josef Svoboda/Jan Skaličký
Ebenda: »Das Rheingold« von Richard Wagner, ML Christoph von Dohnányi, BK Jürgen Rose
Deutsche Oper Berlin: »Tristan und Isolde« von Richard Wagner, ML Daniel Barenboim, BK Günther Schneider-Siemssen/Inge Justin
Burgtheater Wien: »Oidipus Tyrannos/Oidipus auf Kolonoss« von Sophokles, BK Andreas Reinhardt

1981 Royal Opera House Covent Garden London: »Lulu« von Alban Berg, ML Colin Davis, BK Timothy O'Brien
Württembergische Staatsoper Stuttgart: »Tristan und Isolde« von Richard Wagner, ML Dennis Russel Davies, BK Günther Uecker
Ebenda: »Der Rosenkavalier« von Richard Strauss, ML Silvio Varviso, BK Jürgen Rose
Bayerische Staatsoper München: »Lou Salomé« von Giuseppe Sinopoli (Uraufführung), ML Giuseppe Sinopoli, BK Andreas Reinhardt
Opernhaus Zürich: »Wozzeck« von Alban Berg, ML Ferdinand Leitner, BK Andreas Reinhardt
Deutsche Oper Berlin: »Aus einem Totenhaus« von Leoš Janáček, ML Vaclav Neumann, BK Josef Svoboda/Jan Skaličký

1982 Houston Grand Opera: »Wozzeck« von Alban Berg, ML Lawrence Foster, BK Andreas Reinhardt/Jan Skaličký
Deutsche Oper Berlin: »Lulu« von Alban Berg, ML Jesus Lopez Cobos, BK Andreas Reinhardt
Ebenda: »Aida« von Giuseppe Verdi, ML Daniel Barenboim, BK Pet Halmen
Bayreuther Festspiele: »Parsifal« von Richard Wagner, ML James Levine, BK Andreas Reinhardt
Hamburgische Staatsoper: »Les Troyens« von Hector Berlioz, ML Sylvain Cambreling, BK Ekkehard Grübler

1983 Deutsche Oper Berlin: »Die tote Stadt« von Erich Wolfgang Korngold, ML Heinrich Hollreiser, BK Andreas Reinhardt/Margit Bárdy

Ebenda: »La damnation de Faust« von Hector Berlioz, ML Jesus Lopez Cobos, BK Peter Sykora
Ebenda: »Orpheus in der Unterwelt« von Jacques Offenbach (in Neufassung), ML Jesus Lopez Cobos, BK Andreas Reinhardt
Nederlandse Operastichting, Holland Festival: »Wozzeck« von Alban Berg, ML Kasimirz Kord, BK Andreas Reinhardt/Jan Skaličký
Royal Opera House Covent Garden London: »Manon Lescaut« von Giacomo Puccini, ML Giuseppe Sinopoli, BK Günther Schneider-Siemssen/Aliute Meczies

1984 Deutsche Oper Berlin: »Pelléas und Mélisande« von Claude Debussy, ML Jesus Lopez Cobos, BK Andreas Reinhardt
Ebenda: »Das Rheingold« von Richard Wagner, ML Jesus Lopez Cobos, BK Peter Sykora
Ebenda: »Die Walküre« von Richard Wagner, ML Jesus Lopez Cobos, BK Peter Sykora
Opernhaus Zürich: »Boris Godunow« von Modest Mussorgski, ML Ralf Weikert, BK Günther Schneider-Siemssen/Jan Skaličký
Salzburger Festspiele: »Un re in ascolto« von Luciano Berio (Uraufführung), ML Lorin Maazel, BK Günther Schneider-Siemssen/ Rolf Langenfass

1985 English National Opera London: »Tristan und Isolde« von Richard Wagner, ML Reginald Goodall, BK Heinrich Wendel/Jan Skaličký
Württembergische Staatsoper Stuttgart: »Falstaff« von Giuseppe Verdi, ML Silvio Varviso, BK Jürgen Rose
Deutsche Oper Berlin: »Siegfried« von Richard Wagner, ML Jesus Lopez Cobos, BK Peter Sykora
Ebenda: »Götterdämmerung« von Richard Wagner, ML Jesus Lopez Cobos, BK Peter Sykora
Ebenda: »Così fan tutte« von Wolfgang Amadeus Mozart, ML Jesus Lopez Cobos, BK Herbert Wernicke
Wiener Staatsoper: »Herzog Blaubarts Burg« von Béla Bartók und »Erwartung« von Arnold Schönberg, ML Jiři Kout und Ulf Schirmer, BK Hans Schavernoch/Lore Haas
Ebenda: »Die tote Stadt« von Erich Wolfgang Korngold, ML Heinrich Hollreiser, BK Andreas Reinhardt/Margit Bárdy

1986	Teatro alla Scala, Mailand: »Un re in ascolto« von Luciano Berio, ML Lorin Maazel, BK Günther Schneider-Siemssen/Rolf Langenfass Bayerische Staatsoper München: »La forza del destino« von Giuseppe Verdi, ML Giuseppe Sinopoli, BK Hans Schavernoch/Lore Haas Opera Association Los Angeles: »Otello« von Giuseppe Verdi, ML Lawrence Foster, BK Günther Schneider-Siemssen/Jan Skalický

Film- und Fernsehinszenierungen

1959	»Die schöne Galathée« (Deutscher Fernsehfunk Berlin), ML Werner Krumbein, BK Erich Geisler/Joachim Voelske
1961	»Rotkäppchen« (DEFA), BK José Sancha, Alfred Drostek/Walter Schulze-Mittendorf, Kamera: Helmut Bergmann
1965	»Tosca« (Deutscher Fernsehfunk Berlin), ML Robert Hanell, BK Erich Geisler/Gundolf Foitzik
1969	»Lulu« (Danmarks Radio), ML Gerd Albrecht, BK Jörn Matthiassen/Lone Ernst
1971	»Jenufa, 2. Akt« (Danmarks Radio), ML Ole Schmidt, BK Jörn Matthiassen/Lone Ernst
1972	»Don Quichotte« (Deutscher Fernsehfunk Berlin), ML Karl-Fritz Voigtmann, BK Reinhart Zimmermann/Eleonore Kleiber
1974	»Salome« (Unitel), ML Karl Böhm, BK Gerd Staub/Jan Skalický, Kamera: Wolfgang Treu
1977	»Die Meistersinger von Nürnberg« (Inszenierung der Stockholmer Oper, Schwedisches Fernsehen), ML Berislav Klobučar
1978	»Tannhäuser« (Inszenierung der Bayreuther Festspiele, Unitel), ML Colin Davis, BK Jürgen Rose
1979	»Falstaff« (Unitel), ML Georg Solti, BK Jörg Neumann/Bernd Müller, Kamera: Wolfgang Treu

Bühneninszenierungen

1981	»Elektra« (Unitel), ML Karl Böhm, BK Josef Svoboda/Pet Halmen, Kamera: Rudolf Blahaček
1982	»Lohengrin« (Inszenierung der Bayreuther Festspiele, ZDF/Unitel), ML Woldemar Nelsson, BK Günther Uecker/Frieda Parmeggiani
1983	»Manon Lescaut« (Inszenierung des Royal Opera House Covent Garden London, BBC), ML Giuseppe Sinopoli, BK Günther Schneider-Siemssen/Aliute Meczies »Die tote Stadt« (Inszenierung der Deutschen Oper Berlin, ARD/SFB), ML Heinrich Hollreiser, BK Andreas Reinhardt/Margit Bárdy »Orpheus in der Unterwelt« (Inszenierung der Deutschen Oper Berlin, ARD/ORF), ML Jesus Lopez Cobos, BK Andreas Reinhardt

Buchveröffentlichungen

1954	»Die humanistische Idee der Zauberflöte«, VEB Verlag der Kunst Dresden
1958	»Die Zauberflöte in der Inszenierung Walter Felsensteins an der Komischen Oper Berlin«, Deutsche Akademie der Künste im Henschelverlag Berlin
1961	»Walter Felsenstein, Weg und Werk«, Henschelverlag Berlin

Pädagogische Tätigkeit

1954–1961	Lehrauftrag für Dramaturgie an der Staatlichen Schauspielschule Berlin
1955–1964	Lehrauftrag für Theatergeschichte und Dramaturgie an der Hochschule für Bildende Kunst Berlin
1964–1972	Lehrauftrag für Regie an der Hochschule für Musik Berlin

1970	Professur Berlin
seit 1973	Lehrauftrag für den Studiengang Musiktheaterregie an der Universität Hamburg
1974	Professur Hamburg

Sonstiges

1963	Kunstpreis der DDR
1967	Nationalpreis
1968	Kritikerpreis der »Berliner Zeitung«
1969	Mitglied der Deutschen Akademie der Künste Berlin (Ost)
1973	Mitglied der Freien Akademie der Künste, Hamburg; Goldener Globus für Regie »Così fan tutte«
1976	Adolf-Grimme-Preis
1976/77	Silberne Maske der Volksbühne für Inszenierung »Die Soldaten«
1981	Vorsitzender der Opernkonferenz deutschsprachiger Bühnen
1982	Mitglied der Akademie der Künste Berlin (West); Medaille »Litteris et artibus«, vom schwedischen König verliehen; Ehrenzeichen Drottningholm; Mitglied des Internationalen Theaterinstituts (ITI), Sektion Bundesrepublik Deutschland; Mitglied im Deutschen Musikrat
1983	Publikumspreis der Theatergemeinde Berlin für Inszenierung »Lulu«
1984	Wahl zum Stellvertretenden Direktor der Abt. Darstellende Kunst der Akademie der Künste Berlin (West)
1986	Nominierung für den amerikanischen Fernsehpreis EMMY (»Elektra«-Regie)

Veröffentlichungen zur Person

Dieter Kranz, Der Regisseur Götz Friedrich, Henschelverlag Berlin 1972 (nicht ausgeliefert); Paul Barz, Götz Friedrich, Abenteuer Musiktheater, Keil-Verlag Bonn 1978; Stefan Jaeger, Götz Friedrich, Wagner-Regie, Atlantis-Verlag Zürich 1983

Quellennachweis der Abbildungen

Gert von Bassewitz, Hamburg (1) · Ilse Buhs/Jürgen Remmler, Berlin (3) · dpa-Bild (1) · Festspielleitung Bayreuth, Siegfried Lauterwasser (2), Wilhelm Rauch (1) · Hannes Kilian, Stuttgart (1) · Anne Kirchbach, Starnberg (1) · Kranich-Photo, Berlin (14) · Arwid Langenpusch, Berlin (2) · Enar Merkel Rydberg, Stockholm (1) · Mertig, Berlin (1) · F. Peyer, Hamburg (1) · E. Piccagliani, Mailand (1) · Jaap Pieper, Heemstede (2) · Winfried E. Rabanus, München (1) · Susan Schimert-Ramme, Zürich (1) · Donald Southern, London (1) · Sabine Toepffer, München (2) · Gabriele Winter, Berlin (1) · Reinhart Zimmermann, Berlin (1) · Ohne Nachweis (3)